修訂二版

Strafrecht Besonderer Teil

- Vermögensdelikte -

財產犯罪篇

刑法
分則

古承宗　著

三民書局

二版序

　　自 2018 年本書出版之後，不論於教學場域，或是撰寫學術論文的過程中，筆者對於財產犯罪的解釋及案例解析均有更進一步的省思，特別是 2018 年春季於德國馬堡大學及 2019 年夏季於德國慕尼黑大學進行客座研究時，與 Freund 教授、Saliger 教授定期交換研究心得，不僅從中觀察到近年德國學界關注的熱門議題，同時亦討論到教科書如何兼具學術與學習的需求，因而更加確信一開始為本教科書系列所設定的發展模式。也就是説，即使本書的定位仍然屬於教科書，但是筆者始終期待內容能夠呈現出議題討論的深度與廣度。不僅強調財產犯罪之理論與解釋的系統性，亦盡可能地回應當前臺灣、德國兩地重要的實務與學説見解，由此充分反映出當代刑事法學應有的圖像。延續這樣的撰寫初衷，本次改版的重點為增補書中原有的內容及強化表達方式，並且以相當份量的篇幅加入毀損罪、重利罪等罪章。相信本次改版應可讓財產犯罪的體系架構及解釋方法更趨於細緻。當然，對於讀者來説，書中繁複的論證或許會帶來一定程度的閱讀負擔，需要耗費不少心力進行理解，但是筆者相信本書內容最終會帶來相當豐富的思辨樂趣。

　　承蒙各位師長、學術夥伴，以及讀者的支持，使本書有機會改版而變得更加完整。另外，這裡也要特別感謝謝佳諺、吳紫音、張中獻、林佳穎、徐以恬等同學協助校對，以及提供許多閱讀上的寶貴建議。

古承宗

筆于成功大學

2020 年 8 月

序　言

　　刑法分則各罪作為一部行為規範系統，其中涉及多種法益的保護，例如生命、身體、財產、名譽等。本書以侵害財產法益之罪為主要的說明對象，並且挑選當代司法實務上較為常見的犯罪類型進行系統性的分析。

　　筆者自 2008 年學成歸國任教後，於大學部持續開設刑法總則、刑法分則、刑法案例研習、媒體刑法等課程。至今已經累積了相當數量的案例教材，教學過程也試著就當代的學說及實務見解提出不少批判性的觀點，因此開始構思建構一套完整的財產犯罪理論體系。雖然本書的定位屬於教科書系列，但在內容上仍可充分體現出這樣的學術企圖，特別是針對許多法律爭點提出相當篇幅的深入辯證。即便如此，在整體的撰寫策略上，筆者最終還是連結到教學及學習的意義上，輔以具體案例說明抽象理論的應用，協助讀者能更有效率地掌握各罪不法要件的解釋與適用。附帶一提的是，仍有部分比較邊緣性，或是較不複雜的犯罪，例如毀損、重利、海盜，不在本版次的收錄範圍，預計本書未來再版時予以增補。

　　本書的完成首要感謝三民書局的全力支持，以及編輯們真誠的溝通與細心、專業。另外，也要謝謝劉珮珊、周子淳、王琮儀、黃怡禎、謝育恩、謝佳諮、蕭涵文、陳湘渝、郭俐文等同學提供閱讀上的寶貴建議。

古承宗

筆于臺南深作咖啡

2018 年 2 月

導　讀

　　先不論存在於附屬刑法領域中特殊的財產犯罪❶，核心刑法的財產犯罪可略區分為兩大系統，一者為「所有權犯罪」，例如竊盜罪、搶奪罪、強盜罪、準強盜罪等；另一者則是「整體財產犯罪」，例如詐欺罪、不正方法使用付款設備罪、恐嚇取財罪、背信罪、贓物罪等。本書體例正是以此套區分結構作為撰寫基礎，分別就所有權犯罪與整體財產犯罪的不法理論及解釋方法進行體系性的分析，並且輔以眾多實例，以期能夠讓抽象說理的應用更加具體。

　　再者，考慮到竊盜罪與詐欺罪屬於所有權犯罪與整體財產犯罪的核心類型，本書明顯花費較多的篇幅說明這兩種犯罪，藉此清楚呈現出財產犯罪系統應有的規範輪廓。舉例來說，竊盜罪的規範目的在於保護所有權法益，在犯罪結構上作為所謂的「他損犯罪」及「持有移轉之罪」，而這樣的犯罪特徵也同樣出現在強盜罪，只不過強盜罪乃是行為人透過強制手段壓制他人的意思自由，並且利用此種強制情境變更特定物的持有關係。相較之下，詐欺罪的保護法益則是整體財產，而其犯罪結構具有「自損犯罪」與「財產總值減少」等特徵。於此，同樣作為整體財產犯罪的恐嚇取財罪，儘管與強盜罪相類似，不法行為均帶有強制手段的

---

❶　例如著作權刑法雖然亦可被劃歸為財產犯罪，只不過卻難以在傳統的財產犯罪系統中找到適切的歸屬。換句話說，侵害著作財產權的行為既不是所有權犯罪，也不是整體財產犯罪，充其量只能視為一種獨立且新型態的財產犯罪。

特徵，只不過解釋上仍有必要從自損犯罪與財產減少等觀點切入。

　　總而言之，倘若讀者想要更有效率地掌握財產犯罪的全貌，以及各罪的解釋與適用等，筆者建議於研修所有權犯罪時，先行閱讀竊盜罪及加重竊盜罪等篇章；至於整體財產犯罪的部分，則是以詐欺罪作為優先的理解對象。

　　除了財產犯罪外，本書亦有針對「電腦犯罪」以獨立篇章提出完整的分析與實例應用。嚴格來說，即便電腦犯罪的立法動機深受資訊安全政策的影響，以及各罪之不法構成要件的設計存在著其他專業領域的用語，電腦犯罪卻不盡然是以所謂的資訊安全作為保護對象，而是一種涉及個人資訊自決的新型態犯罪。又基於個人資訊自決的法益定位，電腦犯罪的不法構成要件解釋即有必要回歸到資訊自決的理解脈絡，因此不排除大幅限縮電腦犯罪的適用範圍。

刑法分則：財產犯罪篇

二版序

序　言

導　讀

目次
Contents

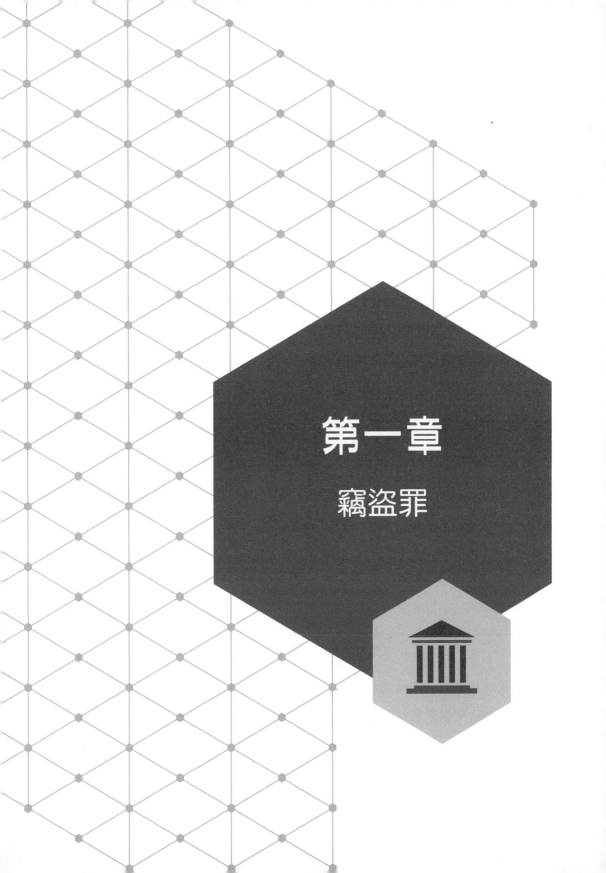

第一章

竊盜罪

刑法第 320 條

I　意圖為自己或第三人不法之所有，而竊取他人之動產者，為竊盜罪，處五年以下有期徒刑、拘役或五十萬元以下罰金。

II　意圖為自己或第三人不法之利益，而竊佔他人之不動產者，依前項之規定處斷。

III　前二項之未遂犯罰之。

壹、保護法益

　　不同於經驗上可具體感知的犯罪客體，例如人、身體、物體等，刑法所要保護的利益 (Güter) 為任何一種個人可以自由與外部世界互動的條件。 依此，法益可實質理解為所謂的「關係概念」(Beziehungsbegriff)，例如生命、身體完整性、名譽、財產等，而藉由這些利益，個人也才能夠真正地實現自我。一般來說，立法者基於一定的價值判斷，將具有保護必要性的利益劃入刑法的保護範疇，例如在民事的侵權事件，民法作為（事後的）損害填補機制，致力於實現利益分配正義。對於資力餘裕的侵權行為人來說，民法的損害填補功能不見得能有效事先防止個人權利受到侵害。所以，立法者認為有必要借助刑法提供更為完整的利益保護，此即所謂的「保護必要性」。另外，各罪之不法構成要件描述了各種利益侵害行為的態樣，而且亦是劃定出應受保護的利益範圍。即便如此，各罪之不法構成要件的文義，不見得都能明確表達出應受保護的利益範圍，所以有必要透過解釋予以掌握；相對地，保護法益同時也具有解釋不法構成要件的引導功能。

　　從財產犯罪的體系來看❶ ，刑法第 320 條竊盜罪被定位在 「所有權犯

罪」。一提到所有權這個概念，保護法益的內容不免會讓人聯想到民法上的「所有權」，也就是所有人對事物的處分權利 (Verfügungsrecht über das Gegenstand)。不過，考慮到民法與刑法具有不同的規範目的，關於竊盜罪之不法構成要件所預設的行為義務，似乎就不能直接以物權法上的權利概念作為建構準據，因為所有物遭他人竊取，所有人在民事法上的所有權不會因此喪失。又民法上的權利概念在刑法保護法益的意義下，並非專指抽象的法律權利，而是強調所有權人得以任意處分所有物的權利地位。也就是說，所有人事實上可以積極地利用、處分特定物，亦可消極排除他人對該物的干預等。實質上，這種事實上行使權能的地位正是彰顯所有人與自己所有物互動的自由性 (Freiheit des Umgangs mit eigenen Sachen)。總而言之，竊盜罪所要保護的法益僅限為：「所有人就其所有物於事實上的支配利益，或是任意行使所有權能的事實上地位❷。」

貳、法條體系概覽

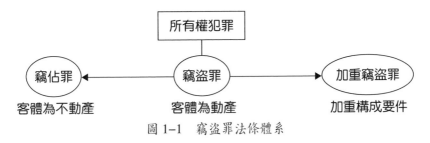

圖 1-1 竊盜罪法條體系

刑法第 320 條為竊盜罪之「基礎構成要件」，第 321 條加重竊盜罪則是所謂的「加重構成要件」。又竊盜罪區分為以「動產」為犯罪客體的竊盜，以及

---

❶ 財產犯罪體系的說明，可參考蔡聖偉，概說：所有權犯罪與侵害整體財產犯罪（上），月旦法學教室，69 期，2008 年 7 月，頁 52–60；同作者，概說：所有權犯罪與侵害整體財產犯罪（下），月旦法學教室，70 期，2008 年 8 月，頁 48–59。

❷ 不同見解，例如林東茂，刑法綜覽，2012 年 7 版，頁 2–114 認為本罪之保護法益為「財產的監督權」，也就是所謂的「持有利益」。

以「不動產」為犯罪客體的竊佔罪。依刑法第 324 條，親屬間的竊盜得免除其刑（第 1 項），並為告訴乃論之罪（第 2 項）。

參、不法構成要件

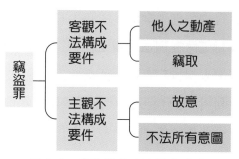

圖 1–2　竊盜罪的不法構成要件

一、客觀不法構成要件

　　依刑法第 320 條第 1 項規定，竊盜罪之客觀不法構成要件分別為「他人之動產」、「竊取」。

㈠他人之動產

1.動　產

⑴意　義

　　刑法第 320 條的不法構成要件使用「動產」一詞，明確採取「民法概念之從屬」的立法技術。依此，關於動產之解釋應回歸民法第 66 與 67 條等規定，始能符合法秩序一致性的要求。不過，值得注意的是，不同的法規範之間可以因為規範目的的設定差異，而就相同的概念用語作出不同的解釋。詳言之，考慮到刑法的規範目的，我們不排除對動產概念提出不同於民法規定的解釋結果。舉例來說，未經果樹所有人之同意而摘取其樹上的果實。依民

法第 66 及 67 條等規定，該果實原生於樹上，仍屬不動產的一部分（定著物）。然而，回歸刑法的法益保護功能，竊盜罪保護所有權法益其實是指「所有人在現實上是否位居實現所有權能的地位」。只要所有人關於所有權的權能地位可能受到侵害，刑法即有發動制裁的正當性。所以，竊盜罪的犯罪客體，亦即這裡所稱的動產（特定物），以能夠在空間上移動為必要。因為民事法上的概念從屬並不是絕對的從屬，所以在解釋上仍應考量到刑法本身既有的規範目的。也就是說，只要現實上❸於空間具有移動可能的特定物，均可作為竊盜罪的犯罪客體：「動產」。同時，也正是基於特定物於空間上的移動現象，我們才能有效判斷，所有權法益在此等狀態下是否受到侵害。以摘果實的例子來說，行為人將果樹上的果實摘下的那一刻起，該果實便有了移動可能性，或者將窗戶從房屋本體拆下，該窗戶也有了移動可能性。此等物件均屬竊盜罪的犯罪客體：動產❹。

⑵實體物

動產須為實體之物，熱能、電能等非本罪所規範的動產，而是依刑法第 323 條論為「準動產」❺。同樣地，非實體的權利或著作物，例如 MP3 音樂檔案，亦非本罪之動產。至於特定物是否具有經濟價值，並不會影響其作為竊盜罪所規定的動產，例如兒時照片、拔除的牙齒、情書等❻。

⑶不以持有是否合法為限

【實例】甲偷取乙持有的海洛因，此物為毒品危害防制條例所規定的一級毒品，並且禁止持有（毒品危害防制條例）。

---

❸ Kindhäuser, BT II, 9. Aufl., 2017, §2 Rn.12.

❹ Kindhäuser, BT II, 9. Aufl., 2017, §2 Rn.12.

❺ 刑法第 323 條：「熱能、電能及其他能量，關於本章之罪，以動產論。」

❻ 林東茂，刑法綜覽，2012 年 7 版，頁 2–118。

依實務見解，竊盜罪之標的物，不以非違禁物為限，鴉片雖係違禁物品，竊取之者仍應成立刑法第 320 條第 1 項❼，或如竊盜罪之保護客體為物之現實持有狀態，也就是物之支配關係，而其支配關係是否合法，則非所問❽。結論上，學說見解同樣認為，違法或違反公序良俗之物可為竊盜罪的犯罪客體❾。只不過有論者從持有利益的角度出發，肯認當事人對於違法事物仍有持有利益，例如搶匪劫取的財物、偷來的名畫、應召女的夜度費等❿；另有論者則是認為，竊盜罪為持有移轉之罪，刑法所要非難的行為是未經同意而變更持有，而這樣的持有變更無關目標物是否為合法或違法⓫。

前述結論或可贊同。然而，實務與學說見解均忽略了一項形塑行為不法的關鍵要素：「竊盜的結果不法為所有權法益侵害」，又違禁物得否論為竊盜罪的犯罪客體，有必要以所有權是否受侵害為依據。也就是我們必須審酌，相對人對違禁物是否保有事實上的權能地位，而有被侵害之可能。依民法第 765 條規定，所有人於法令之限制範圍內得自由使用、收益、處分其所有物。所謂的處分可以是法律上的處分，也可以是事實上的處分，特別是後者包括了變更、毀損等。雖然違禁物之所有人無法為法律上的處分，例如毒品危害防制條例第 4 條禁止販賣毒品，不過卻未排除所有人之事實處分的權能，例如「銷毀」毒品。因此，至少在竊盜罪的範疇，持有人對其所持有的違禁物，受刑法保護的所有權法益始終存在，亦即事實處分的權能地位。如此一來，違禁物作為竊盜罪的犯罪客體，應屬無疑。

---

❼　參閱 31 院解 2348 解釋；最高法院 25 年度刑庭會議決議㈢。

❽　法務部 (88) 法檢字第 002636 號。

❾　林山田，刑法各罪論（上），2006 年 5 版，頁 310；陳子平，刑法各論（上），2015 年 2 版，頁 379。

❿　林東茂，刑法綜覽，2012 年 7 版，頁 2–118。

⓫　蔡聖偉，竊盜罪之客觀構成要件（下），月旦法學教室，75 期，頁 48。

(4)須具備移動性

動產以具備移動性 (beweglich) 為必要，而所謂的移動性是指，特定物於現實上能夠從它原本所在的位置被移至另外之地[12]，又此一特徵對於竊取行為而言，強調原本不具移動可能的物得以藉由竊取手段轉變為一個可移動之物。換句話說，竊盜罪的犯罪客體僅需具備「潛在的移動性」(potentielle Beweglichkeit)，即為已足。

> 【實例】乙將自己的腳踏車與路燈柱鎖在一起。甲趁乙不注意時，使用自己的機車大鎖將該腳踏車鎖上。

本例的腳踏車是個「物」，而且為乙所有之「動產」。對甲來說，乙的腳踏車屬於刑法第 320 條之「他人動產」。但有待釐清的是，甲將乙的腳踏車上鎖，該車是否屬於「可移動之物」。如前所述，（被上鎖的）腳踏車本身仍保有潛在的移動性，所以不會因為上鎖而失去作為動產的資格。

2.他人性

動產須為他人所有。概念上，所謂的他人非指行為人自己，儘管債權人於民法上得請求他人讓與特定物，但主張債法上的請求權並不會影響該物於刑法上的他人性[13]，又就主體資格來說，可以是自然人、法人，或是國家機關。只要特定之物既不是無主物 (herrenlos)，也不是無法作為私權對象 (res extra commercium)，均可論為他人所有[14]。

---

[12] 或稱之為「可運輸性」(Transportfähigkeit)，用語見 Kindhäuser, BT II, 9. Aufl., 2017, §2 Rn.12；這裡應強調的是，關於竊盜罪規定之動產以具有移動性為必要的命題，是指特定物於現實上的運輸可能性，並不完全取決於民事法上動產與不動產的區分。

[13] 但有可能涉及「不法所有意圖」之「不法性」的評價。請參考本罪章關於「所有意圖」的說明。

進一步地說，一者，所謂的無主物非屬他人之物，例如野生動物、拋棄財產 (Dereliktion) 等。這裡所指的拋棄財產乃是「非以特定目的」為基礎的所有權放棄，若是為了捐助而放棄所有權，則非此處所指稱的拋棄財產，例如甲於路邊發現一盒紙箱，裡面裝滿舊衣，紙箱外用麥克筆寫著：「賑災，大家一起來！」；又拋棄財產不同於所謂的銷毀意思 (Vernichtungswille)，例如餐廳老闆甲將賣相不好的蔬菜水果棄置於廚餘桶，待明日交由清運公司處理。換句話說，甲之棄置行為是為了後續的銷毀，不必然希望他人取得該等廢棄物的所有權❺。此外，在非單獨所有的情形，例如公同共有，或是因為分別共有而保有應有部分者，該共有物仍屬他人之物❻。二者，若特定物已經確定無法作為私權對象，那麼也就不屬於個人之財產，例如 A 溪流經甲的土地，乙在甲的土地上從該溪流汲取一桶溪水❼。即使該桶水是從流經甲之土地的溪流所獲得，不過，因為涉及到水域之自然的流進與流出狀態，所以無法作為他人之動產。或如挖採非公有土地上的砂石，同樣不具備他人性❽。

(1)人體本身或身體部位

另有疑問的是，人體本身或身體部位是否具有作為動產的條件，或是他人性。就人體來說，活著之人乃是權利主體，而非權利客體，因此既不是物，也無所謂的財產性❾。同樣地，於母體內的胚胎無法作為一種單純的物，因為受到刑法第 288 條以下之墮胎罪的保護。這表示立法者已經確定胚胎不具

---

❹　Kindhäuser, BT II, 9. Aufl., 2017, §2 Rn.17.

❺　Kindhäuser, BT II, 9. Aufl., 2017, §2 Rn.18; Heinrich, in: A/W/H/H-BT, 3. Aufl., 2015, §13 Rn.33–34.

❻　同此見解，例如 Heinrich, in: A/W/H/H-BT, 3. Aufl., 2015, §13 Rn.35.

❼　Kindhäuser, BT II, 9. Aufl., 2017, §2 Rn.24.

❽　陳子平，刑法各論（上），2015 年 2 版，頁 381 則是認為此為砂石得否作為動產的問題。

❾　Otto, BT, 7. Aufl., 2005, §40 Rn.5.

有財產性。另外，身體部位原則上會隨著與身體分離之後，轉變為獨立之物。不過，也會因為再度與身體連結（例如透過手術將器官接回或移植），而失去作為一個物的特徵[20]。

(2) 移植物

　　同樣存有爭議的是，移植物是否具有物（動產）的特徵。學說上有認為應作區分認定，例如人造的髖關節、假牙、心律調節器等，只要固定於人體內，隨即轉為身體之一部分，失去作為物的特徵[21]；相較之下，如果自然的身體部分因為事故或移植等因素，而與身體短暫分離，則為竊盜罪的犯罪客體。另有學說見解則是從「與身體的連結程度」出發，區分為替代性(Ersatzimplante) 與輔助性 (Zusatzimplante) 的植入物。前者不具備物的特徵（如假牙、補牙之填充物），後者則有（如心律調節器）[22]。本書認為，與身體之連結程度的標準過於浮動且不確定，恐怕在個案難以形成穩定的評價。解釋上仍應回歸實質的法益保護觀點，始為正確。詳言之，法益為個人可以自由與外部世界互動的條件，而且個人基於法益的完整始能確實及有效地實現自我。在形式上，移植物確實是一個獨立的客體，不過，就實質論，個人之身體健康有賴於移植物始能積極運作的話，表示該移植物對個人的身體健康而言，實為一項必要條件。因此，移植物與身體健康之間具有不可或缺的功能性連結。延續這樣的思考，只要移植物固定於體內，隨即視為身體的一部分，也就不再具有作為物的特徵。

(二) 竊　取

　　竊取是指「未經他人（持有人）同意，破壞其對物的持有，緊接著或同

---

[20]　Kindhäuser, BT II, 9. Aufl., 2017, §2 Rn.26.

[21]　Otto, BT, 7. Aufl., 2005, §40 Rn.6.

[22]　整理自 Otto, BT, 7. Aufl., 2005, §40 Rn.7.

時建立起自己或第三人對於該物的新持有。」就此定義而言，竊取包含三項基本的組成要素：⑴「未經他人（持有人）同意」；⑵「破壞他人持有」；⑶「建立新的，但無需是行為人自己的持有」。關於持有人是否同意持有移轉的問題，涉及竊盜罪與詐欺罪（刑 339）之間的區分，亦即同意持有移轉等於詐欺罪之財產處分❷。又「破壞持有」影響行為人成立竊盜罪或侵占罪（刑 335），至於「建立持有」則是影響竊盜既未遂的關鍵。

1.阻卻構成要件之同意

基本上，所謂的（被害人）同意於犯罪評價體系被理解為「阻卻構成要件同意」(Das tatbestandsausschließende Einverständnis)。立法者在設定不法構成要件時，預先納入「違背法益持有人之意思」❷的要素。詳言之，阻卻構成要件同意與阻卻違法承諾同樣立基於個人之自主決定的法理，只不過在一些犯罪類型的設定，立法者為了強調自主或自由領域 (Autonomie- bzw. Freiheitssphären) 的特別保護需求❷，所以，透過不法構成要件之設定將此種保護理念予以貫徹。其次，考慮到竊盜罪的保護法益為所有人於事實上的權能地位，只要所有人（通常也是持有人）同意他人取走物件，也就表示其主觀上放棄對該物的支配關係。也就是說，如果將這層支配關係實質理解為所有人與所有物互動的自由性，那麼基於同意而引發的持有關係變動，形同所有權法益並未受到侵害。

附帶一提的是，在持有人與所有人為同一人的情形，前述說法或許較無爭議，不過，我們也不排除同意是由有權持有的第三人為之。由此衍生的問

---

❷ 參閱吳耀宗，詐欺罪與竊盜罪之區別，月旦法學教室，149 期，頁 25–26。

❷ 應注意的是，這裡的法益持有人為一般性的說法。精確地說，竊盜罪的同意主體僅限於物之持有人，而非物之所有人。只不過在一般情形，物的所有人往往也是物的持有人，因此沒有非常嚴謹地區分。

❷ Eidenmüller, Effizienz als Rechtsprinzip, 2. Aufl., 1998, S.353.

題是，如果第三人有效的同意可以阻卻竊取要件之成立❷，是否即表示在此種持有變更的情形，可直接推定所有權法益沒有受到侵害。本書認為，就竊盜本身的不法意義而言，持有不只是表徵特定物於物理空間上的狀態。同時，也具社會承認性的歸屬意義。唯有掌握這些時空性與社會性的意義，我們才能夠進一步確認特定人（原持有人）對特定物具有事實上的掌控地位；相較之下，所有權法益不同於持有，本質上乃是側重在所有人於規範上對該物的處置自由。依此區分，破壞持有可以說是法益攻擊的一種具體方式❷，而實現竊取的狀態則是實質上形同確認了法益侵害結果❷。即便如此，我們還是不能直接反向推導出：只要竊取要件沒有實現，所有權法益也就沒有受侵害之可能❷。

同意係指行為人違反他人意思，改變特定物的持有狀態。這裡的他人是指「持有人」，而非所有人。在一般情形，所有人與持有人往往是同一人，未經他人同意的判斷因此顯得較為單純；相較之下，不排除所有人與持有人非為同一人。在這種情形，同意的有效性僅僅取決於持有人之意思。基此，倘若行為人取得所有人的同意而取走特定之物，卻未獲得持有人的同意，雖然

---

❷ 蔡聖偉，竊盜罪之客觀構成要件（下），月旦法學教室，75 期，頁 49。

❷ Kindhäuser, StGB, 4. Aufl., 2010, §242 Rn.1.

❷ 我們在這裡之所以提及「實質上確認」法益侵害結果，乃是考慮到實現竊盜罪的客觀不法構成要件不直接等同於所有權的法益侵害。換句話說，竊取所代表的持有移轉乃是對外表徵出物之歸屬關係的形式變更（所有權關係不會隨之改變），而在此變更下始有確認所有權法益侵害的可能性；相對於此，實現客觀不法構成要件直接等同於法益侵害的情形為殺人與傷害，例如殺人之於生命法益的剝奪，或是傷害之於身體完整性法益的破壞。

❷ 同此結論，Rotsch, GA 2008, S.75；換句話說，此為竊盜罪之「未經同意移轉持有」與「所有權法益侵害」不具同一性的特殊現象，特別是在持有人有同意，所有人卻不同意移轉持有的情形，雖然行為人並未實現竊取之不法要件，卻是侵害他人的所有權法益。

無法阻卻竊取要件之成立，但所有人的承諾仍然有阻卻違法之效果。再者，若持有人之自由意志遭到完全的壓制，其所為的同意即屬無效。基於無效的同意，行為人不成立竊盜罪，而是以刑法第 328 條強盜罪論處，因為強盜罪正是透過強暴、脅迫等強制手段實現竊取。

最後，一般常見於自助商店（例如便利商店、大賣場等）的竊盜，當竊取時遭到監視或跟蹤，不表示持有人同意持有變更，例如賣場中裝設監視器，或是賣場保全跟蹤監視行為人如何竊取店內商品[30]。理由在於，錄影與跟蹤等監視手段是為了收集犯罪證據，或是確認犯罪嫌疑等，此等手段於程序法上的目的與實體法上的持有人是否同意持有移轉無關。基於錄影監視不等於持有人同意持有，我們亦可確認竊取行為不以秘密或隱密的方式為必要[31]，例如行為人在眾目睽睽下取走他人之物，亦應成立竊盜罪。相較之下，實務見解過度拘泥於「竊」字的文義，並且認為竊取須以隱密方式為之[32]，即有待商榷。

【實例】甲於大賣場購物時，小心翼翼地將麥片商品包裝打開，將一包口香糖放入。結帳時，收銀員不疑有他，只有刷麥片商品上的條碼。

此例為典型的「詐騙式竊盜」。外觀上，甲交給收銀員的商品只有麥片一盒，實際的內容物多了一包不應存在的口香糖。或許，我們可以將甲的行為解釋為：甲對收銀員施用詐術，收銀員誤認甲只有購買麥片，並且交付之。然而，甲之行為卻不會成立詐欺罪，因為收銀員對於該包口香糖沒有處分意識 (Verfügungsbewusstsein)[33]，所以，詐欺罪的財產處分要件並未實現。就犯

---

[30] 臺灣高等法院 89 年上易字第 788 號判決：「被告當日係將賣場所竊得之物品藏放褲袋，經家樂福賣場便衣監視人員發現後通報安全課人員，……，更無未拿出結帳即逕自離去之理，被告所辯實難採信，其犯行洵堪認定。」

[31] 僅參閱黃惠婷，竊盜或搶奪，月旦法學教室，22 期，頁 20。

[32] 最高法院 20 年上字第 1334 號判例。

罪評價的意義而言，處分意識的有無乃是區分詐欺罪之財產處分與竊盜罪之竊取的關鍵。只要收銀員沒有認識到口香糖，即無法對此物件的持有關係形成一定的變更意識；當然，也應當論為沒有同意移轉口香糖的持有（以及所有權讓與）。換句話說，在這種狀態下的持有關係變更，不屬於詐欺罪之自損的財產處分，而是竊盜罪之他損的未經同意變更持有。

2.持　有

⑴概念緣起與區辨

　　持有概念最早應可追溯至日耳曼法時代的「個人與特定物間的占有關係」(Gewere)。當時的占有不只是純粹的事實狀態，同時也是行使某種被推定物權的一時性權利。換句話說，基於（和平的）占有推定權利的存在❸❹。依此，竊盜是指竊取他人之物，而這裡的他人原本對特定物具有合法的所有權（和平占有）。其次，因為占有關係所指涉的保護客體包括物與權利兩者，所以只有將特定物從占有本身所劃定的保護範疇完全排除，始能論為成立竊盜❸❺。直到 1794 年普魯士法典 (Allgemeines Landrecht für die Preußischen Staaten) 才出現持有的規範性定義，也就是位居持有地位之人為具有能力排除他人干預而處分物之人❸❻。從概念史的角度切入，目前在學理上所稱的被害人之支配領域，頗類似於早期日耳曼法的占有保護範圍。

　　竊盜罪為持有移轉之罪，不法構成要件強調特定物於行為人與被害人之間的空間位置變化。也就是說，行為人透過其行為改變了原持有人對特定物的持有狀態。即便如此，不同於民法上的權利概念，刑法上的持有仍不以民法上的處分權利為前提，也不等於民法上的占有，例如占有輔助人

---

❸❸　參閱吳耀宗，好心沒好報，月旦法學教室，84 期，頁 106。

❸❹　參閱王澤鑑，民法物權，2009 年，頁 500–501。

❸❺　Nugel, Ladendiebstahl, 2004, S.192.

❸❻　Jüchser, ZJS 2012, S.195.

(Besitzdiener) 具有刑法上的持有地位，間接占有人 (der mittelbare Besitzer) 卻無❸。又持有在概念上側重於，持有人基於自然上的支配意思（主觀要素）而對特定物為事實上的支配（客觀要素）❸。基此，僅限於自然人能與特定物建立起這種持有支配關係，法人則是必須透過機關（例如公司負責人、市長等）實現對特定物的支配。

　　應再強調的是，考慮到持有為個人與特定物之間於空間結構上的現象，破壞持有被理解為竊盜罪的具體攻擊方式；相對地，所有權才是真正且唯一受規範保護的法益。以這樣的區分來看，我們唯有透過特定物之持有狀態的變化，才能夠進一步確認所有權法益是否受到侵害。換句話說，持有移轉作為竊盜罪的既遂標準，而且與其背後所代表的法益侵害，在概念上帶有一定程度的異質關係❸。應注意的是，這不表示持有本身正是代表著所謂的持有利益，因而直接肯認為一項獨立的保護法益❹。或有實務見解提出：刑法上的竊盜罪，係以竊取他人「所持有之物」為成立要件。然而，這樣的定義不過是強調竊盜罪作為一種持有移轉之罪，卻不必然表示保護法益還包括所謂的持有利益❹。

圖 1-3　物之歸屬關係的改變

延續上述的說明，若所有權人未經持有人（例如主張留置權之人）同意

---

❸ Duttge, in: Gesamtes Strafrecht, 2. Aufl., 2011, §242 Rn.19；鄭善印，刑法財產罪之保護法益，月旦法學雜誌，163 期，頁 34 則是認為這兩者概念並無不同。

❸ Duttge, in: Gesamtes Strafrecht, 2. Aufl., 2011, §242 Rn.19.

❸ 客觀構成要件之實現與法益侵害具有同質關係者，例如殺人罪，因為人之實體的存在等於生命的展現，而此實體的破壞，等同於生命的消逝。

❹ 同此結論，見 Otto, BT, 7. Aufl., 2005, §39 Rn.4.

❹ 例如最高法院 19 年上字第 1673 號判例。

而取走自己所有之物,是否仍會成立竊盜罪?依本書所採的所有權法益觀點,既然持有利益非屬竊盜罪的保護法益,那麼所有人取回自己的物件,也就無法論為侵害持有人的持有利益❷;另一種可能的解釋為,因為所有人取走的是自己之物,所以自始並未實現「他人動產」這項不法要件。無論從哪一個觀點切入,只要是所有人取回自己所有之物,均不會構成竊盜罪。

⑵事實性或規範性的持有概念

多數學說見解依據所謂的 「事實性持有概念」 (faktisch orientierte Begriffbestimmung),將持有定義為「個人基於支配意思而與特定物保有實際上的支配關係」❸。這裡的支配關係是以「持有者與物之間的空間關係」為前提,且持有人得以隨時隨地依據自己意思重新接觸與管領特定之物。不過,在個案的不法評價中,這樣的說法往往會再加入「社會認知(或稱社會交往)觀點」 (Verkehrsauffassung),作為被害人對特定物之持有狀態有無的輔助評價標準。依此觀點,持有人可以在任何時刻不受阻礙地接觸與取得特定物,並且採取相當手段防止他人未經允許而接觸與取得該物。簡單地說,持有並非單指特定人就特定物於事實上的掌握可能性,同時也包括有權接觸該特定物 (Recht auf Zugang zu der Sache) 的意義❹。此外,有學說見解提出所謂的「社會規範性觀點」,認為持有關係的判斷僅僅依循特定物之社會性歸屬的標準為之❺。

就結論來說,這兩套標準在實際的應用上已無太大差異。或許,每種理論的建構取向存有差異,但也不至於影響最後的犯罪評價結果。詳言之,即便事實性持有概念強調物理及現實面的支配要素,卻也多借用後者理論的思考,嘗試修正持有狀態的評價基準❻,典型例子為屋主出國旅遊一陣子,對

---

❷　當然,這裡不排除仍有民事責任的問題。

❸　Otto, Jura 1977, S.464.

❹　Mitsch, BT 2, 3. Aufl., 2015, S.15.

❺　見 Welzel, Das Deutsche Strafrecht, 11. Aufl., 1969, S.348.

居住空間內的物件仍然保有一定的持有關係。總而言之，不論採取何種理論，持有關係的判斷終究取決於：「綜合個案中現有的社會認知觀點進行總體性的價值判斷，又此種價值判斷具有相當的浮動性，所以更有必要仰賴案例的類型化，針對各種持有範疇的類型，建構起一套相對應的評價準據[47]。」下述情形中，持有人基本上對特定物保有一定的持有地位[48]：

1.商店內的現金收入由店員替店主（原持有人）收受，即使該店主只是暫時不在店內；

2.有權保有保險箱鑰匙之人對於保險箱內的物品具有持有關係，即使該保險箱固定在他人所擁有的空間內，或是難以搬動等；

3.信箱所有人對於信箱內的信件；

4.飲料公司對於販賣機內的商品及錢幣；

5.顧客用餐時使用店內碗盤，餐廳老闆依舊持有該碗盤。

⑶持有意思

　　持有意思是指，持有人基於主觀上的支配意思而對物為事實上的管領支配。這樣的意思為現實上的支配意思，而且無需時時刻刻針對特定物而存在。換句話說，只要持有人對物的管領支配具有「潛在的一般性意思」或「隨時可以形成具體意識」，即為已足。又考慮到持有意思為一種事實上的支配意思，即使孩童及精神病患於民法上為欠缺意思表示能力之人，但在刑法上仍屬具有支配意思。此外，考慮到只有自然人可以對特定物形成支配意思，所以，也僅限於自然人得以在現實上持有支配該物。對法人而言，僅能透過自然人就特定物為持有支配。

【實例】70 歲的甲將年輕時收藏的酒收藏於地下室。某日，好友乙登門拜訪

---

[46] 應注意的是，現今多數學說援引日常生活觀點，實際上已摻入社會規範性的思考。

[47] Hecker, JuS 2015, 275.

[48] 整理自 Duttge, in: Gesamtes Strafrecht, 2. Aufl., 2011, §242 Rn.21.

時，乙向甲分享在德國符茲堡購買葡萄酒的經驗。甲突然想起置放於地下室長達三十年的葡萄酒。

雖然本例的甲平時不記得自己所收藏的酒放置於何處，卻不影響其對於藏酒仍有支配意思。因為甲突然想起藏酒之處，表示對於這些物件始終具有潛在的一般性意思，而有隨時形成具體認知的可能性。

【實例】甲假扮成郵局員工，到乙的公司收取託運物，乙誤甲為郵局員工，將物件交付及填具託運單。甲將託運商品載回家中存放。

甲假扮成郵局員工，使乙誤以為甲為有權為郵局收受託運物之人。單就形式而論，乙將物件交給甲乃是同意移轉物的持有狀態，而屬放棄對該物的支配意思。然而，乙是否真的有放棄對物的支配意思而同意持有變更，仍應綜合其他事實予以實質評價，例如這裡的託運單。通常在託運單上會記載物流編號，以利託運人查詢運送物件的進度，例如該物件目前的位置為何。因此，託運人持有託運單的意義便在於對託運物的具體掌控，例如在一些情形下變更收件地址，或是解除運送契約而要求返還託運物等。總而言之，儘管乙受到甲的詐騙，卻始終未放棄對託運物的支配意思；當然，亦無同意移轉持有。所以，甲取走託運物且置放於家中的行為應論為竊取。

相較之下，有實務見解提出相類似的結論，例如最高法院 29 年上字第 171 號判例：「上訴人受甲地郵局之委託，將其鉛子封固之郵袋運送乙地，在運送途中對於整個郵袋，固因業務而持有，但其封鎖郵袋內之各個包裹，仍為託運人所持有，並非上訴人所得自由支配，乃將鉛子封印拆開一部，抽竊袋內所裝包裹，實與侵沒整個郵袋之情形不同，應成立竊盜罪名。」[49] 但有疑問的是，何謂包裹仍為託運人所持有，而非行為人所得自由支配。最高法

---

[49] 盧映潔，刑法分則新論，2016 年 11 版，頁 645 認為此例應構成「侵占」。

院在這裡只有提出結論，卻未進一步說明這項結論如何推導得出。如果延續最高法院的思考，成立竊取的關鍵應是在於託運人持有託運單的部分，始為合理。也就是說，託運人透過託運單上的運送編號得以隨時掌握託運物的去向，由此說明其始終未放棄對該物的支配意思。至於行為人是竊取袋內所裝包裹，還是侵沒整個郵袋，實非重點。

然而，暫且不論託運單有無的問題，本書認為前述判例之行為事實應論為成立侵占，而非竊盜。理由在於，託運人將託運物交給運送人，充其量只有同意破壞持有，卻未同意建立持有。換句話說，運送人乃是先持有他人之物，緊接著易持有為所有，此為典型的侵占行為❺⓿。

⑷共同持有

持有可以是「單獨持有」，也可以是「共同持有」。前者概念在理解上較無問題，而後者則有可能涉及竊盜與侵占的區分。所謂的共同持有是指，多數人居於平行的社會關係而對特定物具有「對等的」支配管領力❺①，例如夫妻、承租人與出租人、合租公寓之人對於公用空間的物件、貨運司機與同行的運送人❺②、承租銀行保險箱者與持有鑰匙之行員等，所有人均對特定物具有持有關係。雖然多數人對特定物居於共同持有的地位，實質上也可以理解為，每一位持有人均對該特定物具有抽象且部分的持有地位。因此，一旦其中的持有人破壞其他共同持有人對該物的持有支配關係，形同破壞他人對物之持有，應當構成竊取，而非侵占❺③。相較之下，全權負責商店之財務者，例如店主或會計，則應論單獨持有收銀機內的金錢❺④。或是承租銀行保險箱

---

❺⓿ 這裡的結論乃是涉及到原持有人對於破壞持有或建立持有是否有同意的問題。詳見本章「3.特殊問題：對於破壞持有或建立持有的同意」處的說明。

❺① 林東茂，竊盜與侵占，月旦法學教室，14 期，頁 62。

❺② Otto, BT, 7. Aufl., 2005, §40 Rn.27.

❺③ 不同見解，見林山田，刑法各罪論（上），2006 年 5 版，頁 321；林東茂，竊盜與侵占，月旦法學教室，14 期，頁 62。

者，若有權在任何時刻（即使只能在營業時間內）開啟及利用保險箱，亦屬單獨持有⑤，而有成立侵占的可能。

相對地，如果多數人對特定物處於「非對等」的支配管領力，例如店家與店員之間，貨車司機與託運人（或是貨運公司負責人）之間，不具獨立支配地位之人（店員、司機）未經同意取走他人（店家、託運人或貨運公司負責人）之物，應論為竊取。也就是說，以經營超商為例，店員依僱傭契約僅負責銷售商品與收受價金，對於店內商品及收銀機內的現金，並沒有獨立的持有支配地位。倘若未經店主同意而取走商品或現金，即屬破壞持有的竊取行為。

⑸竊取的行為階段之一：「破壞持有」

【實例】甲在上課時，將腳踏車鎖在校門口外的欄杆上。乙使用機車大鎖將甲原本已經上鎖的腳踏車再度鎖上。

關於乙是否破壞甲對腳踏車的持有關係，應予釐清的前提問題是，在乙鎖車時，甲對自己的腳踏車是否保有持有關係？甲的腳踏車並非放置於自家中，而且甲當時在教室內聽課，實際上與腳踏車保持著相當的距離。就時空的角度來看，甲與腳踏車之間似乎不存在著實際的持有關係。不可否認，持有人往往會與特定物保持著鬆弛持有的狀態，例如持有人出國而與住處的物件相隔非常遠的距離，或是上課時，將腳踏車置放其他校區等。不過，從規範的角度來說，這樣的鬆弛持有狀態可以透過特定的方式予以衡平，進而轉向緊密持有，例如將腳踏車鎖起來，形成確保持有的效果，或者保持相當的距離隨時觀看自己的腳踏車，避免他人未經許可任意取走。即便甲將腳踏車鎖在公共領域，而非類似於住家的私人領域內，透過鎖車的動作形同對外象

---

⑤⑷ Otto, BT, 7. Aufl., 2005, §40 Rn.27.

⑤⑤ Otto, BT, 7. Aufl., 2005, §40 Rn.27.

徵出一定的　（緊密）　持有關係❺⑥　。　基於　「社會性共識」　(gesellschaftliche Konvention)❺⑦　，雖然特定物被置放於公共領域，持有人與該物之間的歸屬關係仍然受到社會性的承認，社會成員尊重持有人對於該物的支配地位。簡單地說，我們不會因為特定物被置於公共領域，隨即認為持有人切斷與該物的支配關係。所以，甲對腳踏車仍然保有一定持有地位。

　　另有問題的是，乙將已上鎖的車額外上鎖，是否構成破壞持有？從空間上的意義理解，持有移轉是指特定人原本對物的支配狀態轉由其他人掌控。這種現象強調該物於「現實上的空間移轉」，但與此不同的是，竊盜罪之他人動產的特徵則是聚焦在「移動可能性」。依此，案例中的乙對甲原已上鎖的腳踏車額外上鎖，就甲來說，腳踏車雖然保有潛在的移動可能性，卻因甲自己上鎖而早已處於無法移動的狀態。相對於乙而言，既然甲的腳踏車早已上鎖，乙在規範上無法再度破壞甲對該車的持有，當然，也就不可能產生後續的持有移轉效果。所以，乙的上鎖行為並未實現竊取。就算甲使用老舊的車鎖，容易被撬開，這也不影響我們認定甲始終持有腳踏車。理由在於，不論甲對該車是否為鬆弛的持有，或者持有關係容易破壞，只要甲一有上鎖的動作，那麼就會對外表現出「象徵性的緊密持有關係」。

(6)竊取之行為階段二：「建立持有」

①持有袋地理論

【實例】甲逛大賣場時，趁四下無人之時，將一包口香糖放入褲子的口袋內。

　　以傳統的「商店竊盜」為例，實務見解大多只是提出結論，未有更進一步的說理，例如臺灣高等法院 91 年上易字第 2818 號判決：「然被告為智慮健

---

❺⑥　應注意的是，無論如何，甲對自己的腳踏車始終保持著一定的持有關係，只不過「上鎖」為「緊密持有」，「未上鎖」則是「鬆弛持有」。

❺⑦　Gropp/Küpper/Mitsch, Fallsammlung zum Strafrecht, 2012, S.235.

全之成年人，既知甲將前揭商店內之物品放置於彼背包內及甲所有之手提包內，應知需付帳完畢始可離開，然竟未交予櫃檯結算，即利用櫃檯人員為其他顧客結帳忙碌之際，將裝有上揭商品之二個包包攜帶步出結帳區，但因上開物品未經結帳而觸動防盜器，始經店家職員發覺報警處理。」於此，因為實務見解未先就持有概念予以辨明，所以有疑問的是，為何持有移轉（既遂）的時點為觸動防盜器，而非置於背包之時；另外，在商家未裝設防盜器的情形，持有移轉的時間又應為如何之解釋。倘若我們將持有移轉的時點確定在行為人離開店家時，那麼前述判決以防盜器作為判斷基準，恐怕是將持有移轉繫諸於偶然的裝置條件上。如此一來，竊盜既遂之判斷即顯得相當恣意。

相較之下，多數學說見解則是援引所謂的「袋地理論」(Enklaventheorie)，或稱「持有袋地」(Gewahrsamenklaven)❸作為判斷竊盜既未遂的準據。舉例來說，行為人在超商內將小型商品（例如口香糖）放入自己的衣物或背包內，形同提前改變了行為人與持有人兩者與物之間的持有關係。即使行為人尚未走出商店，仍可論為已經形成自己對該竊得之物的事實上支配關係❺。更精確地說，袋地理論的重點在於，從身體權與一般人格權等基本權發展出個人之身體隱私領域的概念，或稱之為「禁忌領域」(Tabusphäre)❻。如果店家對行為人的身體在規範上不具有支配地位的話，那麼對於那些與行為人之身體保有（空間上）緊密關係的物件，同樣也沒有支配的可能❻。

實際上，上述說法與「社會生活觀點」沒有明顯的差異，例如：(1)顧客

---

❸ 見古承宗，冒用他人信用卡之刑事責任，台灣法學，第224期，頁158。

❺ 不同見解，例如甘添貴，刑法各論（上），2013年3版，頁224：「在超商行竊者，或將財物置於皮包、口袋之時，或趁店員未注意之際攜走而出之時，為其實行之著手。」

❻ Wessels/Hillenkamp, BT 2, 32. Aufl., 2009, §2 Rn.115.

❻ Mitsch, BT 2, 3. Aufl., 2015, S.16.

（潛在的行為人）身著的衣物代表個人緊密的身體隱私領域，任何被放入衣物或背包的小型物件均是被納入個人的持有袋地領域，持有已移轉；⑵在商店一定的空間限制範圍內，屬於店家一般性的持有領域，當行為人竊取體積較大的物件，尚未搬離商店空間時，即未對該物建立新的持有；⑶行為人把竊取的商品置於購物推車，使用其他物品遮蓋，於行為人通過收銀臺時，或在裝有警報系統的賣場，於出口處警報響起遭查獲時，建立新的持有。總而言之，依據袋地理論，個人的身體隱私為禁忌領域而不可侵犯，只要特定物進入此一領域，竊取即可論為已實現。

　　即便如此，袋地理論還是有以下矛盾之處：⑴規範上，個人的身體隱私領域並非完全不可侵犯，例如刑法第 23 條正當防衛已清楚表達。行為人（防衛者）為了避免現在不法侵害，得以攻擊他人（攻擊者）的法益；⑵當商店內的商品進入行為人之身體隱私領域，店家頂多可以主張正當防衛，而將該物奪回。然而，店家採取防衛手段的時點不會僅限於既遂（例如侵害繼續發生），還有未遂（例如侵害即將發生）的階段。以此反推，不論是在何種侵害階段，行為人的身體隱私領域其實在規範上均未受絕對的保護。

　　不同於袋地理論的說理，本書認為，竊取之既遂與否的標準應為「**特定物現實上如何從被害人往行為人移動**」，特別是「**行為人與被害人兩者如何雙向地排除對方與特定物的歸屬關係，並且形成新的歸屬關係。**」，而此判斷又取決於具體個案中，特定物於物理空間上的變動狀態，以及被害人對該物之歸屬狀態的認識可能性等。本例的甲將口香糖從賣場的架上取下，並且置放於自己的背包內，店家因此對該小型商品的歸屬狀態欠缺現實上的認識可能性。甲之竊取應論為竊盜既遂（刑 320 I）。

【實例】甲任職於 A 運送公司，負責至 B 公司裝載及運送貨品。某日，甲在未受託運的情形下，開著自己的貨車到 B 公司的存貨區搬走五十箱貨品。甲的行徑被保全乙使用手機全程拍下。甲計畫將該五十箱貨

品先運回 A 公司存放。甲回到 A 公司存放貨品時，公司的倉管丙要求甲提出運送證明文件，甲則是謊稱：「明天會有另一名司機來載貨，該司機將出示相關文件，並且知道這些貨品該運到哪。」甲將貨品暫放於公司倉庫旁，計畫趁沒人注意時再搬離現場。不知情的工讀生丁將這些貨品推進公司內的倉庫中加以保管，甲因而無法再接觸到這些貨品。

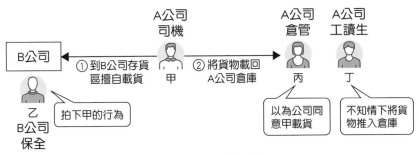

圖 1-4　甲的行為

如前所述，竊取係指未經他人同意而移轉持有，而這裡的他人同意乃是「持有人」的同意❻❷。在一般的情形下，所有人與持有人通常為同一人。在本例中，倉管丙為 A 公司的僱傭人，負責登記與收發貨物等事務，理應論為倉庫存貨的持有人，而非所有人。然而，這裡必須辨明的是，純粹機械式的倉庫管理行為實際上沒有獨立的使用、收益、處分權限，丙因此無法作為竊盜罪適格的持有人（被害人），真正的持有人應為 A 公司負責人。縱然甲在形式上已經獲得 A 公司倉管丙的同意，之後再由甲自己或其他司機代為載貨，該同意在竊盜罪的規範脈絡下卻沒有任何規範上的意義❻❸。所以，甲將貨物暫放於公司倉庫旁卻未載走的行為乃屬「未經持有人同意而破壞持有」。

---

❻❷ 關於持有人不同意，所有人卻同意的情形，即屬阻卻違法承諾的問題。

❻❸ 具體個案中亦有可能是行為人誤以為倉管的同意是有效的。於此，雖然竊取要件仍已實現，不過行為人主觀上誤以為持有移轉乃是經過他人同意，而屬欠缺故意。

又當不知情的工讀生丁將該等貨物推進倉庫加以保管，原持有人（A 公司負責人）形同重新建立起穩固的持有地位；相對地，甲隨即喪失對該等貨物建立持有關係的可能性。於此階段，甲僅成立竊盜未遂罪（刑 320 III, 25）。

另有問題的是，除了貨物存放於 A 公司倉庫的行為階段外，本例的甲在 B 公司的取貨過程中如何及何時實現了貨物的持有移轉。首先，依據前述的袋地理論，我們可以將貨車類比於個人的背包，而將其視為貨車司機的禁忌領域，任何人均不得任意開啟貨車或隨意上車。只要貨物一進入甲的貨車內，形同甲破壞了 B 公司之負責人對該等貨物的持有關係。至於建立持有的時點，以商店竊盜為例，實務見解認為行為人走出商店才算是真正建立持有。若是以此類推的話，甲將貨車駛離存貨區，才能算是真正地建立持有；相對地，若是貫徹袋地理論的邏輯，只要甲將貨物置放於貨車內，形同讓該物件進入自己的袋地領域，進而實現建立持有此一要素。理由在於，任何人不得未經甲的同意進入貨車，若原持有人在竊盜既遂的狀態進入貨車內取回遭竊之物，仍屬實現竊盜罪之不法構成要件，只不過仍可在違法性的層次主張正當防衛（刑 23）。

②跟蹤監視與建立持有

同樣有爭議的是，當竊取之時遭他人跟蹤監視，是否會影響我們對於竊盜既未遂的評價。多數的學說見解認為[64]，竊取既遂是指行為人取得對物的事實上持有關係，進而排斥他人對所有物的支配地位，例如使該他人對物的支配權或監督權無法行使，或是行使產生一定的困難。值得注意的是，該說同時又從日常生活觀點切入，認為行竊過程受到跟蹤監視並不會影響既遂之判斷。

相較之下，少數說則是認為，持有移轉取決於被害人或是其輔助之人有無可能將物件取回 (Zugreiffsmöglichkeit)，如果行為人將架上商品放入衣物的

---

[64] 僅參閱 Tröndle/Fischer, StGB, 58. Aufl., 2010, §242 Rn.17–18.

過程受到店員或是賣場保全監視的話，頂多成立竊盜未遂（刑 320 II, 22），因為這些遭竊商品在空間上始終與店家或保全人員保持著不遠的距離，而店家或保全現實上得以迅速啟動保全系統，或是把物件奪回⑥。

　　基本上，少數說應屬可採。不過，本書認為較適切的說理應當為，持有移轉在規範上所要彰顯的不法性格，不能只從行為人的面向進行理解，也就是不能只考慮特定物從被害人往行為人移動，而是更應該實質考慮到「個人對物的事實地位」與「自由擴張」⑥等原則，由此判斷行為人與被害人之間如何排除對方與物的歸屬關係，以及是否形成新的歸屬關係等。雖然持有狀態表徵出個人在客觀上對於特定物居於事實上的處分地位，而且同時在主觀上具有支配意思，不過，持有移轉仍有必要進一步理解為：「**在舊的持有狀態下，被害人對物保有積極的支配意思與消極的排除意思，同樣在新的持有狀態也涉及到行為人具有積極的支配意思與消極的排除意思⑥。**」簡單地說，行為人與被害人兩者透過此等意思的相互對抗，促使持有狀態產生變化。如果被害人對物的支配意思尚未確定排除，現實上仍有把物取回之可能性，例如行竊過程受到店家或保全人員跟蹤監視的情形，那麼行為人也就還無法完全建立新的持有關係⑥。依此，多數學說見解對於持有移轉的說明，大多只有強調行為人這個層面的評價，卻是忽略了行為人與被害人兩者之支配意思

---

⑥　LG Köln StV 1997, 27; OLG Frankfurt MDR 1993, 671.

⑥　附帶說明的是，竊取行為不會導致特定物的毀損或滅失，而是涉及行為人與被害人兩者對於特定物之支配實力的消長狀態。這種消長現象就像是光譜兩端的明暗變化，一旦行為人取得持有地位時，被害人形同失去持有地位。行為人因而在現實上（但非規範上）保有機會，行使原本就不屬於其自由領域的權能。

⑥　Rotsch, GA 2008, S.76.

⑥　這裡應注意的是，特別是在自助式商店或賣場內的竊取行為，則還有「同意破壞持有」的問題，而此將會影響成立竊盜罪或是侵占罪之評價。進一步說明，詳見本章「肆、二」。

帶有雙向性的排除關係，以及這種排除關係對於持有移轉所蘊含的不法意義。

③辨識可能性之於建立持有的意義

【實例 1】甲在大賣場將一包口香糖放入褲子的口袋。

【實例 2】甲在大賣場將口香糖放入透明塑膠袋中。

【實例 3】甲將服飾店販售的襯衫穿於身上之後，再套上自己的外套。

【實例 4】甲在試衣間時把標籤剪下，並穿在身上。

關於上述四則案例的建立持有問題，高等法院臺南分院 98 年上易字第 457 號判決提出頗具啟發性的評價標準，亦即「而一般購買商品時，需將商品拿至結帳臺結帳，由收銀人員以專門設備取下防盜釦後，刷條碼結帳，方能完成購買結帳程序，被告逕行將未結帳之休閒鞋上之防盜釦取下，並套穿於腳上，以該休閒鞋係穿於被告腳上且無防盜釦以觀，結帳人員已無法知悉該鞋係家樂福賣場所有而需結帳付款之商品，是此時該休閒鞋已置於被告權力支配之下而既遂，即被告於將該休閒鞋上之防盜釦取下而換穿在腳上時，顯已將該贓物置於自己實力支配之下而既遂，縱被告早已為賣場管理人監控中，亦不影響其竊盜既遂之認定。」於此，高等法院已經正確地指出，只要被害人現實上無法認識到商品所在或辨識商品的歸屬，即應論為竊取既遂（持有移轉）。因為行為人將防盜釦取下後，商店內的防盜器無法發揮作用，使得店家無法辨識休閒鞋的歸屬。

即便如此，這段說理似乎忽略了休閒鞋上的標籤同樣具有表徵物之歸屬的功能。換句話說，除了防盜釦之外，仍有必要考慮到標籤這項因素。不論是實例 3 的甲把店家販售的襯衫穿在身上，再套上自己的外套，或是實例 4 的將標籤剪下，店家事實上均已無法（或顯然難以）辨識顧客身上的衣物是否為店內商品，所以應論持有已經移轉。據此，當實例 1 的甲將口香糖放入褲子的口袋內，店家隨時無法辨識口香糖的位置，不論是依多數學說的袋地

理論，或是這裡的辨識可能性觀點，均已建立新的持有。相較之下，若實例2的甲只是放置於透明的塑膠袋，只要店家仍然保有辨識的可能性，甲都還不能算是對口香糖建立起新的持有。

3.特殊問題：對於破壞持有或建立持有的同意

基本上，持有移轉可區分為「破壞持有」與「建立持有」等行為步驟，又此等步驟具有時序上的先後實現關係。當我們將竊取理解為未經同意的持有移轉，那麼從邏輯上的對應性來看，不論在破壞持有，或是建立持有的階段，持有人的同意理應都有一定的規範意義。更具體地說，同意之於持有移轉而言，本質上作為一種「累積性」的概念，而同意的對象與時點均應涉及這兩個行為步驟。多數學說見解認為，同意與否的問題僅存在於破壞持有階段，至於在建立持有階段始發生的同意，則為不具規範意義的事後同意。這樣的說法明顯忽略了同意的累積特徵，實有再商榷餘地。

其次，考慮到持有移轉（物之歸屬關係的變化）內含行為人與被害人之間雙向的支配意思對抗與否認，以及未經同意作為形塑行為不法的要素，那麼持有人有無同意對於持有移轉來說，在規範上亦可理解為個人是否放棄主觀上的支配意思。換句話說，竊盜之行為不法的內容應為：「行為人未經原持有人（累積的）同意而為破壞持有及建立新持有等行為步驟。於此，行為人表現出自己對特定物的積極與消極的支配意思，同時也是否定原持有人對該物的積極與消極支配意思，進而導致物之歸屬關係的變更。」

總而言之，唯有破壞持有與建立持有階段均未經持有人同意，才能夠完整說明竊盜（既遂）的不法內涵。所以，建立持有階段始發生的同意，也就不能如多數學說見解所言，僅屬不具有規範意義的「事後同意」。

【實例】甲在餐廳內趁乙不注意之時取走其包包，將其側背在身上。幾分鐘後，乙發現東西遭竊，心中頗為難過，好友丙表示將送乙一個全新

> 的包包。乙因此表示被偷走的包包就當作是送人。於此之後，甲剛好把偷到的包包帶離餐廳。

本例的甲先將包包從乙的身邊取走（破壞持有），過一段時間後帶離餐廳（建立持有）。就整體的行為歷程看來，行為人乃是透過竊取表現出自己對物的（積極與消極）支配意思，以及否定被害人對物的積極與消極支配意思。應注意的是，雖然乙「沒有同意破壞持有」，不過卻是「同意建立持有」，至於在建立持有階段始發生的同意，形同「部分放棄」對物的支配意思。依此，既然甲之竊取欠缺完整的行為人與被害人之支配意思相互對抗，而無所謂的結果不法⑥，頂多論為竊盜未遂（刑 320 III, 25）。

圖 1–5　竊取與持有

、主觀之不法構成要件

㈠故　意

竊盜罪為故意犯。基於刑法第 13 條之故意規定，行為人於行為時的主觀心理認知必須對應到客觀的不法構成要件事實，亦即對於竊取行為、他人之動產等有所認識，以及對於竊取結果（持有完全移轉）具有意欲。又這裡的「他人動產」乃是「物之概念」（Sachbegriff）以規範性構成要件的形式呈現。規範性構成要件為一種內容有待補充的概念，解釋上有賴於民法或其他法規

---

⑥　這裡或可理解為「不法評價的不完整性」。

範之相關規定予以充實。舉例來說，甲借乙一本小說。甲見乙將該本小說贈送給不知情的丙。甲趁丙不注意時，將小說取回。關於系爭小說的所有權歸屬，應先考量物權法上與所有權移轉有關的規定，以此決定何人為真正的所有權人。基於民法第 801 條及第 948 條等規定，儘管乙為無權處分甲之動產，第三人丙卻是善意取得該本小說的所有權。對此，如果甲始終認為自己為小說的所有權人，即屬未認識到他人之動產，而為欠缺故意。

再者，關於行為人是否認識到竊取之物為他人動產，則是取決於所謂的「**法律門外漢原則**」。也就是說，我們無法要求一般人均像法律人一樣精確掌握規範性構成要件的內涵，刑法上僅僅要求行為人具有「門外漢」的理解程度即可，例如在餐廳點杯啤酒，服務生隨即在杯墊上劃線表示點酒次數。若把杯墊上的劃線抹除，則有可能構成「變造私文書」。或許，行為人的主觀心理未能精確形塑出「私文書」這項概念，特別是其中所表徵的民事法律關係，不過，犯罪評價上僅要求行為人能夠了解到「將杯墊上的記號抹除，可少付錢」的程度，即可確認其對於杯墊作為「私文書」有所認識。

總而言之，上述的門外漢原則可略分為下述二項標準：(1)法規範對要求行為人應為或不為什麼，例如不得未經許可取走他人之物；(2)行為人之行為在某種程度上具有法律重要性，例如將杯墊記號抹除，可以少付錢。簡單地說，只要行為人認識到行為具有一定的法律意義，即使不知行為到底實現了哪一個具體的不法要件，依舊不否定其具有故意❼⓪。

除了故意之外，本罪額外要求行為人於行為時具有不法所有意圖。就犯罪的評價順序來說，故意之檢驗先於不法所有意圖，若是確認行為人不具故意時，則無需進一步檢驗意圖要素。

---

❼⓪ 即便如此，具體個案中仍不排除有成立刑法第 16 條之禁止錯誤的可能性。

㈡不法所有意圖

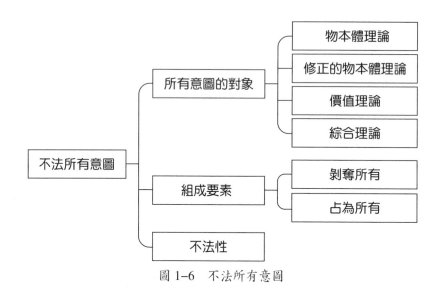

圖 1-6　不法所有意圖

1.概　說

一般來說，竊盜罪的不法所有意圖是指，行為人明知無合法事由，而意在建立起個人與特定物之間涉及（類似）所有權人地位的關係。概念上，所有意圖又可區分為「剝奪所有」(Enteignung) 與「占為所有」(Aneignung)❼❶等組成要素。前者是指持續且終局地排除他人之權利行使或支配；後者則是行為人使自己或第三人居於類似所有人之地位，而利用他人動產之實體或利益。

其次，竊盜罪作為所謂的「截斷的結果犯」❼❷，既遂與否乃是取決於持

---

❼❶　或有譯為「據為所有」，見蔡聖偉，竊盜罪之主觀構成要件，月旦法學教室，80 期，頁 40。

❼❷　竊盜罪完整的犯罪歷程原為「實施竊取、竊取既遂，以及既遂後居於類似所有權人地位支配竊得之物」，立法者將「居於類似所有權人之地位的階段」從客觀不法的層次截除，並且改定為主觀不法的要件。竊盜罪因而被稱之為截斷的結果犯。僅參

有是否移轉，至於行為人企圖取得他人之物，亦即排除所有人之支配地位的「剝奪所有」與僭越所有人地位的「占為所有」等，均非成立竊盜既遂的條件。換句話說，行為人為自己或第三人取得特定物不屬於客觀的不法構成要件，而是立法者將此種事實狀態予以主觀化，將其劃歸在所謂的「所有（取得）意圖」，並且作為一項主觀的不法構成要件。學說上稱此意圖要素為「溢出的內在傾向」（Überschießende Innentendenz）[73]。應注意的是，所有意圖同樣適用「同時性原則」，其存在時點與故意並無不同，均須於「行為時（即竊取時）」判斷。

儘管所有意圖屬於心理性的認知要素，行為人於行為時的認知狀態卻無須對應到客觀的不法事實。因為在客觀的不法構成要件中，不存在「所有意圖」此種心理要素的關聯對象（Bezugspunkt），亦即主、客觀不法要件之間的對應物[74]。多數學說見解因此認為，如同傾向犯與表意犯一般，竊盜罪也是作為一種意圖犯，內含意圖此種特殊的主觀性要素。

另有少數學說見解則是認為，所有意圖必須對應到竊取這項客觀不法構成要件，而其理由在於，(1)竊取區分為破壞持有與建立持有兩個行為階段，至少在後者情形，就意圖內容的具體實踐而言，行為人占有特定物是必要的[75]；(2)刑事立法者試圖透過竊盜罪與侵占罪兩者規定，提供所有權更全面的保護，又侵占罪之於竊盜罪的適用關係，乃是居於補充性地位（subsidär）[76]。單就這點來說，我們或可主張，考慮到侵占罪的刑度設定比竊盜罪的還要高，所以侵占罪之於竊盜罪來說，理應無法居於補充性的地位。然而，此種推論似乎忽略了我國侵占罪的規範結構在於強調「客觀不法層次」

閱 Kindhäuser, StGB, 4. Aufl., 2010, §242 Rn.2.

[73] Heinrich, in: A/W/H/H-BT, 2. Aufl., 2009, §13 Rn.67.

[74] 僅參閱 Witzigmann, JA 2009, S.489.

[75] Börner, Die Zueignungsdogmatik der §§242, 246 StGB, 2004, S.179ff.

[76] 例如行為人於「建立持有」的階段始生所有意圖，則有成立侵占罪之可能。

的補充意義。至於刑度提高的理由推測是立法者著眼於主觀上的非難。也就是說，侵占罪同樣定有不法所有意圖，只是在立法技術上嘗試透過這項不法要件凸顯出行為人主觀上居於類似所有權人地位處分他人之物的可非難性。無論如何，綜合這兩項理由，少數見解主張竊取無法被解釋為侵占罪之據為所有 (Zueignung) 的預備行為，竊盜罪反而應該轉向理解為「透過竊取實現據為所有」(Zueignung durch Wegnahme) 的犯罪模式。

本書認為，少數說值得再商榷。首先，就規範用語的設定目的來說，竊盜罪之所以設有所有意圖的要件，在相當程度上帶有刑事政策上的考量，特別是立法者對於行為人之利己動機的特殊非難。現行法規定的竊取要件僅僅強調持有狀態的移轉，早已捨棄取得的成分。所以，所有意圖與竊取既然分據獨立的概念功能，兩者於行為時不必然要有一定的認知對應性。其次，竊取也無需解釋為客觀上的所有化過程❼，因為竊盜罪作為截斷的結果犯，原本屬於取得所有的階段已經被劃歸到主觀的意圖要件，所以，竊取的建立持有在邏輯上也不可能會是所有意圖的關聯對象。只要行為人主觀上為了剝奪所有與占為所有而竊取他人之物，那麼所有意圖即屬實現。

除此之外，意圖要素具有一定的規範限制意義，我們可以藉著這種要素，將一些屬於構成要件行為的個人活動，從規範的適用範圍予以剔除，也就是各罪的法益保護功能有時候會因為意圖要素的存在而被適度地限縮。舉例來說，儘管竊取他人動產且造成所有權法益侵害，不過，在欠缺為自己或他人取得之心理傾向的情形，仍然是不罰的。

圖 1-7　所有意圖

---

❼　同此見解，Mitsch, BT 2, 3. Aufl., 2015, S.43.

　　另外，意圖作為一種心理事實，具體形塑出行為人的內在面向❼❽，而所有意圖則是指「以目的為導向且絕對的結果意思」，其中包括「意欲性的」(voluntativ) 及「認知性的」(intellektuell) 意圖要素。考慮到意欲性的意圖要素，所有意圖也就帶有特別強烈的意思特徵，也就是行為人必須以特定結果之發生為行動目標，例如竊盜罪的取得所有、詐欺罪的獲利等，但這不表示該特定結果（終局目標）必須獲得具體的實現。

　　較有爭議的是認知性的意圖要素，部分論者認為此一要素係屬多餘，如果我們強調所有意圖的內涵在於表達行為人致力於實現特定的結果，那麼也就表示行為人對於結果實現的想像，已經具有相當緊密的內在關聯。所以，根本無需額外強調意圖要素具有認知面向的特徵。然而，這樣的說理恐怕將會混淆「惡意性」與「故意性」兩者於刑法上的主觀非難意義。也就是說，行為人主觀上的惡意既不是刑法所關切的非難對象，而且此種純粹倫理性的概念，也無法有效說明「故意行為」於規範上的本質。總而言之，若行為人對於企圖實現之目標的可實現性沒有一個最起碼的想像，那麼他的行為就沒有所謂的故意性。所以，意圖要素依舊以具有認知性的特徵為必要，而且至少需達到間接故意的程度❼❾。

> 【實例】甲竊得乙的皮夾。甲打開皮夾，原本以為有千元現鈔，結果只有幾枚硬幣。

　　甲於竊取之時，所有意圖的對象原本為千元現鈔，不過，實際上卻只有硬幣數枚。因而有疑問的是，甲誤認硬幣為千元現鈔，得否依據「等價客體錯誤」的法理，肯認甲對硬幣仍舊具備所有意圖。對此，部分的學說見解認為❽❶，關於所有意圖之客體的界定，仍應回歸法定構成要件的規定，也就是

---

❼❽　Mitsch, BT 2, 3. Aufl., 2015, S.43–44.

❼❾　同此結論，Puppe, NK-StGB, 4. Aufl., 2013, §15 Rn.108.

甲竊取的硬幣同樣屬於他人之動產，雖然誤認硬幣為鈔票，仍舊不影響甲對硬幣具有所有意圖。多數見解❽則是認為行為人實際竊得之物與原本預期的不同時，所有意圖所指涉的對象只會存在於原本預期的客體，而非實際取得的客體。因為積極的所有意圖強調行為人主觀上必須出於建立對物所有地位的蓄意，因此採取等價客體錯誤的法理，雖然不影響行為人的未必故意，不過卻會排除積極所有的蓄意。

比較前述兩者見解，本書認為多數見解有再商榷之必要。理由主要在於，其所指稱的蓄意似乎只是強調行為人為何及如何行為的行動目的或動機，這是一種過於簡化且純粹意向式的理解，其中忽略了所有意圖本身乃是由「意欲性」與「認知性」的要素所組成。既然所有意圖帶有認知性的特徵，那麼也就沒有理由排除客體錯誤之法理的適用。依此，甲的所有意圖對象原本為千元現鈔，實際上卻是數枚硬幣，因為兩者均為「他人動產」，所以基於「等價客體錯誤」的法理，甲的誤認只不過是一種動機錯誤，並不會影響甲於竊取時對於硬幣的所有意圖。

2.所有意圖的對象

行為人基於所有意圖而對外表現出所有權人之姿態或地位 (se ut dominum gerere) 支配所竊得之物。但有疑問的是，依據何種條件，我們可以視行為人居於類似所有權人地位而取走他人之物。換句話說，這裡有必要先行掌握所有意圖的關聯對象為何，依此再進一步確認：(1)行為人如何對外具體表現出所有意圖、(2)有權之人因行為人的剝奪所有而失去了什麼，以及(3)行為人或第三人因為占為所有而獲得到什麼等等問題。關於所有意圖的對象，有下述不同之見解❽：

---

❽　薛智仁，竊盜罪之所有意圖概念，台灣法學雜誌，205 期，頁 163。

❽　此為德國的通說見解，見許澤天，刑法各論(一)，2017，頁 49。

❽　個別學說見解的完整分析，可參考黃士軒，一時使用他人之物與竊盜罪的所有意圖，臺大法學論叢，45 卷 4 期，頁 1945 以下。

表 1-1 *所有意圖的對象*

理論		說明	所有意圖的對象
物本體理論		從物之本體是否屬於特定人的支配領域、對外表現出類似所有權人地位，來判定是否有所有意圖	物之本體
修正的物本體理論		不限於該物客觀上的典型機能，還包括用益權能，例如車票	特定物所保有的利用可能性
價值理論	限縮觀點	強調特定物本身表現出的一定經濟價值，或承載特殊功能的價值	特定物本身的價值
	擴張觀點		尚包含特定物的轉讓價值
綜合理論		犯罪評價上，先由物本體出發，再備位地由該物承載的價值進行評價	包含物之本體或物本身體現的價值

(1)早期學說採所謂的「物本體理論」(Substanztheorie) 或稱「所有物理論」(Eigentumstheorie)[83]。所有意圖乃是依據「物之本體」決定特定物是否及如何劃歸於特定人的支配領域，而基於這樣的支配領域，該特定人對外表現出類似所有權人的地位。依此，實際上只會涉及事實上對物取得所有，而非法律上的取得所有。理由在於，如果要論行為人類似於有權之人使用財物，也只能從取得物體的本體予以理解[84]。行為人於事實上占有「取得之物」[85]，而讓自己或第三人有機會對於該視為自己所有的物加以利用。換句話說，所有意圖的對象以犯罪客體本身為必要，行為人或第三人對此才有可能取得類似所有人的處分權力[86]。然而，考慮到現代社會的財產用益方式越來越多元，不見得要仰賴物理性的財物支配，典型者為卡片交易。物本體理論因而無法符合現代社會的現實情況[87]。

---

[83] 嚴格的物本體理論，見 Binding, Lehrbuch BT I, §70 I 1；修正的物本體理論，例如 Kindhäuser, in: NK-StGB, 4. Aufl., 2013, §242 Rn.75.

[84] Binding, Lehrbuch des gemeinen Deutschen Strafrechts, BT I, 2. Aufl., 1902, S.268; RGSt 5, 218 (220).

[85] Otto, BT, 7. Aufl., 2005, §40 Rn.45.

[86] 依據 Feuerbach 提出的公式：所有意圖須以將他人之物（物本體）視為自己所有物的意思為前提。見 Kindhäuser, BT II, 9. Aufl., 2017, §2 Rn.81.

⑵依「物之利用理論」(Sachnutzentheorie) 或稱「修正的物本體理論」，所有意圖的對象為特定物所保有的利用可能性❽。行為人並不是因為隨便一個目的而竊取他人之物，而是為了像所有權人一般支配或利用該物於客觀上所承載的典型機能❾。又這樣的物之利用關係也可以理解為，行為人基於持有狀態而享受所有人的財產用益權能，使得所有人無法再享受同一的用益效果，此應論為成立竊盜罪，例如竊取車票搭乘大眾交通工具，形同剝奪所有人對該車票的使用利益❾⓪。即便如此，這套理論也強調，我們沒有理由為了迎合刑法上的取得所有概念，任意限縮民法上關於權利行使的方式，例如所有人依自己所願而利用所有物。所以，就算是行為人純粹將竊得之物藏於倉庫，而不想做任何使用，或是以非通常方法加以利用，例如將竊得之物當作神器膜拜，均應視為取得所有❾①。

⑶所謂的「價值理論」(Sachwerttheorie) 則是強調特定物本身表現出一定的（經濟性）❾②價值，或是該物承載了特殊功能的價值❾③。關於價值的範圍，有論者採取限縮觀點，認為所有意圖的對象僅限於由特定物本身所體現出來的價值 (der in der Sache selbst verkörperte Wert)，也有改採擴張觀點，將特定物的轉讓價值 (Veräußerungswert der Sache) 同樣視為所有意圖的對象❾④。但

---

⑧⑦ 許恒達，盜用存摺提款與不法所有意圖，月旦裁判時報，16 期，頁 64。

⑧⑧ Klesczewski, BT 2, 2011, S.19; Seelmann, JuS 1985, S.289 ； 類似見解 Hoyer, in: SK-StGB, 6. Aufl., 1999, §246 Rn.11.

⑧⑨ Kindhäuser, BT II, 9. Aufl., 2017, §2 Rn.82; Eser, JuS 1964, S.480–481.

⑨⓪ 參閱許恒達，盜用存摺提款與不法所有意圖，月旦裁判時報，16 期，頁 65。

⑨① Kindhäuser, BT II, 9. Aufl., 2017, §2 Rn.82.

⑨② Frank, Das Strafgesetzbuch für das Deutsche Reich, 18. Aufl., 1931, §242 Anm. VII. 2.a; Meister, Die Zueigenungsabsicht beim Diebstahl, 2003, S.60ff.

⑨③ Rengier, BT I, 12. Aufl., 2010, §2 Rn.39.

⑨④ 學說見解整理自 Kindhäuser, BT II, 6. Aufl., 2011, §2 Rn.83.

有疑問的是，既然現行法承認為第三人所有的意圖類型，是否還有必要接受擴張觀點。價值理論的提出無非是為了解決，物本體理論無法合理解釋「為第三人所有」的問題。若竊盜罪只規定為自己所有的意圖類型，那麼可否將為第三人所有的情形解釋成「為自己所有」，例如行為人無意透過占有特定物而間接獲取利益。不過，這樣的問題其實是一個假議題，因為現行法已經明確規定為第三人所有的意圖類型，縱然行為人沒有想要為自己獲取利益，也不會影響所有意圖的認定結果。另有論者對此批評提出質疑，也就是按照財產犯罪的區分體系，不論現行法是否有規定為第三人所有的意圖類型，竊盜罪之所有意圖的對象始終僅限於物本體（或功能價值），不包括與該物本體分開估量的經濟價值[95]。所以，物的經濟價值應被嚴格劃歸在整體財產犯罪（例如詐欺罪）的範疇，並且作為獲利意圖[96]的對象。再者，竊盜罪保護所有權，又所有權於民法上的意義在於，所有人對實體物保有積極的使用、收益、處分等支配權利，而不是與該實體物分離的金錢價值。既然行為人無法藉由竊取形成所有權人地位，更無理由推導出經濟性的取得所有觀點[97]。

(4)不論是物本體或價值理論皆有偏頗之處，貫徹任何一種觀點皆有可能導致處罰上的漏洞。為此，現時多數的學說見解採取折衷的「綜合理論」，所有意圖的對象包括物之本體或物本身所體現的價值兩者。應注意的是，這裡所採的價值理論是指內含於物本體的價值 (lucrum ex re)，卻不是透過該物取得其他價值的機會 (lucrum ex negotio cum re)[98]。即使所有意圖的對象包括兩者，於具體的犯罪評價上，仍然先由物本體出發（先位觀點）。假設行為人竊取他人之物並非以物本體為對象，則再改從該物所承載的價值進行評價（備位觀點）[99]。

---

[95] Klesczewski, BT 2, 2011, S.20.

[96] 進一步的概念說明，請參考「詐欺罪章」的「不法所有意圖」。

[97] Klesczewski, BT 2, 2011, S.20.

[98] Otto, BT, 7. Aufl., 2005, §40 Rn.48.

【實例】甲搭乘公車行經臺南火車站時，將乙的手機丟出客運之外，手機正好落至火車站旁的樹叢中。事後，甲欲將手機轉賣給丙。甲收到丙的現款時，告知其手機的正確位置。

依物本體理論，甲在轉售手機給丙之時，雖然排除所有人乙對該手機的持有，始終卻沒有要對該物建立起新的且完整的持有關係。換句話說，因為此處不存在一個所有意圖的對象，亦即「竊取之物」，所以即便甲將手機轉售予丙，仍舊沒有所有意圖。若採擴張的價值理論，甲因轉售手機而取得價金，因此存在一個所有意圖的對象，而有所有意圖；若是依據限縮的價值理論，甲原本就是為了第三人所有而竊取手機的話，仍有竊盜的所有意圖。

附帶一提的是，所有意圖與「計畫性的使用目的」應予區別。舉例來說，甲竊取乙的珠寶，作為送太太丙的生日禮物。贈送太太生日禮物是甲內心所計畫（或企圖）實現的目標，不過，前提則是必須事先「取得珠寶」。在刑法的評價上，後者之取得珠寶才是判斷所有意圖的關鍵，也就是實現取得珠寶的「目的意圖」，或可理解為「實現所有意圖」本身作為一種中間目標；前者頂多作為一項動機因素。簡單地說，「贈送」為竊盜罪之不法構成要件以外的目的，而「取得手錶」的所有意圖為實現贈送的中間目標。相對地，若甲竊取他人之物是為了可以入監服刑，藉此解決居無定所的問題，則無竊盜罪的所有意圖，因為甲根本沒有居於類似所有人之地位而支配竊得之物的意思。

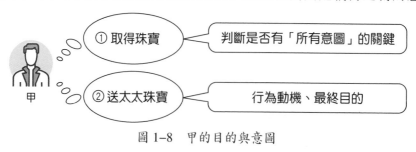

圖 1-8　甲的目的與意圖

---

⑨　僅參閱許恒達，盜用存摺提款與不法所有意圖，月旦裁判時報，16 期，頁 66。

3.組成要素之一：「剝奪所有」

(1)意　義

　　剝奪所有是指（持續且終局的）⑩排除他人對特定之物的支配地位。少數學說見解認為，剝奪所有必須達到蓄意（一級的直接故意）⑩或直接故意（或稱二級的直接故意）的程度，目的在於避免過度擴張處罰使用竊盜。多數見解則是認為符合間接故意的要求，即為已足⑩，例如甲於成大校園停車場竊取乙的機車，騎往臺南的安平海邊。甲到達目的地後將車子隨意停放在某個巷道內。甲不確定在這種情形下，該機車是否有可能再度回到所有人身邊。儘管甲認為所有人還是有機會取回機車，卻是容任其終局地喪失該輛機車。於此，甲對於該輛機車仍有剝奪所有之意思。

(2)使用竊盜

①使用竊盜不構成「剝奪所有」

A. 附條件的返還仍具「剝奪所有」的意思

　　與剝奪所有意思相關的竊盜為所謂的「使用竊盜」。如果行為人於「行為時」⑩已有返還意思的話，也就表示沒有排除他人對物之支配地位的意思，因而得以論為欠缺所有意圖。但「所有意圖」包含剝奪所有與占為所有，依多數學說見解，因為剝奪所有的意思僅需間接故意的程度為已足，所以這裡的返還意思是以絕對的意思為必要，不能只是一種附條件的意思，例如行為

---

⑩　僅參閱 Mitsch, BT 2, 3. Aufl., 2015, S.45；持續性的要求最早應可溯及德國帝國法院關於取得所有的解釋，例如 RGSt 5, 218; 10, 369; 24, 22；值得注意的是，Otto, BT, 7. Aufl., 2005, §40 認為「持續與終局」並非剝奪所有的組成要素，而只是剝奪所有的表現方式。

⑩　概念說明，可參考 Heinrich, AT, 3. Aufl., 2012, Rn.280.

⑩　僅參閱 Mitsch, BT 2, 3. Aufl., 2015, S.45.

⑩　Mitsch, BT 2, 3. Aufl., 2015, S.46.

人於行為時擬於適當時機再歸還，或是暫時使用他人之物後任意放置，第三人因而有機會隨時取走等附條件的返還意思等。雖然行為人在此等情形中不具備占為所有的意思，卻仍然具有剝奪所有的意思❿。再者，若行為人於行為時原有返還意思，之後卻心生反悔不願返還，此不影響成立使用竊盜；相反地，行為時已有所有意圖，之後卻心生反悔欲返還，則不影響竊盜罪之成立。總而言之，返還意思的存在時點為「行為時」，至於行為之後始生所有意圖，屬於是否構成侵占罪的問題。

關於行為時具有所有意圖的理解，詳見下圖所示：

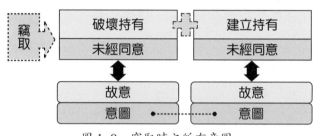

圖 1–9　竊取時之所有意圖

B. 使用竊盜的可罰性

【實例】法律系學生甲研讀刑法分則時忘了帶法典，從同學乙的桌上取走小六法。計畫讀完一個段落後，再放回乙的桌上。

關於使用竊盜的可罰性，多數學說見解認為行為人欠缺剝奪所有之意思，而屬不罰。部分論者則是認為，即使行為人未完全排除他人的權利地位，以及將他人之物視為自己所有，不過，按照該動產的經濟用法而加以利用、收益或處分，而使自己（或第三人）在經濟上享有與所有人同等的利益或支配，仍舊成立竊盜罪❿。依此見解，本例的甲未經乙之同意而取走小六法，並且作為研讀刑法分則時的輔助學習工具。小六法的經濟利益在於經出版社編輯

---

❿　黃惠婷，冒領存摺存款行為之刑責，月旦法學雜誌，207 期，頁 239。

❿　甘添貴，刑法各論（上），2013 年 2 版，頁 223。

的法條資訊,以及與學習相關的法規知識等。儘管甲不否認乙的權利地位,卻是藉由閱讀方式享有該本小六法所承載的經濟利益,因此具有所有意圖。然而,此見解似乎誤認了所有意圖之經濟性利用的意義。如果我們認為經濟利用作為所有意圖之組成要素的話,那麼應先區辨的是,這樣的概念比較偏向於占為所有的理解,而且就算是占為所有,亦非單指享有經濟上的利益,還有包括利用、消耗性的使用,以及占有等狀態 ⑩⑥。附帶一提,剝奪所有實際上不以持續性的時間要素為前提 ⑩⑦。時間長短只是使用他人之物的方式,本身無法作為區分可罰之竊盜與不罰之使用竊盜的有效標準。無論如何,甲於取走乙的小六法時已經計畫使用後返還,並無排除所有人乙對小六法之支配地位的意思,應論為欠缺所有意圖。

> 【實例】法律系學生甲研讀刑法分則時忘了帶法典,從同學乙的桌上取走小六法。計畫讀完一個段落後,再放回乙的桌上。讀到一半時,突生貪念,覺得多一本小六法在身邊也不錯,因此決定將該書留為自用。

基本上,若行為人為了暫時使用而取走他人之物,亦即行為時已經有返還意思,即屬欠缺剝奪所有之意思。但應注意的是,所有意圖與故意等主觀要素均須存在於「行為時」(同時性原則),又考慮到竊取可細分為「破壞持有」與「建立持有」等行為步驟,從邏輯上的對應性來說,所有意圖亦以存在於這些行為步驟為必要,主觀不法構成要件依此始能論為真正該當。如果於破壞持有的行為階段,行為人主觀上已有返還意思的話,僅屬不罰的使用竊盜;相對地,直到建立持有階段,行為人始生所有意圖的話,則屬是否成立侵占罪的問題。據此,甲計畫將小六法使用之後交還給乙,表示在破壞持

---

⑩⑥ Otto, BT, 7. Aufl., 2005, §40 Rn.56.

⑩⑦ 多數學說見解就剝奪所有所提出的定義,似乎誤以為「時間因素」作為組成要素之一。

有的階段已有返還意思而欠缺所有意圖，此為不罰的使用竊盜。至於建立持有階段始生所有意圖，則有成立侵占罪之可能。

(3)剝奪所有的判斷

【實例】甲將機車停放在成大校區，忘了將鑰匙取下。遊手好閒的乙剛好看到這一幕，心想正好可以騎車去兜兜風。騎了一個小時之後，他將車子停放在安平樹屋前，並把鑰匙放進置物箱裡，然後蓋上機車坐墊。甲報案幾天之後，警察終於發現這臺機車。

關於剝奪所有的判斷，除了返還意思外，仍須在客觀上有歸還的行為 **⑩**。詳言之，行為人藉由歸還行為使得所有人對於遭竊取之物恢復事實上的處分地位，例如行為人先行帶走他人寵物，目的是為了取得所有人事後提出的懸賞獎金，或是借用他人資料影印後歸還等，均屬欠缺所有意圖；反之，若是竊取他人之物，事後卻以贈與名義返還，則有所有意圖 **⑩**。相較於學說見解，最高法院也有類似的說理，例如「刑法上的竊盜罪須意圖為自己或第三人不法所有，而竊取他人所有物，為其成立要件，若行為人只因暫時之使用而取得，用後即歸還，即欠缺意思要件，自難以竊盜罪相繩。」 **⑩**

關於前述提及的「**用後即歸還**」，有學說見解提出補充說明，認為返還意思不以行為人使用後，自己親自返還所有權人或持有人為必要，行為人只要將該物棄置於適當場所，而且認識或明知該物棄置後，自有他人會將該物交還原物主即可 **⑪**。如果只是將車輛隨意棄置「某處」，或者只是碰巧由第三人將該車歸還的話，則是欠缺歸還意思 **⑫**。然而，容待釐清的是，這裡的適當

---

⑩ 嚴格來說，這樣的標準只是透過客觀行為證明主觀意思，說理上並無特殊之處。

⑩ 參閱黃惠婷，冒領存摺存款行為之刑責，月旦法學雜誌，207 期，頁 240。

⑩ 最高法院 90 年台上字第 5145 號判決。

⑪ 林山田，刑法各罪論（上），2005 年 6 版，頁 319。

⑫ 參閱 Rengier, BT, 12. Aufl., 2010, §2 Rn.60.

場所到底所指為何，以及行為人應認識的程度與範圍又為何。如果是汽車的話，找回的可能性應該會比腳踏車為高，因為警察得以透過汽車的車牌確認車輛登記人為何，至於尋找沒有車牌的腳踏車就顯得相當困難。其次，停放的位置亦會影響找回的可能性，例如城市與鄉間、校園與市區等區域之間的複雜程度。

　　總而言之，學說見解看似提出一套較合理的評價方法，不過實際操作上，恐怕會產生評價過於浮動而不確定的疑慮。本書認為，歸還位置應當採取嚴格的標準，亦即行為人雖然無需將取走之物百分之百精準地歸還於原本所在，但歸還之處至少須與原所在具有一定的「空間緊密性」，例如將他人之腳踏車從 A 校區的停車場取走，歸還時至少須停放於原停車場；或是借用他人置放於 A 教室之某座位上的小六法，歸還時至少需放回原教室。依此，本例的甲將機車從成大校園取走，騎至臺南市郊的安平區並且停放於該處。儘管後來警察尋獲該車，不過，考慮到歸還處與原所在並無空間上的緊密性，所以仍應論甲具有剝奪所有之意思。

⑷提款卡、悠遊卡、存摺及印章

【實例】護士甲趁著巡房的時候，發現病患乙的輪椅上有一張寫著提款密碼的提款卡（同時具有信用卡與悠遊卡的功能），以及病患丙的床頭有存摺與印章。甲取走卡片、存摺、印章，預計從卡片提領五千，另從存摺提領五千。等領到錢後，隨即把卡片、存摺、印章放回原處。甲依計畫領到錢後，先到加油站使用提款卡的信用卡功能刷卡加油，緊接著到超商使用悠遊卡（同一張提款卡）購買飲料，店員直接從卡片扣款。回到醫院，甲將卡片、存摺、印章放回原處。

　　本例的爭點在於，甲在使用提款卡、存摺、印章提領現金，以及使用卡片消費之後，將此等物件返還所有人乙、丙，是否仍屬欠缺所有意圖（剝奪

所有）的使用竊盜。茲分述如下：

表 1-2　提款卡、悠遊卡、印章及存摺

提款卡	實務	暫用他人提款卡提款，使他人財產減少，構成竊盜
	學說	提款卡僅（資訊）載體，本身未表彰財產價值，暫用他人提款卡提款，屬不罰之使用竊盜
悠遊卡	學說	本身承載一定經濟價值，暫用他人悠遊卡消費，具有所有意圖
印章	本身無承載一定經濟價值，暫用他人印章，屬於不罰的使用竊盜	
存摺	實務	暫用他人存摺、印章，用完後歸還，屬於使用竊盜
	學說(一)	認為應考量實際領款程序，暫用他人存摺、印章並無所有意圖
	學說(二)	與冒用他人有價證券導致價值減損並無不同，應有所有意圖

①提款卡：

依法務部檢察司法 (90) 檢字第 003787 號法律意見：「甲利用借住友人乙住處之機會，乘乙上班的時候竊取乙的金融卡，得手後前往銀行自動櫃員機輸入密碼，詐取乙的存款。甲雖然只是短暫使用即予返還之意圖，竊取乙的金融卡。但是金融卡只是一種型態的存摺，甲利用乙的金融卡從自動提款機提取現金，減損該金融卡所表彰之經濟價值，即已使乙的存款因之減少，即使甲只是用後即歸還，還是成立竊盜罪。」依此，法務部認為提款卡承載了一定的經濟價值，任何人只要從提款機提領現金，形同減少存戶的存款數量。這樣的說理傾向於價值理論的思考。只不過有疑問的是，存款應為存戶得向銀行主張的債權數額（消費寄託），法務部似乎是誤認存款為存戶的所有物，進而將提款卡承載的經濟價值視為表徵存戶所有的財產總額。如果我們將問題拉回到存款為存戶得向銀行主張的債權，那麼提款卡應該只是作為主張債權的中介工具。也就是說，存戶藉由一定的程序，例如插入卡片、輸入密碼，以及提款金額等，請求銀行履行給付一定數額的債務。依此，提款卡本身是否真的承載（或表徵）了一定的經濟價值，恐怕有待商榷。

相較之下，多數學說見解則是從所謂的「綜合理論」出發，認為只要行為人有據為己有的意思，不論對象是特定物本身，或是所表彰的經濟價值，皆應肯認具有所有意圖。但就評價順序來說，乃是以實物為優先，其次再考

量經濟價值的部分。學說見解正確地指出，提款卡僅僅作為一張內含供電腦判讀之資料（密碼）的載體，讓操作者得以進入金融機構的電腦系統，請求金融機構履行一定數額的債務。換句話說，提款卡只有類似鑰匙的功能，而不是卡片本身表彰了什麼財產價值⑬。依此，甲使用卡片後歸還所有人乙，因為欠缺不法所有意圖而屬不罰的使用竊盜。

②悠遊卡：

　　悠遊卡的正式名稱為「非接觸式電子票證系統」，使用範圍常見於商店、大眾交通工具等。一般的使用程序為，持卡人預先儲值一定金額於卡片內，等到消費時，將卡片輕觸扣款器的感應區，費用將自動地從卡片中扣除，而扣款器會即時顯示扣除金額與卡片餘額。此種電子付款媒介「類似」⑭於傳統禮券的使用邏輯，不論是卡片或禮券本身均承載了一定的經濟價值，差別僅在於前者為金額設定於卡片內，後者則是將金額表徵於票面上。依多數學說見解所採的綜合理論，儘管甲使用悠遊卡後，確實將卡片歸還於所有人乙，依物本體的角度來看，甲對於該物件本身並無剝奪所有之意思。然而，再從經濟價值的觀點切入，甲利用了卡片本身所承載的金錢價值，仍應肯認其具有所有意圖。

③印章與存摺：

　　首先，較無疑問的是，印章為實體物且無承載一定的經濟價值，不論採取何種見解，行為人對其均無剝奪所有的意思，屬於不罰的使用竊盜。至於存摺的部分則存有爭議。對此，有實務見解認為，盜用他人印章與存摺，於取款之後歸還，應論不罰的使用竊盜，例如依最高法院 100 年台上字第 3232 號判決：「刑法之竊盜罪，以行為人具有為自己或第三人不法所有之意圖，而

---

⑬　黃榮堅，財產犯罪與不法所有意圖，台灣本土法學雜誌，25 期，頁 116；同此結論，盧映潔，刑法分則新論，2016 年 11 版，頁 640。

⑭　關於「使用禮券」之不法所有意圖，學說上有不同方式的評價，見下述「占為所有」的說明。

竊取他人之動產，作為構成要件，若行為人欠缺此不法所有意圖要件，例如只單純擅取使用，無據為己有之犯意，學理上稱為使用竊盜，尚非刑法非難之對象。原判決既認定以不詳方法竊取他人之存摺，印章，用完後復以不詳方法歸還，當屬使用竊盜，並非刑法評價之一般竊盜……。」⓯

　　學說上亦有論者認同最高法院的結論⓰，並且提出更詳盡的說理。也就是說，關於行為人是否有所有意圖的評價，應當考量實際的領款程序。除了存摺、印章之外，仍需撰寫取款條、出示原留印鑑、輸入取款密碼等身分認證機制。依此，單純持有存摺與印章並無法領取款項。另外，存摺具有「確認既有儲金制度」，「提領既有儲金」，以及「再儲存其他金額」等功能。行為人盜用存摺頂多侵奪既有儲金的返還請求權，但未影響後兩者的用益權能，因此否定行為人的所有意圖⓱。另有論者則是持肯定見解，理由在於存摺所確認的存款金額高低與金融機構的存檔資料並無二致，所以存摺所有人這項權利經由債務之給付而遭到剝奪。此與有價證券遭他人冒用而導致價值減損，並沒有不同⓲。

　　本書認為，存摺與有價證券之間無法相互比擬，兩者的功能與屬性均不相同。理由在於，存摺僅僅作為一種「證明文書」，以此確認存戶的存款狀況。更精確地說，藉由存摺這種文書，我們得以說明存戶與銀行之間存在一定的消費寄託關係與債權債務之範圍；另一方面，存摺只是提領款項（請求銀行履行債務）的程序要件之一，而不是只要向金融機構提示存摺即可提款。

⓯　關於此號判決的分析，可參考許恒達，盜用存摺提款與不法所有意圖，月旦裁判時報，16 期，頁 59 以下；黃惠婷，冒領存摺存款行為之刑責，月旦法學雜誌，207 期，頁 231 以下。

⓰　許恒達，盜用存摺提款與不法所有意圖，月旦裁判時報，16 期，頁 59 以下。

⓱　此為依據「修正實體理論」而推得的結論，見許恒達，盜用存摺提款與不法所有意圖，月旦裁判時報，16 期，頁 59 以下。

⓲　黃惠婷，冒領存摺存款行為之刑責，月旦法學雜誌，207 期，頁 241。

所以，存摺本身並未承載一定的經濟價值，甲使用後歸還於所有人丙，應否認其具有不法所有意圖，而為不罰的使用竊盜。

(5)同一性

> 【實例】甲在書店將以封膜包裝的壹週刊拆封，經過十分鐘的翻閱，再度把該週刊放回原處。甲離開書店時將架上的村上春樹小說及報紙帶走，預計今晚讀畢，明日再將小說放回書店。甲閱讀時，不慎滴到咖啡漬（或是有明顯的摺頁）。隔日，甲依原訂計畫將小說及報紙放回原本的位置。

如前所述，當行為人於行為時已有返還意思，即可論為無剝奪所有之意思。然而，返還意思卻不是毫無限制，如果竊取之物與返還之物已經不具「同一性」(indentisch) 之時，應論行為人仍有剝奪所有的意思。又這裡的同一性標準取決於返還之物的狀態是否已有顯著的變更，特別是物的外觀、物本身所具備的功能、使用可能性等[119]。嚴格來說，同一性標準不全然是事實上的問題，畢竟行為人還是有把竊取之物歸還，只不過行為人歸還時明顯與取走之時不同，表示已經無法符合所有人原本對該物於規範上的用益期待。所以，仍應論為具有剝奪所有之意思。舉例來說，甲取走乙的電池，裝在自己的手電筒上，等電池的電力耗盡，甲再將電池放回原處；或是甲取走乙全新的羽毛球，經過幾場比賽，該球部分的羽毛已有脫落，無法穩定飛行。上述案例的甲在書店內將壹週刊的封膜拆除，竊取之物與返還之物顯然不具有同一性，因為書刊封膜的意義在於，書刊之使用方式或範圍只能以購買的方式為之[120]。即使甲只是暫時性地借閱，但考慮到返還之物已經喪失同一性，應論仍有剝奪所有的意思。

---

[119] Mitsch, BT 2, 3. Aufl., 2015, S.51; ähnlich Rengier, BT I, 12. Aufl., 2010, §2 Rn.61.

[120] 參閱黃惠婷，冒領存摺存款行為之刑責，月旦法學雜誌，207 期，頁 239。

　　再者，甲將小說帶回家閱讀，因不小心滴到咖啡漬或有明顯的摺頁，這些使用上痕跡讓竊取之物與返還之物失去同一性，因此也就不排除甲仍有剝奪所有的意思。至於報紙的部分，行為人在不改變報紙狀態的條件下單純地持有 (Vorenthaltung)，亦即「使用前後具有同一性」，直到過了時效才歸還。儘管時效已過而導致報紙的價值有所減損，仍舊無法認為行為人具有 (持續) 剝奪所有的意思。更具體地說，不罰的使用竊盜的重點在於將竊取之物歸還，而不是短暫使用的期間到底為何。我們不會因為特定物碰巧附加了時效這項要素，就讓原本不罰的使用竊盜轉變為可罰的竊盜 [121]。

　　附帶一提的是，不同於上述情形，如果行為人所竊取的客體為表徵一定價值的票券，例如車票、電影票、禮券等，則應考量到歸還此等物件時，該物件是否已經喪失原有的功能，或是價值有所減損、喪失等情形。詳言之，車票、電影票、禮券等票券經過使用後，隨即失去原有的價值，例如⑴商家感應禮券票面的條碼，或是撕下票面金額的圖示；⑵經由站務人員或刷票器剪票（變更同一性），或由刷票器變更車票的電磁紀錄（變更價值狀態）等，縱然行為人使用之後歸還所有人，終究只剩下一張沒有（乘車、觀影）價值的紙張而已 [122]。

4.組成要素之二：「占為所有」

　　占為所有的功能在於形塑竊盜犯罪的特殊性，以及區別竊盜罪的適用範圍與「棄置物件」(Sachentziehung) [123] 以及「毀損物件」等情形。對此，從規範技術的意義來看，這項要素實屬不可或缺。舉例來說，甲取走鄰居乙的皮包，隨意丟棄於路旁，或是甲帶走乙的寵物，讓丙得以將其殺害，均屬單純

---

[121]　同此結論，Mitsch, BT 2, 3. Aufl., 2015, S.50.

[122]　參閱黃惠婷，冒領存摺存款行為之刑責，月旦法學雜誌，207 期，頁 240。

[123]　此為「無占有意圖而取他人之物的行為」，例如取得他人之物後，隨即丟棄於垃圾桶中。

取走物件而無占為所有的意思[124]。不過,倘若行為人在毀損他人的動產之前,或是透過毀損該動產 (vor oder durch die Zerstörung),實現該物所承載的經濟價值,也就不排除其具有占為所有的意思,例如取走商店內販售的餐點且當場食用,或是將火柴盒內的火柴燒光等[125]。即使是短暫地使用他人之物,也足以論為具有占為所有之意思。相較之下,行為人只是為了毀損或單純取走物件(例如棄置)而竊取他人之物,則非屬竊盜罪之處罰對象。因為對所有意圖而言,行為人必須基於特定目的而支配竊取之物,而這裡的目的專指(持續)排除他人對物的支配關係,以及基於類似所有權人地位而處分、使用、收益該物。應注意的是,剝奪所有與占為所有兩者之間並沒有功能上的代理關係 (Korrespondenzverhältnis)[126]。也就是說,剝奪所有不盡然要透過占為所有的方式予以實現。

不同於前述的剝奪所有,強調類似所有權人地位的占為所有是指,行為人透過「他自己的」行為對特定物形成一定的占有地位,而基於這樣的地位讓自己得以支配處分該物,或是為了第三人的利益而使其有機會利用[127]。就後者而言,例如甲想換臺機車,但手邊現金不夠。乙為了幫甲圓夢,決定與甲一起竊取丙的財物。乙取得十萬元現金,甲立刻帶著這筆錢前往車行付款。

【實例】甲為了蒐集乙與丙的親密照,在未經乙同意的情形下取走手機。將照片檔案上傳網路後,甲隨即將手機丟棄路旁。甲並不在意乙能否尋回手機。

本例的甲只是想要短暫使用乙的手機,至於乙能否再度尋回,甲並不在

---

[124] 參閱甘添貴,刑法各論(上),2013 年 2 版,頁 223。

[125] Schmitt, in: Matt/Renzikowski-StGB, 2013, §242 Rn.33.

[126] Wessels/Hillenkamp, BT II, 35. Aufl., 2011, Rn.142.

[127] Otto, BT, 7. Aufl., 2005, §40 Rn.71.

意。無疑問的是，甲對於乙喪失對手機的持有關係，主觀上具有未必故意程度的剝奪所有意思。至於占為所有的部分，多數學說見解認為在這種短暫使用的情形應肯認甲仍有占為所有意思。詳言之，甲使用手機乃是為了其他的目的，例如取得手機內的相片，而使用手機的行為即屬達成其他目的之「必要的階段性目的」(das notwendige Zwischenziel)。換句話說，若甲沒有取得手機且加以利用（必要的階段性目的）的話，那麼也就無法取得儲存於手機內的照片（其他目的），所以仍應肯認甲具有占為所有的意思。

5.所有意圖的「不法性」

⑴意　義

　　所有意圖的「不法」是指，行為人對竊取之物欠缺一個屆期且無抗辯權存在請求權[128]，而行為人自己或為第三人持有他人之物乃是違反物權法上的規定，以及並非透過讓與請求的方式占有該物[129]。通常的情形是，儘管所有意圖不像故意內容必須具體對應客觀的構成要件事實，不過，行為人於行為時終究認識到竊取對象為他人動產，而基於動產之「他人性」的理解，表示行為人就法所承認的財產分配秩序形成一定程度的否認心理[130]。所有意圖因而具備所謂的「不法性」。應強調的是，雖然所有意圖於行為時無需對應客觀的構成要件事實，卻不表示此種意圖的內容毫無具體的意識對象，否則無法合理說明，原本純屬心理意義的所有意圖如何轉為具有規範意義的不法性。換句話說，此種意義轉換的必要條件正是前述的「行為人關於竊取對象之他人性的理解」。

---

[128] 僅參閱許澤天，刑法各論㈠，2017 年，頁 52。

[129] Kindhäuser, BT II, 9. Aufl., 2017, §2 Rn.70.

[130] 不法意圖的認定不以出於不法目的為必要，只要行為人具有「或然性認知」，即為已足。見張天一，論民事請求權對竊盜罪中「不法所有意圖」之影響，收錄：時代變動下的財產犯罪，2015 年，頁 114。

⑵欠缺不法的情形

其次，所有意圖「欠缺」不法的情形為：⑴行為人（或第三人）具有正當化事由，將他人動產占為所有，例如在公同共有的關係下持有共有物，或是⑵行為人（或第三人）於債法上具有一定的請求權基礎，又以債之種類為特定之債、種類之債、金錢之債，而有不同的評價方法。

①特定之債

> 【實例】甲跟乙購買 A 汽車。甲付清款項後，乙卻拒絕交付。甲趁乙不注意
> 時，擅自將該車開走。

本例涉及民法第 359 及 360 條的「特定之債」。債權人甲付清款項後，對債務人乙具有一個屆期且無抗辯事由之「特定物（A 車）」的讓與請求權[131]。於此，在欠缺物權法上之讓與合意而擅自取走債務人動產的情形，儘管行為人始終未能取得該動產之所有權，實質上卻未導致一個違反（民事）法秩序的占有地位[132]。也就是說，既然所有權人（債務人）自己負有義務向行為人（或第三人）為所有權移轉的對待給付，也就無法再請求其交付該被擅自取走之物。行為人的所有意圖因而不得論為不法。附帶一提的是，假設行為人事後因故撤銷意思表示，由此取得價金返還請求權，這並不影響所有意圖欠缺不法性的評價結果。綜此，本例的甲擅自取走乙的動產時，所有意圖即無不法性。

---

[131] Kindhäuser, BT II, 9. Aufl., 2017, §2 Rn.73.

[132] Kindhäuser, BT II, 9. Aufl., 2017, §2 Rn.73；此為「實質的所有權秩序理論」的結論，參閱張天一，論民事請求權對竊盜罪中「不法所有意圖」之影響，收錄：時代變動下的財產犯罪，2015 年，頁 132；持否定見解者，例如張麗卿，強盜罪與詐欺罪的難題，月旦法學雜誌，65 期，頁 179–180。

②種類之債

【實例】甲跟乙購買五顆蘋果。甲付錢後乙卻拒絕交付。甲趁乙不注意任意選取五顆蘋果帶走。

　　依民法規定，債權人得請求債務人就一定種類、數量及品質之物移轉所有權。換句話說，由債務人決定給付之物的內容為何，債權人僅能依照「種類」請求，而非特定之物，亦即所謂的種類之債（民200）。當債權人（行為人）具有屆期且無抗辯事由的請求權，而擅自取走債務人之動產，雖然對債務人之整體財產並未造成損害，實質上卻是侵害了債務人的選擇權（民200）❸，因此仍應論所有意圖具有不法性。相較之下，有論者持不同見解，認為民法上賦予債務人選擇權，卻不必然就是所有權犯罪所要保護的利益。又竊取的標的物屬於「可替代性之非特定物」時，例如本例的五顆蘋果，行為人到底是取走這五顆，還是其他蘋果，所有人於此並無特別的財產利益，行為人的所有意圖欠缺不法性。

　　本書認為，民法賦予債務人選擇權的目的在於，如果現實上存在著相同種類、品質、數量的給付物，債務人也就負有義務努力籌措該等物件，以此順利履行債務。換句話說，選擇權的意義在於促使債權債務關係的有效實現，又此屬於一種制度性的目的設定，並非只是作為一種債務人專屬的財產權利。另一方面，種類之債不僅關涉債務人如何選擇給付物的內容，還有已特定或未經特定的法律效果，例如給付不能、瑕疵擔保（民364）❹等問題。這些事後的利益衡平機制乃是民法就債權人與債務人間的財產分配所作的安排。

---

❸　相關學說之介紹與分析，參見張天一，論民事請求權對竊盜罪中「不法所有意圖」之影響，收錄：時代變動下的財產犯罪，2015年，頁117。

❹　民法第364條第1項：「買賣之物，僅指定種類者，如其物有瑕疵，買受人得不解除契約或請求減少價金，而即時請求另行交付無瑕疵之物」；第2項：「出賣人就前項另行交付之物，仍負擔保責任。」

就此，如果債權人擅自取走債務人之物作為償債之用，或許違反民事救濟程序的要求，不過，從刑事政策的角度來看，刑法不應過度介入（或是取代）民法上的財產分配選擇。所以，甲擅自取走乙的五顆蘋果時，所有意圖應論為欠缺不法性。

③金錢之債

【實例】乙欠甲一萬元。清償期屆至時，乙拒絕還款。甲為了實現債權，從乙的家中取走一萬元現鈔。

本例涉及金錢之債與所有意圖之不法性的評價關聯。甲對乙具有一個屆期且無抗辯事由的請求權，依此請求乙以通用貨幣返還一萬元之價額。就給付內容而言，金錢之債與種類之債不同的是，債務人只須給付一定的金額，但無須（亦無法）給付中等品質之物。即便如此，有學說見解認為，金錢之債本質上仍屬種類之債的一種，只是給付是以經濟上的金錢作為標準，所以，關於所有意圖之不法性的評價，金錢之債應與種類之債應為相同的處理❶⑤。就這樣的理解來說，依據本書對於種類之債與所有意圖之不法性的評價，甲擅自取走乙的一萬元現鈔，應當沒有不法的所有意圖。不過，一方面，民法上已經明確區分金錢之債與種類之債，兩者於債務履行的意義與效果上係屬不同；另一方面，金錢之債乃是依據「價值總額」的觀點理解給付標的。依此，甲基於實現債權之目的而擅自取走乙的一萬元現金，應論為欠缺不法的所有意圖。

相對地，實務見解在金錢之債的情形採取更加寬鬆的評價標準。也就是說，行為人取走其他取償標的以實現金錢之債，仍可阻卻不法意圖，例如「若行為人自信確有法律上正當所有之原因，縱其取物之際，手段涉及不法，仍

---

❶⑤ 張天一，論民事請求權對竊盜罪中「不法所有意圖」之影響，收錄：時代變動下的財產犯罪，2015年，頁118。

與竊盜罪之意思要件不合。被告於被害人住處所搬取之沙發、床及瓦斯爐，皆為中古產品，經折舊後，價值當屬不高，應仍在抵償被害人所積欠之四十萬元債務之範圍內，其所為之目的顯係在保全債權，自難認其有不法所有之意圖。」⑬

或許，適度放寬的標準得以避免過度入罪的問題，但標準的建構仍應注意到民法與刑法之於財產分配秩序的功能差異。詳言之，民法的規制邏輯強調事後的利益衡平，又此與刑法的目的在於保護法益與確保規範效力有所不同。考慮到刑法的最後手段原則，國家發動刑罰權在相當程度上必須尊重其他的法規範安排。當債權人基於實現債權之目的而擅自取走債務人之物，在債務人財產未受有實質侵害的情形下，例如前述債之種類區分下的取償方式，刑法不應過度介入（或是取代）民法上的財產分配選擇，因此得以阻卻不法意圖。相對地，如果債權人捨棄民法上關於債之關係所設定的財產分配機制，亦即依債之種類劃定給付標的與法律效果等，任意取走債務人之其他種類財物以作為實現金錢債權之用，其主觀上仍應論為具有不法的所有意圖。

肆、特殊的竊盜：竊佔罪

一、概　說

本罪規定在刑法第 320 條，屬於所有權犯罪的類型之一，而保護法益同樣是所有權法益，亦即「所有人就其所有物於事實上的支配利益，或是任意行使所有權能的事實上地位。」除了竊取動產的竊盜罪外，刑法第 320 條第 2 項仍訂有以「不動產」為犯罪客體的竊佔罪。不同於竊盜罪的動產概念，不動產的特徵在於固定於土地之上，本質上不具有移動可能性，無法透過竊取手段達到移轉持有的效果，因而透過立法填補竊盜罪的處罰漏洞，額外增

---

⑬　臺灣高等法院 101 年上易字第 1301 號判決。

訂竊佔罪 。

二、客觀不法構成要件

本罪之客觀不法構成要件為「竊佔他人之不動產」。

㈠他人之不動產

本罪之犯罪客體為「不動產」。基於民法上的概念從屬，不動產之解釋應以民法第 66 條第 1 項規定為基礎，亦即「稱不動產者，謂土地及其定著物。」另依土地法第 1 條規定，這裡的土地是指為水陸及天然富源等。據此，舉凡地面、池塘、湖面、海面等，均屬土地之概念。再者，不動產必須具備他人性，而與此有關的判斷標準為民法上的不動產登記制度，亦即依民法第 758 條第 1 項規定，不動產物權，依法律行為而取得、設定、喪失及變更者，非經登記，不生效力。例如甲向乙購買一筆土地，但遲未辦理所有權移轉登記。乙死亡之後，乙的兒子丙繼承該筆土地，並在該土地上種植農作物 ⓭⓭。因為甲未辦理所有權登記，始終不是土地的所有權人；相較之下，丙基於繼承關係而取得土地的所有權，該筆土地因而對丙而言，非屬於他人的不動產。

㈡竊　佔

1.不法構成行為之評價

⑴實　務

「竊佔」為本罪之不法構成要件行為。依早期的判例見解，「刑法第 320 條第 2 項之竊佔罪，既係以意圖為自己或第三人不法之利益，而竊佔他人之不動產為其構成要件，則已完成竊佔之行為時，犯罪即屬成立。蓋竊佔行為

⓭⓭ 王正嘉，竊佔罪的再思考，月旦法學雜誌，217 期，頁 180。

⓭⓭ 案例改編自林山田，刑法各罪論（上），2006 年 5 版，頁 339。

應以己力支配他人不動產時而完成，與一般動產竊盜罪係將他人支配下之動產，移置於自己支配下而完成者，固無二致也。」⑬最高法院後來的說理似乎未跳脫前述判例所提出的定義，例如「再查刑法第 320 條第 2 項之竊佔罪，為即成犯，於其竊佔行為完成時，犯罪即成立，以後之繼續竊佔乃狀態之繼續，而非行為之繼續，司法院 36 年院解字第 3533 號解釋有案，具經本院 66 年台上字第 3118 號、25 年上字第 7374 號著有判例可循。」⑭其次，關於支配關係之有無，則是綜合考量「繼續性」與「排他性」等要素予以判斷。一般來說，實務見解的說理可歸納為下述幾點：⑴基於竊取的事實支配思考，竊佔與竊取同樣具有破壞持有與建立持有的行為階段⑭；⑵竊佔罪為「即成犯」，而非繼續犯，犯罪既遂的時點因此為竊佔行為完成之時⑭。

⑵學　說

相較之下，多數學說基本上乃是延續實務見解的基本思考，並將竊佔的定義更完整地表達如下：⑴違反他人的意思，擅自占據他人的不動產，而侵害他人對該不動產的所有權，包括使用、收益、處分等權利⑭；⑵行為人以己力支配加以占有使用，並且排除所有人或第三人之管領及占有使用⑭；⑶竊佔與竊盜的概念相仿，均是未經他人同意，排除其對於客體的支配而移入自己的支配⑭。

雖然實務與學說均已正確地提到所有權犯罪的核心要素：「對物於事實上

⑬　最高法院 27 年上字第 7374 號判例。

⑭　最高法院 87 年台非字第 31 號判決。

⑭　見南投地方法院 100 年矚易字第 1, 2 號判決：「佔有行為具有繼續性及排他性，破壞原持有支配關係，建立新持有支配關係。」

⑭　同此見解，林山田，刑法各罪論（上），2006 年 5 版，頁 343。

⑭　林山田，刑法各罪論（上），2006 年 5 版，頁 339。

⑭　林東茂，刑法綜覽，2012 年 7 版，頁 2–120。

⑭　盧映潔，刑法分則新論，2016 年 11 版，頁 643。

的支配」，然而，關於「將不動產移入自己的支配」或「占據」等說法，卻有進一步釐清的必要，否則將難以形成明確且穩定的犯罪評價。舉例來說，行為人未經房屋所有人同意，擅自將汽車停放於車庫。當行為人以停放汽車之方法，將他人的車庫納入自己的支配領域（或稱占據），應論為竊佔。如果換作將腳踏車停放於該車庫內，是否也應當論為成立竊佔，似乎就有疑問。至少就後者來說，因為腳踏車占用的空間不大，不盡然會完全排除房屋所有人對該車庫的支配地位，所以，應無理由論為竊佔。同樣地，腳踏車停放於車庫的行為是否屬於所謂的「占據」，不論從語意的或規範的角度來看，恐怕均有解釋上的困難。對此，如果採取實務及學說的支配或占據等說法，關於不動產的支配，就有必要綜合考量占用的面積大小、方法、時間長短，以及所有人所生的損害等要素，才能得出較為合理的評價結果。不過，有論者質疑這些評價要素有過度抽象的疑慮，因此建議改從「客觀面」與「主觀面」的條件綜合判斷竊佔是否成立。也就是說，從客觀來看，竊佔罪與竊盜罪仍有不同，實際上無需達到完全與所有權人相同或類似的地位，而應從不動產的利用可能性作為標準；另外，亦須考量行為人在主觀上對於不動產利益的侵害程度❶❹❻。

(3)本書見解

關於竊佔行為的解釋，本書認為應回歸不法構成要件與法益保護的建構關聯，亦即：

①如前所述，竊佔罪屬於「所有權犯罪」的類型之一，保護法益與竊盜罪所要保護的對象一樣，並不是指民法上的抽象權利，而是強調所有權人得以任意處分不動產的權利地位。更具體地說，所有人事實上得以積極地利用、處分特定物；同時，亦可消極排除他人對該物的干預，而這種事實上行使權

---

❶❹❻ 王正嘉，竊佔罪的再思考，月旦法學雜誌，217 期，頁 187。應注意的是，此說是從竊佔罪作為「得利型犯罪」出發，而非基於傳統的所有權犯罪。

能的地位正是彰顯所有人與自己所有物互動的自由性。總而言之，竊佔罪所要保護的法益僅限為：「所有人就其不動產於事實上的支配利益，或是任意行使所有權能的事實上地位。」

②竊盜罪的竊取行為乃是未經持有人同意而破壞其對特定物（動產）的持有，並且建立自己對該物的新持有。唯有透過物之持有移轉的物理現象變化，我們始能進一步確認所有權法益是否受到侵害，亦即所有人對特定物行使所有權能的事實上地位遭到侵奪。雖然竊佔不動產難以跟動產的持有移轉劃上等號，畢竟不論是概念上或空間上的意義，不動產均無移動之可能。即便如此，這兩者於「從外部的及物理性的竊佔行為確認實質的法益侵害」的基本邏輯並無不同。若是再考慮到竊佔罪作為結果犯，那麼竊佔行為必須導致所有人對不動產行使權能的事實地位遭到完全侵奪。

綜上，竊佔行為乃是未經直接占有人 ❼ 之同意，排除其對不動產的占有，並且建立起自己對該不動產的新占有。只不過應注意的是，若是單純將他人之不動產擅自變更登記於自己或第三人名下的話，本書認為仍然可構成本罪的竊佔 ❽。理由在於，一旦回歸到竊盜罪之持有與歸屬關係的認定邏輯，通常在動產的部分，我們可透過外部的及事實上的持有地位推導出何人對於特定物具有一定的歸屬關係；相較之下，我們或可藉由事實上的占有推論特定人與不動產的歸屬關係，然而，不同於動產的持有移轉現象，不動產所有權的登記制度形同確認登記名義人對於特定不動產於事實上的支配權限；同時，也對外彰顯出該不動產與該登記名義人之間的歸屬性。簡單地說，竊盜罪之持有要素本質上所強調的歸屬關係，在竊佔罪的範疇則是得以透過規範上的登記方式予以呈現 ❾。此外，基於占用對象的功能（例如車庫、土地），占用

---

❼　應強調的是，這裡使用「占有人」一語，主要是為了與竊盜罪的「持有人」予以區別，但不表示概念上等同於民法上的占有。

❽　不同見解，見盧映潔，刑法分則新論，2016 年 11 版，頁 643。

❾　儘管竊佔罪被規定在第 320 條竊盜罪的第 2 項，不過，關於竊取動產的持有移轉概

的面積及方法等，客觀上足以排除占有人對不動產的支配可能，即屬建立起自己對該不動產的新占有關係，而應論為竊佔既遂，例如將汽車停放於他人車庫，導致所有人無法再停放自己的車輛；公寓大廈的住戶未經全體住戶同意在頂樓加蓋違建❿；在他人土地上建造房屋居住或種植農作物等。

2.所謂的隱匿性？

同於竊取的解釋，實務見解亦認為竊佔須於他人不知情的情形下為之，例如「本條第 2 項之竊佔二字，指在他人不知之間佔有他人之不動產而言。他人二字包括所有人、占有人在內。」❺這樣的解釋應是直接從「竊」的文義推導得出，然而，刑法第 320 條第 1 項所規定的竊取要件在於強調物的持有移轉，行為人是否隱匿為之，則非所問。雖然竊佔行為無法像竊取一樣帶有移轉持有的效果，但仍有一定程度的相似性。也就是說，行為人以占有不動產之行為排除所有人對該不動產的占有可能，而行為人與所有人之間形成占有的互斥關係。又此種互斥關係已經足以說明竊佔行為的不法性，無需額外要求隱匿性的條件❺。

三、主觀不法構成要件

行為人必須於主觀上具有竊佔故意，亦即對竊佔行為有所認識，以及對竊佔結果有所意欲。這裡的故意包含直接故意與間接故意。除了故意之外，本罪額外要求行為人於行為時具有為自己或第三人之不法利益的意圖。因為竊佔既非移轉持有，亦非取得所有之罪，所以這裡的意圖概念無法與竊盜罪

念，卻是無法全然適用在竊佔不動產的情形，因此在解釋上即有必要回歸持有移轉背後真正強調的「歸屬關係變動」，始能更確切掌握竊佔行為的可能態樣。

❿ 林山田，刑法各罪論（上），2006 年 5 版，頁 341。

❺ 見 24 年度最高法院總會決議。

❺ 同此結論，見甘添貴，刑法各論（上），2013 年 2 版，頁 230。

的取得意圖等同視之。這裡的不法利益的意圖應理解為，行為人主觀上居於類似所有權人之地位，享有不動產於經濟上的利益，或是利用、消耗性使用、單純占有該不動產等。

就犯罪的評價順序來說，故意之檢驗先於不法所有意圖，若確認行為人不具故意時，則無需進一步檢驗意圖要素。

讀後測驗

1. 刑法第 320 條竊盜罪的保護法益為何？
2. 何謂動產，以及動產之他人性的判斷標準為何？
3. 動物、裝於身體上的義肢、屍體、電能是否為竊盜罪的犯罪客體？
4. 無主物得否為竊盜罪的犯罪客體？
5. 竊取的組成要素之一為「未經原持有人同意」，此種同意的對象僅針對破壞持有，或者必須兼及建立持有？
6. 同意破壞持有，卻未同意建立持有的情形應成立何罪？
7. 未同意持有，卻有同意建立持有的情形應成立何罪？
8. 何謂「持有袋地」，此種概念之於竊盜罪的犯罪評價意義為何？
9. 竊盜罪的主觀構成要件「所有意圖」與竊盜罪作為截斷結果犯的意義關聯為何？
10. 所有意圖的對象與組成要素為何？
11. 何謂所有意圖的不法性？
12. 未經原持有人同意使用信用卡、悠遊卡、存簿、車票、將店售的雜誌拆封，並且於事後歸還者，是否具備所有意圖？
13. 何謂竊佔，以及未經同意將他人不動產辦理所有權移轉登記於自己名下，是否構成竊佔？

第二章

加重竊盜罪

刑法第 321 條

I 犯前條第一項、第二項之罪而有下列情形之一者，處六月以上五年以下有期徒刑，得併科五十萬元以下罰金：

一、侵入住宅或有人居住之建築物、船艦或隱匿其內而犯之。

二、毀越門窗、牆垣或其他安全設備而犯之。

三、攜帶兇器而犯之。

四、結夥三人以上而犯之。

五、乘火災、水災或其他災害之際而犯之。

六、在車站、港埠、航空站或其他供水、陸、空公眾運輸之舟、車、航空機內而犯之。

II 前項之未遂犯罰之。

壹、保護法益與規範要件的功能屬性

 、加重構成要件

　　刑法第 321 條第 1 項之各款規定並不是一系列的量刑例示規則，而是純粹的「加重構成要件」❶。一方面，行為人於行為時的故意必須對應到加重構成要件事實；另一方面，因為不是量刑事由，所以法官對此沒有適用上的裁量空間。又本條各款事由作為加重構成要件的理由如下：⑴本條第 2 項訂有處罰未遂犯之規定。行為人於著手犯罪實行時，主觀上的行為決意必須具

---

❶　同此結論，例如黃仲夫，刑法分則，2010 年，頁 452；游明得，加重竊盜罪的法律性質探源，軍法專刊，第 84 卷 2 期，頁 38。

體對應到刑法第 320 條第 1 項與第 321 條第 1 項規定的客觀不法事實；⑵除了基礎犯罪（刑 320）之外，立法者訂立加重構成要件無非是考量到以下情事：行為人於實現基礎犯罪之部分或全部的客觀不法要件時，不論是以附帶的行為方式，或是基於竊取時的環境情狀等，使得所有權法益之侵害更為容易，或是額外造成其他法益的危險性等❷。

 、保護法益

加重構成要件與基礎犯罪所要保護的法益，原則上具有同一性。不過，我們也不排除行為人於竊取時，因為手段的選擇上而有侵害其他法益的可能，例如生命、身體等。基此，竊取行為具有更高的不法內涵，而有加重處罰的正當性。換句話說，如果從法益侵害的危險出發，加重構成要件的設計原理可理解為，立法者有意強調竊盜之行為不法於「量」上的差別，例如藉由特定的行為方式更有效率地實現竊取❸，例如結夥三人（刑 321 I ④）。相較之下，立法者也有可能是想藉由加重構成要件凸顯竊盜之行為不法於「質」上的差異。舉例來說，竊盜過程中附帶的行為方式，使得竊盜於社會的及規範的意義上形成不同的社會損害性格，例如「兇器」（刑 321 I ③）之於人的生命、身體、健康利益，或「毀越門窗」（刑 321 I ②）之於物的完整利益。

---

❷ 參閱 Eisele, Die Regelbeispielsmethode im Strafrecht, 2004, S.154.

❸ 提升實現基礎犯罪的效率，參閱 Erb, NStZ 2001, S.565；同此結論者，見甘添貴，刑法各論（上），2011 年 2 版，頁 241。

貳、各款之加重事由

一、侵入住宅或有人居住之建築物、船艦或隱匿其內而犯之（刑 321 I ①）

㈠住宅、建築物、船艦

　　從住宅、建築物與船艦的語言脈絡出發，本款之規範目的應當在於「空間上的保護」，同時也帶有人類得以進出的意涵。又考慮到立法者選用「侵入」，而非「進入」的用語，無非是強調這些空間往往設有一定裝置（例如門窗），以防止無權之人進入❹。就此而言，公寓大廈的樓梯間亦屬本款之住宅、建築物等概念，例如「至公寓樓下之樓梯間，雖僅供各住戶出入通行，然就公寓之整體而言，該樓梯間為該公寓之一部分，而與公寓有密切不可分之關係，故於夜間侵入公寓樓下之樓梯間竊盜，難謂無同時妨害居住安全之情形，自應成立刑法第 321 條第 1 項第 1 款於夜間侵入住宅竊盜罪❺。」❻

　　首先，本款的「建築物」是指，透過牆壁與屋頂劃定出一定的空間界限，並且與地板穩固連結的建築體❼。這裡的穩固連結無需以「永久」（von Dauer）為前提，例如馬戲團帳篷、鐵皮屋❽等。至於所謂的「住宅」，單從物件本身的結構觀之，也會包括在建築物的概念之內。不過，再從功能性的觀點切入，則可將住宅進一步理解成作為個人生活中心之用，或者至少提供短

---

❹　依此，雖然本款規定之住宅、建築物、船艦等具有一定的空間性與保護性，仍須與同條第 2 款之「其他安全設備」區別。

❺　應注意的是，夜間竊盜為舊法之規定。

❻　最高法院 76 年台上字第 2979 號判例。

❼　BGHSt 1, 158.

❽　Duttge, in: Gesamtes Strafrecht, 2. Aufl., 2011, §243 Rn.7.

暫的客宿，例如旅館❾、會館、病房❿，以及工地工人過夜休息所建之貨櫃屋等。

其次，住宅、建築物、船艦三者原本分別帶有不同的功能，立法者卻對建築物與船艦額外加入「有人居住」的條件，所以，關於建築物與船艦的解釋，均應考慮到以下兩項特徵：⑴居住為建築體的附加功能。至於多數建築體之間如何連結或區隔，實非重點，例如依最高法院 67 年台上字第 2848 號判例：「住宅與工廠，既經圍有圍牆分隔為二部分，則工廠係工廠，住宅係住宅，並不因該工廠與住宅相連，即可指工廠為住宅。」此一判例的結論或可贊同，不過評價重點應不在於圍牆如何將住宅與工廠分隔，而是該工廠於現實上是否具有居住的附加功能。⑵居住事實。

綜上說明，當部分的實務見解認為，例如臺灣高等法院 96 年上易字第 118 號判決：「檳榔攤固有門窗，並足以遮風避雨，惟其係以鐵架支撐於地面，並非固定附著於地上，乃係臨時性而非密切附著於土地之物，既非住宅，亦非有人居住之建築物。」這樣的說理即有再商榷之必要。理由在於，儘管檳榔攤與土地之間沒有永久的連結，基本上仍可視為本款的建築物，只不過考慮到此種建築物本來就不是供居住之用，所以無法論為本款的犯罪客體。

【實例】甲與乙在校外承租一間公寓，每個人有獨立使用的房間，而衛浴及廚房則是共用。某日，甲趁室友乙不在時，潛入其房間偷取錢包。

甲與乙在校外承租公寓，而每個人各自擁有自己的房間，此等空間均屬個人的生活中心，而且亦是供長期居住之用，所以得論為本款之住宅。

---

❾ 最高法院 69 年台上字第 1474 號判例：「旅客對於住宿之旅館房間，各有其監督權，且既係供旅客起居之場所，即不失為住宅性質，是上訴人於夜間侵入旅館房間行竊，係犯刑法第 321 條第 1 項第 1 款於夜間侵入住宅竊盜之罪。」

❿ 最高法院 101 年台非字第 140 號判決。

㈡侵入或隱匿其內

1.侵　入

　　本款之行為態樣分為「侵入」與「隱匿」。首先，這裡的侵入是指，行為人使用暴力手段排除該為防止他人進入空間而設置的障礙，例如門鎖。在有多數房門的情形，行為人破壞第一道門鎖（大門）進入屋內，雖然仍有第二道門鎖（房間）等待開啟（亦有可能根本未上鎖），仍可論為已實現侵入此一要件❶。或有論者認為，關於行為人是否已進入特定空間，並非評價侵入的依據。換句話說，只要行為人取走特定物之前，該空間已經因使用暴力而被開啟，即為已足❷，例如破壞上鎖的窗戶，將手伸入屋內取物。然而，這樣的說法容待商榷。理由在於，一方面，此與本罪第 2 款的解釋相衝突。因為第 2 款所規定的毀越在概念上即帶有「跨過」的意涵；相對地，侵入一語則是更強調「從特定空間進入另一個空間的狀態」。我們因而沒有理由在解釋第 2 款時，既是要求行為人必須是克服障礙（門扇或安全設備）而跨過特定空間，卻是在解釋侵入要件時，捨棄行為人進入特定空間的要求；另一方面，立法者在本款使用「住宅」與「有人居住」等語詞，無非是想要強調侵入行為的不法性同樣源自於家宅權的侵害。所以，行為人必須確實進入空間，始能論為侵入。

　　再者，雖然本款使用侵入此一用語，但不必然要與侵入住居罪的侵入作相同之解釋。理由在於：一者，本款採取加重構成要件的規範模式，刑度從竊盜罪的五年以下提升至六月以上五年以下的有期徒刑。從行為的不法內涵與處罰程度的對應來看，侵入要件實有限縮解釋之必要；二者，在任何一種

❶　Duttge, in: Gesamtes Strafrecht, 2. Aufl., 2011, §243 Rn.14.

❷　Heinrich, in: A/W/H/H-BT, 2. Aufl., 2009, §14 Rn.46.

侵入行為而竊取的情形，例如單純未經同意而進入他人住處，原本在競合層次，得論侵入住居罪與竊盜罪成立刑法第 55 條的想像競合，從一重處斷。若不對本款之侵入行為採取限縮解釋，恐怕亦無法合理說明為何在立法上捨棄競合上的罪數評價，而須另外獨立規定加重構成要件予以加重處罰。

【實例】甲計畫潛入乙的住處竊取財物。甲以為乙住處的大門已被鎖住，原本計畫利用身體撞開。實際上，該門並未上鎖，而且只是輕靠門沿。甲毫不費力地將門推開。

儘管甲進入乙的住宅，但仍有疑問的是，本款之侵入要件可否論為已實現。刑法第 321 條第 2 項之未遂（刑 25）的著手依據在於「以侵入方法進入住宅」。甲原本計畫將門撞開，該門實際上既沒有上鎖，也沒有完全關上。所以，就行為的整體歷程觀之，無法將甲論為以暴力手段破壞大門而侵入。換句話說，甲未著手實施本款的構成要件行為。

2.隱　匿

【實例】甲前往乙的住處參加生日派對。派對結束後，乙一一送走親朋好友，並將大門鎖好。甲趁乙不注意時，讓自己被關在屋內，藉此竊取屋內財物。

關於隱匿其內之解釋，依多數的學說與實務見解，「若事前經他人允許住宿宅內，臨時見財起意，竊物而出，其於他人家宅之安寧並無妨害，即不能謂之侵入。」❸應注意的是，這段說理僅僅強調事前經過有權之人的許可進入屋內，而非屬於侵入之概念，但我們無法反推隱匿行為必定是未經許可而

---

❸　林山田，刑法各罪論（上），2006 年 5 版，頁 347；最高法院 25 年台上字第 6203 號判例。

進入屋內。相對於侵入行為聚焦在行為人如何進入特定空間，隱匿其內的重點則是在於「進入之後的隱伏藏匿行為」。所以，行為人是以合法或違法的方式進入他人之居住空間 ⓮，則非所問。只要行為人進入該空間後將自己隱伏或藏身於內，藉此竊取他人動產，均屬隱匿其內。基此，本例的甲事前得到乙的許可進入住宅，事後卻讓不知情的乙將自己鎖在屋內，以竊取乙之財物，此應成立隱匿於他人之住宅而犯竊盜。

3.竊盜故意的存在時點

基於本款規定的「而犯之」，行為人之竊盜故意必須存在於侵入或隱匿其內之時 ⓯。如果侵入他人住宅，原先只是為了鑑賞屋內某個藝術品，事後才另起竊盜犯意，則不成立本款之加重構成要件。其次，若行為人侵入他人住宅或隱匿其內是為了確保竊盜成果（既遂後終了前），亦不屬於本款所規定的「而犯之」。

、毀越門窗、牆垣或其他安全設備而犯之（刑 321 I ②）

㈠毀　越

單從「毀」這個字觀之，除了基礎犯罪侵害所有權法益之外，立法者似乎有意透過加重構成要件強調特定物（門窗）之完整性的保護需求。另從「越」這個字來看，似乎亦是強調被害人之家宅權同時應受保護。形式上，這樣的法益理解與毀損罪或侵入住居罪兩者並無不同，但實務見解似乎是傾向於後者。也就是說，刑法第 321 條第 1 項第 2 款所謂之門窗、牆垣或其他安全設備，應係指為保護住宅或有人居住之建築物之安全而裝設，故該條款

⓮　同此結論，例如 Rengier, BT I, 12. Aufl., 2010, §3 Rn.18.

⓯　甘添貴，刑法各論（上），2013 年 2 版，頁 236。

所謂之安全設備，是自必與住宅或有人居住之建築物有關者，始屬之❶。

　　本書認為本款加重處罰的理由，除了毀損他人之物的意義外，其實仍有考量到門窗、牆垣、其他安全設備具有防範他人竊取的功能。換句話說，本款行為之所以具有更高的不法內涵，無非是行為人藉由破壞具有防護性質的門窗、牆垣或安全設備等，進而跨過特定空間以實現竊取。又因為門窗與安全設備帶有防護財產的意義，特別是為了要讓行為人難以取走目標物，所以本款的毀越也就不能單從毀損罪（或是侵入住居罪）的不法內涵予以理解，而有必要額外附加上「行為人耗費心力毀越」這項條件，以此強調這些行為本身比單純的竊盜帶有更高的不法內涵。如果我們不作這樣的解釋，恐怕無法合理說明：原本可以透過競合方式論處竊盜罪與毀損罪（或是竊盜罪與侵入住居罪），為何要特別加重處罰毀越門窗或安全設備的竊取。

　　值得注意的是，學說與實務見解❶認為「毀」或「越」此等行為態樣之實現具有「擇一關係」，例如行為人可以藉由「毀越」、「毀而不越」，或是「越而不毀」等行為組合實現此一加重構成要件。舉例來說，行為人先是毀壞窗戶，進而伸手入內行竊。因為這裡的窗戶已經失去防護的功能，所以構成本款事由❶；如果是使用鑰匙開啟大門進入者，則不屬於本款所規定的「越」。因為所謂的越必須是越入者，而非單純地走進❶。即便如此，學說與實務見解在一些情形卻又強調毀與越之間的目的手段關聯，亦即行為人毀損門窗後，必須由該毀壞的門窗進入屋內，始屬實現本款之加重構成要件。如果是先毀損門窗，卻是開啟其他窗戶進入屋內，則不構成本款的毀越門窗❶。整體而

---

❶　臺灣高等法院臺中分院 98 年度上易字第 499 號判決。

❶　院字第 610 號；最高法院 42 年台上字第 329 號判例；林山田，刑法各罪論（上），2006 年 5 版，頁 348。

❶　最高法院 33 年上字第 1504 號判例。

❶　最高法院 24 年度總會決議（五七）；最高法院 63 年台上第 50 號判例。

❷　司法院問題研究 (12)，頁 116；林山田，刑法各罪論（上），2006 年 5 版，頁 349。

言，實務上關於本款要件的解釋與適用，既強調毀、越的擇一關係，卻又要求毀越之間的目的手段關聯。此等說理之間顯得相當矛盾。

(二)安全設備

多數的學說與實務見解認為[21]，本款的安全設備必須體積龐大且附著於不動產。這樣的解釋或可限縮加重構成要件之適用，以避免國家刑罰權過度擴張，然而，卻是忽略本款原本所預設的規範目的。如前所述，毀損門窗或其他安全設備的竊盜行為之所以具有更高的不法內涵，無非是考量到門窗、牆垣、其他安全設備是為了防範他人竊取財物。關於本款之安全設備的解釋，本書認為重點只在於門窗或安全設備本身具有防護財產的功能，行為人必須耗費額外心力降低或排除此等設備的防護能力，至於安全設備的大小樣式、所在位置，以及是否附著於不動產等，則非所問。

【實例】甲任職於 A 銀行。趁保險庫未上鎖時，甲開啟保險庫並從中取走現金十萬。

甲打開未上鎖的保險庫，無需耗費額外心力，不符合本款所欲加重非難的不法內涵。甲因此不成立刑法第 321 條第 1 項第 2 款之加重竊盜罪，至多違犯刑法第 320 條之普通竊盜罪。

【實例】甲任職於 A 銀行。某晚，在公司所有同事均下班之後，使用事先偽造好的鑰匙打開保險庫，取走現金十萬。

一般而言，為了打開上鎖的保險庫，不論甲用撬開或以其他方法打開，

---

[21] 司法院 (72) 廳刑一字第 177 號：小型且可輕易移動的保險箱不屬於安全設備，若是大型且依附於不動產者，則屬安全設備；盧映潔，刑法分則新論，2016 年 11 版，頁 655。

例如請鎖匠，使用髮夾等，均屬耗費額外心力。本例中的甲事先偽造鑰匙，亦為耗費額外心力。所以成立本款。

> 【實例】甲任職於 A 銀行，知道負責管理保險庫的乙總是隨意把鑰匙放在辦公桌上。甲趁乙中午外出用餐時，輕易取走鑰匙。甲使用鑰匙打開保險庫，取走現金十萬。

　　如果行為人於具體個案中總可輕易地取得鑰匙，則非屬耗費額外心力。理由在於，毀越作為本款之構成要件行為，規範目的之一在於保護物之完整性，但考慮到加重竊盜罪的法定刑，毀越行為的不法內涵不僅止於破壞物的完整性，而且還有強調行為人排除了財產保護的安全性。

三、攜帶兇器而犯之（刑 321 I ③）

　　從本款用語來看，似乎難以確認攜帶兇器到底是對人，還是對物具有一定的侵害危險。首先，立法者關於攜帶兇器所設想的攻擊目標，應可先行排除所有權法益，因為竊盜罪之行為人本來就無需透過攜帶或使用兇器的方式實現竊取。一旦使用兇器作為強暴或脅迫的手段以實現竊取，即屬刑法第 328 條強盜罪（或刑法第 331 條加重強盜罪）❷❷的問題，而非加重竊盜罪。因此，本款規定的行為真正所要攻擊的對象應是他人之生命、身體、健康、自由等法益，所以行為人於竊盜時所攜帶的器具以帶有侵害此等法益的危險性為必要。值得注意的是，單就意思自由的侵害來說，攜帶兇器的法益危險性在於，直接從器具本身產生對被害人之身體強制的威脅效果，如果只是在紙條上寫上威脅字句，例如「槍口已經對準你，快把錢交出來！」，該紙條則不屬於本款所規定的兇器。

---

❷❷　針對是否成立普通強盜罪或加重強盜罪的問題，個案評價上仍舊取決於行為人是否「攜帶」兇器。

㈠兇器之認定標準

【實例1】甲有用餐時飲酒之習慣，因此隨身攜帶瑞士刀作為開瓶器用。某日，甲經過超商，看到一臺停放在店門口的機車，車主忘記將鑰匙取下。甲認為機不可失，趁車主在店內購物時，將該車騎走。

【實例2】甲隨身攜帶鋼製的扳手，準備用來撬開乙家的門鎖。沒想到乙家的大門根本未上鎖，甲因此輕易地進入屋內竊取錢包。就在甲準備離開時，突然聽見乙進門的聲音。為了避免讓乙發現，甲突然無預警地衝向乙，用扳手襲擊乙的頭部。

【實例3】甲下午將參加攀岩活動，因此隨身攜帶繩索。甲因身上缺現金，所以趁室友乙不在房間時，竊取抽屜內的錢財。乙開門剛好看到這一幕，甲一時心急，擔心乙採取防衛行為，便使用繩索將乙綑綁。乙的身體因綑綁而有多處瘀傷。

表 2-1　是否構成「兇器」此項不法要件？

	見解	瑞士刀	扳手	繩索
客觀	客觀危險說	✓	✓	✓
	修正式的客觀理論	✓	✕	✕
主觀	主觀認知說	✕	✕	✕

1.客觀危險說

依最高法院 79 年台上字第 5253 號判決：「按刑法第 321 條第 1 項之攜帶兇器竊盜罪，係以行為人攜帶兇器竊盜為其加重條件，此所謂兇器其種類並無限制，凡客觀上足以對人之生命身體安全構成威脅者，具有危險性之兇器均屬之，且只須行竊時攜帶此種具有危險性之兇器為已足，並不以攜帶之初有行兇意圖為必要。螺絲起子為足以殺傷人生命身體之器械，顯為具有危險

性之兇器」❷；最高法院 70 年台上字第 1613 號判例：「扣案之短刀為單面尖形，甚為鋒利，無論上訴人等主觀上是否旨在行兇抑僅便利行竊，然在客觀上顯具有行兇之危險性，自屬兇器之一種，其攜帶而犯竊盜罪，應成立刑法第 321 條第 1 項第 3 款之罪」，或如最高法院 92 年台非字第 38 號判決：「刑法第 321 條第 1 項第 3 款……所稱之兇器，乃依一般社會觀念足以對人之生命、身體、安全構成威脅，而具有危險性之器械而言。」

　　從上述的實務見解來看，行為人所攜帶的器械是否具有典型的法益侵害危險，原則上取決於社會性的認知觀點，以及該器械的形式、特質、用途等客觀性要素，至於行為人是否計畫用來傷害他人，則非所問❷。實務見解看似依循一套純粹客觀化的標準，不過，所謂的形式、特質、用途、社會觀點等概念，往往會因為語言的使用脈絡，個人不同的生活經驗，以及價值取向等，而有截然不同詮釋的可能，進而導致兇器概念無限擴張的問題。舉例來說，裝潢工人攜帶的螺絲起子從用途（拴緊螺絲）、特質（十字頭）來看是修繕工具。如果換作施工時，竊取他人之物，那麼隨著「身分」的轉換，不排除關於變更螺絲起子之用途（攻擊）、特質（尖銳）的理解，而將其論為兇器。為了避免客觀危險過於浮動的評價，有論者改從規範目的的角度切入（或稱之為修正式的客觀理論），認為刑法加重處罰攜帶兇器竊盜乃是立法形成一項純然的行為禁忌，絕對地禁止竊盜行為人攜帶殺傷性的武器，所以在犯罪評價上，只要竊盜時攜帶此種器具即為已足，無需考量行為人有無使用的事實或意圖。換句話說，依據抽象性的標準，行為人攜帶的器具依其構造是否具有高度的殺傷力，因而一律禁止於竊盜時攜帶❷。

　　綜上，依實務見解而論，上述三則案例的甲於行竊時攜帶瑞士刀、扳手、

---

❷　同此見解者，例如最高法院 62 年台上字第 2489 號判決。

❷　OLG Hamm StV 2001, 17–18; 我國學說上採此一見解者，例如甘添貴，刑法各論（上），2013 年 2 版，頁 240。

❷　徐育安，攜帶兇器竊盜，月旦裁判時報，22 期，頁 122–123。

繩索均得成立攜帶兇器之加重竊盜。若是改從修正式的客觀理論出發，應只有在攜帶瑞士刀的情形，始有可能成立攜帶兇器之加重竊盜。

2. 主觀認知說（特殊認知說）

有學說見解則是認為，縱然行為人一開始並無侵害性的使用意圖，不過，只要行為人認知到攜帶的物件，按照一般性條件能夠達到危險性的使用，即可論為兇器[26]；或如其他論者採取類似的觀點，認為特定器物是否作為兇器，必須考量到行為人的特殊認知與使用能力，至於其是否為自然界之物，顯然不足以成為判斷兇器的標準[27]，例如行為人為了便於防身，而於竊取時攜帶石頭。此一石頭得論為兇器，因為行為人具有以石頭侵害他人之生命或身體的特殊認知。不論採取何者見解，前述三則實例的甲並未認識到瑞士刀、扳手、繩索等器具按照一般性條件能夠為危險性的使用，或是對此等器具的（防身）應用並無特殊認知，所以甲未實現攜帶兇器此項不法要件。

3. 本書見解

特殊認知之見解應屬可採，不過，本書卻有不同的論證。詳言之，(1)現實生活的各種物件一旦連結不同的經驗情境，在認知的意向上即可找到與其相對應的概念，例如棒球比賽中打擊者手持「球棒」，但在生火取暖時，該球棒則是「木材」；嗎啡可以被濫用為「毒品」，但醫療上則是「藥品」。換句話說，任何概念的運用均在於賦予特定事物一定的（科學性、文化性、社會性）意義，又這樣的意義賦予取決於我們在什麼樣的情境下依據何種意識來對該事物加以應用。依此，基於刑法的法益保護功能，「兇器」屬於一項帶有高度規範性的概念，而這裡的規範性則是指向法益侵害或危險的禁止要求。原本

---

[26]　甘添貴，刑法各論（上），2013 年 3 版，頁 240。

[27]　李聖傑，攜帶兇器竊盜的兇器概念，月旦法學教室，59 期，頁 13。

屬於其他概念範疇的物件被導入規範性的領域，例如水果刀之於兇器，磚頭之於兇器等，即有賴於個人於特定情境下的意識作用，特別是關於法益侵害或危險的理解；(2)特定物件轉為兇器的時點，應從著手竊取時起到既遂為止，行為人具有對他人之生命、身體、自由的潛在侵害意識，例如設想可能會遭到他人抵抗，而有必要使用攜帶之工具予以反擊，或是預計用來對他人施以強暴或威嚇❷。如果只是認識到一般條件下的危險性使用，仍不足以論為兇器。於此，我們也可以說，所謂的特殊認知實質上為一種以「目的為導向」的意思，而此種意思須達意圖（或稱第一級直接故意；dolus directus 1. Grads）之程度❷。相對於此，基於本款規定「而犯之者」，行為人「預備階段與終了階段」所攜帶的物件於規範上則無轉為兇器之可能。

(二)攜　帶

本款不要求行為人犯竊盜罪時使用兇器❸，只要「攜帶」即為已足。所謂的攜帶不以行為人（或其他犯罪參與者）手持兇器或掛放在身上為必要，而是強調「隨手可得」(griffbereit) 的狀態❸。更具體地說，行為人（或其他參與者）必須先積極地與某個兇器在空間上形成緊密的歸屬關係❸，而在竊盜期間的任何時刻，可以毫不費力地即刻取得該物件並使用之，例如將瑞士刀放在口袋，或是在被害人的住處搜得一支球棒，並將該球棒置放在客廳沙發上。相較之下，如果是偶然存在於犯罪地的器具，行為人（或其他參與者）只是純粹有機會取得該器具而加以使用，則不屬於這裡的攜帶。又攜帶的時點以從著手竊取到既遂為止，至於預備階段與終了階段在規範上則無構成攜

---

❷　參閱 Otto, BT, 7. Aufl., 2005, §41 Rn.60.

❷　見 Mitsch, BT 2, 3. Aufl., 2015, S.127.

❸　若有使用的話，則是涉及到是否構成刑法第 328 條強盜罪之強暴或脅迫的問題。

❸　Mitsch, BT 2, 3. Aufl., 2015, S.119.

❸　Rengier, BT I, 12. Aufl., 2010, §4 Rn.43.

帶之可能❸。

四 、結夥三人以上而犯之（刑 321 I ④）

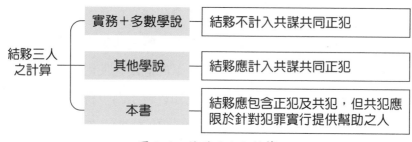

圖 2-1　結夥三人之計算

㈠實務見解

結夥三人作為一項「加重構成要件」。考慮到此種參與方式具有促進（所有權）法益的侵害危險，所以結夥竊取具有較高的不法程度。關於結夥三人的計算，依最高法院 76 年台上字第 7210 號判例，刑法總則編所規定之共同正犯與刑法分則各罪規定的結夥三人在概念內容上應有不同，提出「結夥三人應具在場性」的解釋，並且將共謀共同正犯排除於結夥三人的計算範圍。另外，依最高法院 93 年台上字第 553 號判決，如果在場共同實施或在場分擔實施犯罪之人不及三人，縱然加上共謀共同正犯後，已經符合刑法第 28 條共同正犯之規定，但因為在場共同或參與分擔實施犯罪行為之人不及三人，所以不符合結夥三人之要件。簡單地說，實務見解認為結夥三人即屬共同正犯，只不過僅僅承認事前同謀，並且將於實行犯罪時，在場把風、接應者，計入結夥人數。最高法院透過在場性要求限縮結夥三人之解釋，卻不見完整的說理。

---

❸　Rengier, BT I, 12. Aufl., 2010, §4 Rn.47–48.

(二)學說見解

有學說見解則是認為，結夥三人性質上屬於共同正犯 ❸，兩者不同處僅為參與人數的最低限制設定 ❸。依目前學說多數見解所採的犯罪支配理論，共同正犯的成立基礎在於分工合作與角色分配的功能性支配。另有部分論者 ❸ 主張，犯罪參與者的行為分擔對於犯罪結果實現而言，實為提高風險的具體表現。也就是說，如果將功能性支配作為區分正犯和共犯之依據，等於主張以行為升高危險解釋共同正犯的客觀可歸責性。再者，依據所謂的功能性支配理論，參與謀議之人雖然未在犯罪現場實施行為分擔，但是對於策劃與指揮他人實現犯罪位居關鍵性的掌控地位的話，例如策劃之人所主導的犯罪貢獻，在後來的犯罪實現過程繼續產生作用，仍得視為對犯罪流程具功能性支配而論為共同正犯。所以，如果將加重處罰結夥行竊的理由：「犯罪比較容易實施」納入整體考量，又參與謀議之人所提供的計畫對於實現犯罪而言有重大貢獻的話，也就沒有理由將其排除於結夥三人的計算範圍。

不過，目前多數的學說見解卻又指出 ❸，只有參與行竊之人皆在現場，才有可能額外升高被害人或所有權侵害的危險性，單純參與策劃與指揮他人實行共同犯罪的共同正犯不能計入結夥三人。依此，教唆與幫助犯等參與型態亦應予以排除 ❸。

---

❸ 林山田，刑法各罪論（上），2006 年 5 版，頁 353；盧映潔，刑法分則新論，2016 年 11 版，頁 598。

❸ 柯耀程，刑法總論釋義（上），2006 年，頁 372–373。

❸ 許玉秀，累積的因果關係與危險昇高理論，台灣本土法學雜誌，32 期，頁 72。

❸ 參閱林山田，刑法各罪論（上），2006 年 5 版，頁 354；林東茂，刑法綜覽，2009 年 6 版，頁 2–130；甘添貴，刑法各論（上），2011 年 2 版，頁 242。

❸ 參閱林東茂，加重竊盜，月旦法學雜誌，71 期，頁 158；林山田，刑法各罪論（上），2006 年 5 版，頁 353。

(三)本書見解

結夥三人作為一項加重構成要件，其特殊的不法內涵在於所有權侵害的抽象危險[39]。更精確地說，結夥三人為多數人藉由合作方式更有效率地實現持有移轉，進而造成所有權法益之侵害[40]。相較之下，刑法第 28 條（共同正犯）作為所謂的「歸責規範」(Zurechnungsnorm)，卻非加重構成要件。換句話說，刑法第 28 條的規範目的在於，如何將多數人參與犯罪的現象建構起規範上的共同性，而將所有的參與者論為正犯[41]。綜此，考慮到刑法第 28 條與第 321 條具有不同的功能與目的，我們沒有必要將結夥三人限制在共同正犯的參與模式，或是將兩者劃上等號。換句話說，結夥三人應當包括正犯與共犯兩者的結合型態，例如共同正犯、間接正犯，以及幫助或教唆犯等。例如在多數參與者之間雖然未有確切的犯罪計畫，但有一定程度之犯罪認識的情形[42]，居於共犯地位之人可以與其他正犯成立結夥關係，例如甲、乙共同策劃竊取丁之財產，委請丙定點開車接送。實際上，丙未參與犯罪計畫的討論與形成，只知道受託接送是為了讓甲、乙順利竊盜。

但應注意的是，這裡所指的共犯應適度限縮於「犯罪實行時」（著手至既遂階段）提供幫助之人，但不包括教唆犯、預備階段的及事後的幫助[43]。理

---

[39] Joerden, JuS 2002, S.329；應注意的是，這裡論及抽象危險與具體危險的概念，目的不在於確認刑法第 321 條第 1 項第 4 款是否為抽象危險犯或具體危險犯，而是在於說明行為危險性的證明程度為何。

[40] 參閱 Zopf, GA 1995, S.327f.；不同見解，林東茂，刑法綜覽，2009 年 6 版，頁 2–128。

[41] 基礎說明，見古承宗，規範上的共同性與共同犯意聯絡，台灣法學雜誌，185 期，頁 199 以下。

[42] 最高法院 18 年上字第 1253 號判例：「在場人數雖在二、三十人以上，而其是否皆有夥犯之關係，則應視其意思有無聯絡為斷。」

由在於：⑴如前所述，結夥三人作為一項加重構成要件，不法與罪責內涵建構在基礎犯罪的基礎之上，此種犯罪參與型態表現出對於財產法益侵害的危險性，亦即結夥三人具有促進基礎犯罪實現之作用。基於這樣的前提，若是額外考慮到教唆犯的行為主要在於引發或招致第三人實現特定犯罪之決意，後續是否真的開啟與如何實現犯罪歷程則是完全交由被教唆者自己決定。更具體地說，一方面，基礎犯罪的法益侵害流程尚未被決定性地啟動；另一方面，此種唆使行為實質上並不強調對於基礎犯罪的實現具有促進作用❹，當然也就無法（亦無必要）將教唆之人計入結夥三人的範疇；⑵處罰幫助犯的理由在於幫助行為帶有促進犯罪實現的作用，所以，這種參與型態有納入結夥三人的可能性。相對地，預備犯罪尚未進入具刑罰意義的處罰階段，若是把結夥三人的危險性延展到預備階段的幫助行為，擴張解釋的結果勢必無法取得規範上的正當性；另外，在基礎犯罪已經既遂的情形，亦無可能再透過任何形式的幫助行為升高所有權法益的侵害危險。就此，立法者藉由結夥三人此項要件把原本只是位居共犯地位的幫助犯提升至正犯的位階，多少帶有處罰前置的意涵。

五、乘火災、水災或其他災害之際而犯之（刑 321 I ⑤）

火災、水災或其他災害為犯竊盜罪之行為情狀。此等災害既可以是由自然現象所引起，也可以是人為所導致。前者的例子為天氣過於乾燥炎熱引發森林自燃、颱風、地震等；後者則是登山客在森林生火導致火勢延燒、戰爭等。又本款作為加重構成要件的理由在於，行為人趁災害之際得以更有效率地實現竊取，以侵害他人的所有權法益。如果是在災害結束之後犯竊盜罪，即無本款之適用。儘管災害可以是自然的或人為的，但整體來說，此一用語

---

❹ Erb, NStZ 2001, S.561; Mitsch, BT 2, 3. Aufl., 2015, S.131.

❹ Baumann/Weber/Mitsch, AT, 11. Aufl., 2003, §30 Rn.3f.

本身帶有社會性及一定規模的變故之意，所以，解釋上應導向於不特定多數人之生命、身體、財產受有危險的狀態❹，例如颱風過境時市街淹水、行道樹頹倒，或是土石流侵襲山區村落等。

六、在車站、港埠、航空站或其他供水、陸、空公眾運輸之舟、車、航空機內而犯之（刑 321 I ⑥）

本款作為加重構成要件的理由在於，行為人於車站或車廂內得以更有效率地實現竊取，以侵害他人的所有權法益。更具體地說，在車站、港埠、航空站等場所，不論是旅客或是交通工具都有高度的流動性，例如多輛火車停靠車站、旅客趕搭火車或飛機，或是於上下車時常見的擁擠現象。於此，旅客對於自身財物的監督及管領能力多少有所降低。相較之下，在車廂內的活動或許顯得比較單純，不像在車站多有人員及交通工具的流動，然而，乘客長時間在某個封閉空間內，例如行駛於高速公路上的客運或飛行中的飛機，常有睡覺或使用手機打發時間的作為，因此，對於自身財物的監督與管領能力勢必有所降低。

其次，關於車站、港埠、航空站等概念的範疇，實務見解正確地採取了限縮解釋，例如依最高法院 80 年台上字第 3172 號判決：「刑法第 321 條第 1 項第 6 款所謂車站，係指旅客上下停留及其必須經過之場所而言，被告於火車車廂內，竊取旅客之現款，顯非在車站內犯竊盜罪。」儘管最高法院嚴格區分「車站」與「車廂內」的概念，但就此號判決所呈現的事實來看，因為法條已經明文將車站與車廂內分別定為不法構成要件，所以最終不會影響加重竊盜罪之成立；或如最高法院 62 年台上字第 3539 號判例所指出的：「刑法第 321 條第 1 項第 6 款之加重竊盜罪，係因犯罪場所而設之加重處罰規定，車站、埠頭為供旅客上下或聚集之地，當以車船停靠旅客上落停留及必經之

---

❹ 同此結論，陳子平，刑法各論（上），2015 年 2 版，頁 451。

地為限，而非泛指整個車站或埠頭地區而言。」

參、主觀不法構成要件

加重竊盜罪本質上仍屬竊盜罪，行為人於竊取時不只是主觀上對於「基礎犯罪」具有竊取故意，也就是對竊取行為有所認識，以及對竊取結果有所意欲，同時亦須對「加重構成要件」具有故意，例如侵入住居、攜帶兇器等。這裡的故意包含直接故意與間接故意。除了故意之外，本罪額外要求行為人於行為時具有為自己或第三人不法的所有意圖。

就犯罪的評價順序來說，故意之檢驗先於不法所有意圖，若確認行為人不具故意時，則無需進一步檢驗意圖要素。

肆、加重竊盜的未遂起點

一般來說，加重竊盜的既未遂仍以刑法第 25 條規定的「著手於犯罪之實行」為評價準據。依此，所謂的著手是指，關於客觀不法構成要件的實現，行為人依其犯罪計畫，在為特定行為（持槍瞄準被害人）之後，時間上已無需額外的中間步驟，下一步即可實施不法行為（扣下扳機），甚至是實現不法結果（死亡）❹⑥。就這方面來說，如果行為人侵入他人住居而竊盜，即使侵入住居罪的不法要件（刑 321 I ①）已經實現，仍不影響我們回歸竊盜罪之未遂起點的評價。

換句話說，假設行為人從家中攜帶兇器（刑 321 I ③）欲前往犯罪地竊取，加重竊盜的未遂起點不會因此就提前至攜帶時；或是在結夥三人竊盜（刑 321 I ④）的情形，加重竊盜的未遂也不會提前至結夥形成之時。總而言之，不論本罪第 1 項的各款事由理解為量刑例示規則，或是加重構成要件，加重竊盜罪的既未遂均是以「基礎犯罪的既未遂」為主❹⑦。

---

❹⑥ 僅參閱王皇玉，刑法總則，2017 年 3 版，頁 373。

讀後測驗

1. 刑法第 321 條第 1 項規定之各款事由應定性為加重構成要件，或者為一種量刑規則？

2. 刑法第 321 條第 1 項之各款加重事由的保護法益為何？

3. 「侵入」與「毀越」於概念上是否有所差異，又應如何解釋始為正確？

4. 防護財產的立法思維之於毀越安全設備的解釋關聯為何？

5. 若於竊盜時，臨時起意抓起身旁的椅子攻擊被害人，是否構成「攜帶兇器」？

6. 結夥三人與刑法第 28 條以下犯罪參與規定的規範功能是否有所不同，又結夥三人是否僅限於共同正犯的參與型態？

7. 加重竊盜罪的既未遂是以「基礎犯罪」，或是以「加重事由」的既未遂作為評價基準？

---

❹ 見 Putzke, JuS 2009, S.985.

第三章

侵占罪

刑法第 335 條

I 意圖為自己或第三人不法之所有，而侵占自己持有他人之物者，處五年以下有期徒刑、拘役或併科三萬元以下罰金。

II 前項之未遂犯罰之。

壹、保護法益

、所有權說

多數學說見解認為侵占罪之保護法益為所有權[1]。與竊盜罪相同，這裡的所有權是指所有人對特定物行使或主張所有權的可能性[2]，或是對特定物於事實上的支配權力[3]。詳言之，所有人對該物的所有權不會因為他人之不法的侵占行為而遭到剝奪，即便該侵占行為使得所有人於現實上無法行使所有權能，但規範上依舊保有民法上的權利地位。

二、持有說

有論者則是認為本罪的保護法益為「原持有人之持有利益」（或稱持有說）[4]，例如甲將自己的機車借給乙使用，乙將該車寄放於丙所經營的保管

---

[1] Kindhäuser, BT II, 9. Aufl., 2017, §6 Rn.1; Mitsch, BT 2, 3. Aufl., 2015, S.152；林山田，刑法各罪論（上），2005 年 5 版，頁 420；鄭善印，刑法財產罪之保護法益——以竊盜罪與侵占罪為例，月旦法學雜誌，163 期，頁 46 以下。

[2] 參閱柯耀程，竊盜罪與侵占罪的界限，月旦法學雜誌，52 期，頁 154。

[3] Otto, BT, 7. Aufl., 2005, §41 Rn.2.

[4] 甘添貴，刑法各論（上），2013 年 3 版，頁 290。

場。管理人丙擅自將該機車騎走。依此見解，丙之侵占行為侵害乙的持有利益，而非甲的所有權。然而，這樣的說法值得再商榷。理由在於，一者，單就立法技術的觀點，侵占罪的規制目的之一為立法者為了更全面保護所有權，避免竊盜罪可能產生的處罰漏洞而設❺。如果我們認為甲的所有權未受有侵害，似乎已違背立法原旨；二者，同於竊盜罪的法益認定邏輯，儘管侵占罪規定了「持有他人之物」的行為情狀，不會因此認定此罪同時在保護持有利益。若是貫徹少數說的邏輯，放火罪（刑 173）的保護法益理應鎖定在財產法益，因為不法構成要件出現了「燒燬現供人使用之住宅」的要件。不過，此與放火罪在於保護不特定人之生命法益的理解有所違背；三者，雖然所有權能的實現大多以現實上持有特定物作為前提（卻非必要）❻，只不過此種實現權能的「前提」，亦即「持有特定物」，卻不必然與作為個人實現自我之基礎條件的財產利益❼劃上等號。

另有學說及實務見解認為，侵占罪屬於特殊的背信行為❽。所以，侵占

---

❺ 例如行為人於破壞持有階段並無所有意圖，卻於建立持有階段始生所有意圖。於此情形，行為人行為時欠缺所有意圖而不成立竊盜，但仍有可能以侵占罪論處。另，德國刑法第 246 條侵占罪於 1998 年第 6 次刑法改革後，捨棄「行為人於取得所有之時，對物持有或占有」的要求，學說上因而認為侵占罪轉為取得犯罪 (Zueignungsdelikt) 的「截堵性構成要件」。見 Mitsch, BT 2/1, 2. Aufl., 2003, §2 Rn.2；然而，我國的侵占罪的刑度比竊盜罪還高，又客觀構成要件類似於德國舊法的規定，所以無法直接類比為截堵性構成要件。

❻ 進一步說明，可參考王效文，論侵占罪之持有與侵占行為，月旦法學雜誌，206 期，頁 225。

❼ 同樣的思考也出現在竊盜罪之保護法益的辯證。所謂的「持有」乃是個人事實上支配特定物的狀態，或是對外表徵物之歸屬關係的依據，但不必然就是一種刑法上所要保護的利益，充其量只是作為一種實現所有權能的事實性條件。

❽ 例如最高法院 51 年台上字第 58 號判例；最高法院 27 年滬字第 72 號判例；甘添貴，刑法各論（上），2013 年 3 版，頁 289。

罪除了保護所有權之外，還有保護信賴利益。然而，背信罪被劃歸在整體財產犯罪，而不屬於所有權犯罪的類型。此項見解一方面認為侵占罪為涉及整體財產法益的特殊背信；另一方面卻又主張所有權保護，說理上恐有矛盾。總而言之，侵占罪的保護法益以所有權為限，應屬正確的理解。

貳、法條體系概覽

刑法第 335 條為普通侵占罪，而第 336 條第 1 項與第 2 項則是行為人基於公務或業務而侵占他人之物，此為典型的「身分犯」。應注意的是，第 336 條第 1 項除了「對於公務」之外，亦訂有「因公益及職務」之要件，然而，這不是行為人特殊的身分要素，只是作為一種情狀因素而已。其次，針對犯罪客體的特殊性，例如遺失物、漂流物、其他離本人所持有之物等，另訂有第 337 條之侵占遺失物罪。

第 338 條規定了親屬間侵占之特殊的免除刑罰事由與告訴乃論。

參、不法構成要件

一、與竊盜罪的差別

侵占與竊盜皆屬「所有權與取得之犯罪」。不同的是，竊盜罪之行為人既是無法從竊取行為取得對物的所有權，而且未能透過轉讓而使第三人毫無瑕疵地取得的所有權。相對地，侵占罪則有可能使他人獲得侵占物的所有權，例如行為人使善意第三人受讓該物而取得所有權（民 948 參照）。

再者，竊盜罪的行為模式為破壞持有與建立持有，侵占罪則是在已經持有的狀態而轉為所有。換句話說，侵占罪並非持有移轉之罪。又從所有權犯

　王效文，論侵占罪之持有與侵占行為，月旦法學雜誌，206 期，頁 221；林東茂，竊盜與侵占，月旦法學教室，14 期，頁 61 以下。

罪的體系觀察，竊盜罪是行為人為了主觀上的取得目的而實施竊取（破壞持有與建立持有），侵占罪則是行為人於客觀上已經對特定物形成一定的持有地位，再將該物易為所有❿。就形式而言，兩者於規範結構上的差異在於，所有意圖之取得所有作為竊盜罪的主觀不法要件，侵占罪之易持有為所有的取得所有則屬客觀不法要件。依此，侵占行為被理解為「事實上的取得所有」，或是「從持有到取得所有」的客觀化狀態。

　　應注意的是，刑法第 335 條同樣規定了不法所有意圖，至於此項主觀要件與取得所有於規範結構上的關聯與差異，容待下文進一步說明⓫。

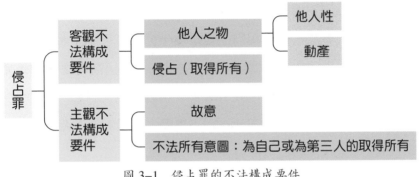

圖 3-1　侵占罪的不法構成要件

㊁、客觀不法構成要件

㈠他人之物

1.限於動產

　　原則上，此一要件的內涵與竊盜罪的「他人之動產」並無不同⓬，亦即

---

❿　Heinrich, in: A/W/H/H-BT, 3. Aufl., 2015, §15 Rn.1.

⓫　德國法之侵占罪的取得所有為一項純粹的客觀構成要件，此與我國法之侵占罪的規範結構不同。因此，解釋上不宜完全承襲德國法的思考，而誤把我國侵占罪的取得所有理解為僅僅作為客觀構成要件。

分為「動產」與「他人性」兩者。實務見解認為本罪的犯罪客體亦包括不動產，亦即「刑法第 335 條第 1 項所謂他人之物，固不以動產為限，不動產亦屬之，但財產上不法之利益無與焉。」❸ 這樣的解釋可能是考量到，侵占罪的犯罪客體為他人之物，而非他人動產，以及將持有與占有兩者概念等同視之，因而有擴張解釋的空間；或是，取得所有的原意為「表現得像所有權人一般」(se ut dominum gerere)，所以不排除侵占罪的客體同時包含不動產。相較之下，本書認為侵占罪的犯罪客體應僅限於動產。理由在於，竊盜罪章訂有涉及動產的竊盜罪與不動產的竊佔罪。對照之下，同樣作為所有權犯罪的侵占，攻擊對象或許不排除兼及這兩者。只不過要將侵占罪的攻擊對象擴及不動產，除非採取與竊盜罪章相同的安排❹，否則任意擴張「他人之物」的範圍，恐怕有違罪刑法定原則之嫌。另一方面，現實上亦難以想像，我們如何先對不動產為排除持有，進而取得所有。舉例來說，甲進入乙的住宅，並且在窗口貼上布條：「房子屬於甲所有」。實際上，甲占有建築物的行動為侵入住宅之行為，而非為竊盜或侵占。

　　此外，關於特定物可否作為侵占罪的犯罪客體，個案中仍須考量該客體是否已經充分地個別化 (hinreichend spezifiziert)❺。也就是說，如果我們從一個物的整體本身無法個別挑出，或是未能具體化的組成部分，那麼這個部分即不屬於侵占罪的犯罪客體❻。

---

❷　詳見竊盜罪章節的說明。

❸　見最高法院 51 年台上第 190 號判例；同此見解者，陳子平，刑法各論（上），2015年 2 版，頁 517。

❹　另可參考毀損罪章的體系安排，例如刑法第 353 條的「毀損建築物」與第 354 條的「毀損他人之物」。其中的「他人之物」先在解釋上包括動產與不動產，然後在此一概念基礎上將「建築物」定性為一項加重構成要件。

❺　Kindhäuser, BT II, 9. Aufl., 2017, §6 Rn.4.

❻　Rengier, BT I, 12. Aufl., 2010, §5 Rn.5.

【實例】乙經營中古攝影器材行。缺錢的甲佯裝想要購買店中的三顆鏡頭（實際上是計畫轉賣），不知情的乙決定讓甲於週末期間試用看看。星期六晚上，甲先是打電話給丙，告知其有不錯的鏡頭，可低價出售。丙表示手上的鏡頭已足夠，沒有添購的打算。

雖然此例中乙所販售的三顆鏡頭各為獨立的物件，但就侵占罪的評價來說，仍得視為一個由多數物件所共同組成的整體。甲向丙表示有鏡頭可低價出售，然而，該鏡頭尚未從三顆鏡頭所組成的整體中個別挑出，或是並未歷經所謂的具體化程序。因此，此例不存在一個侵占罪的犯罪客體。

2.他人性

對行為人而言，侵占之物必須具備「他人性」，而此種特徵於行為時，被害人具備物權法上之形式的權利地位，即為已足❶，或是行為人為共有人之一，共有之物對其仍具有他人性，例如「合夥人之出資，為合夥人全體之公同共有，合夥人退夥時，其公同共有權即行喪失。縱退夥人與他合夥人間結算後尚有出資償還請求權，而在未償還以前仍屬他合夥人之公同共有，並非於退夥時當然變為退夥人之物。」❶

【實例】甲到乙的小吃店用餐。甲點了七十元的套餐，並交給乙面額一百元的鈔票一張。乙向甲表示，等甲結束用餐，會交付應找回的三十元。甲對此表示同意。乙隨後卻反悔，不想找回該三十元。

乙取得一百元鈔票之所有權的條件為「將三十元找給甲」。只要甲尚未取得該筆金額，也就還保有一百元現鈔的所有權。所以，乙反悔不想找甲三十

---

❶ Kindhäuser, BT II, 9. Aufl., 2017, §6 Rn.5; Klesczewski, BT 2, 2011, S.19.

❶ 見最高法院 28 年上字第 2376 號判例。

元，而對乙來說，甲所交付的一百元現鈔，仍具有他人性❶❾。

【實例】甲擅自取走乙的提款卡，至提款機提領現鈔一千元一張。

　　甲插入卡片與輸入正確的密碼之後，提款機吐出現鈔一千元。提款機的吐鈔動作為消費寄託關係的債務履行，以及物權法上的讓與（民 761 參照）。當甲一收受該筆現鈔，現鈔的所有權隨即移轉至甲。因此，現鈔一千元對甲來說，不具他人性。類似的問題出現在他人錯誤匯款的情形❷⓪，例如甲於提款機提款時，發現帳戶多了一萬元。此筆款項乃是他人錯誤匯款的結果。甲明知帳戶內不該出現此筆款項，還是將該筆一萬元提領出來。一般而言，存款行為乃是甲與銀行間的消費寄託關係，甲欲提領特定數額的現金，實質上乃是主張對銀行的請求權。只要提款機吐出指定數額的現鈔，該筆現鈔的所有權隨即移轉至領款人（甲），因此領取的款項對領款人來說，不具他人性。應注意的是，實務見解似乎未意識到這裡涉及到他人性的問題，而是直接肯認甲實際上未持有帳戶內的款項，所以沒有易持有為所有之可能❷❶。

【實例】性工作者甲與乙約定二千五百元作為性服務的報酬。乙交付甲三千
　　　　元，甲表示事情結束後，會再找他五百元。事後，甲反悔不想找乙
　　　　五百元，決定據為己有。

---

❶❾ 除了他人性的問題外，此例也可以進一步討論的是，乙反悔不找錢的行為，是否構成「持有他人之物」或「竊取他人之物」。在「所有權保留」(Eigentumsvorbehalt) 的情形，如果我們採取以下原則：「所有權人基於所有權保留而不願喪失所有物，表示其也不願喪失對該物的持有關係」，那麼此例中的乙不找錢，即屬「破壞他人對物的持有」；相對地，如果認為甲交付乙一百元鈔票屬於自願喪失對該物的持有，但是所有權尚未移轉，那麼乙不找錢且繼續持有一百元鈔票即屬「持有他人之物」。見 Fahl, JURA 2009, S.234.

❷⓪ 例子引自陳子平，刑法各論（上），2015 年 2 版，頁 529。

❷❶ 臺灣高等法院暨所屬法院 89 年法律座談會刑事類提案第 9 號。

本例的爭點在於，依民法第 72 條規定，甲與乙的性服務約定違反公序良俗而無效❷。甲不找回乙五百元而繼續保有三千元，此筆現金是否屬於侵占罪之「他人之物」。儘管甲、乙的債權行為因違反公序良俗而無效，處分行為卻因具有「價值中立性」，不必然同樣因違反公序良俗而受有影響。依此，就所有權移轉而言，甲取得現金二千五百元之所有權的條件為將應找的五百元交付給乙，而此為附條件的所有權移轉。只要五百元尚未交付給乙，所有權取得條件尚未成就，乙也就還保有三千元的所有權。依此，該筆款項對甲而言，仍然具有他人性。

3. 電能或其他能量

依刑法第 338 條準用同法第 323 條規定，電能、熱能或其他能量等無體物，亦可作為本罪之犯罪客體。

㈡構成要件行為：「侵占（取得所有）」

1. 概　說

一般而言，所謂的侵占是指易持有為所有之行為❷，行為人對特定物已經保有一定的持有地位，藉由客觀上的占有行為對外表現出對特定物取得所有 (Zueignung)，並以所有權人的姿態自居而享受所有權能，例如使用、收益、處分等❷。通常可區分為事實上的處分，例如消費、私吞、扣留等，以及法律上的處分，例如買賣、贈與、交換、典當等❷。換句話說，從客觀第

---

❷ 依最高法院 83 年台上字第 1530 號判決，所謂公序良俗，係指當代社會上一般之秩序與價值，道德或倫理觀點者。

❷ 參閱最高法院 43 年台上字 675 號判例。

❷ 僅參閱林山田，刑法各罪論（上），2006 年 5 版，頁 422；盧映潔，刑法分則新論，2016 年 11 版，頁 699。

三人的視野切入，行為人於客觀上藉由特定行為實現所謂的取得所有，排除有權之人對特定物於事實上的支配關係，而由自己對該物建立起全面的事實性支配。

延續竊盜罪的所有意圖概念，我們可以先一般性地將「取得所有」理解為：⑴至少暫時地視為自己之物而持有，或是⑵（持續地）排除所有人對該物於事實上的支配關係㉖。換句話說，若只是暫時地持有他人之物而利用之，則為不罰之「使用侵占」(furtum usus)㉗。

2.行為情狀：持有地位之形成

⑴持有地位作為情狀要素

首先，應予區辨的是，持有地位僅為成立犯罪的行為情狀要素，而非構成要件行為㉘。關於持有地位的形成原因，依早期實務及部分學說見解，行為人侵占他人之物須先有法律或契約上的原因㉙，或是委託信任關係，例如使用借貸、寄託、委任等㉚。這樣的觀點應是強調侵占罪之保護法益僅限於持有利益，或是兼及委任與信託關係的信賴利益㉛。

然而，上述觀點似乎與所有權犯罪之規範目的相牴觸，因為刑事立法者藉由竊盜罪之竊取與侵占罪之易持有為所有等不法要件設計，無非是企圖對所有權法益採取無漏洞式的保護。

㉕　陳子平，刑法各論（上），2015 年 2 版，頁 535。

㉖　Klesczewski, BT 2, 2011, S.19.

㉗　Kargl, ZStW 103 (1991), S.150.

㉘　Otto, BT, 7. Aufl., 2005, §42 Rn.6.

㉙　最高法院 52 年台上第 1418 號判例。

㉚　最高法院 52 年台上第 1418 號判例；甘添貴，刑法各論（上），2010 年 2 版，頁 289–290。

㉛　學說之整理與分析，可參考王效文，論侵占罪之持有與侵占行為，月旦法學雜誌，206 期，頁 223–224；陳子平，刑法各論（上），2015 年 2 版，頁 528。

其次，所有權法益強調的是所有人對特定物於事實上的支配關係，侵占行為的不法性因此聚焦在妨礙所有人行使所有權能的可能性。換句話說，關於侵占行為所侵害的法益內容，如果刑事立法者於規範上沒有特別安排❷，也就不會因行為人與犯罪客體之間存在何種法律關係而有所差別。簡言之，自己持有他人之物是否存在合法原因，實非重點。對此，實務見解則是持不同意見，例如依最高法院 84 年台上字第 1875 號判決：「刑法上之侵占罪，以侵占自己持有他人之物為前提。換言之，必行為人基於法令，契約或法律行為以外之適法行為如無因管理，不當得利等原因而持有他人之物……。」

最後，基於持有與占有分屬不同規範領域的概念❸，本罪所規定的持有不包括所謂的占有，又特別是指間接占有的部分。

①錯誤轉帳

【實例】甲欲轉帳給乙，轉帳時不慎輸入錯誤的帳號，將五千元轉入丙的戶頭。丙發現自己的帳戶中莫名多了五千元的匯款。丙未通知銀行，而是將該筆金額取出花用。

本例的甲將五千元匯入丙的帳戶後，該筆金額隨即與銀行的現鈔混同（民813），銀行不僅取得該筆款項的所有權，同時亦是持有人。雖然丙未通知銀行而從帳戶提領該筆五千元，但因為其始終未持有該筆金額，所以也就不可能易持有為所有。相對地，有論者認為，持有不以事實上的持有為必要，法律上的持有亦屬之❹，亦即一方面，存戶在存款額度內具有法律上的支配地

---

❷ 例如依德國刑法第 246 條第 2 項之背託侵占罪，物係交託於行為人而侵占，見王效文，論侵占罪之持有與侵占行為，月旦法學雜誌，206 期，頁 231。

❸ 詳見竊盜罪章的說明。此處請讀者注意的是，本章節仍在使用「占有」此一用語，目的僅在於強調「直接占有」的情形，但不表示占有與持有兩者為相同的概念，合先述明。

❹ 陳子平，刑法各論（上），2015 年 2 版，頁 525。

位，另一方面，存款可以理解為保管金錢的方法，更能凸顯存戶的持有地位。依此見解，丙乃是將持有五千元款項易為所有，應成立侵占。

然而，這樣的說法容待商榷。理由在於，存戶與銀行之間關於存款的法律關係乃是所謂的「消費寄託」（民 602, 603 參照），存戶將金錢存入帳戶後，該筆款項與銀行的現鈔混同而由銀行取得所有權，至於存戶則是依法得對銀行主張該筆款項之額度內的（寄託物）返還請求權。概念上，刑法上的持有不同於民法上的權利概念，既不以民法上的處分權利為前提，也不等於民法上的占有❸❺。持有乃是持有人基於自然上的支配意思，對特定物為事實上的支配。相較之下，民法上的請求權則是特定人向他人主張一定之作為或不作為的「權利」，這兩者存在著本質上的差異。若是將本罪的持有理解為法律上的支配與事實上的支配，不只是概念應用上易生誤解，勢必也會與所有權犯罪要求特定人與特定物之間具有現實上的持有關係有所衝突。總而言之，本例的丙始終沒有持有帳戶內的五千元，現實上真正的持有人僅為銀行，丙的領款行為因而無法構成易持有為所有的侵占。

②間接占有

【實例】甲在教室拾獲一本小六法（實際為丙所有）。甲打電話詢問乙，該本六法是否為乙所有。乙對此虛偽表示自己是所有人。

本例的甲為小六法之直接占有人，而乙則是間接占有人。甲持續占有小六法的目的是為了之後交付給乙。乙在電話中表示自己是所有人，此為透過間接占有的方式取得該本小六法之所有。然而，構成侵占罪之取得所有的前提為行為人持有他人之物，又這裡的持有限於直接占有的情形。據此，因為乙對小六法僅為間接占有，所以不構成本罪之持有。

---

❸❺ Duttge, in: Gesamtes Strafrecht, 2. Aufl., 2011, §242 Rn.19；鄭善印，刑法財產罪之保護法益，月旦法學雜誌，163 期，頁 34，則是認為這兩者概念並無不同。

③提出訴訟

【實例】甲死後由兒子乙繼承其汽車，並且占有中。同居人丙援據甲生前的遺囑向法院提出訴訟，要求乙返還該項汽車遺產。在該份遺囑中，丙確實為唯一的繼承人。然而，甲在臨死之前與丙分手，並且撤回該份遺囑。在其他人知悉該份撤回遺囑之前，丙將其撕毀[36]。

　　如前所述，持有地位僅僅作為犯罪成立的情狀因素，本罪真正的構成要件行為則是取得所有。行為人於取得所有之時（行為時），必須是自己持有他人之物，或者至少是藉由自己之行為而讓自己持有該物。換句話說，行為人於取得所有的期間對特定物保有事實上的支配權力。如果欠缺這層支配關係，即使行為人實現取得所有，仍舊不屬於侵占罪所欲處罰的行為。既然刑法第335條的不法構成要件已經明確規定，所以不是任何一種僭越所有權人地位的行為均可論為侵占。再者，不論刑法第320條之竊盜罪或是本罪的可罰性均以「原持有人喪失特定物之事實支配地位」為前提，而且此種持有狀態的喪失實為所有權侵害的典型。如果原持有人（被害人）對特定物仍舊保有完整的持有地位，侵占行為也就不可能實現。依此，本例中的丙只有對乙提出訴訟，始終沒有對遺產（汽車）建立起事實上的支配關係，所以不成立侵占。

⑵**持有地位非屬身分要素**

　　最後，多數的學說見解認為，持有地位作為行為人的身分要素，普通侵占罪依此屬於「純正身分犯」。不過，應予辨明的是，行為人於侵占特定物之前是否具備一定的持有地位，此乃犯罪成立的情狀因素[37]，而非作為創設刑罰（純正身分犯）或減免刑罰（不純正身分犯）的主體資格[38]。所以將持有

---

[36]　例子引自 Mitsch, BT 2, 3. Aufl., 2015, S.160.

[37]　Otto, BT, 7. Aufl., 2005, §42 Rn.6.

[38]　王效文，論侵占罪之持有與侵占行為，月旦法學雜誌，206期，頁228。

地位論為行為人的身分要素，恐非妥適。

3.侵占為取得所有意思的「外顯」

表 3-1　侵占行為為「取得所有」意思的外顯

實務		亦有侵占行為為「取得所有」意思的外顯的結論
學說	擴張的外顯理論	任何中性行為均得以視為客觀的取得所有行為
	限縮的外顯理論	侵占行為須明確可推知行為人有取得所有的意思
	強調占為所有要素	侵占行為必須表現出行為人對特定物，完全為經濟意義的使用（占為所有）
	強調剝奪所有要素	侵占行為須足以排除所有權人事實上支配地位（剝奪所有）

　　侵占罪的構成要件行為乃是侵占，更精確地說為所謂的「取得所有」，又這裡所提及的所有正是「易持有為所有」的「所有」這項要素。一般來說，侵占乃是竊盜罪之所有意圖的客觀化表現，也就是「所有意思的外在顯現」，或稱之為「事實上的取得所有」。所以，侵占也就必須是一個特定的且外觀上得以認識的取得所有行為，又所謂的可得認識是指，基於行為人的犯罪計畫，例如專斷的經濟性利用，僭越所有權人的地位而對特定物為全面的事實上支配（外顯狀態）。就此看來，於竊盜罪範疇所討論的所有意圖對象，在侵占罪同樣具有犯罪評價上的實益，例如取得所有可區分為「剝奪所有」與「占為所有」，以及行為人「為自己所有」或「為他人所有」[39]等。關於取得所有的對象，侵占罪與竊盜罪基本上並無不同，依據竊盜罪章的說明，學說上有採「物本體理論」、「修正的物本體理論」、「價值理論」，以及「綜合理論」等[40]。然而，這裡應再次強調的是，上述的說明只是一個初步的比較結果，考慮到刑法第335條的主觀不法構成要件另訂有所有意圖，如果侵占罪的取得所有作為客觀的不法行為，那麼是否必然全同於竊盜罪之所有意圖的內涵，容待後續進一步說明[41]。

---

[39]　典型例子為「替他人創造占有特定物的機會」。

[40]　詳見竊盜罪章之「所有意圖」一節的說明。

如前所述，在侵占罪的規制邏輯下，取得所有的侵占作為一項客觀不法構成要件，而此要件又與行為人之取得意思的外顯有關。因此，關於取得所有的判斷，可以分別從客觀與主觀的面向切入。就客觀面向而言，取得所有的行為乃是從客觀第三人的視野切入，行為人的意思是否有對外表現出來（取得意思的外顯）。又這裡之所以納入客觀第三人的視野，無非是考慮到侵占罪的取得所有既然被劃歸在客觀的不法要件，行為人本身的內在意思實際上到底為何，本非首要考量的重點。所以，客觀第三人的理解即顯得更具重要性。另外，就主觀面向而言，行為人的主觀意思或許不是判斷取得所有行為的首要依據，但不可忽略的是，行為人仍須是基於取得所有的意思而有所作為，只不過這裡的取得所有意思屬於主觀不法構成要件「故意」的問題❹。相較之下，實務見解似乎是忽略了不法構成要件行為的評價，錯誤地直接將主觀故意作為主要的評價準據，例如最高法院認為，「刑法上的侵占罪，須持有人變易其原來之持有意思而為不法所有之意思，始能成立，如僅將持有物延不交還，或有其他原因導致一時未能交還，既缺乏主觀要件，即難遽以該罪相繩。」❹

【實例1】甲借乙一輛自用小客車，讓乙開往花東旅行。旅行途中，乙均按照與甲約定的方式使用汽車，心裡卻是一直盤算著不歸還。

【實例2】承上例。旅行結束之後，乙向甲表示，汽車於旅途中遭竊，實際上停放在乙的住處。

從客觀面向來看，侵占行為乃是從「客觀第三人」❹的視野切入，行為

---

❹ 詳見侵占罪章之「三、主觀不法構成要件」一節的說明。

❹ Mitsch, BT 2, 3. Aufl., 2015, S.182.

❹ 最高法院 68 年台上第 3146 號判例。

❹ Kindhäuser, BT II, 6. Aufl., 2011, §6 Rn.11.

人將取得所有的意思對外顯露出來。本例中的乙按照與甲所約定之使用方法而持有汽車，或是以符合所有權人利益的方式使用汽車，乙的行為因此不構成取得所有。相對地，如果乙向甲偽稱汽車遭竊，則是不符合所有權人利益的利用，得以據此肯認其已實現取得所有。換句話說，就客觀第三人的理解，乙謊稱汽車遭竊形同拒絕甲的返還請求，而欲將汽車據為己有。此為典型的取得所有意思於客觀上的外顯。對此，實務見解雖然沒有明確點出取得意思外顯的概念，卻有同樣的結論，例如依最高法院 93 年台上第 2240 號判決：「刑法上的侵占罪，以意圖為自己或第三人不法之所有而侵占自己持有他人之物為構成要件，所謂侵占，係指對於他人之物，本無處分權限，乃以不法所有意思，排除他人行使所有權而自行實現其不法領得意思之一切行為，其實行所有權內容之行為，若實施處分之行為，即將自己持有他人之物，視為自己之物而加以處分，固屬顯然，若易持有為所有之行為，即變更持有之意為所有之意，例如將自己持有他人之物抑留隱匿而詐稱遺失或被盜而表明不法據為所有之行為者亦屬侵占既遂，然被告是否有不法據為所有之行為，縱有合理之懷疑，仍應以嚴格之證據證明。」

基於易持有為所有為所有權侵害的行為模式，以及取得所有之意思的外顯，客觀上以持有地位之變更為必要，又此種地位的變更導致處分權力的移轉，以及所有權人遭受不利益。進一步地說，變更持有地位乃是僭越所有權人之權利地位的前提；另一方面，在取得所有的犯罪類型中，亦是作為判斷是否實現法益侵害的依據。如果行為人只是純粹宣稱自己是所有權人，因為此種宣稱行為實際上不具有所有權法益的侵害風險，所以不屬於侵占罪原本所要非難的行為。一般來說，凡是消耗性使用、贈與、加工、將物混合等均屬典型的侵占。即便如此，行為人在持有的狀態下，行為應當基於何種條件，始可論為本罪之「取得所有」，大致上有以下四種學說見解：

(1)**擴張的外顯理論**

基本上，任何一種中性行為均得以視為客觀的取得所有行為❹，而行為

人成立侵占罪的關鍵則是在於，是否具有取得所有的故意。舉例來說，儘管為他人收取款項的使者符合約定收取運費，客觀上仍為取得所有的行為。至於最終是否會成立侵占罪，則需進一步檢視行為人於主觀上有無將該筆款項納為自己所有的意思。例如甲將借來的小六法置於自己的書架上予以保存，此為取得所有的行為。這樣的解釋在現行法的規定結構下，或許自有它的道理，因為侵占罪的取得所有行為必須以持有他人之物為前提；另外，亦可想像的是，只要在持有的狀態下，任何一種使用行為均可被理解為取得意思的實踐結果。

儘管如此，此說似乎忽略了取得所有行為作為一項客觀不法構成要件，而應先從客觀第三人的視野切入，判斷行為人的占有行為是否具備不法行為（取得所有）的品質。舉例來說，如果代收款項的使者符合約定地收取運費，除非使者的取得所有意思已被知悉，否則這樣的行為至少在客觀上沒有明確關聯到取得所有的意思[46]，當然也就無法論為可罰的取得所有之行為。

(2)限縮的外顯理論

關於行為人所為的外部行為，我們必須能夠「明確推知」[47]其具有取得所有的意思。所謂的「明確推知準則」是指，從一個外觀可得認識的行為狀態，客觀第三人足以相信行為人將持有物置於自己的支配權力之下，並且想要保有它，特別是在被害人重新掌握及利用該物的可能性明顯降低時，更可確定行為人實施取得所有之行為。例如有論者認為應輔以占為所有的觀點[48]，從行為人的外在行為得以明顯推知，其想要將物本體，或是該物本身所體現的價值，而（至少短暫地）併入自己的財產或由第三人取得所有。相較之下，如果占有行為本身表現出模稜兩可的，或者是中性的意義，也就不是取得所

---

[45] BGHSt. (GS) 14, 38 (41).

[46] Kindhäuser, BT II, 9. Aufl., 2017, §6 Rn.15.

[47] Kindhäuser, BT II, 9. Aufl., 2017, §6 Rn.16.

[48] Rengier, BT I, 12. Aufl., 2010, §5 Rn.17–18.

有的行為，例如甲把借來的小六法放到自己的書架上予以保存。這裡的理由在於，不論是甲「具有或欠缺」取得所有的意思，把小六法放到書架上，此與一般人將書籍放入書架的行為相比，並沒有特別異常之處。除非甲把名字書寫於書頁後，再將書本放入書架，即可論為取得所有行為。

縱然如此，當我們將「明確推知準則」應用於區辨取得所有與使用竊盜之時，在客觀上還是難以劃定出一條確切的界線。也就是說，單從客觀不法的角度觀之❹，這兩者其實都是一種不被法所允許的占有利用。所以，最終也只能再從主觀故意的層次進一步判斷，行為人是否基於（終局且持續地）❺剝奪所有的故意，而占有他人之物。

⑶強調占為所有要素

此說強調侵占行為必須表現出行為人對特定物完全為經濟意義的使用（占為所有）❺。不過，也有見解認為，侵占行為的外觀上必須表現出剝奪所有、占為所有，以及經濟利用的意圖等特性，始足當之❺。對此，本書認為侵占罪的目的既然在於保護所有權，那麼任何一種占有行為只要在現實上能夠有效阻斷所有人對物行使權能的可能性，即為已足。所以，取得所有行為理應強調在剝奪所有這項要素，又既遂只要達到足以排除所有人對物之支配、利用地位的效果，即已足夠。如果我們把侵占概念納入經濟利用要素，那麼最遲在行為人開始使用、利用特定物之時，法益才有受侵害之可能性❺。如此一來，侵占罪對於所有權過度延後的保護，恐有違反憲法上「禁止不足」的疑慮。

---

❹ 如果從主觀上來看，「使用竊盜」因行為人欠缺主觀上的所有意圖而不罰。

❺ 此為通說見解為剝奪所有所設定的成立要件，但本書認為這只是剝奪所有的表現方式。

❺ 王效文，論侵占罪之持有與侵占行為，月旦法學雜誌，206 期，頁 231。

❺ Otto, BT, 7. Aufl., 2005, §41 Rn.6.

❺ 參閱王效文，論侵占罪之持有與侵占行為，月旦法學雜誌，206 期，頁 222。

(4)強調剝奪所有要素

不同於占為所有的見解，本書雖然同樣從取得所有之意思外顯的思考出發，不過強調侵占應為「足以」排除所有權人對特定物之事實上支配地位（剝奪所有）的行為，並且從客觀第三人的觀點出發❺❹，行為人之行為是否帶有一定的說明值 (Erklärungswert)，終局地排除所有人對物的所有。換句話說，取得所有的行為必須是行為人「直接」❺❺占有特定物，並且以終局地排除所有為目標，例如行為人自始無權占有他人之物、逾越權限占有，或是期限屆至，轉為無權占有等情形。應注意的是，現實上並不要求此等行為真的產生剝奪所有的結果，而是只要有引起終局剝奪所有的中間結果，即為已足。這裡的中間結果是指「物之終局喪失的危險」(Gefahr des endgültigen Sachverlusts)❺❻。如果不作這樣的解釋，侵占的既遂時點勢必將無止盡地往後延伸；同樣地，確切的著手時點也將面臨個案認定上的問題。總而言之，侵占罪仍為一種結果犯，只不過既遂所要求的結果實際上比終局剝奪所有還要再寬鬆一點。就這點來說，侵占罪應理解為「所有權受有具體危險之罪」(konkretes Eigentumsgfährdungsdelikt)❺❼。舉例來說，甲跟乙借筆電撰寫期末報告。報告完成後，甲打電話給不知情的丙，問其是否願意以 5,000 元代價購買筆電。丙同意之並約定交付。甲跟乙商借筆電以取得對物之直接占有的地位，而此形成持有之行為情狀。又甲將筆電賣給不知情的丙，表示轉向為了非法之目的而占有該物。特別是在甲、丙之間的買賣契約成立後，即屬客觀上的剝奪所有之行為，而在沒有履行障礙的條件下，該筆電將會交付給丙，此應論成立侵占既遂。

---

❺❹　或可稱為「外部觀點」；類似見解，見 Klesczewski, BT 2, 2011, S.23.

❺❺　依現行法規定的持有要件來看，並不承認「間接占有」的持有類型。

❺❻　見 Heinrich, in: A/W/H/H-BT, 3. Aufl., 2015, §15 Rn.22.

❺❼　Mitsch, BT 2, 3. Aufl., 2015, S.171.

4.持有與取得所有之間的時序要求

表 3-2　持有與取得所有之間的時序要求

德舊法	須「持有先行」
德現行法	1.無須「持有先行」，持有與取得所有可同時發生 2.間接占有亦可取得所有
德學說	認為現行法應以「持有先行」為取得所有之前提
我國法	須「持有先行」

　　從「侵占自己持有他人之物」的文義觀之，行為人於取得所有之前，已經就特定物形成一定的持有關係。但有疑問的是，如果持有與取得所有同時發生的話，是否仍可論為易持有為所有。這裡涉及到持有與取得所有之間的同時性要求 (Gleichzeitigkeitserfordernis)。為了避免所有權犯罪最為核心的事實性支配要素遭到架空，進而導致侵占罪之適用恣意擴張，仍應堅持先行持有為必要，否則捨棄先行持有的要求，那麼只是口頭宣稱自己是所有權人的行為人，勢必都會成立侵占罪。

　　再者，從比較法的觀點來看，依德國（舊）刑法第 246 條規定「占有或持有他人動產」，並非任何一種僭越所有權人地位的行為均屬侵占。然而，這項要件於 1998 年修法時遭到刪除，並且改以「取得所有」取代之。單就取得所有的文義，行為人似乎無需先行持有或占有他人之物，取得所有與持有 (或占有) 兩者可以同時發生。另外，德國現行法既不要求行為人自己持有他人之物，也不要求至少應透過自己之行為取得對該物的持有地位，所以即使侵占行為必須具體指涉特定物，行為人卻無需對其具有事實上的支配權力，例如基於間接占有亦可取得所有。不過，為了避免侵占罪之適用不當擴張，德國學說上多有認為解釋現行規定時，舊法的「占有及持有」等要件必須納進「取得所有」的概念範疇。簡單地說，取得所有仍以行為人持有他人之物為前提，始為合理。相較之下，我國刑法第 335 條規定侵占自己持有他人之物，不同於德國現行法規定，立法者已經明白強調行為人侵占他人之物時，有必

要事先取得事實上的支配權力，取得所有因此以持有關係為前提，應無疑慮。

【實例】甲偷乙的小六法。丙向丁虛偽表示，被甲偷走的小六法是自己所有，因為想要換其他出版社的六法，所以決定把書送給丁，同時請丁自己去跟甲取書。

丙始終未持有被甲竊取的小六法，只是單純對外宣稱自己是該本六法的所有權人。換句話說，丙以「口頭表達」之方法僭越所有權人的權能地位。一旦取得所有捨棄先行持有的要求，那麼任何以口頭宣稱自己是所有權人的行為，均會成立侵占。於此，侵占罪之處罰勢必產生不當擴張的疑慮。

【實例】甲於回家的路上見鄰居乙遭人毆打。乙當場昏迷倒地不起。歹徒趁機搜刮乙身上的財物。確認歹徒離開後，甲搜乙的身，希望還可以取得有價值的東西。當甲搜身時，發現乙已經斷氣。甲最後搜得一只手錶。當甲將手錶放入口袋時，乙的好友丙從後面突擊甲，幫乙奪回財物。

本例的乙死亡之時，隨即發生繼承上的法律關係（民1147），手錶因而屬於無人持有之物，但未變成無主物（民802）。又手錶基於繼承關係而屬法定繼承人所有，所以始終屬於他人動產。然而，在無人持有的狀態下，甲取得手錶的行為始終無法構成竊取。至於是否成立侵占罪的問題，則須進一步檢視是否實現「易持有為所有」此一要件。當甲將手錶放入口袋時，即形成與該物的持有關係，同時也實現了取得所有之行為。簡單地說，本例中的持有與取得所有均在同一時點發生。依本書所採的持有先行之見解，甲於取得所有之前尚未形成持有地位，因此不構成刑法第335條之侵占❺❽。

---

❺❽ 不過，卻不排除成立刑法第337條之侵占其他離本人所持有之物，因為本罪所規定侵占行為得以取決於「持有與取得同時發生」。見下文關於刑法第337條的說明。

5.不作為侵占

除了作為方式之外，易持有為所有亦可透過不作為方式予以實現，特別是當行為人居於保證人地位（刑 15）而負有義務阻止取得所有結果之發生，卻不排除之[59]。

三、主觀不法構成要件

本罪之主觀不法構成要件分別為「故意」與「不法所有意圖」。

㈠故　意

行為人必須於主觀上具有侵占故意，亦即對侵占行為有所認識，以及對侵占結果有所意欲。這裡的故意包含直接故意與間接故意。除了故意之外，本罪額外要求行為人於行為時具有為自己或第三人之不法所有的意圖。就犯罪的評價順序來說，故意之檢驗先於不法所有意圖，若確認行為人不具故意時，則無需進一步檢驗意圖要素。

㈡不法所有意圖：為自己或為第三人的取得所有

竊盜罪的取得所有為主觀不法構成要件，侵占罪的取得所有（易持有為所有）則為客觀不法構成要件。因此，侵占罪的所有理應包括剝奪所有與占為所有兩者。然而，一方面，考慮到侵占罪同樣規定了「意圖為自己或第三人不法之所有」；另一方面，如前所述，剝奪所有要素已經劃歸到客觀不法構成要件的範疇，本罪之主觀的所有意圖因此僅剩下「占為所有」這項要素。又這裡的占為所有是指行為人創造類似所有權人的支配關係，或為經濟上之利用，其中包含「行為人自己對物」與「第三人對物」兩種。就前者而言，

---

[59] Mitsch, BT 2, 3. Aufl., 2015, S.177.

行為人於主觀上至少具有短暫地僭越所有權人地位的意思。如果只是單純典當他人之物，則非為自己不法所有之意圖❻。應強調的是，這裡的「為第三人取得所有」通常是指，(1)行為人欲藉由易持有為所有而為第三人創造使用、收益、處分他人之物的可能性，以及(2)法定的所有權移轉等情形。

　　除此之外，關於所有意圖的「不法性」，請參考竊盜罪章的說明，此處不再贅述。

【實例】甲跟乙借小六法。甲取得小六法後，轉借給丙。丙知道該書的所有人為乙。甲預料丙一定會將小六法留作自用，而不歸還。事實證明，丙確實也這麼做。

　　本例的甲將書轉借給丙之時，主觀上已經具有為丙創設類似所有權人的支配地位的意思。至於丙事後如何利用或是不歸還，均不影響甲具有所有意圖的認定。

【實例】甲在乙的房屋進行裝潢工程。先前的工人丙將建材與零錢放在乙的屋內。甲將該建材施作於房屋的一部分。隔日，甲至超商購物時，將丙的零錢丟入超商的捐款盒。

　　本例的甲不論是將建材施作於他人的建築，或是將零錢丟入超商內的捐款盒，依民法第 762 條規定，建材與零錢的所有權因混同而歸屬於他人所有，而此種法定的所有權移轉乃是本罪典型的「為第三人取得所有」。依此，甲具有不法所有意圖。

【實例】甲見乙的腳踏車（未上鎖）停放在成大校園。甲打電話給丙，表示願意低價出售該臺腳踏車。丙知道腳踏車非甲所有。甲、丙約定付

---

❻　Klesczewski, BT 2, 2010, S.22.

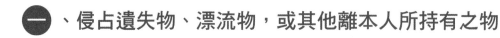

款後，由丙自行到校園將腳踏車牽走。

不論是「取得可能性」或「以出賣人或買受人的姿態出現」，均足以說明甲於主觀上具有為自己或為第三人丙取得所有的意圖。相對地，就丙而言，丙到甲指示的地點牽走腳踏車，則是滿足為自己所有。不過，應注意的是，甲打電話給丙時，根本還沒有持有乙的動產，當然也就不可能實現易持有為所有。理由在於，實際上是由丙掌握了「創造支配地位」的犯罪支配，亦即「取得他人之動產的持有地位」，此為典型的竊盜而非侵占。所以，甲頂多成立教唆竊盜（刑 320 I, 29）。

肆、特殊的侵占

一、侵占遺失物、漂流物，或其他離本人所持有之物

依刑法第 337 條規定，不法構成要件分別為意圖為自己或第三人不法之所有，以及侵占遺失物、漂流物或其他離本人所持有之物。基本上，主觀上的所有意圖及客觀上的侵占行為，與侵占罪之規定並無不同，存有差異者分別為「實現持有與所有的時間點」，以及「犯罪客體」等。就前者而言，本罪的持有與所有在實現的時序上為「同時發生」，例如甲趁乙、丙二人爭吵時，拾起乙散落一地的現鈔[61]。至於後者的部分，分述如下：

㈠遺失物

所謂的「遺失物」是指所有人雖然沒有拋棄物之所有權[62]，卻未能重新意識到該物於何時留置於何地，例如甲於 A 餐廳用餐，離開時忘記帶走背

---

[61] 見黃惠婷，刑法案例研習㈠，2016 年 2 版，頁 421。

[62] 臺灣高等法院 105 年上易字第 1826 號判決。

包。事後，甲根本無法憶起背包到底在何時留置於何地❻。換句話說，原持有人對特定物的管領支配不只是沒有明確的持有意思，同時也沒有「潛在的一般性持有意思」或「隨時可以形成具體意識」，因而無法隨時對該物形成具體的認知。

(二)漂流物

「漂流物」為隨水漂流，脫離本人持有之物，例如因水災而隨水漂流之家具或家禽等❻。如果特定物因風災而脫離本人持有而四處散落，基於罪刑法定原則的要求，本條的規定用語為漂流，則不宜任意擴張解釋。儘管如此，仍得將此種情形理解為離本人所持有之物。

(三)其他離本人所持有之物

「其他離本人所持有之物」為概括性的不法構成要件，意指物之離本人（原持有人）所持有，非出於其意思者。除了遺失物、漂流物外，凡是非基於持有人之意思，一時脫離本人所持有之物，均屬離本人所持有之物❻。如果本人因事故，將物暫留置於某處，或委託他人代為照管，則非屬離本人所持有之物❻，或如遭風吹落的晾曬衣物、走失的寵物等，則屬之❻。簡單地說，凡是原持有人不知動產已經脫離自己的管領支配，或者縱使意識到已脫離支配，卻是無法或難以回復持有，均屬之❻。應注意的是，倘若店家找錢

---

❻ 如果甲記起來並且回到 A 餐廳尋找背包，則屬離本人所持有之物而非遺失物。見臺灣高等法院 104 年上易字第 1511 號判決。

❻ 甘添貴，刑法各論（上），2013 年 3 版，頁 307。

❻ 臺灣高等法院 104 年上易字第 1511 號判決。

❻ 見最高法院 50 年台上字第 2031 號判例。

❻ 甘添貴，刑法各論（上），2013 年 3 版，頁 307。

❻ 黃惠婷，刑法案例研習㈠，2016 年 2 版，頁 421。

時，多付給顧客的款項，或是銀行行員因錯誤而多付之款項等，仍應論為出於自己意思脫離持有，而非屬本款之離本人所持有之物[69]。

、公務、公益或職務侵占

依刑法第 336 條第 1 項所規定的「公務上或因公益上所持有之物之人」，本罪的行為主體為公務員或從事公益活動之人，例如警察侵占查扣之贓車、社區發展協會之總幹事侵占公益款項等；第 2 項則是以從事業務之人為行為主體，例如汽車業務員侵占銷售車款、銀行職員保管銀行財務等[70]。對此，有論者認為此乃特殊之雙重身分犯的設計，因為行為人一方面具備「持有他人之物的身分」，另一方面，亦以「公務上、公益上，或是職務上的身分」為必要[71]。然而，這樣的理解容待商榷。理由在於，持有他人之物僅屬於一種情狀因素的構成要件設計，並不是作為創設刑罰（純正身分犯）或減免刑罰（不純正身分犯）的主體資格[72]。所以，本罪真正的身分要求單指公務、公益，或職務而已。

其次，具有特定身分之人的侵占之所以較一般侵占的刑度為高，無非是考量到更高程度的不法內涵[73]，侵占持有之物的時間點因此以「（侵占）行為時」具有此等身分為必要，而不是以持有財物時為評價時點[74]，例如公務員於退休後，或非於執行業務期間為侵占行為，則不在本罪的處罰範圍。或許，不排除公務員或從事職務之人於持有財物時具有公務員或職務身分，直到離

[69] 不同見解，見甘添貴，刑法各論（上），2013 年 3 版，頁 308。
[70] 僅參閱甘添貴，刑法各論（上），2013 年 3 版，頁 300–303。
[71] 見陳子平，刑法各論（上），2015 年 2 版，頁 537。
[72] 王效文，論侵占罪之持有與侵占行為，月旦法學雜誌，206 期，頁 228。
[73] 本罪之行為主體應有的身分屬於不法要素，而非罪責要素。
[74] 採以持有財物為時點者，例如陳子平，刑法各論（上），2015 年 2 版，頁 537；甘添貴，刑法各論（上），2013 年 3 版，頁 301。

職或退休後始為侵占行為，但考慮到身分要素必須存在於行為時的要求，頂多論為成立普通侵占罪，而非公務或職務侵占罪。

伍、告訴乃論

依刑法第 324 條、第 338 條之規定，於五親等內之血親之間，犯竊盜罪及侵占罪者，均須告訴乃論。

讀後測驗

1. 刑法第 335 條侵占罪的保護法益為何？

2. 不動產得否作為侵占罪的犯罪客體？

3. 侵占罪的持有他人之物為身分要素或情狀要素？

4. 持有他人之物的「持有」是否包括間接占有？

5. 侵占為易持有為所有，而在持有與所有的時序關係上，行為人須先持有他人之物，或是持有他人之物與轉為所有亦可同時發生？

6. 關於侵占為取得所有意思的「外顯」，目前學說上發展出不少理論。試問這些理論的具體內容為何？

7. 侵占罪訂有所有意圖，而此項主觀不法構成要件的「所有」與客觀不法構成要件之易持有為所有的「所有」在概念上有何不同？

8. 在侵占遺失物的情形，持有與所有的時序關係為何？

9. 因公務而侵占他人之物者，關於身分的確認是以「持有他人之物」或「易持有為所有（侵占）」為評價時點？

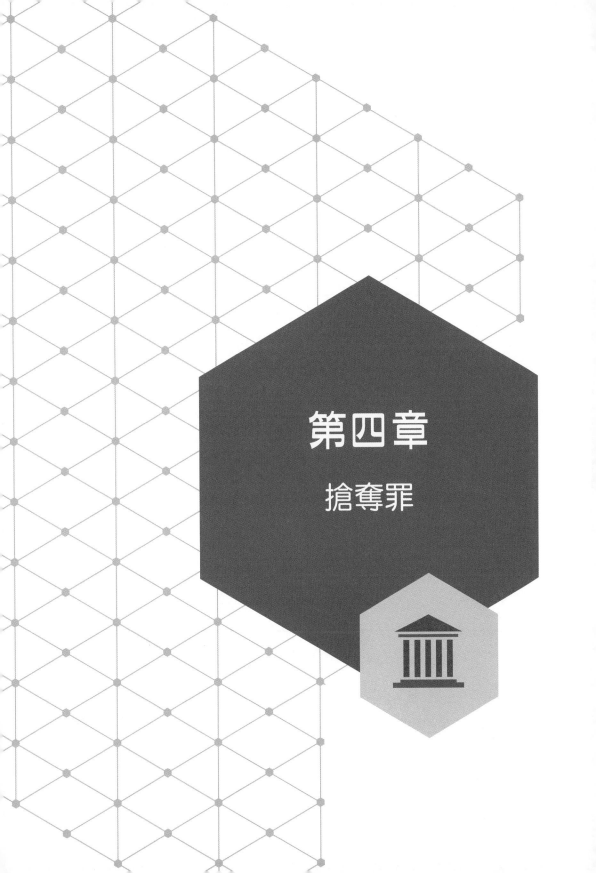

第四章

搶奪罪

刑法第 325 條

I 意圖為自己或第三人不法之所有，而搶奪他人之動產者，處六月以上五年以下有期徒刑。

II 因而致人於死者，處無期徒刑或七年以上有期徒刑，致重傷者，處三年以上十年以下有期徒刑。

III 第一項之未遂犯罰之。

壹、保護法益

搶奪罪之保護法益為所有權❶。此與竊盜罪的保護對象並無不同，同樣是指所有人對特定物行使或主張所有權的可能性❷，或是對特定物於事實上的支配權力。換句話說，所有人對該物的所有權不會因他人不法的搶奪而遭到剝奪。

貳、法條體系概覽

刑法第 325 條第 1 項為普通搶奪罪，但考慮到行為人於實現搶奪要件之時，不排除可能造成他人之生命、身體法益的侵害，因此於同條第 2 項規定了加重結果犯。再者，考慮到刑法第 326 條準用同法第 321 條之加重竊盜罪規定，所以第 326 條為加重搶奪罪。應注意的是，立法者對此採取了加重構

---

❶ 林山田，刑法各罪論（上），2005 年 5 版，頁 420；鄭善印，刑法財產罪之保護法益——以竊盜罪與侵占罪為例，月旦法學雜誌，163 期（2008 年 12 月），頁 46 以下。

❷ 參閱柯耀程，竊盜罪與侵占罪的界限，月旦法學雜誌，52 期，頁 154。

成要件的立法技術，而非量刑例示規則。

參、不法構成要件

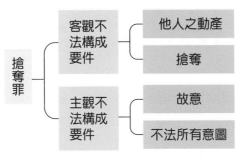

圖 4-1　搶奪罪的不法構成要件

、客觀不法構成要件

本條的客觀不法構成要件為「他人之動產」、「搶奪」。

㈠他人之動產

本罪的犯罪客體為他人之動產，此概念同於竊盜罪的他人動產，詳見竊盜罪章的說明，此處不再贅述。另外，依刑法第 334 條之 1 準用第 323 條之規定，電能、熱能，及其他能量亦屬本罪之犯罪客體。

㈡搶　奪

【實例】甲騎乘機車經過菜市場，眾目睽睽下利用車身擦撞婦人乙，趁其重心不穩時，取走手提的包包。隨後，甲至某鐘錶行佯稱要買錶。店家丙將手錶交給甲試戴。趁店門口的自動門開啟，甲戴著手錶迅速跑離現場。

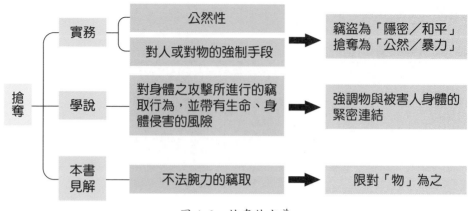

圖 4-2　搶奪的定義

1.實務見解

關於搶奪的定義，學說與實務見解存有分歧的看法。依實務見解，搶奪為乘人不備，公然掠取他人之財物，其施用之強暴脅迫，尚未達不能抗拒之程度❸，例如本例的甲利用機車擦撞他人之方式而取得被害人的皮包❹、佯稱購買金飾，趁著店家讓其手持觀看之時，迅速轉身離開店家❺，或是眾目睽睽下奪取財物❻等，均屬之。就這項定義來說，「公然性」與「對人或對物的強制手段」乃是構成搶奪的必要條件。所謂的公然應當是為了區分搶奪與竊盜的差異而提出，例如依最高法院的判例，如果是乘人不備，以隱密和平的方式竊取他人之物，若非出於公然奪取，應當成立竊盜罪❼。簡單地說，竊盜為「隱密／和平」，搶奪則為「公然／暴力」。

然而，這樣的區分方法容待商榷，理由為：⑴欠缺實質的理論基礎，純粹只是從語意邏輯上的對稱性分別定義竊盜與搶奪；⑵刑法第 328 條強盜罪

❸　最高法院 64 年台上字第 1165 號判例。

❹　最高法院 74 年台上字第 5011 號判決。

❺　法務部檢察司 (78) 檢 (2) 字第 1319 號函復臺高檢。

❻　最高法院 91 年台上字第 6753 號判決。

❼　最高法院 20 年上字第 1334 號判例。

的強暴、脅迫限於「對人為之」❽。如果承認搶奪也可以是對人而為之的不法腕力，那麼搶奪罪與強盜罪之間的適用界線勢必變得模糊，甚至混淆各自的非難重點；(3)如果我們認為，行為人為不法腕力達到至使不能抗拒的效果，應論成立強盜，但在未達至使不能抗拒的情形，卻是成立搶奪。這樣的論證乃是錯誤地從（強制）結果反推不法行為的類型，就像是某個開槍行為造成死亡結果者，應論殺人，若未達死亡結果者，則屬傷害。更具體地說，實務見解忽略了現行法分別規定搶奪罪與強盜罪，無非是著眼於這兩罪的不法內涵在質、量上均有一定程度的差異。因此，即有必要為搶奪行為提出更明確的評價準據，否則將無法合理地區分適用搶奪罪或強盜罪。

2.學說見解

相較之下，有論者基於搶奪罪訂有加重結果犯（刑 325 II），進而認為立法者預設搶奪行為對於被害人之生命或身體具有侵害風險。所以，就在移轉動產的支配關係時，搶奪行為之所以有發生加重結果的可能性，必然是因為被害人身體與動產之間具有緊密的連結關係（包括直接或間接的連結關係），或是被害人對於動產維持著緊密的支配關係❾。單就這點來說，有學說見解採取類似的觀點，將搶奪定性為對身體的攻擊所進行的竊取行為，並且帶有生命、身體侵害的風險❿。整體而言，前述學說在說理上的問題似乎同於實務見解，同樣是把搶奪理解為對個人之身體、健康所為的攻擊。然而，即使是強調特定物與被害人身體的緊密連結，實際上也無法明確區分搶奪罪與強盜罪的適用，而且何謂緊密連結與緊密的支配關係，以及二者是否屬於同一

❽ 詳見強盜罪章的說明。

❾ 高金桂，竊盜或搶奪？，月旦法學教室，119 期，頁 27。

❿ 黃榮堅，大亨小賺，收錄於：月旦法學雜誌別冊──月旦法學教室（刑事法學篇 1995–2002），頁 151；吳耀宗，好心沒好報，月旦法學教室，84 期，頁 114；蔡聖偉，搶奪行為的認定，收錄：刑法判解評析，2019 年，頁 212。

概念，或是分別帶有不同的意義，均有進一步釐清的必要，否則難以在具體個案形成穩定的評價結果。

除此之外，另有論者則是接受部分的實務見解⑪，認為搶奪無關和平或施用不法腕力，而是在共見共聞或不畏見聞的狀況下，不掩形聲而急遽奪取財物的行為⑫。但有問題的是，這套說法同樣無法有效區辨竊盜與搶奪之間的適用差異，因為違犯竊盜不以隱密為必要，不論是秘密地竊取，或是公開地急遽奪取，本質上都是趁被害人處於不及防備的狀態而實現持有移轉，例如行為人在商店內趁老闆不在而竊取店內商品，或是行為人趁老闆不注意時，取走讓其試戴的商品。如此一來，我們更沒有理由只是因為被害人當場無法及時反應，隨即認為此種未經同意的持有移轉具有更高的不法性。

3.本書見解

為了避免多數學說與實務見解於說理上的疑慮，本書認為搶奪概念應從以下命題予以辯證：⑴搶奪屬於「持有移轉之罪」；⑵竊盜、搶奪、強盜之不法於質量上的差異。詳言之，行為人乃是藉由搶奪行為，未經同意而破壞他人對物的持有，並且建立起自己或第三人對物的新持有。就搶奪與竊盜的比較，兩者在這點上並無不同，同樣內含「違反他人意思」及「變更持有關係」等要素。只不過考慮到搶奪罪的刑度與搶奪的字義等，搶奪行為應當理解為「不法腕力的竊取」，而這種腕力仍舊僅限於對「物」為之，例如行為人取走被害人置於桌上的手提包，為竊取；若行為人抓住被害人手中的手提包，從其手中扯離，則為搶奪。

再者，就搶奪與強盜的比較，初步看來，行為人似乎均是以不法腕力介入被害人的意思自主而實現竊取，然而，這樣的描述卻是過於簡化。理由在

---

⑪　最高法院 91 年台上字第 6753 號判決。

⑫　黃惠婷，竊盜或搶奪？，月旦法學教室，22 期，頁 21。

於，從法條的文字設定來看，搶奪在本質上為不法腕力的竊取（單行為），強盜則是利用強暴、脅迫而實現竊取（雙行為）。不可否認的是，搶奪罪與強盜罪具有相似的設計原理，均是考慮到行為人與被害人之間的對立狀態❸。然而，這種狀態非指兩人純粹的面對面，而是行為人透過外在行為（例如暴力）直接或間接影響被害人的意思自由❹。即使在搶奪與強盜的犯罪歷程，都有被害人參與其中的現象，只不過在強盜的情形，被害人已經沒有意思自由的空間，因為行為人「對人」實施強暴、脅迫而讓自己處於完全優勢的地位❺。換句話說，行為人以強制行為剝奪被害人的意思自由與抵抗可能性，達到未經同意之效果，進而利用這樣的強制狀態實現持有移轉。相較之下，雖然行為人於搶奪時「對物」實施不法腕力，被害人的意思自由卻未受到剝奪，只是無法及時形成抵抗的意思，或是確保所有物的實力不及行為人而已，例如拉扯過程，力量不及行為人。

綜上說明，關於搶奪要件的解釋，我們不能只是將各種犯罪現象予以類型化，而是要建構一套實質且合理的評價準據。因此，本書認為搶奪應當理解為「當特定物與被害人具有空間上直接的連接關係時，行為人對『該特定物』實施不法腕力以實現竊取。」舉例來說，當被害人將側肩包夾在腋下，或是將背包背在雙肩上，遭行為人拉扯奪取，一旦拉扯力量可視為直接對被

---

❸ 應注意的是，竊盜罪的行為與被害人之間並無這種對立狀態。

❹ 除了不法腕力（強暴）的行為方式外，強盜罪仍有其他的強制手段，例如脅迫，使用藥劑或他法等。詳見強盜罪章的說明。

❺ 強盜罪與詐欺取財罪皆有被害人參與的現象，在前者情形，被害人的意思自由受到完全壓制，於後者情形則是仍有一定的意思自由。基本上，兩罪的行為人皆對犯罪歷程具有犯罪支配之地位，只不過前者屬於「強支配」，後者則是「弱支配」的狀態。之所以稱為弱支配，乃是因為被害人仍有意思自主的空間，理應無法稱行為人具有犯罪支配，不過立法者於立法時已經將被害人的意思自主問題納入考量，形同承認這種弱支配狀態亦屬於犯罪支配的一種。

害人的身體產生作用的話，即屬強盜罪的強暴行為。相反地，只要行為人的奪取行為沒有直接對被害人的身體產生作用的話，那麼以拉扯方式奪取該背包的行為，始有可能論為搶奪。至於「公然或隱匿」均非區分竊盜與搶奪的有效標準，又「乘人不備」也頂多只是搶奪現象的一種，卻非構成搶奪之必要條件。

㈢搶奪與竊盜的區辨

【實例 1】甲計畫至乙的金飾店竊取珠寶。甲假裝要購買，乙從櫃中拿出商品讓甲試戴。甲趁乙不注意，穿戴著珠寶奪門而出。

【實例 2】甲計畫至乙的金飾店竊取珠寶。甲假裝要購買，乙從櫃中拿出幾件商品讓甲觀看時，甲趁乙不注意，奪走珠寶。

【實例 3】甲騎車行經成大光復校區門口時，剛好看到珠寶商乙爆胎翻車。乙受傷倒地，珠寶散落一地。甲見狀後，不顧乙的請求幫忙，趁勢將珠寶奪走。

上述三例中的乙對於自己所有之珠寶的持有關係，不論是讓甲試戴、置於桌上讓甲觀看，或是因事故而導致珠寶散落一地，實際上均屬鬆弛的持有❶❻。即使甲在這些例子中皆有奪取行為，但考慮到甲乃是趁乙對珠寶處於鬆弛持有的狀態而取走他人之物，此為典型的竊盜而非搶奪❶❼。其次，若是依本書就搶奪所提出的定義，亦即「當特定物與被害人具有空間上的緊密關係時，行為人對該特定物實施不法腕力以實現竊取」，那麼這些案例中的甲根

---

❶❻ 黃惠婷，刑法案例研習㈠，2016 年 2 版，頁 388。

❶❼ 最高法院 91 年台上字第 4669 號判決認為【實例 1】應成立詐欺。此一見解應屬誤解，因為甲的行為或許在形式上為施用詐術，不過實質上卻未帶有任何造成被害人乙「財產處分及損害」的風險。換句話說，乙讓甲試戴的行為根本不是詐欺罪所關心的財產處分。

本沒有對物為任何的強暴手段,因此無法論為搶奪,頂多成立竊盜罪。

、主觀不法構成要件

本罪之主觀不法構成要件分別為「故意」與「不法所有意圖」。就故意而言,行為人於行為時必須認識到對他人之動產為不法腕力以奪取之;同時,對於搶奪結果亦有意欲。至於物之持有人是否認識行為人將奪取其持有之物,則不影響行為人的搶奪故意。換句話說,如果行為人誤以為物之持有人不知道其將奪取,而該持有人實際上是知情的話,仍舊不影響行為人之搶奪故意的認定❸。其次,本罪之不法所有意圖同於竊盜罪的不法所有意圖,相關之解釋與應用請參閱竊盜罪章的說明,此處不再贅述。

就犯罪的評價順序來說,故意之檢驗先於不法所有意圖,若確認行為人不具故意時,則無需進一步檢驗意圖要素。

肆、加重搶奪罪

依刑法第 326 條規定,於違犯搶奪罪之時,而有刑法第 321 條第 1 項各款情形之一者,為加重搶奪罪。關於本罪之加重構成要件的解釋與應用,請參閱「加重竊盜罪」的說明,此處不再贅述。

---

❸ 不同見解,例如甘添貴,刑法各論(上),2013 年 3 版,頁 252 認為此只能論為竊盜而非搶奪。

讀後測驗

1. 刑法第 325 條搶奪罪的保護法益為何？

2. 試比較刑法第 320 條的竊取、刑法第 325 條的搶奪、刑法第 328 條的強盜於概念解釋上的差異。

3. 公然、趁人不備是否為實現搶奪的必要條件？

4. 搶奪限於「對物施以不法腕力」的解釋依據為何？

5. 刑法第 326 條加重搶奪罪的「攜帶兇器」及「結夥三人」應為如何解釋？

第五章

強盜罪

刑法第 328 條

I 意圖為自己或第三人不法之所有，以強暴、脅迫、藥劑、催眠術或他法，至使不能抗拒，而取他人之物或使其交付者，為強盜罪，處五年以上有期徒刑。

II 以前項方法得財產上不法之利益或使第三人得之者，亦同。

III 犯強盜罪因而致人於死者，處死刑、無期徒刑或十年以上有期徒刑；致重傷者，處無期徒刑或七年以上有期徒刑。

IV 第一項及第二項之未遂犯罰之。

V 預備犯強盜罪者，處一年以下有期徒刑、拘役或九千元以下罰金。

壹、保護法益

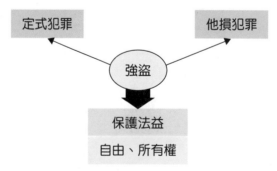

圖 5–1　強盜罪保護法益

　　強盜罪與竊盜罪同屬侵害所有權的財產犯罪，本罪的保護法益因此也是「所有權」，亦即「所有人對特定物於事實上的權能地位」，或稱為「全面的事實上支配關係」。從不法構成要件的形式結構觀察，強盜罪乃是所謂的「定式犯罪」，行為人先行實施強暴或脅迫等強制行為，緊接著利用此等行為所產生的強制效果，以竊取他人之物❶，而就這些行為特徵來說，強盜罪亦為典

型的「他損犯罪」，並且帶有特殊的複數行為特徵。

另外，本罪的「強制」與「竊取」等複數行為分別以「自由法益」與「所有權法益」為攻擊對象❷，強盜罪的刑度設定因而反映出雙重法益侵害具有高度的不法內涵；同時，也正好凸顯出與竊盜罪之間具有不同的不法程度。應注意的是，儘管強盜罪所要保護的法益包括所有權與自由兩者，實際上，這兩者處於首要與次要的保護位階，亦即以保護所有權法益為主，自由法益只是附帶地受到保護。所以，強盜罪仍然為典型的所有權犯罪。

貳、法條體系概覽

刑法第 328 條第 1 項分為「強盜罪」（取他人之物）與「強盜式恐嚇取財罪」（使其交付），第 2 項則為所謂的強盜得利罪。關於法益保護的前置，著手實施本罪第 1 項與第 2 項之行為而未遂者，依第 4 項之未遂犯規定處罰之，預備犯強盜罪者，則是依第 5 項處罰之。考慮到被害人之生命、身體法益的保護需求，立法者於本罪的第 3 項訂有加重結果犯之強盜致死罪。

另外，刑法第 330 條為加重強盜罪，其中各款加重構成要件的說明，請參閱加重竊盜罪章，此處不再贅述。

參、與其他犯罪的區辨

 、竊盜罪

竊盜罪與強盜罪皆為「所有權犯罪」與「持有移轉之罪」。竊盜罪的竊取

---

❶ 亦即「強制行為（刑 304）→移轉持有（刑 320）→所有權法益侵害」。對此，應注意的是，這只是從時序意義所獲得的理解，本罪的強制行為與竊取行為之間仍須具備所謂的「目的關聯」(Finalzusammenhang)。

❷ 最高法院 73 年 4 月 17 日第四次刑庭庭長會議決議㈠：「強盜罪除侵害財產法益外，兼對人身自由有所侵害。」

是指未經他人同意而破壞他人對物的持有，並且建立自己對該物的持有；強盜罪同樣是竊取他人之物的行為，只不過是以強暴或脅迫等手段違反他人意思（未經同意），而取走他人之物。實務見解有類似的說理，例如依最高法院87年台上字第4008號判決：「強盜與竊盜，僅係取得財物之手段不同，就意圖為不法所有，以非法方法取得他人之財物言，兩者並無差異。原判決認定上訴人侵入住宅之初，意在行竊，且已著手，惟尚未得財之際，即被事主發覺，乃變更竊盜之犯意為強盜，進而施強暴手段至使不能抗拒，著手劫財，則其圖為不法所有取得他人財物之犯意，始終一貫，僅於中途變更其竊取手段為強取而已，先前之竊盜行為，即為強盜行為之一部，應僅成立一個強盜罪。」❸較無疑問的是，竊盜罪與強盜罪均為「取得所有之罪」，所以當最高法院在其見解中指出「就意圖為不法所有，以非法方法取得他人之財物，兩者並無差異」，至少就非法取得他人財物來說，應為正確的理解，只不過仍然沒有說清楚的是，所謂的取物手段不同到底所指為何。就這點來說，我們可以確認的是，強盜確實比竊盜多出了強暴或脅迫的行為模式，卻不必然表示「取得財物」此一行為在持有移轉的本質上存有差異。

總而言之，不論是強盜或竊盜均為「未經同意，破壞持有，並且建立新的持有」。若要論兩者於手段上的確切差異，應當在於「未經同意」的部分。也就是說，相較於竊盜罪的竊取，強盜行為乃是透過強暴或脅迫等強制手段達到「未經他人同意」的效果。

、恐嚇取財罪

雖然恐嚇取財罪同為財產犯罪，本質上卻為「侵害整體財產之罪」，以及由被害人為財產交付的「自損犯罪」。詳言之，強盜罪的行為人乃是透過強制手段以實現竊取，而該強制手段現實上必須達完全壓制被害人之意思決定的

---

❸ 最高法院87年台上字第4008號判決。

效果；相較之下，恐嚇取財罪或許同樣帶有行為人實施強制手段的行為特徵，被害人亦是因為恐嚇而交付財物，只不過考慮到自損犯罪的性質，這裡的強制手段在效果上則是讓被害人保有一定程度的自決空間。換句話說，恐嚇取財罪涉及被害人的共同作用（意思決定），屬於一種「弱支配」的財產犯罪模式；強盜罪則是實質上不存在被害人的共同作用，而屬於「強支配」的財產犯罪。正是因為如此，即使兩罪的客觀不法均強調自由法益的干擾效果，但恐嚇取財的「恐嚇」與強盜罪的「脅迫」，概念上仍有一定的差異，無法推得出相同的解釋結果❹。

> 【實例】甲持刀架住乙的脖子要求交出錢包。若不從的話，乙就等著沒命。具有空手道黑帶資格的乙根本沒把甲的威脅放在眼裡。乙出手反制奪走甲的刀子。

最高法院認為，「惟恐嚇取財罪，不以將來之惡害恫嚇被害人為限，即以目前之危害相加，亦屬之。但必其強暴、脅迫手段，尚未使被害人達於不能抗拒之程度始可，如其強暴、脅迫行為，已使被害人達於不能抗拒之程度，即應構成強盜罪。」❺依此，本例的甲持刀威脅乙未能達到至使不能抗拒的結果，應論成立恐嚇取財罪；相反地，假設乙是因為不能抗拒而交付錢包的話，甲則是成立強盜罪。

然而，實務見解在這裡的說理似乎顯得過於簡化與跳躍，因為在最高法院的理解下，恐嚇與脅迫一方面既是本質相同的行為模式，另一方面卻又以「最終的行為效果」（不能抗拒）作為區分兩者的依據。無論如何，恐嚇取財同樣也是被害人的自由意志受到壓制而不能抗拒，才將財物交付予行為人，所以我們可以確定，「被害人是否為不能抗拒」根本不是區分強盜之脅迫與恐

---

❹　進一步說明，請參閱恐嚇取財及擄人勒贖罪章的說明。

❺　最高法院 101 年台上字第 5472 號判決。

嚇取財之恐嚇的關鍵。換句話說，我們不能只是因為行為人所製造的部分風險（強制風險）沒有在部分的結果中實現（強制結果），即論成立恐嚇取財，反而應當檢視行為人所製造的全部風險（強制與財損風險）與後續的風險實現（強制與財損結果）之間，被害人的意思決定在規範上對於風險支配的意義為何，並且以此區辨是否為強盜或恐嚇取財❻。就此而言，甲持刀架住乙之脖子的行為內含強制與財損的風險，特別是此種「行為本身」已經充分展現出壓制他人意思自由的可能性，被害人的意思決定於此不具有共同作用的意義，因此無法論為恐嚇取財罪的恐嚇，反而是強盜罪的脅迫。又因為乙的心理狀態在現實上根本未達不能抗拒的程度，所以甲頂多成立強盜未遂。

肆、客觀不法構成要件

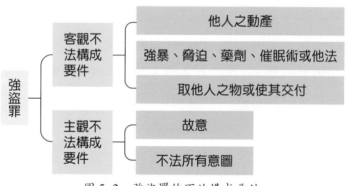

圖 5-2　強盜罪的不法構成要件

一、犯罪客體

㈠他人之動產

本罪規定的犯罪客體為「他人動產」，此一概念同於竊盜罪的他人動產，

---

❻　進一步說明，請參閱「強盜罪章的至使不能抗拒要件」與「恐嚇取財及擄人勒贖罪章的恐嚇要件」等章節。

詳見竊盜罪章的說明，此處不再贅述。另外，依刑法第 334 條之 1 準用同法第 323 條規定，電能、熱能，及其他能量亦屬本罪之犯罪客體。

考慮到強盜罪為特殊的複數行為犯罪，行為人所欲取得的對象客體，即有必要進一步區辨，動產在哪一個行為階段，亦即「強暴、脅迫」或「取他人之物」（竊取），具有所謂的他人性，始能符合他人動產這一項不法要件。

> 【實例】甲售乙一臺手機。尾款未付清前，甲仍保有該手機的所有權。乙拿到手機時發現機身有摔傷痕跡，因而拒絕交付尾款。甲威脅乙，若不交付尾款，就等著挨揍。乙出於恐懼而付清尾款。甲取得款項後，趁著乙恐懼之時又把手機搶回來。

基本上，竊盜罪之犯罪客體必須於行為人竊取時具備他人性，也就是所謂的「行為同時性要求」(Tatsynchronität)❼，而在強盜罪的情形，行為人於違犯強盜罪時，犯罪客體同樣亦須以具有他人性為前提。然而，因為強盜罪乃是一個由「強制」與「竊取」等複數行為所組成的犯罪模式，那麼將有疑問的是，關於動產之他人性的認定，到底是以強制階段，還是以竊取階段為基準。單就本例來說，當甲威脅乙交付尾款之時，甲仍然保有手機的所有權，但在乙交付尾款使所有權移轉的條件成就之後，甲所竊取的手機則是轉變為他人所有。換句話說，甲在強盜罪之第二個行為階段時，才算是侵奪「他人之動產」。

只不過此種動產之他人性於不同行為階段的轉換，卻不必然排除甲成立強盜罪的可能性。理由在於，強盜罪之犯罪客體的他人性與竊盜罪的一樣，均是取決於行為人為竊取時。倘若行為人著手竊取時，特定動產的所有權仍歸屬於行為人，則未實現強盜罪之客觀不法構成要件，而且行為人對該特定物也根本無法形成不法所有的意圖。即使如此，仍應注意的是，甲竊取乙所

---

❼　Mitsch, BT 2, 3. Aufl., 2015, S.493.

有的手機，其實正是透過前階段的脅迫手段促使竊取成為可能。也就是說，儘管甲為脅迫行為之時保有手機的所有權，卻不影響成立強盜罪。因為甲正是透過脅迫行為（讓乙交付尾款）使得手機的所有權變成他人之動產，而這樣的思考正好類似於竊盜罪之動產的解釋，也就是行為人從他人果樹摘下果子，使該果子從不動產轉變成動產❽。

㈡財產上之利益

依強盜罪之立法理由，財產上的利益是指「……雖非對於他人所有物犯罪，然以強盜手段，而得財產上不法利益。例如消滅債券，或使他人書立債券等，其損害與侵害他人所有物無異。……」❾此外，實務見解亦有肯認「不動產」作為強盜罪的犯罪客體，而將其劃入財產上之利益的概念範疇，例如「刑法第三百二十八條第一項鎖定強盜罪之物體，固不以動產為限，但對於不動產僅能使人交付，而不能逕自奪取，如以強暴脅迫手段使人不能抗拒，而於他人之不動產上取得財產上不法利益者，則屬於同條第二項之罪。」❿總而言之，本罪的財產上利益可以是解除債務、取得債權，以及侵奪他人之不動產⓫等情形。

---

❽　見 Mitsch, BT 2, 3. Aufl., 2015, S.493.

❾　從立法論的角度來看，具有整體財產意義的「財產上的利益」應與具有自損性的「使其交付」行為搭配，並且與強盜罪脫鉤，獨立規定為一條罪（強盜式恐嚇取財罪）。

❿　見院字第 2723 號解釋。

⓫　不同於動產，行為人無法破壞他人對不動產的持有並建立自己對該不動產的新持有，因此這裡所指稱的侵奪應當是指「移轉不動產所有權登記」，始為正確。

二、強暴、脅迫、藥劑、催眠術或他法

(一)概　說

1.強制行為作為促進或實現竊取之手段

　　儘管強盜罪作為所謂的複數行為犯，卻不能直觀地理解為強制（強暴、脅迫等）與竊取等行為的累加或結合[12]，而是所謂的「透過強制手段促進或實現竊取」。如果我們只有強調強制與竊取等行為之間的結合關係，則有可能讓人誤以為強盜罪的實現需要被害人的共同作用[13]，進而與刑法第 346 條之恐嚇取財罪的犯罪結構相互混淆。

　　再者，因為行為人實施強制行為主要是為了讓特定物的持有狀態完全移轉，所以，如果最遲於「竊取既遂前」實施強制行為的話，仍舊屬於強盜罪的處罰範圍[14]；相對地，若是於「竊盜既遂後」才實施的話，則是成立刑法第 329 條之準強盜罪。又考慮到強盜罪與竊盜罪同屬「所有權犯罪」的類型，所以犯罪模式同樣是強調在未經同意的持有移轉。只不過竊盜罪的未經同意是持有人明確反對、未即反應，或是不表示意見等，強盜罪則是透過強制手段達到持有人未為同意[15]的效果。

---

[12] 已見甘添貴，刑法各論（上），2013 年 3 版，頁 255：「強盜罪是否屬於搶奪與妨害自由二罪之結合犯，似有商榷之餘地。」早期之學說見解認為是結合關係者，例如 Feuerbach, Lehrbuch, 1801, §394.

[13] 應注意的是，刑法第 328 條規定了「使其交付」。這種行為模式看似被害人以自我決定的行為參與了強盜之犯罪歷程，但考慮到強盜罪屬於所有權犯罪與他損犯罪，所以這項要件實質上應理解為所謂的「容任竊取」(Duldung der Wegnahme)。

[14] Otto, BT, 7. Aufl., 2005, §46 Rn.12.

[15] 形同被害人沒有同意是指，被害人面對強暴、脅迫時，選擇空間已經被減縮至零的

2.強制行為之限縮解釋

單從法條的文義觀之，刑法第 328 條直接沿用刑法第 304 條強制罪之強暴、脅迫等不法要件。然而，考慮到強盜罪的刑罰效果大幅躍升為「五年以上有期徒刑」，有必要就本罪規定的強制手段為限縮解釋❶。詳言之，強制罪的強暴、脅迫等行為乃是其他分則各罪之強制手段的一般性態樣，而就在這樣的類型基礎之上，以及考慮到強盜罪之高刑度的設計，強盜罪的強暴、脅迫相較於強制罪之強暴、脅迫理應更帶有一定的不法特殊性，例如強暴應限於對人身所施加的物理作用，脅迫則為生命或身體之現時危害的威脅❶，藉此凸顯出強盜罪之不法與罪責的內部衡平。

基本上，實務見解採取類似的結論，例如「強盜罪之強暴、脅迫等行為泛指，在客觀上對他人之生命、身體，或自由的侵害行為。如果行為人並未實行此種行為，而被害人只是出於個人主觀上的畏懼，不敢抵抗，則非本罪所欲非難的強暴脅迫。」❶，或如「刑法第 346 條之恐嚇取財罪之恐嚇行為，係指以將來惡害之通知恫嚇他人而言，受恐嚇人尚有自由意志，不過因此而懷有恐懼之心，故與強盜罪以目前之危害脅迫他人，致喪失自由意志不能抗拒者不同。」 ❶只不過實務見解於此始終未能釐清的是，「強盜罪之強制手段」、「被害人之身體或自由受有侵害」，以及「不能抗拒」三者之間的意義關聯為何。換句話說，本罪之不法行為（強制手段）的定性到底是以侵害生命、

狀態。換句話說，若被害人「不交付財物」，不只生命、身體法益將受到侵害，所有權法益亦會遭到剝奪。

⑯ 強盜罪之刑罰效果與不法構成要件解釋的對應性，見 Blesius, JURA 2004, S.571.

⑰ 參閱張天一，強盜罪中「至使不能抗拒要件」之判斷標準，台灣法學雜誌，240 期，頁 175。

⑱ 最高法院 27 年上字第 1722 號判例。

⑲ 最高法院 67 年台上字 542 號判例。

身體、自由等法益為唯一前提，還是應額外具備「被害人主觀上的心理畏懼」（不能抗拒）此項要素。如果不法行為的定性需要納入被害人主觀上的心理畏懼，那麼所謂的不能抗拒是否還有解釋為強制結果的可能。單就這點來說，我們一旦將不能抗拒視為不法行為的組成要素，同時又論為不法結果的組成要素，邏輯上勢必存有矛盾。針對此等說理上的問題，將於下文之「強暴」、「脅迫」，以及「至使不能抗拒」等章節處說明。

3.強制行為的可非難性

相較於強制罪的開放性構成要件特徵[20]，強盜罪的強暴、脅迫等行為無需進一步檢驗所謂的 「強制手段之可非難性」 (Verwerflichkeit des Nötigungsmittels)。更精確地說，強盜罪所要非難的正是行為人透過強制手段實現竊取，而此種手段的可非難性始終存在於強盜行為（取得他人之物）所內含的強制目的之中。既然強盜罪已經預設強暴脅迫等強制手段是不受法所允許的，那麼也就無需再針對強制行為之特殊的可非難性予以評價[21]。

㈡強　暴

本罪所規定的強暴是指，行為人藉由施展物理（身體）力量，迫使被害人失去抵抗能力，或是不敢抵抗。又強暴行為在本質上作為一種（物理上的）強制手段，行為本身與強制罪所規定的強暴一樣，必須達到剝奪被害人之意思形成自由或意思活動自由的效果。然而，如前所述，考慮到高刑度的設計，強盜罪的強暴應限縮於「對人強暴」(Gewalt gegen Person)[22]，例如將被害人壓制於地、綑綁、上銬、毆打等。嚴格地說，這裡的限縮標準並非純粹取決

---

[20] 應注意的是，我國刑法第 304 條強制罪是否如德國刑法為開放性構成要件，容有爭執的空間。對此議題，我們在這裡不擬深入探討，合先述明。

[21] Blesius, JURA 2004, S.571.

[22] 僅參閱 Wessels/Hillenkamp, BT 2, 32. Aufl., 2009, §7 Rn.319.

於攻擊方式或攻擊客體，因為強制罪的強暴同樣可以是（至少是間接地）對人所為之暴力[23]，而我們若是僅僅強調攻擊方式或客體的話，亦即所謂的「對人強暴」，仍舊無法精確掌握強盜罪之限縮適用的標準[24]。所以，關於強暴概念的限縮解釋，更為適當的評價切入點是「與身體相關之侵害的程度」[25]。據此，行為人所施展的物理作用力要不是直接或間接限制被害人的行動自由，就是造成其身體、健康的損害。若是純粹引起心理性的擔心或恐慌等精神強制，則非屬之[26]。

延續對人強暴的思考，本罪的強暴在概念上可再區分為「絕對強暴」(vis absoluta) 與「逼迫式強暴」(vis compulsiva)[27]。前者是指直接透過物理上的力量排除相對人的行為可能，或是施打麻醉藥品剝奪被害人之意思自由[28]，例如前述的壓制在地上、上銬、毆打等；後者則是透過物理力量的展現，迫使被害人採取非其所願的行為選擇，例如毆打被害人，迫使其走到提款機前，或是利用逼車迫使他人變換車道。

---

[23] 有見解認為，強制罪的強暴限於對人的強暴，但有不同見解肯認包括對人與對物的強暴。學說整理，見 Blesius, JURA 2004, S.571.

[24] 已見 Blesius, JURA 2004, S.572.

[25] Schünemann, JA 1980, 350.

[26] Wessels/Hillenkamp, BT 2, 32. Aufl., 2009, §7 Rn.319.

[27] Kindhäuser, BT II, 9. Aufl., 2017, §13 Rn.4; Mitsch, BT 2, 3. Aufl., 2015, S.496–497；柯耀程，弔詭的不能抗拒要件，月旦法學雜誌，90 期，2002 年 11 月，頁 317 認為本罪的強暴應限於絕對強暴的類型，因為逼迫式強暴與本罪的強制要件不符。但有疑問的是，逼迫式強暴為何會與本罪的強制要件不符，未見此說提出進一步的說明。本書認為，區分的重點不在於強暴類型，而是強暴的本質。也就是說，不論是絕對強暴或逼迫式強暴的內容，均以涉及他人之生命、身體、健康的危害為必要。

[28] 但應注意的是，本罪的不法構成要件已經明確將「強暴」與「藥劑」區分為不同的攻擊手段，因此概念上即無必要爭執強暴是否包括使用藥劑。

【實例】某夜，甲埋伏於小巷弄，計畫行搶乙。等乙接近時，甲突然對空鳴槍，要乙不得輕舉妄動。甲趁乙恐懼不敢亂動時，取走背包。

甲對空鳴槍的舉動，實際上未對乙之生命或身體形成任何物理上的強制力，所以無法論為強暴，但不排除有成立脅迫之可能。類似的例子為，行為人手持貌似已經上膛的手槍對準被害人。在這些情形，不論是行為人對空鳴槍，或是手持真槍（或假槍），無疑對被害人的心理狀態造成直接的影響。或許，不可否認的是，這些行為同樣會對被害人的身體狀態造成一定的不利益，例如心跳加速、神經抽蓄、胃絞痛等。儘管如此，仍不得論為對人的強暴，因為此等身體上的不利益頂多是一種在影響心理的狀態下所產生的伴隨效果而已。

【實例】甲計畫騎乘機車從路人乙的背後突然搶走側肩包。當甲靠近乙之時，乙下意識地將側肩包用手臂夾緊。甲為此更加使力地將包包搶走，但終究未能得逞。

甲之行為不構成強盜罪的強暴，因為其所實施的強取行為並非針對乙這個人，而是對物（背包）為之。換句話說，雖然甲的強取行為在客觀上帶有物理上的強制效果，不過終究不是對人為之，所以不屬於對人強暴。例外的是，如果行為人所實施的暴力手段可視為對人產生「直接的」強制效果的話，仍有可能論為對人強暴。例如拉扯側肩包的過程，物理上的強制效果從側肩包的吊帶傳遞至被害人身上，或是將身障者行動所仰賴的輪椅予以破壞等❷❾。

㈢脅 迫

所謂的脅迫是指「惡害通知」，而此種惡害的施加取決於行為人意思，並

---

❷❾　Mitsch, BT 2, 3. Aufl., 2015, S.499.

且為被害人所嚴肅看待 ❸。又這裡的通知可以是明示的，或是可得推知的方式為之。考慮到強盜罪的高刑度設計，同樣作為強制手段的脅迫應為限縮解釋；另一方面，為了與強暴概念取得概念解釋上的一致性，脅迫本身所指涉的攻擊對象限制於個人之生命、身體。再者，脅迫所生之強制效果以被害人之主觀認知與感受為準，現實上是否真的存在行為人所指稱的情事，則非所問，例如手持不具殺傷力的玩具槍，或是根本未上膛的真槍。

與強暴不同的是，脅迫手段強調被害人於心理層面產生一定的恐懼，所以，我們可以將惡害通知的概念確認在「個人之生命、身體的現時危險」。關於所謂的現時危險，從被害人的觀點切入，只要該危險在未受干擾的情況下，即可獲得實現的話，即屬現時。應注意的是，單從「現時」危險的文義來看，確實容易讓人誤以為時間久暫是唯一的標準。然而，若是回歸心理恐懼的本質，一個行為得否被論為脅迫，應當從被害人 「當下的決定情境」(Aktualität der Entscheidungssituation) ❸ 予以評價。依此，即便是持續性的危險，也可以是這裡的現時危險。例如甲要求身負重傷的乙交付財物，否則不提供醫療救助。三日後，乙見傷勢仍未好轉，恐怕會有生命危險，因此決定答應甲的要求而讓其進行醫治。

> 【實例】甲對空鳴槍，乙當場受到驚嚇不敢妄動。甲從乙的外套取走錢包。

本例的甲對空鳴槍的行為屬於可得推知的惡害通知。又槍枝本身帶有生命與身體、健康的潛在殺傷力，倘若乙當時輕舉妄動的話，勢必將遭遇身體、健康，甚至是生命的侵害。儘管乙未受到身體上的物理性強制（強暴），卻有心理上的壓制效果，對空鳴槍因此屬於脅迫。

---

❸ Kindhäuser, BT II, 9. Aufl., 2017, §13 Rn.5.

❸ Kindhäuser, BT II, 9. Aufl., 2017, §13 Rn.6 ；參閱 Mitsch, BT 2, 3. Aufl., 2015, S.506–507.

㈣強暴、脅迫與竊取行為之間的客觀歸責：「目的關聯」

強盜是指透過強制手段促進或實現竊取，本罪的行為特徵因而在於，行為人為了取走他人之物而運用強暴或脅迫等手段。依這段說明來看，強暴、脅迫與竊取之間保有相當程度的歸責關聯性。首先，強盜罪作為一種定式犯罪，從事後 (ex post) 的觀點切入，強暴或脅迫與竊取之間具有時空上的因果性，應無疑問㉜。

其次，強制手段帶有促進或實現竊取的功能意義，這裡的促進或實現並非純粹物理性的因果推衍，而是帶有一定的規範性評價。換句話說，從行為時 (ex ante) 的觀點切入，強暴或脅迫與竊取之間以存在「手段與目的的關聯性」為必要㉝。實際上，此種目的關聯不要求強暴、脅迫等手段對於實現竊取發揮確切的作用或促進㉞。評價重點僅在於，為了壓制相對人防止竊取而為的或可期待的抵抗，行為人對其實施強制行為是有必要的㉟。相對地，若被害人只是純粹地對行為人感到害怕，而行為人利用這樣的恐懼狀態，則非這裡所稱的目的關聯㊱。

㉜ 當然，我們也不排除強暴或脅迫會伴隨著竊取而實施。雖然提及時序上的因果性，不過卻不等於強暴、脅迫與竊取之間具有條件式的因果關係。換句話說，客觀上的因果關係為一項充分條件，而非必要條件。見 Eisele, BT II, 2009, Rn.309; Seelmann, JuS 1986, S.201.

㉝ Stefan, NStZ-RR 2013, S.329; Mitsch, BT 2, 3. Aufl., 2015, S.509; Rengier, BT 1, 11 Aufl., 2010, §7 Rn.14; Otto, BT, 7. Aufl., 2005, §46 Rn.7；中文文獻，可參考柯耀程，弔詭的不能抗拒要件，月旦法學雜誌，90 期，2002 年 11 月，頁 317。

㉞ Heghmann, Strafrecht für alle Semester, BT, 2009, Rn.1482.

㉟ Otto, BT, 7. Aufl., 2005, §46 Rn.8.

㊱ BGH Beschl. v. 13.11.2012–3StR 422/12.

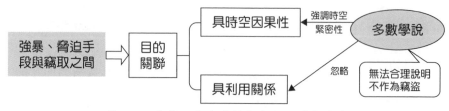

圖 5-3　強暴、脅迫手段與竊取之間的關係

依多數的學說見解，所謂的目的關聯是指強暴、脅迫等手段與竊取之間具有一定的緊密性，又此種緊密性以時間與空間等要素為基礎❸，例如強制行為必須持續至目的實現，期間不能中斷（或稱為即時實現）❸。換句話說，強制手段有必要持續實施到竊取時，不能只是仰賴強制效果持續發生作用❸。然而，這樣的限縮要求卻有待商榷。理由在於，其忽略了目的關聯的實質意義在於，強暴、脅迫等手段與竊取處於一種所謂的「利用關係」，特別是強制效果的利用關係。

或許，時間與空間等要素可以避免過度擴張強盜罪的適用，例如避免將強制與竊取等行為恣意結合為強盜，或是依時空要素而跟恐嚇取財罪予以區別❹。不過，所謂時間與空間之緊密程度無非只是一種純粹物理面向的思考，忽略了這種利用關係本身具有規範性的歸責意義。也就是說，行為人實施強暴或脅迫等行為所製造的風險，不只是直接指涉所有權法益侵害的取向，同時也涉及相對人之自我決定空間的剝奪作用，而此種作用正是支配犯罪（未經同意之移轉持有）的必要條件之一。換句話說，關於強盜罪的客觀歸責，不存在第三人之自我決定行為可否阻斷結果歸責的問題，因為剝奪第三人自

---

❸　Eisele, BT II, 2009, Rn.309；黃惠婷，刑法案例研習㈠，2016 年 2 版，頁 408 稱此為「直接關聯性」。

❸　柯耀程，弔詭的不能抗拒要件，月旦法學雜誌，90 期，頁 318。

❸　Eisele, BT II, 2009, Rn.310.

❹　明確指出這項功能者，例如柯耀程，弔詭的不能抗拒要件，月旦法學雜誌，90 期，頁 318。

我決定本身就是法所承認之風險實現的一部分。除此之外，時空緊密性的要求也無法合理說明所謂的「不作為強盜」❹。

【實例】甲在公園見到酒醉不醒的乙躺在樹叢旁。甲欲藉此取走乙身上的錢包。為了避免乙突然酒醒，甲將乙的雙手用繩索綁死。甲順利取得乙的錢包。正要離開時，見乙仍是不醒人事，覺得沒有繼續綑綁的必要，因此將繩索解開。甲於解繩之時，乙始終處於無意識的狀態。

甲所為之綑綁與取財等行為是否構成強盜罪，關鍵之一在於強暴（綑綁）與竊取（取走錢包）兩者的關聯性要求。如前所述，強暴與竊取之間的目的關聯是指行為人實施強暴手段是為了使竊取成為可能❹。如果強暴只是竊取的附隨現象 (Begleiterscheinung)，仍不足稱之為目的關聯，例如行為人「碰巧」利用強制手段實現竊取，或者在時間順序上，行為人剛好在強制手段之後實施竊取。依此見解，儘管甲綑綁乙在現實上沒有對後續的竊取發揮確切的作用或促進，不過這兩者行為之間仍然具有目的關聯。

但有學說見解認為，強暴、脅迫與竊取之間具有因果關係，即為已足❹。一旦欠缺這項要件，即不構成強盜罪，而是成立強制罪與竊盜罪。

本例的甲綑綁乙與實施竊盜之間欠缺因果關係，因為將綑綁的條件想像為不存在，竊取仍舊會實現。但，此說應不可採。理由在於，這裡的因果關係看似採納了條件式的因果法則，實質上卻是導向於傳遞性因果的思考。簡單地說，沒有強暴就沒有竊盜，沒有竊盜就沒有所有權侵害。如此一來，任何一個在時間上緊接著強制手段而實施的竊取，均有可能被不當地論為強盜罪，例如甲、乙在餐廳發生嚴重口角，二人互毆成傷。甲逃離餐廳時，忽見

---

❹　進一步說明，詳見下文的「㈤他法：不作為強暴或脅迫」。

❹　Otto, BT, 7. Aufl., 2005, §46 Rn.7.

❹　Günther, in: SK-StGB, 5. Aufl., 1998, §249 Rn.36.

乙的腳踏車未上鎖，順手將其騎走。依因果關係的說法，甲應成立強盜罪，而非傷害與竊盜。

(五)他法：「不作為強暴或脅迫」

一般而言，考慮到強制行為與竊取於目的關聯上的要求，若行為人於犯罪歷程中「變更行為動機」(Motivwechsel) 的話，可否繼續論為成立強盜罪，我們得以依據下述情形分別論之：(1)持續性的強制作用，以及(2)持續地實施強制行為❹。較無疑問的是，第(2)種情形應成立強盜罪。舉例來說，甲對乙施暴，要求乙與其親吻。當乙奮力抵抗時，甲發現乙戴的手錶價值不斐。趁著兩人扭打之時，甲將該手錶取走。相較之下，第(1)種情形則是涉及到「作為或不作為強盜」的區分。就此，我們試以下述二則案例說明之：

【實例1】甲毆打乙，並且取走超商內的商品。三日後，甲經過乙的超商，見乙獨自一人在店內，決定再搶一次。甲走進店內，將數箱原本置放於大門旁的飲料移到門前，把大門堵住。甲猜想乙應該不會抵抗，便將收銀機內的鈔票取走。

本例的甲移動飲料箱堵住大門為典型的「作為強盜」，特別是以「可推測的脅迫」犯之。又此種行為之所以具有危害相對人之生命、身體的意義，乃是因為甲藉由堵門這個動作，對外表現出延續先前強暴行為的強制作用。換句話說，倘若乙有所抵抗的話，則有可能再度遭受三日前同樣的傷害❺。

【實例2】甲毆打乙，並且取走超商內的商品。三日後，甲經過乙的超商，見乙獨自一人在店內，決定再搶一次。甲見乙害怕的表情，認為

---

❹ 問題意識，已見 Otto, BT, 7. Aufl., 2005, §46 Rn.13.

❺ Otto, BT, 7. Aufl., 2005, §46 Rn.17；假設甲一如往常地進入超商購物，若乙只是因擔心三日前的暴力事件再度發生而有所恐懼，則是無法論甲有實施脅迫。

> 其仍陷於三日前的暴力陰影而不敢抵抗，便將收銀機內的鈔票取走。

不同於前述案例，甲未為任何強暴或脅迫的行為，只是走到收銀機將鈔票取走。因為甲主觀上認為，被害人乙仍然處於驚恐狀態而不會有所反抗。換句話說，行為人相信先前強制手段持續發生作用，而不認為現實上有遭受抵抗之可能。或許，我們不排除甲面對乙突如其來的抵抗，會依先前的經驗而採取強暴手段予以反擊。不過，潛在的強暴傾向並不等同於脅迫，即便甲利用乙的恐懼，仍然不構成脅迫❹。

儘管「潛在的強暴傾向不等於脅迫」為正確的理解，卻仍有問題的是，被害人的意思自由之所以受到壓制，終究是源自於行為人所創設的危險情境而來。所以，除了前述案例之外，在一些情形中，我們仍可想像的是，當行為人為強暴或脅迫等行為時，主觀上並無不法所有意圖，反而是在被害人陷入無抵抗能力之後，行為人才真正形成不法所有意圖，並且利用此種強制效果取走被害人之財物。簡單地說，一旦行為人利用此等情境所持續發生的強制作用，得否論為強盜罪的（不作為）強暴、脅迫。對此，學說上有不同的見解：

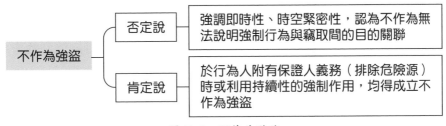

圖 5–4 不作為強盜

---

❹ 同此結論，見 Otto, BT, 7. Aufl., 2005, §46 Rn.18.

1.否定說

此說認為，考慮到強盜罪的複數行為之間必須具有「目的關聯」，所以關於強盜罪成立與否的判斷，「……必須從手段跟目的關係觀察，是否為強盜行為，則必須先觀察行為動向，是否具有即時實現取走財物目的的強制行為，如果確認此一強制行為，則行為已然屬於強盜罪之著手，行為已經進入未遂階段，而行為是否完全實現，則取決於目的的取走（或交付）要素之上。」[47]基本上，這段說理強調目的關聯是以複數行為之間依序實現的「即時性關係」為基準，又此種關係亦可進一步實質理解為「時間與空間上的緊密連結」。換句話說，基於「即時性」的要求，從強制行為過渡到實現竊取的階段，強制行為才能夠充分體現出行為人的取財目的（行為動向）。為了滿足取財的即時性，強制行為限於積極作為的方式，邏輯上似乎也較為一貫。換句話說，強盜罪的不法構成要件要求「以強暴、脅迫而取他人之物」，不作為的行為方式難以體現此等行為之間的「目的關聯」。

此外，有學說見解則是從行為人與被害人的對立性出發[48]，認為行為人實施強制行為是為了壓制被害人之實際的或可得預期發生的抵抗，被害人的抵抗潛能在現實上也確實因為行為人的強暴、脅迫等手段而遭到侵奪。在一些情形，利用不作為的方式維持既存的強制情境，或許也會對被害人形成一定的強制效果。不過，實際上卻不是任何一種強制狀態均可劃歸到強盜罪的強暴、脅迫。理由在於，維持既存的強制情境無法等同於壓制被害人的概念。詳言之，若從行為人與被害人的勢力消長關係來看，隨著行為人創設強制情境（強暴、脅迫），被害人的（潛在）抵抗能力即刻受到壓制。因此，如果被

---

[47] 柯耀程，弔詭的不能抗拒要件，月旦法學雜誌，第 90 期，2002 年 11 月，頁 314 以下。

[48] 參閱 Küper, JZ 1981, S.568.

害人的抵抗早先已經遭受侵奪，那麼也就沒有利用不作為壓制或排除抵抗的可能性。舉例來說，甲未經同意潛入乙的住處，被乙發現。甲為了逃脫，使用繩索將乙綑綁。甲離開時，發現門口停放一臺乙的機車。甲利用乙無法動彈的機會，將乙的機車騎走。倘若不承認有成立不作為強盜的可能性，那麼此例的甲應成立刑法第 304 條強制罪❹與第 320 條竊盜罪，而非強盜罪。因為乙的抵抗能力早於被甲綑綁的階段遭受剝奪，所以隨後也就不可能再重複出現「行為人實施強暴以壓制被害人的抵抗」的情形。

　　儘管實務見解對此議題未有明確表態，但從最高法院的判例意旨來看，似乎隱含著否定之態度，例如最高法院 27 年上字第 1722 號判例：「強盜罪之強暴、脅迫，以在客觀上對於人之身體及自由確有侵害行為為必要，僅因他人主觀上之畏懼，不敢出面抵抗，任其取物以去者，尚不能謂與強盜罪之要件相符。」這裡所謂的「客觀上對他人自由確有侵害」近似於上述學說所採取的理解，也就是強盜行為乃是被害人的（潛在）抵抗能力隨著行為人創設強制情境，而面臨到壓制或剝奪。所以，客觀上不存在以不作為方式實現強暴、脅迫。此外，關於他人主觀上的畏懼，最高法院想要表達的或許是，行為人未使用任何的強暴、脅迫手段，被害人僅因行為人長相兇惡或行為舉止粗暴，而感到害怕。至於行為人是否利用其先前所創設的強制情境，侵害被害人的意思自由，則是無法從判例的內容明確推導得出。

2.肯定說

　　依據此說，強盜罪為一種作為犯，但也不排除行為人以不作為方式實現客觀不法構成要件（刑 328, 15），特別是行為人負有保證人義務排除被害人之生命、身體的強制作用❺。換句話說，以不作為之強暴、脅迫實現強盜罪

---

❹　這裡不排除亦有成立私行拘禁罪（刑 302）的可能。

❺　Eser, NJW 1965, S.379–380; Schünemann, JA 1980, S.353; Mitsch, BT 2, 3. Aufl.,

的前提為：「關於被害人陷入無抵抗能力的狀態，行為人是有責的❺❶。」就此，依保證人地位的類型可區分為❺❷：⑴行為人利用非由其所創造的強制情境，以及⑵行為人利用其所創造的強制情境。

首先，就類型⑴來說，例如甲帶著飼養的狼狗至公園散步。狼狗於途中突然撲向路人乙，作勢咬人。乙受驚嚇而不敢妄動。甲見乙皮包從外套掉出，決定趁此機會將該皮包取走。甲對於飼養的狼犬具備「監督危險源」的保證人地位，負有義務排除此一危險源對他人所創造的強制效果。因為甲違反刑法上的誡命義務，應作為而不作為，進而利用既存的強制效果取他人之物，所以成立不作為強盜。其次，如果行為人是持續地實施強暴、脅迫等強制行為，此為典型的以作為方式實現強盜；相對地，現實上也不排除行為人利用強制行為的持續性效果而取他人之物，亦即類型⑵的情形，例如甲未經同意潛入乙的住處，被乙發現。甲為了逃脫，使用繩索將乙綑綁。甲離開時，發現門口停放一臺乙的機車。甲利用乙無法動彈的機會，將乙的機車騎走，因而成立不作為強盜（刑 328 I, 15）。

3.本書見解

肯定說應屬可採。即使依據否定說之見解而否認不作為方式的強暴、脅迫，現行法還是有其他的解釋可能性，也就是透過本條之「他法」要件的解釋，將不作為之強暴、脅迫納入強盜罪的規制範疇。或許，否定說採取的時空緊密性觀點不無道理，只不過這卻不是判斷強制行為與竊取之目的關聯的唯一標準。因為除了時空因素之外，目的關聯更為核心的意義在於所謂的「利用關係」❺❸。一旦行為人有意識地利用自己原有義務排除的強制情境以實現

2015, S.502.

❺❶ Mitsch, BT 2, 3. Aufl., 2015, S.502.

❺❷ 整理自 Mitsch, BT 2, 3. Aufl., 2015, S.503.

❺❸ 指出這層關係者，例如 BGHSt 32, 88 (92).

竊取,正是這種利用關係的具體表現。再者,否定說將目的關聯加入行為動向的思考,似乎是將此概念轉向純粹主觀心理的理解,導致其忽略了目的關聯原本屬於客觀不法的一部分。

> 【實例】甲騎乘機車行經某山區路段,過彎時未依法減速慢行,不慎擦撞走在路肩的乙。乙受撞擊後倒地,並陷入昏迷。甲下車查看傷勢,見乙的皮夾散落一地,突然想到最近缺錢,不如趁此機會拿點錢用用。甲利用乙昏迷時,取走現金二千。

本例的甲過彎時違法超速,為應注意未注意而撞傷他人,成立過失傷害(刑 284 I)。甲因違反刑法規定,亦即各罪所預設的禁止要求,進而對他人之身體、健康形成一定的保證人地位(刑 15 II:危險前行為)。乙在遭甲撞擊之後,一方面,身體、健康受到侵害;另一方面,撞擊行為也隨之產生了限制自由的強制效果。甲原本負有義務排除他人之身體、健康的危險,又在強盜罪的規範脈絡下,則是原本應該排除他人受強制的不利益,但是甲卻利用因過失傷害而持續發生作用的強制狀態,亦即「不作為強暴」,取走乙的財物。於此,甲成立不作為強盜罪(刑 328 I, 15 II)。

(六)至使不能抗拒[54]

1.強盜與恐嚇取財之區分依據

最高法院認為「至使不能抗拒」作為區分強盜與恐嚇取財的關鍵,亦即「刑法上之恐嚇取財罪,係以將來之惡害恫嚇被害人使其交付財物為要件,若當場施以強暴脅迫達於不能抗拒程度,即係強盜行為,不能論以恐嚇罪

---

[54] 相關見解的詳細分析,可參考張天一,強盜罪中至使不能抗拒要件之判斷標準,台灣法學雜誌,240 期,2014 年 1 月,頁 167 以下。

名。」⑤換句話說，在強暴或脅迫等強制行為未使被害人不能抗拒的情形，被害人因同情或其他事由，同意行為人取走財物或將財物交付行為人，不再是強盜既未遂的問題，而是直接轉向成立恐嚇取財罪⑥，例如「上訴人於吃茶後算帳時，將刀插於桌上，其係表示如欲收茶資，即將加害，是以恐嚇手段企圖白吃，不付茶資，欲免除應付之支出，至為明顯，嗣雖經人搶下尖刀，而由其友代為付清茶資，致未達成目的，仍應成立刑法第 346 條第 2 項、第 3 項以恐嚇得財產上不法之利益未遂罪名。」⑤

再者，關於「至使不能抗拒」與「強盜既未遂」的評價關聯，最高法院似乎傾向於認為，強盜罪的既未遂以是否取得他人之物為判斷基準，至於強暴或脅迫是否達到至使不能抗拒的結果，則非所問，例如「強盜罪之既遂與否，以已未得財產為標準，上訴人既已取得被害人甲二百八十元、乙四百零二元、丙一千二百三十元、丁二百元、戊四百元、己一千四百元，其犯罪即已既遂，縱其喝令甲、乙、丙三人再交付手錶未曾得手，亦不過其取得之財物範圍有多寡而已，並不影響於犯罪之既遂。」⑤

單從上述的說理來看，至使不能抗拒這項要件的功能似乎僅止於區分強盜與恐嚇取財。然而，進一步深究的話，雖然立法者將其規定於強盜罪的（客觀）不法構成要件，但就形塑不法內涵的意義來說，最高法院的說理卻是顯得相當模糊與混淆。理由在於，強盜罪與恐嚇取材罪被劃歸在不同的財產犯罪體系（前者為所有權犯罪，後者為整體財產犯罪），兩者不法構成要件的設定邏輯理應有所差別，特別是被害人的參與程度與犯罪支配的關係⑤。就此，

---

⑤　最高法院 65 年台上字第 1212 號判例。

⑥　最高法院 67 年台上字第 542 號判例。

⑤　最高法院 57 年台上字第 2486 號判例。

⑤　最高法院 67 年台上字第 583 號判例。

⑤　從犯罪支配強弱的比較來看，相較於強盜罪，恐嚇取財罪的行為人處於「弱支配」的地位，因為被害人保有「相對」多一點的自決空間，多少影響了犯罪的發展。應

最高法院始終無法合理解釋的是，為何作為「所有權犯罪之強盜罪」的不法構成要件一旦不成立，就會直接導向於成立「整體財產犯罪之恐嚇取財罪」。如此一來，基於至使不能抗拒的實現與否，而任意變換適用強盜罪或恐嚇取財罪，形同捨棄了客觀不法要件之於形塑與確認行為之不法內涵的功能。

換句話說，任意變換適用其實是忽略了「至使不能抗拒」這項要件與「強盜為透過強暴或脅迫實現或促進竊取」之間的評價關聯。如前所述，不同於竊盜罪的竊取，強盜罪的行為人實施強暴、脅迫等強制手段乃是為了達到「未經被害人同意」的效果，而得以取走他人之物。所以，我們在這裡也可以說，至使不能抗拒其實就是「未經被害人同意」的另一種表述方法而已，此與恐嚇取財的恐嚇要件並無任何關聯。

總而言之，不論是未實現取他人之物，或是物之交付為被害人基於自由意志所為，只要行為人已經著手實施強制行為，表示強盜罪已經進入未遂的階段，即使該強制行為未達至使不能抗拒的效果，充其量只能論為強盜未遂[60]，沒有理由任意轉換成恐嚇取財[61]，否則已經達到不能抗拒者，論為強盜罪，至於未達不能抗拒者，則是改論為恐嚇取財。換句話說，強盜行為只是因為被害人能夠抗拒，隨即轉成恐嚇取財。如此一來，不但是忽略強盜行為與恐嚇取財於財產犯罪體系上的差異，同時也混淆了兩者犯罪之不法行為的類型區分，特別是「脅迫」與「恐嚇」[62]。

注意的是，立法者承認這種弱支配亦屬犯罪支配的概念，所以不表示恐嚇取財罪的行為人沒有犯罪支配。最典型的例子是詐欺罪，被害人基於處分意識（個人自決）而將財產交付予施用詐術之人。進一步說明，詳見本章之「參、與其他犯罪的區辨」。

[60] 陳子平，刑法各論（上），2015年2版，頁478。

[61] 柯耀程，弔詭的至使不能抗拒要件，月旦法學雜誌，90期，頁320。

[62] 柯耀程，強盜與恐嚇取財之區分，月旦法學雜誌，58期，頁177–180。

2.判斷標準

關於至使不能抗拒的判斷，部分最高法院的見解認為，「強盜罪之強暴脅迫，以所施用威嚇之程度，客觀上足以壓抑被害人之意思，至使不能抗拒為已足。至施用之威嚇手段，客觀上是否足以壓制被害人之意思自由，應依一般人在同一情況下，其意思自由是否因此受壓制為斷，不以被害人之主觀意思為準。」⑥⑤ 或是依最高法院提出的評價方法，例如「強盜罪之所謂不能抗拒，係指行為人所為之強暴、脅迫等不法行為，就當時之具體事實，予以客觀之判斷，足使被害人之身體上或精神上達不能或顯難抗拒之程度而言。」⑥④

綜上，我們可粗略歸納出兩項重點：

⑴這些見解均是強調「足使」的效果，又所謂的「足使」在語意上帶有某種傾向，或是朝特定方向發展的意涵，而非真正處於特定且確定之狀態。若是將此種理解應用在強暴、脅迫的解釋，似乎即可以推導出「只要行為人實施的強制行為具有壓制意思形成或活動的可能性，即為已足。」至於這裡的可能性要求應達到抽象危險或具體危險的程度，則無法從上述見解推知。此外，亦可想像的是，基於這樣的不確定性，至使不能抗拒於具體個案的評價勢必會顯得相當浮動。

⑵排除被害人之主觀意思，轉而採取純粹客觀化的評價方法，例如一般人標準、具體事實等。實務見解採取這樣的解釋策略，或許是為了配合「足使」這項標準。也就是說，只要捨棄被害人面向的主觀因素，便可合理化任何有關「足使」不能或顯難抗拒的可能性認定。然而，強盜罪本質上為行為人與被害人處於對立狀態的犯罪，被害人必須直接面對行為人的強制行為。

---

⑥⑤ 最高法院 87 年台上第 3705 號判決。

⑥④ 例如最高法院 91 年台上第 290 號判決；最高法院 100 年台上字第 1103 號判決；最高法院 100 年台上字第 5508 號判決。

因此，行為人與被害人兩者於意思對抗上呈現消長的趨勢。考慮到這樣的對立關係，不只行為人的強制行為如何影響被害人，還有被害人對其所施加的強制行為如何反應等，對於形成強盜行為的不法內涵均有一定的重要性。

此外，另有學說見解改從「脅迫」（刑328）與「恐嚇」（刑346）的區分出發，認為強盜罪的強制手段具有嚴重侵害個人之生命、身體、健康法益的高度可能性，行為人對於相對人傳達的惡害通知，是一個涉及到相對人或與相對人具有密切關係之第三人生命，身體可能會立即受到侵害的意思通知。若該危害沒有及時實現的可能，應當論以恐嚇取財罪❻。

相較之下，此一學說見解確實提出一套更為明確的標準，於具體個案或可形成較為穩定的評價結果。不過，這樣的標準畢竟還是立於「不同犯罪之不法構成要件的比較」，卻不是聚焦在強盜罪的犯罪本質。如果我們想要更確切地掌握至使不能抗拒的意義，即有必要回歸強盜罪之不法構成要件的設定原理，亦即「強盜罪乃是行為人透過強制手段實現竊取。」詳言之，行為人實施暴力或威脅等手段可否論為強暴或脅迫的「行為」，不只應考量這些行動模式對於他人之自由法益的侵害風險，還要斟酌此種風險的製造及實現之於實現竊取的客觀可歸責性（目的關聯）。所以，從犯罪評價的邏輯來看，(1)應先行確認暴力、脅迫等手段是否在客觀上具有強制行為的品質（不法行為），(2)緊接著判斷意思自由遭到剝奪是否為至使不能抗拒（不法結果），而行為人正是利用此等不法結果的狀態進一步實現竊取。對此，我們也可以說，至使不能抗拒其實指的就是「未經被害人同意」。既然至使不能抗拒與被害人是否同意在解釋上具有一定程度的意義關聯，那麼我們仍有必要考慮到被害人的主觀意思究竟為何。

---

❻ 張天一，強盜罪中至使不能抗拒要件之判斷標準，台灣法學雜誌，240期，2014年1月，頁175。

三、取他人之物或使其交付

㈠「自損」與「他損」的區分

圖 5-5　他損與自損

「取他人之物」是指破壞他人對物的持有，並且建立自己對該物的新持有，屬於「他損」故無疑問。至於本罪規定的「使其交付」，嚴格來說，並非典型的竊取行為，因為被害人主動將財物交付給行為人，無法對應至竊取的破壞持有 ⑥⑥，在概念上似乎比較傾向於自損的行為模式。即便如此，被害人為此種自損之行為乃是出自於意思自由受到完全壓制，因而帶有強盜罪典型的不法特徵。也就是說，不像傳統的自損犯罪，例如詐欺與恐嚇取財罪，被害人對於是否交付財產保有一定的思慮空間。如果考慮到強盜罪為被害人之意思自由受完全壓制的竊取，那麼我們也可以將使其交付理解為所謂的「容任竊取」(Duldung der Wegnahme)，例如甲欲奪取乙的汽車。甲以手槍威脅乙

---

⑥⑥　此種行為模式比較接近（卻不必然等同！）德國刑法第 255 條的「強盜式恐嚇取財」(räubrische Erpressung)。儘管與恐嚇取財罪（我國刑法第 346 條）一樣，犯罪過程中均有涉入被害人自己的行為（交付），不過，強盜式恐嚇取財與恐嚇取財在「恐嚇手段的程度與對象」仍有所不同，特別是強盜式恐嚇取財的恐嚇行為限於「對他人之生命或身體」為之。另外，從現象面的角度觀察，「使其交付」類似於間接正犯的參與模式，但解釋上不宜將此一要件理解為間接正犯的表現形式。理由在於，⑴間接正犯乃是「正犯性的不法歸責」，強盜罪則是「違反行為規範下的法益侵害模式」，這兩者的規範意義與功能均不相同。⑵不論是解釋論或立法論均會產生制度運作上的混淆，也就是以強制手段利用他人作為犯罪工具而實現任何一種犯罪者，均有必要如同強盜罪的設計提高行為的不法內涵與處罰程度。

讓其上車，並且要求乙將車開往指定地點。待車子開到指定地點後，甲隨即要求乙下車離開。

㈡竊取之「既遂」與「終了」

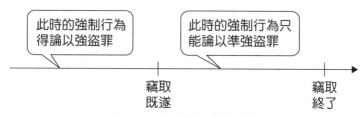

此時的強制行為
得論以強盜罪

此時的強制行為只
能論以準強盜罪

竊取
既遂

竊取
終了

圖 5-6 強盜罪與準強盜罪

強盜罪之強暴、脅迫為實現或促進竊取的手段，又此等強制行為與竊取之間在時序上具有一定的先後實施關係。也就是說，強暴或脅迫必須於竊取之前，或者至少伴隨著竊取行為而實施，例如為了建立新的持有關係而為之。於竊取後始著手實施的強暴或脅迫，不成立強盜罪，反而是刑法第 329 條準強盜罪 ❻❼。我們在這裡可以意識到強盜罪與準強盜罪之間的適用差異，而此差異取決於實施強制行為的時點。詳言之，與此相關的可能切入點為：「竊盜既遂前」與「竊盜既遂後且終了前」 ❻❽。

針對第一種情形，行為人實施強制行為仍有機會影響竊取的實現，因而得論為強盜罪，例如甲著手實施竊取時（竊盜未遂），即遭所有人乙發現，甲進而對乙施以強暴，藉此順利取走財物。相較之下，行為人於第二種情形已無可能影響竊取的實現，無法論為「強制行為以實現或促進竊取」。此一行為充其量帶有確保持有的效果，應成立刑法第 329 條準強盜罪。

伍、主觀不法構成要件

行為人必須於主觀上具有強盜故意，亦即對強制與竊取等行為均有所認

---

❻❼ 詳見準強盜罪章的說明。

❻❽ Mitsch, BT 2, 3. Aufl., 2015, S.510.

識，以及對竊取結果有所意欲。這裡的故意包含直接故意與間接故意。除了故意之外，本罪額外要求行為人於行為時（包括強制與竊取）具有為自己或第三人之不法所有的意圖。

就犯罪的評價順序來說，故意之檢驗先於不所有意圖，若確認行為人不具故意時，則無需進一步檢驗意圖要素。

陸、既未遂之問題

 一、強盜未遂的起點

強盜罪為典型的複數行為犯。強暴或脅迫等強制手段與竊取之間具有一定的目的關聯，而且強制行為必須於竊取前實施。原則上，強盜未遂的起始點為著手實施強暴或脅迫等強制行為，而非著手實施竊取的階段[69]。

然而，若是考慮到強盜罪具有複數行為的特徵，以及強制行為與竊取均屬構成要件行為，形式上似乎沒有理由排除「著手竊取」作為未遂起點。不過，這樣的理解過度偏向於未遂犯的一般性原則，亦即已著手於犯罪行為之實行（刑 25 參照），忽略強盜罪之雙行為設計所具備的特殊意義。也就是說，關於著手竊取得否視為強盜罪的未遂起點，仍有必要考慮到強暴、脅迫與竊取之間的目的關聯要求[70]。就此，可想像的情形為，行為人著手竊取他人之物，卻未建立新持有，而其藉由強制手段實現對該物之完全的持有移轉。舉例來說，甲計畫行搶乙經營的銀樓。甲走進店內，非常快速地將擺放於桌上的金飾取走，緊接著舉起右手的球棒朝乙攻擊。乙閃過攻擊，並將金飾奪回。甲見計畫失敗，從門口逃出。雖然甲已經破壞乙對金飾的持有，卻仍未建立起新的持有，此屬「竊盜未遂」的階段。又因為甲想要以強暴手段實現竊取

---

[69] 最高法院 23 年非字第 85 號判例。

[70] Heinrich, in: A/W/H/H-BT, 3. Aufl., 2015, §17 Rn.13.

（亦即完全的持有移轉），最終卻未能對該金飾建立新的持有關係，所以僅成立強盜未遂罪。

、「袋地理論」於強盜既遂的應用

【實例】家電賣場的老闆乙提著一臺全新的液晶電視前往門口，準備交付給顧客丙。甲持槍威脅乙將手上的電視交出。若乙不從的話，甲就要開槍射擊。乙受嚴重驚嚇而不敢妄動，甲趁此機會取走該臺電視，並從大門快速離開。

關於商店之小型商品竊盜的既未遂評價，多數之學說見解採取所謂的「袋地理論」，只要行為人將他人持有的小型物件放入自己的隱私領域，例如背包或外套等，使得原持有人無法直接拿取，那麼即可論為成立竊盜既遂。也就是說，行為人藉由創造空間上的緊密領域（袋地），以此造成持有移轉的結果❼。我們將這樣的思考導入本案例，並且從「創造持有袋地」的觀點切入，那麼行為人甲透過強制手段取走乙的電視，是否亦可論為在乙的權力領域內（商店）為自己創造一個新的持有袋地。

詳言之，對應至袋地理論的應用，這裡的評價關鍵應在於「行為人對他人之物是否取得新的支配關係，而成為新的持有人。」❼❷單就袋地理論來說，行為人成立竊取既遂的理由在於，行為人與特定物之間形成緊密的空間關係，而這種關係在高度人格性的隱私意義上，足以排除被害人（原持有人）對該物於事實上的支配。如果我們將竊盜罪之「建立持有」的重點聚焦在，⑴行為人得以在不受被害人妨礙的情形下支配特定物，以及⑵被害人重新取得對該物的支配必須先行排除行為人對該物的持有，那麼換作在強盜罪的情形，

---

❼ 僅參閱蔡聖偉，偷「機」不著，月旦法學雜誌，181 期，頁 280。

❼❷ 問題意識，已見 Hütwohl, ZIS 2009, S.131.

被害人的生理或心理狀態因行為人的強制手段而受到特別的不利益，例如生命、身體之侵害或危險，進而不敢妄動取回自己持有之物；另一方面，行為人形同完全排除被害人現實上支配特定物的可能性❼❸。綜此，在乙的商店內，甲藉由脅迫手段對乙所有的電視機創造新的持有袋地，應論成立強盜既遂。

柒、加重強盜罪

依刑法第 330 條準用刑法第 321 條加重竊盜罪之規定，強盜行為亦有成立加重強盜罪之可能。關於各款加重構成要件的解釋，已於「加重竊盜罪」一章中說明，這裡不再贅述，僅就較有爭議的問題提出分析。

【實例 1】甲將乙毆倒，藉此強取乙的腳踏車。因為乙昏倒在地，不可能供出車鎖的密碼。甲背包內剛好有一把鐵鎚，因此使用該鐵鎚將車鎖敲毀。甲順利騎走腳踏車。

【實例 2】甲使用隨身攜帶的鐵鎚將乙毆倒，藉此強取乙的腳踏車。

這些案例中均涉及甲攜帶鐵鎚是否構成「攜帶兇器」（刑 330 準用刑 321 I ③）。首先，關於攜帶兇器犯竊盜予以加重的理由，主要是考慮到兇器本身對於被害人之生命、身體、健康具有潛在的危險性。換句話說，行為人一方面藉由竊取手段侵害他人對特定物的所有權法益；另一方面，藉由攜帶兇器對他人的生命身體健康法益造成一定的危險。於此，考慮到複數法益的侵害及危險，立法者認為攜帶兇器竊盜的不法內涵比普通竊盜還高，所以有加重處罰之必要。延續這樣的複數法益思考，既然攜帶兇器的危險性是針對個人之生命或身體法益，而在強盜罪的複數行為模式中涉及此種法益之侵害或危險者，即屬強暴、脅迫等強制行為，那麼在構成要件解釋上，加重強盜罪的攜帶兇器即有必要針對此一強制階段，而非後續的竊取。簡單地說，行為人

---

❼❸ Hütwohl, ZIS 2009, S.134.

使用工具是以實施強制手段為預設目的，始可論為兇器，倘若只是為了更有效地實現竊取，則不屬於本款所規定的加重事由。據此，就實例 1 而言，甲使用鐵槌是為了實現竊取，而非對被害人施以強暴或脅迫，因此不構成攜帶兇器而犯強盜；相對於此，實例 2 的甲使用鐵槌為強暴行為，則屬典型的攜帶兇器。

捌、強盜之加重結果犯

除了「加重構成要件」（刑 326, 321）[74] 之外，立法者於強盜罪訂有其他種類的刑罰加重類型，例如刑法第 328 條第 3 項的「強盜加重結果犯」。一般來說，所謂的加重結果犯是指，行為人故意實現「基礎犯罪的不法構成要件」時，額外地實現了其他的構成要件結果，亦即所謂的「加重結果」。又這項額外的客觀不法要素同時為主觀之故意或過失的對應內容，前者稱之為「故意－故意之結合類型」，後者則是稱為「故意－過失之結合類型」。依刑法第 17 條規定，因犯罪致發生一定之結果，而有加重其刑之規定者，如行為人不能預見其發生時，不適用之。專就「不能預見其發生時」這項要件來說，現行法僅承認「故意－過失」的加重結果類型[75]，至於「故意－故意之結合類型」則是「類似」於刑法第 332 條第 1 項之強盜殺人罪，學理上稱此為「強盜結合罪」[76]。應注意的是，此種結合性質的犯罪主要涉及財產、自由、生命等法益的侵害，例如行為人利用殺害被害人之手段以實現竊取，或是強盜後將被害人殺害等。不管是何種形式，行為人必須於「實施強盜行為（強制或竊取）時」，主觀故意已經具體對應到殺人罪之犯罪事實。若是直到強盜既遂之後，行為人才具有殺人故意，則非屬本罪典型的結合類型，反而應論各別成

---

[74] 各項加重構成要件的解釋，請參考「加重竊盜罪章」的說明。

[75] 基礎說明，可參考王皇玉，刑法總則，2017 年 3 版，頁 159 以下。

[76] 甘添貴，刑法各論（上），2013 年 3 版，頁 275。

立強盜罪（刑 328 I）與殺人罪（刑 271 I）。就此，有學說見解認為殺人故意最遲於強盜終了前存在，即為已足，恐怕就有再商榷餘地❼❼。

回到強盜之加重結果犯的評價。首先，成立加重結果犯的前提是作為連結基礎的「基礎犯罪」，而此犯罪乃是「故意、違法且有責的」❼❽。在強盜的情形，行為人乃是客觀上透過強制手段以實現竊取他人動產，而且主觀上具有故意與不法所有意圖。又依刑法第 17 條規定「因犯罪致發生一定結果」，強盜行為與死亡或重傷結果之間必須具備（條件式的）因果關係❼❾。除了因果性的要求，故意的基礎犯罪與過失的加重結果之間亦須具有規範上的「客觀可歸責性」。換句話說，如果只有要求強盜行為與加重結果的因果性，勢必無法合理說明加重結果犯的重刑設計❽⓿，加重結果犯特殊的不法內涵因而有必要強調在「強盜行為帶有引起死亡或重傷的危險性」。一般學理上將此稱為「構成要件典型的」、「加重特殊性的」、「直接的」危險關聯❽❶。

附帶一提的是，關於加重結果的客觀歸責流程，應先從一般性的歸責問題出發，例如重大因果偏異，緊接著再進行危險關聯的評價。

> 【實例】甲將乙拘禁於 A 屋內，藉此取走他身上的現金五萬元。甲離開現場後，隔壁 B 屋突然瓦斯氣爆，連帶將 A 屋燒燬。乙死於該場火災。

本例的甲乃是違法且有責地實現強盜罪（刑 328 I）。若無甲先前將乙拘禁於屋內的強暴與取財行為，則乙就不會葬身火窟。換句話說，甲所實施的

---

❼❼　甘添貴，刑法各論（上），2013 年 3 版，頁 278。

❼❽　就犯罪評價的「經濟性」而言，若在具體個案中，基礎犯罪具有阻卻違法或罪責事由，即可先單獨檢驗是否成立該基礎犯罪，而無需在構成要件該當性的階層額外處理加重結果的問題。

❼❾　這裡是指「條件等價的因果關係」(conditio-sine-qua-non-Formel)。

❽⓿　Rengier, JuS 1993, S.460.

❽❶　僅參閱 Hinderer/Kneba, JuS 2010, S.591.

強盜為乙死亡結果之不可想像不存在的條件，該強盜行為與死亡結果之間因此具有因果關係。但有疑問的是，乙的死亡在規範上是否客觀可歸責於甲。對甲來說，B屋突然發生氣爆且導致乙所在的A屋發生火災，已經超越日常生活的經驗範疇，不屬於客觀上可得預見。也就是說，依照一般的日常生活經驗，發生突發性的氣爆與火災在現實上並無所謂的「極大可能」(wahrscheinlich)[82]，所以遭拘禁的乙被火燒死應論為「重大的因果偏異」。基此，乙的死亡結果為客觀上不可歸責於甲，甲不成立強盜之加重結果犯（刑328 III, 17）。

> 【實例】甲在某大樓五樓的屋內持棍棒追打乙，強取乙的財物。乙基於義憤而想要在該陽臺逮住甲，因此計畫從隔壁廁所的窗戶爬到陽臺。乙準備跨過陽臺時，不慎墜樓身亡。

乙的死亡結果應客觀不可歸責於甲的基礎犯罪（強盜）。為了逮捕甲而從五樓的廁所窗戶爬到陽臺，自始就是一種手段與目的顯不相當而欠缺理性的冒險行為[83]。於此，乙的行為在規範上已經越過客觀可歸責的界線，亦即不再是「行為人對結果發生的可支配範疇」，因而不得將該死亡結果算到甲的頭上。

> 【實例】甲持棍棒追打乙，藉此取走乙的財物。乙擔心受到棍擊，因而將財物交出。乙不甘心讓甲得逞，便立刻回頭追趕，欲討回該筆財物。追趕中，乙不小心失足跌落排水溝，頭部受嚴重撞擊而死亡。

依據「行為決定論」(Handlungslösung)，過失的加重結果不必然經由故意之基礎犯罪的結果所引起，而是亦可由基礎犯罪的構成要件行為予以實現。

---

[82] 見 Hinderer/Kneba, JuS 2010, S.592.

[83] 見 Hinderer/Kneba, JuS 2010, S.593.

舉例來說，甲持刀欲傷害乙，乙為了閃避甲的揮刀攻擊，不慎跌落路旁排水溝。乙因頭部受嚴重撞擊而死亡。雖然甲只有著手實施傷害行為，未發生傷害結果，仍然成立傷害致死罪（刑 277 II, 17）。

相較之下，本書則是採取所謂的「致命性理論」（或稱結果決定論）[84]。此說認為故意之基礎犯罪的結果與加重結果之間具有的「直接關聯性」是指「引起加重結果的原因必須是基礎犯罪的結果」。更精確地說，因為基礎犯罪之不法結果本身所具備的「病理性」或「心理性」效果，進一步導致了加重結果，否則無法合理說明加重結果結果犯為何具有相當高的不法內涵。例如甲持刀砍傷乙，乙因傷口發炎引發併發症而死亡（病理性），或是甲將患有幽閉恐懼症的乙囚禁在狹小的密閉空間，乙因過度焦慮而自殺（心理性）。依此理論，本例乙的死亡結果在客觀上不可歸責於甲，甲無須承擔加重結果之責，因為乙乃是擔心受到甲的棍擊，不小心失足跌落水溝，頭部因此受到撞擊，並且由此進一步導致死亡結果。換句話說，乙發生死亡之結果並非直接源自於基本犯罪的（傷害）結果而來，這兩者之間欠缺客觀可歸責的直接關聯要求。

【實例】甲持棍棒追打乙，搶走乙身上的心臟病藥。乙被搶當下，心臟病突然發作。因救命藥物被甲取走，乙死於該病症。

本例中乙的死亡結果源自於甲的竊取，而非強制手段。這裡有疑問的是，強盜的加重結果是否必須由強制手段所引發，或是亦可由竊取進一步引起。對此，有論者認為[85]，依刑法第 328 條第 3 項的文義「犯強盜罪因而致人於死或重傷」，立法者明確表達死亡或重傷之加重結果乃是由「強盜」所引起，

---

[84]　參閱 Küpper, Unmittelbarkeit und Letalität, in: FS für Hans Joachim Hirsch, 1999, S.615ff.

[85]　Wessels/Hillenkamp, BT 2, 39. Aufl., 2016, Rn.355.

又強盜的組成要素為強制與竊取等複數行為，因此，不論是強制手段或是竊取，均可以是加重結果的連結基礎。就本例來說，甲取走乙的救命藥物，成立刑法第 328 條第 3 項之加重結果犯。

然而，本書則是認為，強盜罪的加重結果僅限於由「強制結果」所引起[86]。理由在於，(1)若是在竊盜罪的情形，未經他人同意取走救命藥物，應是成立刑法第 320 條第 1 項竊盜罪與刑法第 276 條過失致死罪。換句話說，立法者並未肯認竊取行為與他人之死亡或重傷具有特殊的危險關聯，所以沒有額外增訂竊盜之加重結果犯。既然「竊取」在立法上的價值決定與規範上的安排均無竊盜之加重結果的可能，似乎也就沒有理由肯認「犯強盜罪所實施的竊取」作為加重結果的連結基礎；(2)或許，我們可以從強盜罪具有完全獨立的不法內涵，進而推導出強盜之加重結果的解釋無需考慮到竊盜罪章如何規定[87]。然而，這樣的思考恐怕忽略了強盜罪具有獨立且更高的不法內涵，不只是行為人藉由強制行為額外侵害了他人之自由法益，同時也是因為這種法益侵害條件使得強盜罪不同於竊盜罪，行為人與被害人必須處於對立的狀態，又此種對立狀態才是強盜罪帶有潛在的侵害他人生命、身體危險的真正關鍵。

【實例】甲持槍行搶 A 銀行。甲取得財物後，立即騎車逃逸，而警察緊追在後。在某路口處，甲開槍朝警察射擊，卻不小心誤中路人乙。

甲持槍誤擊乙的時點為強盜之「既遂後終了前」。有疑問的是，在這個時間點，甲是否仍有可能成立強盜之加重結果犯（刑 328, 17）。對此，有論者認為[88]，只要在「強盜終了前」(unbeendet) 仍可成立強盜之加重結果犯；另

---

[86] 見 Rengier, BT I, 11. Aufl., 2010, §9 Rn.4.

[87] Heghmanns, Strafrecht für alle Semester BT, 2009, Rn.1508.

[88] Schroth, NStZ 1999, S.554–555.

有見解則是認為 ❽ ，強盜之加重結果犯的成立限於 「**強盜既遂前**」 （nicht vollendet）。嚴格來說，既遂前說與終了前說均有待商榷。若是採納本書所支持的「**致命性理論**」（即結果決定論），那麼加重結果犯的成立前提必須是基礎犯罪的不法結果已經實現，並且進一步由這個結果引發加重結果。換句話說，基礎犯罪的結果與加重結果之間必須具備「病理性」或「心理性」的歸責關聯，又考慮到強盜罪為特殊的複數行為犯，以及加重結果應源自於由強暴或脅迫所造成之強制結果，例如(1)甲將乙毆打致傷，乙因傷口發生併發症而死亡；或(2)甲將乙長期拘禁。乙因長時間受困於窄小空間而產生心理素質的變異，進而採取自殺手段自我了結。據此，本例的甲成立強盜之加重結果犯的條件至少應為強制手段達到「強制既遂」的程度。既然路人乙的死亡結果非由甲搶銀行時的強制行為所引發，那麼甲也就無法成立強盜之加重結果犯。

---

❽ Rengier, NStZ 1992, S.590–591.

讀後測驗

1. 刑法第 328 條強盜罪的保護法益為「複數法益」，具體內容及保護的結構順序為何？

2. 強盜罪屬於「所有權犯罪」與「他損犯罪」，而作為所有權犯罪及他損犯罪原型的竊盜罪於解釋強盜罪之不法構成要件的意義關聯為何？

3. 強盜罪的不法構成要件行為分別為「強暴、脅迫等」與「取他人之物」。這兩者實施的時序關係為何？

4. 強盜罪的強暴可區分為哪些下位類型，以及是否僅限於對人的生命、身體、健康為之，或是亦包括對物的強暴？

5. 「至使不能抗拒」應當屬於定性「強制行為」，或是「強制結果」的依據？

6. 強盜罪與恐嚇取財罪是否或如何以「至使不能抗拒」作為區分標準？

7. 何謂「強暴、脅迫」與「取他人之物」必須具備目的關聯，又此屬於客觀不法構成要件或主觀不法構成要件？

8. 何謂不作為強盜，以及刑法第 325 條在解釋上是否有成立「不作為強盜」的空間？

9. 所謂的「容任竊取」是否亦屬於構成「取他人之物」？

10. 袋地理論之於評價強盜既未遂的意義為何？

11. 若行為人為了更有效地實現竊取而攜帶兇器，是否構成加重強盜罪的攜帶兇器？

12. 關於加重結果犯的過失結果與基礎犯罪之間的客觀歸責，學說上有行為決定論與結果決定論。試問此等理論於評價強盜罪之加重結果的具體應用？

第六章

準強盜罪

刑法第 329 條

竊盜或搶奪，因防護贓物、脫免逮捕或湮滅罪證，而當場施以強暴脅迫者，以強盜論。

壹、保護法益

依刑法第 329 條規定，本罪之處罰「以強盜論」。準強盜罪同樣被劃歸在財產犯罪的範疇，而且為類似強盜罪的犯罪。從強盜罪的類似性來看，本罪行為的不法內涵同於強盜罪❶，而不法行為所攻擊的法益對象照理說應當分別為「所有權法益」與「自由法益」（意思的形成及活動自由）❷。不過，準強盜罪看起來卻不是典型的所有權犯罪，因為被害人對特定物於事實上的支配利益早在竊盜或搶奪階段遭到剝奪，所以在整個的犯罪歷程中，真正受有侵害的法益似乎僅剩自由法益而已。然而，這樣的法益定位卻是無法契合本罪被劃歸在財產犯罪的規範意義。也就是說，倘若我們堅持準強盜罪的保護對象為所有權法益，那麼行為不法的內涵就應該導向於，行為人藉由強暴、脅迫等違反意思自由的手段「確保物之持有移轉狀態」，又基於此種狀態的確保使得所有權法益之侵害更加穩固。

---

❶ 或稱為 「等價的不法」 (Äquivalentes Unrecht) ，用語見 Günther, in: SK-StGB, 5. Aufl., 1998, §252 Rn.2.

❷ 僅參閱 Günther, in: SK-StGB, 5. Aufl., 1998, §252 Rn.2；甘添貴，刑法各論（上），頁 265 認為本罪之保護法益為「持有利益」與「人身自由法益」。此說乃是建立在竊盜罪、搶奪罪，以及強盜罪的保護法益為持有利益。因為本書否認持有利益作為竊盜罪的保護法益，所以同為所有權犯罪的搶奪罪、強盜罪，乃至於這裡的準強盜罪均不在於保護持有。

再者，從法條的文字結構來看，雖然立法者將防護贓物納為主觀意圖的要素之一，似乎有意將持有狀態的確保鎖定在主觀不法的範疇❸。即便如此，還是無法否認持有移轉之確保在本罪兼具客觀的法益侵害與主觀目的的非難等雙重意義。

綜此，當大法官釋字第 630 號解釋將本罪的保護法益確定在「身體自由、人身安全及財產權等」時，已經明顯逾越「以強盜論」所劃定的法益保護界線，而誤將所謂的人身安全納入準強盜罪的保護範疇。也就是說，雖然強暴、脅迫等行為往往伴隨著生命、身體、健康的侵害或危險，卻不是本罪典型的利益干預現象，例如將被害人綑綁不必然發生生命、身體、健康的侵害或危險。換句話說，人身安全的保護頂多為處罰準強盜行為所伴隨而生的反射性利益，實際上不是建構本罪不法的基礎。

不同於前述的準強盜罪（基礎犯罪），在加重結果犯（刑 329 準用 328 III）與加重構成要件（刑 329 準用 330）的情形，明確額外保護了生命、身體、健康等法益。

貳、法條體系概覽

雖然本罪條文僅有一條，不過從「以強盜論」的規定來看，仍然存在一套專屬準強盜罪的規範體系。詳言之，刑法第 329 條為基本構成要件的設計，刑法第 329 條準用第 330 條則是加重構成要件，以及刑法第 329 條準用第 328 條第 3 項為準強盜致死及致重傷罪之加重結果犯。另外，刑法第 329 條準用第 332 條為準強盜殺人罪、準強盜放火罪等結合犯。

---

❸ 現行法所規定的主觀意圖尚有「脫免逮捕」與「湮滅罪證」兩者，但是這兩項要件與財產侵害之間似乎沒有明顯的意義關聯，因此其正當性於立法論上不無討論空間。既便如此，既然已經存在於現行規定中，如何理解此等意圖要素與前行為（竊盜或搶奪）之間於犯罪結構上的規範意義，容待後續說明。

參、與其他犯罪的關係與比較

 、竊盜罪

刑法第 329 條準強盜罪以犯竊盜罪或搶奪罪為前提，而此種構成要件設定類似於刑法第 321 條的規範結構，亦即「犯竊盜罪而有下列情形之一者」。雖然本罪類似於強盜罪，但仍具有獨立的不法內涵，所以並不是作為一種竊盜罪的加重構成要件設計❹。另外，從不同犯罪之間的時序觀察，竊盜罪為成立準強盜罪的「前行為」，而準強盜罪亦可理解為一種「後行犯」。考慮到此種規範結構上的特徵，使得準強盜罪具有類似贓物罪處罰庇護犯罪的意義。只不過不同於贓物罪庇護他人犯罪，準強盜罪乃是針對行為人庇護自己的財產犯罪而加以非難❺。

 、強盜罪

如前所述，準強盜罪為類似強盜罪之罪。不只是處罰同於強盜罪的程度，準強盜罪的客觀不法構成要件同樣也包含了「竊取」與「強制」兩者。這兩項不法構成要件的實施與強盜罪的順序剛好顛倒。詳言之，準強盜罪與強盜罪均屬定式犯罪，一方面在強盜罪的情形，行為人實施強暴、脅迫等強制手段，是為了實現後續的竊取行為（透過強制手段實現或促進竊取）；另一方面，就準強盜罪來說，行為人緊接著竊盜而實施強制手段，則是為了確保先前的竊取結果（持有移轉）❻。又強盜罪的結果不法為典型的所有權侵害，準強盜罪則是帶有特殊的自我庇護特徵，其結果不法則是所有權侵害狀態的維持。

---

❹ Mitsch, BT 2, 3. Aufl., 2015, S.549.

❺ Günther, in: SK-StGB, 5. Aufl., 1998, §252 Rn.2.

❻ 詳見下述「犯竊盜或搶奪」的說明。

肆、客觀不法構成要件

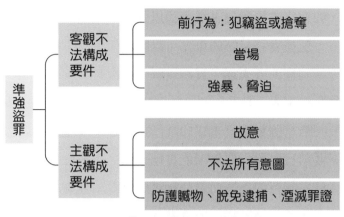

圖 6-1　準強盜罪的不法構成要件

　　本罪之客觀不法構成要件分別為「犯竊盜或搶奪」、「當場施以強暴、脅迫」。

、前行為：犯竊盜或搶奪

㈠竊盜或搶奪之既未遂

1.實務見解

　　成立準強盜罪的前提為犯竊盜或搶奪等「前行為」。有爭議的是，竊盜或搶奪是否須達既遂之程度。此一問題涉及準強盜的既未遂評價，例如竊盜或搶奪只有未遂之時，是否應論行為人成立準強盜未遂罪。對此，依最高法院68 年台上字第 2772 號判例：「刑法準強盜罪，係以竊盜或搶奪為前提，在脫免逮捕之情形，其竊盜或搶奪既遂者，即以強盜既遂論；如竊盜或搶奪為未遂，即以強盜未遂論。但竊盜或搶奪不成立時，雖有脫免逮捕而當場施以強暴脅迫之情形，除可能成立他罪外，不能以準強盜論」；或如最高法院 99 年

台上字第 7502 號判決：「刑法第 329 條之準強盜罪，係以竊盜或搶奪為前提，在被告因脫免逮捕而當場施以強暴脅迫之情形，其竊盜或搶奪既遂者，即以強盜既遂論，如竊盜或搶奪為未遂，即以強盜未遂論。」

總體而言，前述實務見解的重點可以歸納如下：(1)關於強暴或脅迫的既未遂是否影響準強盜的既未遂，實務見解一直沒有明確表態。不論是從判例或判決的前後脈絡來看，似乎是傾向於否定的見解；(2)前行為（竊盜或搶奪）的既未遂作為判斷準強盜之既未遂的唯一標準❼；(3)至於在竊盜或搶奪不成立的情形，只要前行為此一要件未能實現，理應不成立準強盜罪，而無特別爭議之處；(4)依主觀目的不同而區分是否成立既未遂❽，例如在脫免逮捕與湮滅罪證的情形，前行為既遂即成立準強盜既遂；未遂者則是成立準強盜未遂。相對地，基於防護贓物之目的，則無成立準強盜未遂的機會，因為只要行為人現實上沒有取得他人之物（竊盜或搶奪未遂），主觀上也就沒有形成防護贓物意思之可能。

2.學說見解

部分的學說見解認為，「財產犯罪的既遂是指行為人對於他人的財產加以支配，如果尚未支配，則屬未遂。準強盜之所以被立法者擬制為強盜，是因為竊盜或搶奪的行為人接續使用了強暴脅迫的手段。這個手段的運用，應該無關準強盜的既遂或未遂的判斷。」❾基本上，此一結論與前述之實務見解並無顯著的差異，同樣強調強暴、脅迫等強制手段的運用不影響準強盜的既未遂評價，而真正的關鍵在於竊盜或搶奪是否既遂或未遂。然而，這樣的連動觀點恐怕在個案無法有效區分強盜罪與準強盜罪，例如行為人先是著手竊

---

❼ 許恒達，準強盜罪的犯行結構與既遂標準，台灣法學雜誌，204 期，2012 年 7 月，頁 160–161 有詳細的分析。

❽ 此為前述最高法院 68 年台上字第 2772 號判例之反面解釋所推得的結論。

❾ 林東茂，刑法綜覽，2015 年 7 版，頁 2–143。

取，緊接著實施強暴行為，並且利用此一強暴行為，順利取得欲竊取之物。

但也有學說同於實務見解，採取了所謂的「區分觀點」❿。如前所述，在防護贓物而實施強制的情形，因為竊盜或搶奪既遂才會有贓物的存在，所以前行為必須達到既遂程度；至於在脫免逮捕或湮滅證據的情形，前行為不論是既遂或未遂，均可成立本罪的既遂犯。這樣的說法同樣存有疑慮。現實上要先有贓物的存在，行為人在主觀上才有可能形成防護贓物的意思，但也可以反面推論出，沒有贓物也就沒有形成防護贓物意思之可能。嚴格來說，這樣的邏輯恐怕無法合理說明以下情形：「行為人誤以為自己之物為他人之物而竊取之。為了避免自己取得之物遭他人追回，而施以強制手段。」換句話說，這裡正是現實上沒有贓物，卻有形成防護贓物之意思，又因為前行為僅為竊盜未遂，理應成立準強盜未遂。單就這點來說，區分觀點要求在防護贓物的情形必須是前行為已經既遂，顯然在說理上有所違誤。

此外，意圖防護贓物為溢出的主觀要素，而此種主觀要件於行為時無需具體對應到客觀的不法事實。所以，我們難以理解的是，關於行為人具有防護贓物意思的前提，為何必須是客觀上的竊盜或搶奪已經既遂。換句話說，對他人之物取得新的持有關係，本來就不是行為人主觀的防護贓物意圖所必須對應的內容。

3.本書見解

目前為止，不論實務或部分學說之見解，均是將問題鎖定在前行為之既未遂與準強盜之既未遂的解釋連動關係。這樣的說理策略或許在釋義學上有一定重要性，但從犯罪評價的邏輯來看，仍有必要先釐清的問題是，竊盜或搶奪是否須達到既遂程度，而我們「始能」將其論為準強盜罪的前行為。倘若竊盜或搶奪的未遂根本無法作為準強盜罪的前行為，那麼也就沒有繼續討

---

❿　褚劍鴻，刑法分則釋論（下），2004年，頁1198。

論前行為之既未遂影響準強盜之既未遂的實益。對此，本書認為，作為前行為的竊盜或搶奪以達到「既遂」之程度為必要❶。我們試以下述實例說明：

> 【實例】甲欲竊取乙的錢包。剛好伸手接觸到該錢包時，隨即被乙發現。甲隨即毆打乙數拳，乙因此傷重倒地。甲順利取走該錢包。

依前述之學說及實務見解的結論，本例的甲成立準強盜未遂罪。然而，本書認為，比較正確的解釋應為，除了成立竊盜未遂罪（刑 320 III, 25）外，甲同時成立刑法第 328 條強盜罪。這兩罪依刑法第 50 條為併合處罰。理由在於：⑴甲對乙的錢包仍未建立新的持有關係，轉而實施強暴手段以實現持有的完全移轉，此為典型的強盜行為，而非適用準強盜罪。換句話說，相較於強盜罪強調的持有移轉，準強盜罪僅存在於行為人「確保」持有地位的情形❷。實務與學說見解關於前行為未遂與準強盜未遂的連動解釋，忽略強盜罪與準強盜罪於不法要件設計上的差異；⑵雖然甲已碰觸到乙的錢包（著手竊取），仍未將欲竊取的目標物納入自己的支配領域。若將甲之行為論為構成準強盜未遂，恐怕與準強盜罪處罰（所有權侵害上）自我庇護的原旨不符；同時也無法合理解釋，行為人在這種情形如何在主觀上形成「防護贓物」的心理意識；⑶考慮到準強盜行為屬於所有權侵害的自我庇護，此種行為應理解為行為人對物之持有移轉狀態的確保❸，始為正確。又所謂的確保正是行為人透過強暴或脅迫等強制手段讓既遂的竊盜或搶奪進入犯罪終了的階段。若強暴或脅迫等未能有效壓制被害人的意思自由（強制既遂），也就表示行為

---

❶ 見 Krey/Hellmann, BT 2, 15. Aufl., 2002, §3 Rn.209；黃惠婷，準強盜罪之強盜本質，台灣法學雜誌，99 期，頁 268；蔡聖偉，偷「機」不著——準強盜罪的既遂認定問題，月旦法學雜誌，181 期，頁 281。

❷ 同此結論，許恒達，準強盜罪的犯行結構與既遂標準，台灣法學雜誌，204 期，頁 163；謝開平，準強盜罪之既未遂，台灣法學雜誌，286 期，頁 110。

❸ 類似觀點，見謝開平，準強盜罪之既未遂，台灣法學雜誌，286 期，頁 108。

人尚未穩固該竊得之物的持有狀態，頂多成立準強盜未遂罪。

即便肯認前行為的竊盜或搶奪以「既遂」為必要，我們還是不排除前行為只有竊盜或搶奪未遂，因而有成立準強盜未遂的可能性，例如(1)行為人誤以為未經同意而取走他人之物，實際上持有人已經同意，或是(2)誤以為自己所有之物為他人之物而竊取。行為人遭他人發現犯行之後，緊接著實施強制行為，應論成立準強盜未遂罪。

綜上說明，關於強盜罪與準強盜罪的適用差異，可以進一步類型化如下：(1)預備犯竊盜或搶奪者，不成立準強盜罪，因為前行為至少要達到著手的階段；(2)於竊盜或搶奪既遂的情形，如果是強暴或脅迫等手段已經既遂，成立準強盜罪。相對地，若只是強暴或脅迫的未遂，則是成立準強盜未遂罪；(3)若是竊盜或搶奪未遂，而強制既遂的情形，準強盜未遂罪僅有可能發生在，行為人誤以為未經他人同意，或是誤以為自己所有之物為他人之物而竊取的情形。

附帶一提，關於競合上的評價，在前行為的竊盜或搶奪既遂，且準強盜亦為既遂的情形，兩者處於不純正競合的關係，亦即法條之間的特別關係❶。如果是竊盜或搶奪既遂（或未遂），而準強盜未遂的話，多數學說見解則是認為這兩者應成立純正競合的關係，藉由想像競合的「澄清功能」，以完整表達整個犯罪歷程的不法內涵，否則採取不純正競合的觀點，勢必在判決主文只有宣告準強盜未遂罪的部分，未能一併宣示前行為既遂的事實，而有違反充分評價之要求❶。

---

❶ Krey/Hellmann, BT 2, 15. Aufl., 2002, §3 Rn.213.

❶ 僅參閱蔡聖偉，偷「機」不著──準強盜罪的既遂認定問題，月旦法學雜誌，181期，頁 290-291。

㈡竊盜或搶奪之終了

當竊盜或搶奪行為已經終了，即不屬於本罪之前行為❶。詳言之，竊盜或搶奪的終了是指，行為人已經對取得之物處於充分穩固且安全的持有。又如前所述，準強盜罪的不法內涵在於，行為人藉由強暴、脅迫等強制手段確保「物之持有移轉狀態」，而且正是透過確保此等狀態促使所有權法益之侵害更加穩固。既然竊盜或搶奪終了後，物之持有狀態已告穩固，那麼行為人於此時點所實施的任何強制手段，也就不再是本罪意義下的不法行為。

㈢身分要素

有學說見解❶認為，犯竊盜或搶奪為行為人之身分要素，準強盜罪因此為一種「純正身分犯」。但應辨明的是，行為人為強暴、脅迫之前是否犯竊盜或搶奪，實為犯罪成立的情狀因素，卻不是作為創設刑罰（純正身分犯）或減免刑罰（不純正身分犯）的主體資格。所以將「犯竊盜或搶奪」論為行為人的身分要素，恐非妥適。

㈣其他的前行為類型

另有爭議的是，除了犯竊盜或搶奪之外，是否還包括其他的財產犯罪。準強盜罪的不法要件使用了具有擇一意義的竊盜或搶奪。基於「或」的用字，立法者似乎有意將前行為的類型限縮在「竊盜或搶奪」兩者，藉此排除其他財產犯罪的適用。然而，若是改從一個比較上位的視野切入，竊盜與搶奪兩者均為「所有權犯罪」與「持有移轉之罪」，那麼我們也可以說，立法者應是

---

❶ 見 Krey/Hellmann, BT 2, 15. Aufl., 2002, §3 Rn.208；蔡聖偉，偷「機」不著──準強盜罪的既遂認定問題，月旦法學雜誌，181 期，頁 281。

❶ 見甘添貴，刑法各論（上），2009 年，頁 262。

有意將前行為鎖定在具有此等特徵的犯罪類型。就此，另一個適格的前行為即屬強盜罪。又強盜罪為結合複數行為的犯罪，亦即「強制」與「竊取」。考慮到其中一項不法要件為竊取，而此又符合準強盜罪所規定的竊盜，因此更無理由排除強盜罪作為準強盜罪的前行為。

、當　場

依多數見解的定義，「正在進行」或「已既遂，但尚未終了」，均屬當場，例如「已離盜所，而尚在他人跟蹤追攝之中，仍不失為當場」[18]；或是「刑法第 329 條之強暴脅迫，以當場實施者為限，如在脫離犯罪場所或追捕者之視線以後，基於別種事實而實施時，則雖意在防護贓物或脫免逮捕，亦不過為另犯他罪之原因，與前之竊盜或搶奪行為無關，自不能適用該條以強盜論。」[19]

從上述的說理來看，我們可以歸納出兩項犯罪評價上的重點：(1)當場於相當程度上須具有「時空上的關聯意義」，例如甲潛入乙的住處竊盜。鄰居丙見甲將車子停放在乙住處附近；鄰居丁見甲打開窗戶潛入；鄰居戊看見甲扛著雕像，從窗戶爬出；鄰居庚則是在隔條街見到甲開車載著雕像。就此等鄰居所見而言，丙看見的情形為甲著手竊取前，所有權法益尚未進入規範所不允許的危險範疇，非屬當場；至於庚之所見為竊盜終止階段，犯罪既然已經結束，同樣非屬當場。相較之下，丁、戊之所見為「著手竊盜」與「既遂」等階段，則屬於當場；(2)多數見解似乎也隱含了「被發覺」這項不成文要素。以前述的跟蹤追攝為例，若被害人或其他第三人未發現行為人犯竊盜或搶奪，如何具體形成追攝的動機。而形成追攝之行為動機的前提，至少是被害人或其他第三人於主觀上已經形成一定的犯罪嫌疑意識。綜此，當場可進一步定

---

[18] 最高法院 79 年台上字第 3656 號判例；最高法院 88 年訴字第 133 號判決。

[19] 最高法院 28 年非字第 43 號判例。

義為：「竊盜或搶奪等前行為與行為人被發覺之間具有時空上的關聯性，而發覺乃是被害人或其他第三人對行為人形成犯罪嫌疑的意識。」

綜合上述之學說與實務見解，我們大致推得出當場的基本定義。除了時空要素，這些見解還多有提及「跟蹤追攝」、「視線」等用語。於此，可以進一步提問的是，如果當場是指行為人被他人所發覺的話，那麼到底是從被害人的，或是從行為人的視野所獲得的理解，以及發覺是否有必要嚴格要求到第三人具體意識到行為人的犯罪嫌疑等[20]。然而，從比較法的觀點切入，前述問題在我國現行法的規定下顯得比較單純而無特殊爭議，因為不同於德國刑法第 252 條準強盜罪之規定，亦即行為人於行竊時必須「被發覺」(betroffen)，我國刑法第 329 條並未明文規定「被發覺」此一要件，所以在解釋上，刑法第 329 條的「當場」可以是基於被害人或行為人的視野予以確認，以及第三人是否有具體意識到行為人的犯罪嫌疑，亦非所問。對此，我們試以下列數則實例說明[21]：

【實例】甲侵入乙的住處竊取錢包。乙開門進入家中，看到甲將竊得之物放入背包內。甲為了避免贓物被奪回，隨即對乙施以重拳，乙因而昏厥倒地。甲趁勢從大門離開。

本例的乙與甲處於對立狀態，而甲全部的行竊過程為乙所見。乙不只是發覺甲「這個人」的存在；同時，也確實對甲形成一定犯罪嫌疑的意識。甲緊接著竊盜施以強暴行為，符合準強盜罪的「當場」要件。

【實例】甲侵入乙的住處竊取財物。甲從大門離開時，正好遇見走出電梯的乙。乙以為甲是新搬來的鄰居，但甲卻以為乙察覺犯行，因此對其

---

[20] 參閱 Klesczewski, BT 2, 2011, S.57–58.

[21] 引自 Schwarzer, ZIS 2008, S.265–266.

施以重拳。甲趁乙昏厥時，搭電梯離開。

不同於前例，德國準強盜罪在這裡的爭點為，當乙只有看到甲「這個人」，卻未察覺甲就是行為人或任何的犯罪嫌疑，我們得否將此論為甲被乙發覺 (Betroffen)[22]。對此，德國多數學說見解認為[23]，只要被害人看到這個人，即為已足，至於是否形成犯罪嫌疑的意識，或是體覺到這個人就是行為人，則非所問。部分論者則是將「發覺」的評價從「行為人角度」出發，進一步強調非由被害人，而是由行為人形成犯罪嫌疑的意識[24]；另有見解則是將所謂的發覺解釋成「相遇」(Zusammentreffen)[25]。除此之外，更極端的解釋是將發覺理解為「某個人被看見」(Visualisierung eines Individums)，即為已足，徹底排除各種主觀性的要素[26]。不論採取何種看法，我國的準強盜罪既然沒有規定「被發覺」這項要件，所以不排除「當場」保有更廣的解釋可能性。據此，即使案例事實換成更為極端的「甲聽見乙開門進門的聲音而立刻躲於門後」，仍舊得以論為當場。

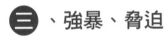 、強暴、脅迫

㈠構成要件行為

1.強暴或脅迫

本罪真正的構成要件行為乃是「強暴、脅迫」。雖然竊盜罪及搶奪罪為成

---

[22] Schwarzer, ZIS 2008, S.266.

[23] 僅參閱 Sander, in: MK-StGB, 2003, §252 Rn. 9; Seelmann, JuS 1986, S.206.

[24] Eser, in: S/S-StGB, 27. Aufl., 2006, §252 Rn. 4.

[25] Rengier, BT I, 10. Aufl., 2008, §10 Rn. 6–7.

[26] Geilen, JURA 1980, S.43; RGSt, 73, 346.

立準強盜罪的前行為，竊取或搶奪等行為卻非本罪所預設的構成要件行為。單就犯罪結構來說，竊盜罪與搶奪罪可被理解為組成準強盜罪的基礎犯罪，這樣的規範設計不在於將準強盜罪定位為竊盜罪或搶奪罪的加重構成要件，而是強調竊盜罪或搶奪罪共同決定了準強盜罪的不法內涵❷。即便如此，作為前行為的竊盜罪或搶奪罪無法單從所有權侵害的意義來決定準強盜罪的不法內涵，反而是確保所有權侵害的狀態。如果我們認為竊取與搶奪為製造所有權侵害風險的行為，那麼這些行為會是形塑竊盜罪與搶奪罪之不法內涵的直接因素，而不是準強盜罪。

基於上述的風險思考，既然準強盜行為已無侵害所有權的空間，邏輯上更不可能存在製造所有權侵害風險的行為，唯一的構成要件行為只剩下強暴、脅迫等。換言之，強暴、脅迫的功能在於讓已經既遂的前行為達到實質終了的狀態。較特別的是，準強盜罪的強暴、脅迫等強制行為不只有製造自由法益侵害的風險，同時也帶有維持持有移轉的風險。又此等風險作用之間具有相當程度的連動性。也就是說，儘管強暴、脅迫等行為內含意思自由的侵害風險，不過，持有移轉狀態的穩固（實質終了）卻是發生在意思自由完全受到壓制的階段。唯有將準強盜罪的既遂緊扣住強暴、脅迫等行為的既遂，才能合理解釋準強盜罪的不法內涵同於強盜罪的不法❷。因此，當有部分學說見解認為❷，行為人只要一實施強暴或脅迫即可成立準強盜罪的既遂，似乎就有待商榷。

---

❷ 參閱薛智仁，準強盜罪之立法改革方向（下），台灣法學雜誌，109 期，頁 52。

❷ 同此結論，見陳子平，準強盜罪之「強暴、脅迫」，月旦法學教室，9 期，頁 21。

❷ Günther, in: SK-StGB, 5. Aufl., 1998, §252 Rn.2；林山田，刑法各罪論（下），2005 年 6 版，頁 350–351；鄭逸哲，刑法第三二九條準強盜規定之剖析及其適用，月旦法學雜誌，107 期，頁 224–225。

2.與前行為的緊密關係

依大法官釋字第 630 號解釋，強暴、脅迫與前行為之間以具有時空上的緊密關聯為必要❸，亦即「至於僅將上開情形之竊盜罪與搶奪罪擬制為強盜罪，乃因其他財產犯罪，其取財行為與強暴、脅迫行為間鮮有時空之緊密連接關係。」換句話說，大法官認為，從一般經驗來看，其他（財產）犯罪不像竊盜與搶奪，時常有緊接著實施強暴、脅迫等行為的情形。

不過，大法官所採的觀點在日常生活經驗中顯然難以獲得支持，因為不只是竊盜或搶奪，還有其他犯罪的行為人，例如詐欺，恐嚇取財，甚至是非財產犯罪等，均有可能為了防護贓物，脫免逮捕等，緊接著實施強暴、脅迫等行為❸。本書因而認為，加入時空因素的重點應該不在於強制行為於經驗上的實施機率，而是劃定法益保護界線的規範性意義。理由在於：(1)「竊盜終止後」已無穩固持有的必要，所以只要過了這個時間點，也就不再有實施強暴、脅迫而成立準強盜罪的可能。既然成立準強盜罪的時點僅剩下「前行為之既遂後且終止前」，那麼強暴、脅迫等與前行為之間不可避免地出現一定程度的緊密關係。應注意的是，這樣的時空要素並不是處罰準強盜行為的正當化事由，只是因為針對規範適用的範圍劃定一條界線，使得前行為與強暴、脅迫等行為之間不得不限制在某個時空關係之中。(2)刑法第 328 條強盜罪的強制行為與竊取之間具有一定的目的關聯（或稱利用關係），而此作為一項特殊的客觀歸責事由；同樣地，準強盜罪的前行為與強制行為之間亦須具有一定的目的關聯。只不過比較特別的是，這裡的目的關聯一方面是指立法者明確地將其提至不法構成要件設定，並且作為主觀的意圖要素，例如脫免逮捕、防護贓物等；另一方面，我們不會因為主觀意圖要素的設定，隨即否認所謂

---

❸　同此結論，例如 BGHSt 28, 224ff.; Krey/Hellmann, BT 2, 15. Aufl., 2002, §3 Rn.210.

❸　參閱王乃彥，論準強盜罪的強暴概念，月旦法學雜誌，163 期，頁 65–67。

的目的關聯依舊帶有利用關係的意義，也就是「行為人利用強制行為穩固竊取後的持有關係」。 又這樣的利用關係實質上有必要考慮時空緊密性這項因素，因為只要前行為與強制行為之間於時間與空間上的關聯狀態毫無限制地延展，那麼其他的偶然因素介入穩固持有的可能性勢必隨之增加，準強盜罪的不法內涵也將變得浮動且不確定。

㈡強制的方式與種類

基於準強盜罪的處罰「以強盜論」，準強盜罪與強盜罪的不法內涵因此保有相當的等價性，所以本罪規定之強暴、脅迫之形式、種類，以及強度等，理應同於強盜罪之強制手段的解釋，於此不再贅述。

㈢強制結果：「難以抗拒」

1.截斷的結果犯

強暴及脅迫等強制手段本質上為以結果為導向的目的性行為[32]。與強盜罪的強制行為與竊取行為之間必須具備目的關聯一樣，準強盜罪的前行為（竊盜或搶奪）與強制行為之間亦須帶有此種特殊的關聯性。不過，兩者還是有相異之處，亦即強盜罪的既遂以竊盜既遂為基準，而準強盜罪的行為人就算尚未能透過強制行為穩固對竊得之物的持有關係，準強盜罪還是可以論為已經既遂。主要理由在於，穩固持有乃是準強盜罪之主觀的所有意圖對象[33]，而不是客觀上犯罪是否既遂的前提。換句話說，原本客觀上於實施強制行為之後始發生的穩固持有狀態，已經被截斷且移至主觀不法構成要件的規範層次，所以準強盜罪亦屬於一種「截斷的結果犯」[34]。若是要論準強盜罪既遂

---

[32] Mitsch, BT 2, 3. Aufl., 2015, S.569.

[33] 詳見本章中關於「伍、主觀不法構成要件」的說明。

的真正時點，應以「強制既遂（強制結果發生時）」為評價準據，始為正確。

2.所謂的難以抗拒

　　考量到準強盜罪的既遂時點為「強制既遂（強制結果發生時）」，那麼關於強制結果的具體內涵也有進一步釐清的必要。如前所述，準強盜罪的處罰「以強盜論」，準強盜罪與刑法第 328 條強盜罪的不法內涵因而具有相當的等價性，所以，不法行為的解釋理應同於強盜罪的解釋邏輯。依此，單就「強制結果」來說，強盜罪明文規定著強暴、脅迫等行為的強制結果為「至使不能抗拒」，儘管準強盜罪不像強盜罪一樣在法條中具體要求強制、脅迫必須至使他人不能抗拒，但解釋上仍應達到此一程度為必要，始能符合強盜罪與準強盜罪兩者在不法內涵上的等價性。

　　值得注意的是，依大法官釋字第 630 號解釋：「刑法第 329 條之規定旨在以刑罰之手段，保障人民之身體自由、人身安全及財產權，……。立法者就竊盜或搶奪而當場施以強暴、脅迫者，僅列舉防護贓物、脫免逮捕或湮滅罪證三種經常導致強暴、脅迫行為之具體事由係選擇對身體自由與人身安全較為危險之情形，視為與強盜行為相同，而予以重罰。……故上開規定尚未逾越立法者合理之自由形成範圍，難謂係就相同事物為不合理之差別對待。經該規定擬制為強盜罪之強暴、脅迫構成要件行為，乃指達於使人*難以抗拒之程度者*而言，是與強盜罪同其法定刑，尚未違背罪刑相當原則，與憲法第 23 條比例原則之意旨並無不符。」初步看來，大法官針對準強盜罪的強暴、脅迫等強制行為提出一項額外的「難以抗拒」要件，似乎同樣是認為準強盜罪的不法內涵包括強制手段的效果。只不過從這一號解釋的前後說理來看，始終不夠明確的是，大法官所提到的難以抗拒到底是「關於強制行為的定性條件」，還是所謂的「強制結果」。倘若是前者的話，準強盜罪在本號解釋的脈

---

❸❹　Duttge, in: Gesamtes Strafrecht, 2. Aufl., 2011, §252 Rn.26.

絡下，勢必會不當地轉向危險犯的類型定位。本書因此認為，考慮到準強盜罪作為結果犯，大法官所提出的難以抗拒即應實質理解為至使不能抗拒，並且在本質上作為強調「強制結果」的不法構成要件。

伍、主觀不法構成要件

準強盜罪的主觀不法構成要件分別為「故意」、「不法所有意圖」，以及「防護贓物、脫免逮捕、湮滅罪證」等特殊的意圖要素。因為作為本罪之前行為的竊盜或搶奪必須限於既遂，所以防護贓物此一主觀意圖於具體個案的評價較無爭議。但是考慮到準強盜罪本質上為「庇護自己」及「確保財產持有移轉」之罪，未來修法時應刪除「脫免逮捕、湮滅罪證」，以避免產生解釋上的疑慮。

依多數學說見解[35]，行為人於實施「前行為」之時，主觀上必須具有竊盜或搶奪的故意，以及不法所有意圖，緊接於實施強制行為時，除了強暴或脅迫之故意外，同時亦應具有防護贓物、脫免逮捕，或湮滅罪證之特殊意圖。依此，行為人於實施強暴或脅迫行為時，不以具備不法所有意圖為必要。另有部分論者則是認為[36]，準強盜罪屬於一種財產犯罪，行為人於實施法定犯行時，即有必要出於不法所有意圖，也就是不僅前行為應有不法所有意圖，嗣後於實施強暴或脅迫行為時，同樣必須是出於不法所有意圖。換句話說，行為人實施強暴或脅迫之時，主觀上欲藉由此等手段違反民法上的財產分配秩序，以僭越所有權人之權利地位。

本書認為，後者見解較為妥適。理由在於，雖然準強盜罪的規範目的仍為保護所有權法益，不過，法益攻擊的方式卻與竊盜罪或搶奪罪有所不同，特別是本罪帶有自我庇護的性質，行為人以強暴、脅迫等強制手段「確保物

---

[35] 僅參閱林山田，刑法各罪論（上），2005 年 4 版，頁 391–393。

[36] 許恒達，準強盜罪的犯行結構與既遂標準，台灣法學雜誌，204 期，頁 164–165。

之持有移轉狀態」，並且基於這樣的狀態確保使得所有權法益之侵害更加穩固。於此，就整個行為歷程來說，行為人在客觀上先以竊盜或搶奪排除被害人與特定物的歸屬關係，並且為自己建立新的歸屬關係。緊接著透過強制手段穩固對該物新的歸屬關係，以及對物於事實上的支配地位。然而，這樣的一個評價結果僅止於確立行為人如何對外表徵出物的歸屬狀態，至於所有權地位的侵奪，考慮到行為人不會因竊盜、搶奪，或是後續的強制手段而取得特定物之所有權，所以，立法技術上有必要於主觀要件額外加上一個不法的所有意圖，以此表徵出此種地位的侵奪效果❸⓻。

> 【實例】甲走進服飾店的試衣間假裝試穿衣服，企圖藉此竊取店內商品。甲將原本身上穿的襯衫脫掉，換穿上店內新的襯衫，並將吊牌剪下丟棄。當甲正要走出店門時，被眼尖的店員乙發現。甲為了逃離現場，便將乙推倒在地。

首先，較無疑問的是，甲將商店販售的襯衫穿在身上並剪下吊牌之後，即構成竊盜既遂，而且在此期間，甲具有不法所有意圖。只不過甲為了逃離現場而將乙推倒，是否仍然保有不法所有意圖，恐怕有進一步確認的必要。本例之中應予區辨的是(1)甲將乙推倒是否為了永久排除乙對襯衫的支配關係，以及讓自己居於類似所有人地位利用該襯衫，或者(2)只是因為甲試圖逃離現場時，現實上根本不可能將襯衫脫下，所以必須穿著衣服將乙推倒。單就(2)的情形而言，除非能夠證明甲具有持續保有竊得之物的不法所有意圖，否則應論甲緊接著實施強暴行為之時，欠缺不法所有意圖❸⓼，而不成立準強盜罪。

---

❸⓻ 見許恒達，準強盜罪的犯行結構與既遂標準，台灣法學雜誌，204 期，頁 165。

❸⓼ 見 Heghmanns, Strafrecht für alle Semester, BT, 2009, Rn.1136.

陸、加重準強盜罪

　　依刑法第 329 條規定，準強盜之行為以強盜論，所以，除了準用刑法第 328 條普通強盜罪之外，刑法第 330 條加重強盜罪亦有準用。不論加重強盜罪，或是加重準強盜罪，兩者的加重構成要件均是連結到刑法第 321 條第 1 項各款的加重事由。關於各款加重構成要件之解釋，請參考「加重竊盜罪」一章的說明，此處不再重複贅述，僅就部分的特殊議題提出分析。

【實例】甲進入乙經營的珠寶店竊取。甲竊得一只珠寶後，擔心遭乙或其他顧客追捕，因而將櫃上的剪刀取走且帶在身上。只要有人追上來，立即拿出剪刀威嚇。顧客丙見甲偷竊，當甲正要從門口逃逸時，丙即時追上。甲亮出手上的剪刀威脅丙不得再追，否則會有血光之災。

　　「攜帶兇器」為一項加重構成要件，成立時點是以基礎犯罪的未遂開始到既遂之間為主。如果是在犯罪既遂後才攜帶兇器的話，也就沒有成立此項加重構成要件之可能。又準強盜罪真正的不法構成要件行為是指「強暴或脅迫」等強制手段，作為前行為的竊盜及搶奪只是一種犯罪成立的情狀因素。依照這樣的思考，我們可以將加重準強盜罪之攜帶兇器的成立時點確定在「*從強暴或脅迫的未遂開始到既遂為止*」。所以，儘管甲在竊盜時尚未攜帶兇器，但在著手脅迫丙之時，將剪刀使用為威脅或侵害他人之生命、身體、健康的工具，該把剪刀因此得論為兇器。甲成立加重準強盜罪（刑 329 準用 330, 321 I ③）。

【實例】甲持槍進入乙經營的珠寶店。甲計畫只要乙有所抵抗，便開槍威嚇。甲趁乙不注意時，竊取店內一只名貴珠寶，並且快速奪門逃逸。乙緊追在後。甲為了防護取得的珠寶，朝乙的小腿開槍示警，乙腿部中槍倒地不起。數小時後，乙因失血過多而亡。

　　甲實施竊盜時攜帶槍枝 ，構成刑法第 321 條第 1 項第 3 款的 「攜帶兇器」❸，以及緊接著對乙開槍的行為，則得論為當場施以強暴。就此而言，甲成立加重準強盜罪（刑 329 準用 330, 321），又甲射擊乙的小腿，乙最後因失血過多而亡，甲成立準強盜致死罪（刑 329 準用 328 III）。針對競合上的評價，作為前行為的竊盜（刑 320）與加重準強盜罪（刑 329 準用 330）之間為不純正競合，亦即所謂的特別關係❹，加重準強盜罪排斥竊盜罪之適用，僅論成立加重準強盜罪，即為已足。

　　再者，加重準強盜罪 （刑 329 準用 330, 321） 由準強盜致死罪 （刑 329 準用 328 III） 所吸收❹，至於準強盜致死罪與過失致死罪則是不純正競合的特別關係，準強盜致死罪排斥過失致死罪之適用，僅論成立準強盜致死罪。據此，甲成立加重準強盜罪及準強盜致死罪，不過，因為準強盜致死罪吸收加重準強盜罪，所以最後僅論處準強盜致死罪。

【實例】甲持玩具槍進入乙經營的珠寶店行搶。甲威脅乙將店內珠寶交出，否則就開槍。乙擔心性命安危，便依甲的要求將珠寶交付。甲離開商店後，警察丙立刻趨前逮捕。甲為了防護取得的珠寶，使用手上的玩具槍毆打丙。丙因頭部受重擊而昏倒在地。

　　較無疑問的是 ，甲手持玩具槍脅迫乙將珠寶交出 ，成立強盜罪 （刑 328）。又考慮到強盜罪為結合複數行為的犯罪，其中一項不法要件為竊取，而此項要件正好符合準強盜罪所規定的竊盜，因此，強盜罪亦可作為準強盜罪的前行為❹。其次，甲在強盜既遂之後，轉而使用手上的玩具槍攻擊追捕

---

❸　關於攜帶兇器之解釋，詳見本書「加重竊盜罪」一章的說明。

❹　Krey/Hellmann, BT 2, 15. Aufl., 2002, §3 Rn.213.

❹　Krey/Hellmann, BT 2, 15. Aufl., 2002, §3 Rn.213.

❹　Krey/Hellmann, BT 2, 15. Aufl., 2002, §3 Rn.215.

的警察丙，也就是甲手上的玩具槍乃是在強盜既遂之後，才轉變為攜帶兇器（刑 321 I ③）。單就這點來說，容待釐清的爭點是，甲應成立加重強盜罪（刑 330 準用 321），還是加重準強盜罪（刑 329 準用 330, 321）❹。對此，部分的見解認為❹，甲應成立加重強盜罪，因為強盜罪的加重構成要件於「**既遂後到終了前**」仍有適用之餘地。換句話說，加重強盜罪的成立時點仍有可能發生在強盜既遂與終了之間。

相對於此，本書認為甲成立加重準強盜罪，始為合理。理由在於，基本上，「竊取的既遂與否」作為區分強盜與準強盜的依據。行為人於「竊取既遂後」使用強制手段以防護贓物或脫免逮捕，此為典型的準強盜行為。又考慮到強盜得作為準強盜罪的前行為，所以在「強盜既遂後」，藉由強制手段以防護贓物或脫免逮捕，同樣是成立準強盜罪。延續這裡的比較觀點，既然行為人於強盜既遂後才發生客觀的加重構成要件事實，例如攜帶兇器（刑 321 I ③），並且使用強制手段防護贓物或脫免逮捕，理應成立加重準強盜罪❹，而此也才能夠確切地掌握強盜罪與準強盜罪於犯罪結構與適用時點上的差異。

---

❹ 問題意識，已見 Krey/Hellmann, BT 2, 15. Aufl., 2002, §3 Rn.215.

❹ BGHSt 20, 196–197.

❹ Mitsch, BT 2, 3. Aufl., 2015, S.579.

讀後測驗

1. 試比較刑法第 328 條強盜罪與刑法第 329 條準強盜罪的保護法益。

2. 除了竊盜或搶奪之外，準強盜罪的前行為是否亦包括其他種類的犯罪，例如強盜？

3. 何謂「當場」？

4. 準強盜罪之既未遂的評價標準為何？

5. 準強盜罪的刑度等同於強盜罪之規定是否及如何影響本罪之強暴、脅迫的解釋，以及大法官釋字第 630 號解釋的見解為何？

6. 準強盜罪的主觀不法構成要件為何？

7. 加重準強盜罪的加重事由以存在於前行為階段（竊盜或搶奪），或是於強暴、脅迫等行為階段為評價基準？

第七章

毀損罪

刑法第 352 條

毀棄、損壞他人文書或致令不堪用，足以生損害於公眾或他人者，處三年以下有期徒刑、拘役或三萬元以下罰金。

刑法第 353 條

I 毀壞他人建築物、礦坑、船艦或致令不堪用者，處六月以上五年以下有期徒刑。

II 因而致人於死者，處無期徒刑或七年以上有期徒刑，致重傷者，處三年以上十年以下有期徒刑。

III 第一項之未遂犯罰之。

刑法第 354 條

毀棄、損壞前二條以外之他人之物或致令不堪用，足以生損害於公眾或他人者，處二年以下有期徒刑、拘役或一萬五千元以下罰金。

刑法第 355 條

意圖損害他人，以詐術使本人或第三人為財產上之處分，致生財產上之損害者，處三年以下有期徒刑、拘役或一萬五千元以下罰金。

刑法第 356 條

債務人於將受強制執行之際，意圖損害債權人之債權，而毀壞、處分或隱匿其財產者，處二年以下有期徒刑、拘役或一萬五千元以下罰金。

刑法第 357 條

第三百五十二條、第三百五十四條至第三百五十六條之罪，須告訴乃論。

壹、法條體系概覽

圖 7-1 毀損罪法條體系

　　毀損罪章可略分為「普通毀損罪」與「加重毀損罪」。前者是指第 354 條，後者分別為第 352 條毀損建築罪、第 353 條毀損文書罪。第 355 條實質上仍屬普通毀損罪，只不過是把間接正犯的犯罪參與模式予以明文規定。另外，比較特別的是第 356 條侵害債權罪。嚴格來說，此罪不屬於所有權犯罪，應當被劃歸在整體財產犯罪的範疇，始為正確。立法者將其規定在毀損罪章，規範體系上的安排顯得不甚恰當。最後，第 357 條規定了訴訟條件，除了第 353 條之外，均須告訴乃論。

貳、普通毀損罪

一、刑事政策與保護法益

　　依法條所規定的「他人之物」要件，毀損罪的規範本質乃是侵害所有權 (Eigentum an Sache)❶之罪，特別是在物件全然滅失的狀態下，毀損於概念上

---

❶　Heinrich, in: A/W/H/H-BT, 3. Aufl., 2015, §12 Rn.1; Mitsch, BT 2, 3. Aufl., 2015, S.205; Saliger, in: S/S/W-StGB, 2. Aufl., 2014, §303 Rn.1；或可理解為：「所有權人依

亦屬於所謂的「終局的剝奪所有」，所以在此種情形下，我們可以將其理解為竊盜罪之不法所有意圖的實踐型態。即便如此，毀損終究不同於竊盜，也就是犯罪本身不強調行為人僭越所有權人之地位，而是純粹涉及到毀壞他人的財產 ❷。 又毀損罪是以結果犯 (Erfolgsdelikt) 作為建構基礎的 「實害犯」(Verletzungsdelikt)❸，所以，帶有外部世界變化意義的毀損結果必須「間接」反映出所有權法益的侵害狀態。

更具體地說，雖然毀損罪的可罰性不以持有移轉為先決條件，行為人終究卻是以類似所有權人地位實現事實上的處分權能，所以，在財產犯罪的規範體系下，毀損罪確定被定位在所有權犯罪 ❹，而不是整體財產犯罪。另一方面，從不法構成要件的文義設定來看，亦即攻擊模式與對象等，本罪的保護法益應為「物之實體的完整性」(körperliche Unversehrtheit einer Sache)，或者稱之為所謂的「完整性利益」(Integrietätsinteresse)❺。相對地，若是再從所有權犯罪的法益保護脈絡切入，類似於竊盜罪的保護法益為所有權人實現所有權能的事實地位，那麼毀損罪的保護對象應當聚焦在「**所有權人事實上對物的使用**」(Gebrauchsnutzen der Sache)❻。

其次，儘管本罪既有的犯罪模式並未指涉到其他種類的法益侵害，但在現實生活中，一個具有毀損效果的行為往往不排除對於其他法益造成衍生性

自己之意思而現實上 (faktisch) 能夠實現他的所有權能」，見 Zaczyk, in: NK-StGB, 5. Aufl., 2017, §303 Rn.1.

❷　Klesczewski, BT, 2016, §8 Rn.5.

❸　Saliger, in: S/S/W-StGB, 2. Aufl., 2014, §303 Rn.1.

❹　Saliger, in: S/S/W-StGB, 2. Aufl., 2014, §303 Rn.1.

❺　Klesczewski, BT, 2016, §8 Rn.5.

❻　Heinrich, in: FS für Otto, 2007, S.585; Otto, Jura 1989, S.207; Zaczyk, in: NK-StGB, 5. Aufl., 2017, §303 Rn.1；應注意的是，這裡的 Gebrauchsnutzen 是指功能性、技術性、單純的使用，以及維持物之原有的品質等。

的影響，例如(1)甲在乙的咖啡中加入毒藥（毀損），乙飲用後發生死亡之結果，即是透過毀損他人之物的方式而侵害他人之生命法益（刑271）❼；(2)燒燬現供人居住之建築物，進而危害不特定人的生命法益（刑173），或者是(3)破壞水閘而對他人之生命、身體、健康、財產形成具體危險（刑181）。從這些例子來看，先不論其他法益的侵害結果或危險，因為毀損本身只有涉及到財產法益的侵害，所以具有較低程度的不法內涵。然而，若是我們進一步把毀損連結到其他種類法益的侵害可能性，也就是**毀損行為帶有額外法益侵害的發散效果**，那麼毀損的不法內涵理論上應該要更為提高。換句話說，除了第353條毀損建築罪之外，毀損篇章的規定基本上訂有相對低度的刑罰、不處罰過失犯、告訴乃論等，充分顯示出毀損行為帶有「微量不法」(bagatellarisch) 的規範特徵❽。儘管毀損罪採取輕罪的立法模式，只不過考慮到毀損往往是行為人實施其他犯罪的組成要素 (Baustein)，而且有可能造成更為嚴重的法益侵害或危險，輕微不法因而在個案中有過渡至嚴重不法的潛在可能性❾。縱然如此，毀損罪的不法構成要件設定終究是限制在所有權侵害的不法範疇，至於跟其他法益侵害有關的不法仍應回歸至其他分則各罪的規定予以決定；另一方面，綜合其他法益的侵害可能，以及在沒有提高毀損的不法內涵等條件，為了能夠適度反映出從毀損衍生的其他法益之侵害或危險，德國刑法第303條第3項規定處罰未遂犯❿。相較之下，我國刑法第354條未訂有處罰未遂之規定⓫，未來修法時或可參考德國法的立法技術在第2項予以增訂。除了在刑法體系內辯證毀損未遂的立法必要性之外，考慮到相當

---

❼ Mitsch, BT 2, 3. Aufl., 2015, S.205.

❽ Weber, in: A/W/H/H-BT, 2. Aufl., 2009, §12 Rn.9.

❾ 德國法上的實證數據，可參考 Weber, in: A/W/H/H-BT, 2. Aufl., 2009, §12 Rn.8.

❿ Mitsch, BT 2, 3. Aufl., 2015, S.205.

⓫ 值得注意的是，依刑法第353條第2項（毀損建物），妨害國幣懲治條例第2條第2項（銷毀國幣），毀損未遂是可罰的。

多數的毀損行為僅僅造成輕微損害，同樣可以檢討的是，行政罰與民法似乎是更為適切的規制手段，至於是否需要透過刑罰手段回應毀損行為的不法，或有再商榷的必要❷。暫且不論立法論上的可能選項，因為刑法第 354 條訂有「致生損害」的不法量化條款，嚴格限縮毀損罪的成立，目前看來算是一套相對折衷的機制。

值得注意的是，德國刑法於 2005 年修訂時，除了原本第 303 條第 1 項所規定的損壞、毀棄之外，德國立法者在同條第 2 項加入了與街頭塗鴉 (Graffiti) 相關的不法構成要件，並且將原本第 2 項規定的未遂犯移至第 3 項，因而確立了雙軌制的侵害模式，亦即「組成內容變更」與「外觀變更」❸。德國刑法上的毀損罪最早出現在 1871 年的《帝國刑法典》，傳統的毀損概念乃是直接對應到**物之內容產生客觀上的物理性變更**，至於街頭塗鴉則是側重於**主觀且美學性的個人意思**來重新定義毀損。雖然這兩種毀損行為同時被訂立在德國刑法第 303 條，不過，顯然是立基於不同的刑事政策思維。特別以後者來說，凡是違反所有人的意願而變更其所有物的外觀，均屬於實現第 2 項的外觀變更。當時修法的初衷在於積極抗制有增無減的街頭塗鴉，因為德國刑法第 303 條第 1 項所規定的毀損在文義理解上過於狹隘，德國聯邦最高法院將毀損概念緊扣住實體內容的完整性 (körperliche Unversehrtheit)，導致無法有效解決「**變更物之外觀**」(Veränderung der äußeren Erscheinung) 的問題❹。然而，後來所增訂的第 2 項看似填補了處罰漏洞，不過毫無限制的刑法適用反而激起了許多的批評與質疑。我國未來修法時，恐怕還需謹慎評估是否引進類似的規定。

---

❷ 見 Mitsch, BT 2, 3. Aufl., 2015, S.206.

❸ 即便如此，仍舊不改變毀損罪以保護「所有權」為規範目的，僅參閱 Saliger, in: S/S/W-StGB, 2. Aufl., 2014, §303 Rn.1.

❹ W/H/S, BT 2, 41. Aufl., 2018, §1 Rn.14; Kühl, FS für Weber, 2004, S.413; Neubacher, ZStW 118(2006), S.873.

二、與其他犯罪的關係

(一)竊盜罪

1.刑事政策上的差異

就侵害程度來說，所有權人的所有物遭到他人竊取，現實上都還有請求返還該物的可能性，至於損壞或毀棄他人之物，不論是物之組成內容有所減損，或是物的形體完全滅失等，顯然都是比較嚴重的侵害模式。舉例來說，博物館內的收藏品遭竊，館方可透過民事訴訟或給付贖金等方式，重新取得對該收藏品的持有。相對地，若是該收藏品遭到燒毀的話，館方無論如何都已經沒有機會再為使用、收益、處分。

另外，這裡再試舉兩例以供比較：(1)「甲當場將乙收藏的葡萄酒砸毀」（毀損）；(2)「甲竊取乙的葡萄酒後，將其喝光」（竊取）。就形式而言，此等案例事實看起來均有涉及到毀損的行為模式，只不過甲實質上是侵奪乙自己所有之葡萄酒於事實上的處分權能。兩者差別在於，前者為銷毀他人所有之物，後者則是使用他人所有之物。又比較毀損罪與竊盜罪的刑度差異，前者刑度為二年以下有期徒刑、拘役或五百元以下罰金；後者則是五年以下有期徒刑、拘役或五十萬以下罰金。依此，違法變更他人對物的持有關係明顯比損壞或毀棄受到更為嚴重的處罰。我們再回到這兩者案例的比較，甲竊取乙的葡萄酒後，並且將其喝光，此為竊取既遂之後有關「取得所有」的客觀化表現，也就是甲居於類似所有權人地位而對竊得之物予以使用、收益、處分。然而，這樣的客觀事實狀態在立法技術上已經被截斷而改訂為主觀的不法構成要件，亦即「所有意圖」。所以，只要行為人於竊取他人之物時具有故意與不法所有意圖，客觀與主觀不法即已實現，又所有意圖乃是彰顯行為人居於類似所有權人地位的心理狀態，本質上帶有強烈的自利徵象，而針對此種主

觀心理的非難應是立法者提高刑度的實質理由。

2.所有意圖作為區分竊盜與毀損之基準

延續前述的葡萄酒案例，其中隱含一項竊盜與毀損的區分難題，尤其是「所有意圖」（或稱取得意圖）是否或如何作為界分竊盜與毀損的基準。首先，較無爭議的是，不論是終局毀棄物之實體結構，或是全然剝奪該物所承載的功能，我們皆可理解為「剝奪所有」(Enteignung) 的終極表現❺。相較之下，所有意圖的「占為所有」(Aneignung) 是否同樣論為已經實現，即有疑問。對此，學說上大致有以下數種見解：

⑴依據合目的性使用理論，若是行為人未能按照物之使用目的而加以利用，始可論為毀損❻。又這裡所指稱的使用目的實質上可以是特定物於純粹客觀上的功能設定，或是有權之人對該物之使用取向的主觀設定❼。所以，當甲喝掉乙所收藏的葡萄酒，因為尚未牴觸該瓶酒作為食品的功能，所以不構成毀損。

⑵所有意圖犯罪與毀損罪的區分乃是取決於對特定物的「積極性利用」(positive Eigentumsausübung) 與「消極性毀損」❽。依此，當行為人純粹以毀棄、損壞等方式終局地剝奪有權之人對特定物的所有權支配地位，即不存在竊盜罪的取得所有。換句話說，竊盜罪的剝奪所有以積極性利用為前提，唯有如此始有可能論為行為人僭越所有人地位。同樣地，占為所有亦有必要表現出行為人乃是為自我（或他人）利益而取得他人之物的持有關係❾，否則

---

❺　問題意識，見 Mikolajczyk, ZIS 2008, S.19.

❻　此為德國早期的見解，例如 Listz/Schmidt, Lehrbuch des Deutschen Strafrechts, 25. Aufl., 1927, §132 II.2.

❼　例如「馬克杯」於客觀上的功能設定為飲品容器，但是不排除所有人將馬克杯充作植栽用的花盆。

❽　Welzel, Das Deutsche Strafrecht, 11. Aufl., 1969, S.341.

無法論為僭越所有人地位。

　⑶另有論者則是認為占為所有是指行為人透過物之經濟性利用 (wirtschaftlich sinnvolle Weise) 對外表現出僭越所有權人對物的支配地位，又行為人因為取得他人之物而增加自己原有的財產總額，即屬這裡所指稱的經濟性利用。如果行為人毀損或損壞所取得之物，當然也就不存在財產增額的可能性，所以應論為毀損，而非竊盜[20]。

　⑷近代有論者發展出所謂的「自己占有理論」，當行為人計畫毀損他人之物是以「視為自己所有之物而加以占有」為前提，也就是與占有相關之使用目的正好必須透過毀壞方式始能達成，如此一來，始可論為竊盜罪的占為所有[21]。例如當甲竊取乙的葡萄酒只是作為毀損的預備階段，這裡的毀損即無需以為自己占有為前提；相對地，甲竊取葡萄酒的目的在於品嚐，那麼不可避免地必須是先為自己占有該瓶酒，緊接著再飲用。此為典型的竊盜罪之所有意圖，而非成立毀損。

　綜觀各家見解的說理，第一項見解的目的概念將會因為不同人之間對於物之使用目的的主觀期待而產生相當浮動的解釋結果。另外，所有意圖乃是行為人僭越所有權人地位的心理狀態，又所有權權能的具體實踐不必然是以積極性利用或經濟性利用為前提，例如所有權人毀棄（事實處分）自己之物，所以第二、三項見解即屬不可採。整體而言，「自己占有理論」較為可採。不過，我們在這裡提出一項額外的補充理由：竊取他人之物於規範上不會使行為人轉變為所有權人，所謂的所有權侵害只能透過僭越所有權人地位的方式予以理解，所有意圖作為一項主觀不法構成要件因此即在凸顯此種侵害本質。不可否認的是，毀損確實屬於所有權人（事實）處分自己所有之物的方式之

---

[19]　見 Mikolajczyk, ZIS 2008, S.21.

[20]　OLG Hamburg MDR 1954, 697.

[21]　見 Kindhäuser, in: NK-StGB, 5. Aufl., 2018, §242 Rn.87ff.

一，然而，輔以「假設性的所有權人」㉒觀點，我們往往可以預想到所有權人應有的理性之行為邏輯，例如取得葡萄酒之後有多種可能的使用收益方式，例如收藏、贈與、飲用等。不過，當行為人自己對葡萄酒並無興趣，卻是執意飲用的話，假設換作是所有權人的立場，應當會把酒轉送他人，而非自己飲用。於此，飲用葡萄酒應論為毀損。

㈡非財產犯罪

　　一般而言，損壞或毀棄物件乃是人類各種的社會行為中帶有侵害性意義的基本型態 (Grundtyp)，又此種行為模式往往也會是實施其他犯罪的基石 (Baustein)㉓，因此在具有高度複合性的不法構成要件設計裡，毀損只不過是所有不法構成要件的其中一部分。然而，這不表示這些帶有毀損要件的分則各罪所要保護的法益兼含所有權。舉例來說：

　　⑴依刑法第 173 條放火罪之規定，放火行為的可罰條件為故意放火燒燬現供人使用之住宅或現有人所在之建物，至於燒毀的客體是否為他人所有，則非所問。即便行為人燒毀的是自己所有之物，依舊成立放火罪。或許，本罪要求特定物（住宅或建物）必須在客觀上達到燒毀的結果，保護法益終究不是所有權，而是不特定人的生命法益。換句話說，毀損本身所內含的法益侵害危險僅僅指涉到生命法益的部分，又與此種法益有關的危險創成狀態 (Gefahrbegründung) 才是放火罪唯一的應罰性基礎㉔。

　　⑵除了各部環境行政法內的附屬刑法規定外，例如水污染防治法、空氣污染防制法等，刑法第 190 條之 1 污染環境媒介罪一般被定位為核心刑法典中的環境刑法代表，其所要非難的不法內容在於行為人實施污染行為，並且

㉒　Mikolajczyk, ZIS 2008, S.23.

㉓　Mitsch, BT 2, 3. Aufl., 2015, S.207.

㉔　理論基礎，見古承宗，論不能安全駕駛罪之解釋與適用，刑事政策與犯罪防治研究專刊，第 22 期，頁 9。

造成環境媒介的污染結果。不法構成要件中所規定的環境媒介（例如水體、土壤）不只是具備物的資格㉕，而且在一些情形中也不排除是國家或個人所有而帶有他人性的特徵。即便如此，本罪的規範目的不在於保護所有權，而是保護在內容上呈現出相當複合且非定型的法益，例如從純粹生態性的角度切入，環境刑法的保護法益為「環境的完整性」(Unversehrtheit der Umwelt)，或是依據生態及人本的雙重法益觀點，所謂的環境法益則是以生態完整性為首要保護的對象，然後間接地確保生理與心理等不同面向的人類福祉㉖。更確切地說，環境媒介受有污染結果或許在具體個案中等同於毀損，只不過這裡的毀損在規範上乃是聚焦在環境法益的侵害能力，而如同前述之放火罪的規制原理，與此種法益有關的危險創成乃是行為具有應罰性的關鍵。

　　⑶野生動物保育法的保護對象為「野生動物」（野保法 3 ①）。此種生物為典型的「無主物」，無法作為毀損罪的犯罪客體。所以，宰殺或施虐野生動物的行為不構成毀損罪。相較之下，動物保護法所規定的「動物」（動保法 3），因為在個案中不見得都是無主物，仍有作為他人之物的可能性，典型者為所謂的寵物，其可視為毀損罪的犯罪客體。依此，若是殺害動物的話，不只是成立動物保護法第 25 條第 1 款宰殺動物罪，同時也會成立刑法毀損罪。這兩者行為屬於一行為觸犯數罪，依刑法第 55 條之想像競合論處。

> 【實例】甲飲酒後的血液酒精濃度達到 0.13%。在其駕駛汽車回家的途中，過彎時因為不當操控方向盤而不慎撞到停在路旁的乙車。乙車的車頭因此全毀㉗。

㉕　應注意的是，在毀損罪的規範脈絡下，「空氣」因為欠缺所謂的實體性而無法具備物的品質。

㉖　Mitsch, BT 2, 3. Aufl., 2015, S.207.; 中文文獻中有關環境法益的完整分析，可參考古承宗，環境風險與環境刑法之保護法益，收錄：刑法的象徵化與保護法益，2019 年 2 版，頁 127 以下。

較無疑問的是，甲的酒駕行為成立刑法第 185 條之 3。至於毀損罪的部分，因為甲不是故意毀損他人之物（乙車），而且刑法第 354 條沒有處罰過失毀損之規定，所以甲最終無需承擔毀損的刑事責任。然而，立法論上值得注意的是，刑法第 185 條之 3 不能安全駕駛罪的不法構成要件結構乃是參考德國刑法第 315c 條及第 316 條而制定，其中與所有權法益之保護具有直接關聯者為第 315c 條。更具體地說，德國刑法第 315c 條第 1 項的犯罪質性為「具體危險犯」，而且所欲非難的酒駕行為不只是攻擊交通安全此種超個人法益，同時也是針對個人法益，例如生命、身體、健康，以及具有顯著價值的財產等[28]。就毀損他人之物而言，一方面，德國刑法第 315c 條規定酒駕行為的刑事不法性部分源自於侵害具有顯著價值的他人財物；另一方面，同條第 3 項第 1 款為處罰過失的規定，也就是「因為酒駕而過失地招致侵害他人法益的（具體）危險」[29]。不過，如果進一步考量到「過失毀損」他人之物已經包含了「過失危害 (fahrlässige Gefährdung)」他人之物的不法內涵，也就是這兩者不法處於量上的層升關係，那麼甲實施酒駕行為且毀損乙的汽車時，從酒駕本身的危險出發，即使不處罰過失毀損他人之物，此一結果本身其實形同確認了甲之行為兼含「過失招致侵害他人之物的（具體）危險」的不法性。

---

[27] 案例援引自 Mitsch, BT 2, 3. Aufl., 2015, S.208.

[28] 參閱 Krüger, Die Entmaterialisierungstendenz beim Rechtsgutsbegriff, 2000, S.46.

[29] 原文為：有下列情形之一者，處二年以下有期徒刑或罰金：1.因過失致生第 1 項之危險者，或 2.過失犯第 1 項之罪且因過失致生該項之危險者。

、客觀不法構成要件

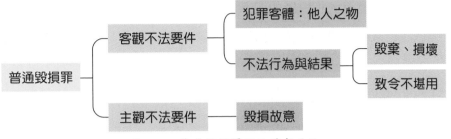

圖 7–2　普通毀損罪不法構成要件

本罪的客觀不法構成要件為「毀棄、損壞前二條以外之他人之物，或致令不堪用」，其中可進一步區分為：(1)除了他人的文書、建築物、礦坑及船艦之外，凡是屬於他人之物者均可作為毀損罪的犯罪客體。(2)考慮到毀損罪為實害犯，「毀棄」與「損壞」不只是不法構成要件行為的態樣，同時也是關於不法構成要件結果的描述❸。此外，值得注意的是，本罪的不法構成要件仍設有「致令不堪用」。就文義的理解來說，所謂的「致」內含因果性的歸責意義，也就是毀損行為與特定物所發生的不堪用狀態必須具備條件式的因果關係。由此而言，毀棄與損壞仍屬毀損行為，致令不堪用則是不法構成要件結果。

㈠犯罪客體

1.物

本罪的犯罪客體為「他人之物」。首先，刑法上的物在概念上並非絕對嚴格從屬於民法上的定義（民 66, 67），通常仍需要綜合不法行為的描述與法益侵害予以評價，例如竊盜罪之犯罪客體「動產」的解釋必須充分反映出「竊取」及「侵害所有權法益」等犯罪要素的規範意義與射程範圍。基於這樣的

---

❸ 以殺人罪為例，雖然刑法第 271 條的文義結構只有「殺人者」一句，但解釋上仍可由此區分出「殺人行為」與「殺人結果」等客觀不法構成要件。

解釋規則，考慮到毀損罪的規範目的在於保護所有權，特別是指物的完整性利益與所有權人事實上對物的使用、收益等，以及不法行為是指損壞、毀棄等行為模式，那麼與此相對應的犯罪客體有必要對外呈現出既有狀態的變化。就這點來說，毀損的對象至少要保有**實體性** (körperlich) 的特徵，否則我們無法確切評斷特定物是否現實上受有侵害。舉凡能源、電能、磁力，以及其他無法直接體覺的資料（例如儲存於電腦硬碟的資訊）等，因為其存在本身欠缺實體性的條件，所以無法作為本罪的犯罪客體。

再者，法條文義所使用的語句為他人之「物」，而不是他人之「動產」，表示這裡的物在概念上包含動產及不動產❸❶。前者為具可移動性的動產，例如摘取後的果實、汽車、書籍；後者則是不動產及其組成部分均具備作為物的資格，例如土地、土地上的農作物❸❷、停車場等。除此之外，民法上的財產地位作為「他人性」之規範依據，而且是以「行為時」作為認定基準。即便為法律禁止移轉的違禁物，例如毒品危害防制條例第 8 條第 1 項禁止轉讓一級毒品，仍然不排除其原本所保有的財產適格性❸❸。

---

❸❶ 見最高法院 92 年台上字第 6761 號判決；另可進一步比較的是，關於竊盜罪與侵害罪之犯罪客體的解釋，基於所有權犯罪體系的設定，例如以「動產與不動產」區分為「竊盜與竊佔」，而侵占沒有類似的規範結構，使得侵占客體在解釋上似乎沒有擴及不動產的空間，同時亦無必要。見本書侵占罪章的說明。

❸❷ 以「摘取果實」為例，刑法第 320 條竊盜罪的犯罪客體僅限於他人之動產，當行為人從他人果樹上摘取果實，乃是將原本屬於不動產之一部分的果實轉變為具有可移動性的動產，因此得以論為竊盜罪的他人動產。儘管竊盜與毀損同樣都是所有權犯罪，然而，竊盜罪之犯罪客體的評價模式並不適用於毀損罪。理由在於，毀損罪的犯罪客體包含動產與不動產，再加上不像竊盜罪強調物之持有移轉，而是側重於物之完整性的變更，所以摘取果實的行為應當論為對他人之不動產的攻擊，而非動產。

❸❸ Klesczewski, BT, 2016, §8 Rn.8.

【實例】滑雪場的經營者甲在白雪覆蓋的山區鏟出一條滑雪道,供作滑雪運動之用。某日,乙騎乘雪上摩托車破壞該滑雪道。

本例中乙之行為成立毀損罪的前提為「滑雪道須為適格的犯罪客體」,亦即「他人之物」。依據德國部分的實務及學說見解❸,因為滑雪道與周遭的雪地無法形成一個外觀上可得辨識的個別實體狀態,所以無法論為毀損罪所規定的物。相較之下,另有見解則是認為,即使是一些沒有明確定型的道路,或是因地板加厚而形成的街道等,其實還是保有作為物的適格性,所以沒有理由排除雪道作為毀損罪的犯罪客體❸。本書認為,後者見解誠屬正確。理由在於,毀損罪所規定的他人之物主要是以實體特徵為資格條件,至於該物件本身所具備的「表現形態」(Aggregatzustand)❸,我們能否在空間維度上為其劃定界限,或是進一步個別化而與其他物件予以區別,均非所問❸。

2.他人性

除此之外,物必須具備所謂的「他人性」(fremd)。如同物之概念的辯證,他人性的解釋同樣是連結到民法,特別是與所有權之取得或喪失有關的規定❸。從此項資格出發,我們可確定特定物的他人性僅僅取決於所有權有無的特徵,例如特定之物可是由個別所有的,或是基於共有關係(民 817, 827)而存在的所有物❸,至於該物是否保有經濟利用上的價值,或是個人偏

---

❸ BayObLG, NJW 1980, 132; Saliger, in: S/S/W-StGB, 2. Aufl., 2014, §303 Rn.2.

❸ Ladiges, JuS 2018, S.657.

❸ 特定物質受制於壓力或溫度而產生形態上的變化,例如水因高溫而變成水蒸氣,或因低溫而凝結為冰。

❸ Ladiges, JuS 2018, S.657;即便如此,亦有學說見解認為,滑雪道因為在外觀型態上仍可區分,所以得為毀損罪的犯罪客體,見 Rengier, BT I, 12. Aufl., 2010, §24 Rn.5.

❸ Weber, in: A/W/H/H-BT, 3. Aufl., 2015, §12 Rn.14.

好的價值 (Affektionswert) 等，均非所問。

> 【實例】甲發現室友乙的房間藏有數包海洛因。這些毒品是乙從製造人丙那邊所購得。某日，甲趁乙不在家時，將海洛因全數倒入馬桶並沖掉。

　　首先，我們從他人性的規範條件推導出財產權保護的意義，特別是依據民事法律關係所確定的所有權歸屬。其次，依據毒品危害防制條例第 2 條第 2 項規定，海洛因被分類在一級毒品的範疇，又依同法第 4、5 條規定，不論是製造、運輸、販賣，或是持有等行為均是可罰的。乙與丙之間針對一級毒品海洛因所為的買賣，依據民法第 71 條規定，因為牴觸刑法上的禁止規定，所以買賣契約與所有權讓與等法律行為均屬無效。基此，至少可得確定的是，乙始終沒有取得毒品的所有權。既然乙沒有取得海洛因的所有權，便無法主張民法上的使用、收益、處分等權能，似乎也就沒有侵害毀損罪之保護法益「所有權人對物於事實上的使用利益」的可能性[40]。不過，應注意的是，如同刑法第 320 條竊盜罪及第 328 條強盜罪的解釋方法，作為不法構成要件的他人之物不必然是直接被害人（即持有人）的所有物，評價重點始終是該被害人與特定物之間的持有關係[41]。換句話說，依據所有權犯罪的規制原理，特定物的持有狀態乃是對外表徵物之歸屬關係的基礎，只要持有人對特定物的持有關係因為第三人的行為介入而有所改變，亦即持有移轉，那麼從外部觀察的角度切入，即可確認物之歸屬關係從原本的持有人身上轉移到行為人這邊，又基於此種持有移轉的結果，我們得以進一步確認所有權人的所有權法益受有侵害。同樣的道理，在原持有人與特定物保有一定的持有關係下，

---

[39]　Saliger, in: S/S/W-StGB, 2. Aufl., 2014, §303 Rn.3.

[40]　應予區辨的是，這裡所有權能受有限制的對象為「買受人乙」，至於「製造人兼出賣人丙」的所有權能是否受到完全的限制，則是另一個問題。

[41]　Mitsch, BT 2, 3. Aufl., 2015, S.207.

所謂的損壞或毀棄其實亦可理解為行為人對於歸屬特定人的物件所採取的侵害手段。雖然此種由外部觀察所推得出的歸屬關係不必然等同於規範上的所有權關係，不過，最終還是可以實質連結到所有權法益的侵害結果。所以，從目前的說明來看，即使本例的乙不是毒品的所有權人，仍然不影響毒品作為他人之物的資格。

即便如此，「他人性」此項要件實質上代表著民法上所有權的分配結果（或是所有權保護的界限）[42]，特別是其中隱含著民法上財產權利應當如何分配的價值決定，因此有學說見解試著從「客觀歸責理論」切入[43]，基於法秩序一致性原則，既然民法已經明訂違反強制規定（例如毒品危害防制條例）的法律行為無效，那麼買受毒品之人既是無法取得該物的所有權，而且買賣雙方試圖透過法律行為形成一定的財產分配狀態，正好也與民法的價值體系有所牴觸。換句話說，買賣毒品的雙方對於毒品的所有權能均是依法受到限制。於此，甲銷毀毒品的行為並未涉及到所有權利益的侵害，因而屬於未製造法所不容許的風險[44]。又既然銷毀本身不帶有法所要非難的風險性，那麼也就無法進一步論為毀損罪的不法行為「毀棄」。本例的乙自丙取得毒品的持有，一方面該毒品欠缺所謂的他人性；另一方面，在民法及毒品危害防制條例的規範脈絡下，不論是丙或乙對毒品均沒有符合規範理性的財產利益。雖然甲將毒品倒進馬桶沖掉，無疑是讓物的形體全然滅失的毀棄行為，但因為乙與丙對於毒品在法律上沒有值得保護的財產利益，所以甲的行為不成立毀損罪。

然而，本文認為前述見解有再商榷的必要。理由分述如下：(1)毒品危害防制條例其實沒有完全排除製造者丙對於毒品的所有權能。雖然丙不得製造、

---

[42]　Ladiges, JuS 2018, S.657.

[43]　例如 Ladiges, JuS 2018, S.657.

[44]　Ladiges, JuS 2018, S.657.

運輸、販賣，或持有毒品，但是，毒品危害防制條例卻沒有限制「銷毀」此種事實上的處分權能。所以，丙依舊是毒品的所有權人且保有部分的所有權能。(2)如前所述，他人性的評價重點在於：「只要原持有人對特定物保有一定的持有關係，即便他自己不是所有權人，也不會影響我們對於該物具有他人性的認定。」綜此，這裡的毒品乃是他人之物，而且甲沖毀毒品的行為已經侵害了所有權人丙事實上且有限的所有權能。儘管毀損罪的主、客觀不法構成要件均已實現，但是在違法性階層，甲仍舊有可能主張刑法第 24 條緊急避難以阻卻違法 ❹。

㈡不法行為與結果

　　基於毀損罪作為典型的 「實害犯」，以及不法構成要件的文義設定等條件，毀損罪的行為與結果態樣可進一步細分為「毀棄、損壞」與「毀棄、損壞、致令不堪用」。進一步地說，不法行為似乎只有毀棄與損壞兩種行為態樣，然而，若是考慮到不法結果包括「實體性侵害的毀棄與損壞」與「功能性侵害的致令不堪用」，那麼也就表示不法行為於部分個案中應當帶有**功能性侵害的風險**，不會僅限於純粹文義上所理解的實體性侵害。換句話說，我國刑法第 354 條針對致令不堪用的部分看似採取了 「純粹結果犯 (reines Erfolgsdelikt)」 的設計，也就是法條中僅訂有結果要件，沒有明確對應的不法構成要件行為，仍舊不排除現實上行為人對特定物實施一個非屬毀棄或損壞的行為，卻是導致該物不堪使用的狀態。然而，本書認為毀損罪不必然朝向純粹結果犯的理解，因為毀棄與損壞兩者行為態樣，至少在語意既有的射程範圍內，仍有解釋為包含了功能侵害風險的空間，亦即「行為人實施一個帶有毀棄或損壞等功能侵害風險的行為，而該風險於致令不堪用的結果中實現。」總而言之，實體性的毀損行為能夠造成實體性的毀損結果，又此種結

---

❹　同此見解，例如 Mitsch, BT 2, 3. Aufl., 2015, S.207.

果亦有可能同時以致令不堪用的型態呈現；另一方面，非實體性的毀損行為則是造成致令不堪用的結果，但不會同時以實體性的毀損型態呈現。

表 7-1　不法構成要件行為與實害結果之關係

不法構成要件行為	實害結果
毀棄或損壞（實體性侵害） ----→	毀棄或損壞（實體性）
毀棄或損壞（非實體性侵害） ----→	致令不堪用（功能性）

1.破壞或變更物之實體組成

較無疑問的是，物本身之實體性的組成內容有所減少或惡化，以及該物之外在形式或內在特性產生變化等，均是典型的毀損[46]。物的實體性特徵具體形塑出其應有的形象，而藉由外部的具體塑造與形式呈現，我們可以明確指出特定物與其他物件的差異。依此，只要行為人對特定物施加身體力量以拆解原有的組成部分，結果往往是改變了該物的表現形式而可論為毀損，例如甲將他人的書本燒燬（毀棄）、使用鑰匙在他人的汽車上刮出一條裂痕（損壞），或是將他人手機摔至地上，導致螢幕破裂（損壞）。

【實例】甲朝乙身上潑灑紅色墨汁，乙穿著的純棉襯衫因而產生一大塊紅色污漬。

本例中乙的襯衫由棉製物質所共同組成。甲將墨汁潑向乙的衣服，組成衣物的物質隨即與顏色結合為一。甲之行為因為變更衣服的組成內容而成立毀損。即使乙衣服上的墨污可以使用洗潔精不費力地清洗掉，形式上仍舊構成毀損，只不過基於未達致生損害的重大門檻，所以實質上不再論為毀損[47]。相較之下，若是本例事實改成甲將礦泉水潑向乙，頂多是對衣服的表面實體產生作用，卻未明顯造成組成內容的變更，因而無法評價為毀損[48]。

---

[46]　Wieck-Noodt, StGB, 3. Aufl., 2019, §303 Rn.19.

[47]　參閱 Hecker, in: Schönke/Schröder-StGB, 30. Aufl., 2019, §303 Rn.12.

> 【實例】甲在乙餐廳煮好的大骨湯內，加入一公斤的糖。整鍋湯因此完全走
> 味而無法再供顧客食用。

概念上，毀損不盡然都是物的實體內容有所缺漏，在部分情形下，實體內容的增加仍有可能構成毀損。本例的甲在乙煮好的湯品中加入一公斤的糖，導致湯品的實體組成產生負面性的變更。也就是說，儘管實體內容有所增加，卻是由此降低了湯品本身的價值或可使用性[49]。應注意的是，毀損基本上是以行為人對特定物之實體內容所為的侵害行為，當然，我們不排除該物會因為實體損害而變成不堪使用的狀態。只不過考慮到毀損與致令不堪用僅僅是不同類型的侵害模式，若是個案中已確定成立毀棄或損壞，也就沒有必要額外論為致令不堪用。

> 【實例】甲開啟狗籠閘門，讓乙所飼養的小狗離開。相較之下，若是當天晚
> 上寒流來襲，低溫特報，小狗凍死街頭，是否會有不同評價？

本例涉及「剝奪他人之物」(Sachentziehung) 與毀損的區分。一般而言，前者是指在未侵害物之實體內容的前提下，排除該物本體或其利用可能性[50]，例如將他人機車移置其他場所，或如本例的甲開啟狗籠讓他人的寵物離開，皆不成立毀損。除此之外，只是妨礙使用目的 (zweckvereitelnd) 的剝奪占有行為，同樣也不會構成毀損，例如將他人蓄水池的擋水板移開，導致池內的水流逸而出，或是將他人之物丟棄等[51]。儘管純粹剝奪他人之物尚未構成毀損，不過，在個案中是否仍有可能成立竊盜，容有解釋空間。以本例來說，

---

[48] Klesczewski, BT, 2016, §8 Rn.9.

[49] Mitsch, BT 2, 3. Aufl., 2015, S.213.

[50] Wieck-Noodt, in: MK-StGB, 3. Aufl., 2019, §303 Rn.29.

[51] RG 11.12.1906－V 711/06, RGSt 39, 328; Wieck-Noodt, in: MK-StGB, 3. Aufl., 2019, §303 Rn.29.

甲打開狗籠讓乙飼養的小狗離開，客觀上乃是破壞乙對小狗的持有，只不過在此一行為時，因為主觀上沒有「占為所有」(Aneignung) 的意圖，所以不成立竊盜❺❷。相對地，若是小狗在離開狗籠後，因為氣候因素而凍死街頭，那麼可先確定的是，甲之破壞持有與小狗的死亡結果之間具有因果關係❺❸。又小狗之健康狀態惡化（損壞）等同於物之實體內容產生負面性的變更，所以，緊接著發生的死亡結果即可論為毀棄❺❹。簡單地說，甲既是實施了一個損壞行為，而且因此招致他人之物的毀棄結果，此為典型的毀損。

2.毀損與物之「使用目的」的評價關聯

就刑罰的正當性而言，毀損的可罰性不只有取決於法益侵害，還有必要實質考量到此種侵害正是連結到帶有否認他人人格意義的義務違反。換句話說，義務違反是指行為人未能遵守刑法上避免法益侵害的要求，而法益保護無非是此種行為義務的形塑基礎。至於義務的內容與射程範圍則是取決於我們如何定性所謂的法益（侵害）。不同於我們可以直觀地感知自己的身體、健康是否及如何受有侵害，在毀損他人之物的情形則是繫諸於個人與特定物之間的關係變化。這裡的關係一方面是指特定物在規範上先被視為所謂的財產，然後由此轉化為一項個人實現自我的外部條件；另一方面，經由物本身的實體特徵對外表徵出這樣的關係，例如物本身的可利用性、實質利用，或是美學上的具體形塑等❺❺。當然，所謂的可利用性或美學上的形塑倒不是自然創成的狀態，實際上都還有賴於人類的加工或創成程序始有形成一定的價值。毀損於規範上的意義同時兼及特定物於實體性的與功能性的減損。總而言之，

---

❺❷　Mitsch, BT 2, 3. Aufl., 2015, S.215.

❺❸　對此，有論者強調行為與結果之間於發生時序上的「直接性」關係，例如 Wieck-Noodt, in: MK-StGB, 3. Aufl., 2019, §303 Rn.30.

❺❹　Mitsch, BT 2, 3. Aufl., 2015, S.215.

❺❺　Klesczewski, BT, 2016, §8 Rn.5.

只要行為人藉由毀壞、降低功能，或是明顯變更物之外觀等方式毀損他人之物，不只是侵害了物之完整性的法益，同時也是間接否定他人的人格表現❺❻。

另外，依法條的語意設定，縱然毀棄與損壞同時被規定為不法構成要件，看似不同類型的攻擊模式，其實只是不同程度的侵害而已。毀棄與損壞兩者於概念上均是帶有負向的描述性意義，也就是所謂的「有害性變更」。所以，針對特定物的組成內容為有益性的變更，也就不屬於本罪所欲非難的毀損行為❺❼。又關於有益性或有害性的變更，多數見解認為，以特定物的實體內容是否受有影響而變得更加惡化為判斷標準❺❽。對此，應在具體個案中輔以「**物之使用目的**」(Gebrauchszweck)❺❾作為判斷基準。理由在於，⑴如前所述，物作為一種財產而屬個人實現自我的外部條件，規範上的意義不僅限於自然的實體特徵，還有價值性的利用結構；⑵所謂的「財產（權）」不只是個人實現自我的基礎條件，同時也是自由的具體表現之一，任何人得以按照自己的意思決定是否或如何使用、收益、處分財產客體。如此一來，規範上不存在純粹客觀性的毀損評價，關於物之實體組成內容的有害性變更，或是所謂的惡化，仍有必要綜合所有人的主觀利益予以觀察，也就是在實體上或精神上維持物之完整性的利益，最典型的為藝術品❻❿。總而言之，毀損所內含的有害性意義便是指向任何違反所有人之利益，藉由使用物理力的方式，導致所有物的實體內容產生有害性變更，例如刮痕、鑿刻、撕去書本的內頁、在書本內頁書寫筆記、在飲料內加入清潔劑等，或者是經由侵害物的實體內容而降低或排除其可使用性，例如拆解手錶、在機器內裝入異物、取下活頁夾內的

---

❺❻　Kleeczewski, BT, 2016, §8 Rn.5.

❺❼　Mitsch, BT 2, 3. Aufl., 2015, S.212.

❺❽　例如 Mitsch, BT 2, 3. Aufl., 2015, S.212; Weber, in: A/W/H/H-BT, 3. Aufl., 2015, §12 Rn.19.

❺❾　參閱 Otto, BT, 7. Aufl., 2005, §46 Rn.5.

❻❿　Weber, in: A/W/H/H-BT, 3. Aufl., 2015, §12 Rn.22.

某頁資料、將機器的螺絲鬆開❻。

　　除此之外，當我們額外考慮到「足以生損害」此項要件所代表的重大門檻要求 (Erheblichkeitsschwelle)，損壞也就會是指「非屬輕微」的侵害；毀棄則是達到「本質性之損壞」(wesentliche Beschädigung) 的狀態❻，受損害之物因為完全喪失功能而無法依其存在目的而繼續使用。尤其是特定物遭到徹底滅失時，等同於完全喪失其應有的使用功能，不過，我們也不排除在尚未完全滅失的情形下，同樣會產生失能效果，例如行為人破壞被害人手機的電源開關，導致其無法開機，或是將安裝於手機內的電池拆除等。

> 【實例】甲將冰箱內室友乙的芒果及室友丙的麵包當作廚餘丟棄。這兩種食品早已嚴重發霉而無法食用，乙買芒果是為了食用，但丙是生科系的學生，其任由麵包發霉則是為了培養黴菌以供實驗之用。

　　先就形式而論，不論是把麵包或芒果當作廚餘丟棄，均屬於毀損行為。然而，依據多數見解，考慮到物之組成內容是否受有侵害或惡化，應以物之使用目的是否受到侵害予以認定❻。

　　首先，較無爭議的是，任由麵包發霉的目的在於培養實驗用的菌種，即使已經達到無法食用的狀態，仍舊不影響丙對於該麵包保有一定的維持利益，甲的棄置行為因為侵害了麵包作為培養菌種之基底的目的而可論為毀損❻。

　　再者，針對芒果的部分，儘管物的經濟價值並不是判斷毀損的依據，不過具體個案中仍有必要探求所有人對於其所有物的既有狀態是否保有一定的維持利益。芒果的存在目的在於供人食用，既然乙的芒果嚴重發霉而無法食

---

❻　整理自 Rengier, BT I, 12. Aufl., 2010, §24 Rn.8.

❻　Weber, in: A/W/H/H-BT, 3. Aufl., 2015, §12 Rn.16; Wieck-Noodt, in: MK-StGB, 3. Aufl., 2019, §303 Rn.19.

❻　Hoyer, in: SK-StGB, 8. Aufl., 2011, §303 Rn.14.

❻　Mitsch, BT 2, 3. Aufl., 2015, S.211–212.

用，也就是表示乙對於該水果其實已經不存在任何的維持利益，甲的行為看起來或許是毀損，然而，因為實質上並未侵害乙的維持利益，也就是沒有影響該物的使用目的，所以，棄置行為本身沒有製造毀損罪所不允許的風險，而不屬於本罪所欲非難的毀損行為。附帶一提，與前述的銷毀毒品案例相比，不論是對於毒品或芒果，所有人同樣都保有一定的處分權能，特別是自行銷毀的部分，因此銷毀毒品及芒果之行為乃是破壞特定物的完整性，並且由此侵奪所有人於事實上的權能地位（即侵害所有權）。即便如此，兩者仍有差異的地方在於，從使用目的來看，毒品所有人對於毒品始終具有事實上的維持利益，但芒果所有人卻是已經沒有維持利益。前者仍舊構成毀損，只不過在違法性層次討論是否具備阻卻違法事由，至於後者則是在構成要件該當性層次否認銷毀行為的毀損適格性。

3. 有害性變更

就實務的意義來說，關於毀棄與損壞的區分並不是如此容易，而且法條規定為不同類型的攻擊模式似乎也沒有顯著的必要性，尤其是從犯罪的發展歷程來看，損壞本質上實為毀棄的未遂階段，只要立法者將兩者規定為不同類型的攻擊模式，原本屬於未遂的損壞反而在概念上轉變為毀損的既遂，也就是「未遂的毀棄」等同於「既遂的損壞」[65]。再者，不論毀棄或損壞都是讓特定物的實體內容形成有害性變更，若是再考慮到此種變更的判斷以物的「使用目的」為基準，那麼即便沒有減少物之組成內容的數量，例如污染水體、衣物上沾污，或是在他人的畫作上塗鴉等，仍可構成毀損，或如在特定物的組成零件被個別地拆解下來，而且拆解部分都維持在完好狀態的情形，例如汽車的輪胎、車燈、引擎等，同樣屬於毀損。

另一方面，我們於解釋毀損時使用所謂的「有害性」概念，目的無非是

---

[65] Weber, in: A/W/H/H-BT, 2. Aufl., 2009, Rn.17.

強調受有損害之物仍有再一次被毀損的可能性，例如甲將乙的書本內頁撕去數頁之後，丙又再撕去一頁或整本燒燬。值得注意的是，如果特定物已經處於受有損害之狀態，而此狀態正是為了後續修繕所必要的過程，亦即「對於讓物變得更好而言，有害性變更是必要的」 **⑥** ，考慮到該物件於此一階段確定喪失原有的功能，那麼在此前提之下將其損壞的話，實質上即不會論為本罪所欲非難的毀損。然而，有些歷史遺跡乃是刻意保持原有的殘破狀態以供人紀念或研究之用，若是擅自將此等狀態予以維修的話，因為牴觸了此等遺跡的存在功能而應論為成立毀損**⑥**。

【實例】乙的汽車因為車身有多處刮傷，所以委託車廠將車身全部重新烤漆。該車於車廠內等待烤漆之時，甲持小刀再額外劃出數道刮痕。隔日，丙持球棒對車頭敲打出數個凹洞，板金因此必須更換。

基本上，受有損害的物件仍有再度被侵害的可能，例如先在他人汽車上使用鑰匙刮出一條裂痕。在此之後，同樣使用鑰匙在該車刮出數條裂痕。相對地，若是該車因為刮痕而處於等待修理的狀態，那麼在此一修繕基礎之上，行為人額外施以損害行為，並且略為增加既有損害的狀態，則不屬於本罪所欲非難的毀損**⑥**，典型者為本例中的甲額外劃出數道刮痕。換句話說，唯有「累積性」 **⑥** 的毀損降低物的可利用性 (Minderung der Gebrauchsfähigkeit)，始有論為毀損之可能**⑦**，例如丙敲打出凹洞，若不更換車頭板金，乙勢必無法基於一般性的使用期待駕駛汽車。

---

⑥   Mitsch, BT 2, 3. Aufl., 2015, S.211；另有論者認為此可解釋為「欠缺足以生損害於公眾或他人」，參閱薛智仁，毀損古蹟罪，台灣法學，192 期，頁 185。

⑥   Hoyer, in: SK-StGB, 8. Aufl., 2011, §303 Rn.12.

⑥   Wieck-Noodt, in: MK-StGB, 3. Aufl., 2019, §303 Rn.19.

⑥   僅參閱 Hoyer, in: SK-StGB, 8. Aufl., 2011, §303 Rn.9.

⑦   Wieck-Noodt, in: MK-StGB, 3. Aufl., 2019, §303 Rn.19.

【實例】甲將房子賣給乙。在所有權讓與之後，屋內地板內部有多處發霉。
　　　　甲拆除舊的地板，並且加以翻新，但乙卻是認為甲之行為係屬毀損。

　　就此例來說，德國帝國法院採取所謂的「折算理論」(Saldotheorie)❼。
在房屋整修的過程，「拆除」與「新裝」均屬於整修的必要程序。若是欠缺其
中一者，勢必難以想像如何達到最終的整修目的。依此，關於特定物是否受
到毀損，我們不能只是從客觀與經濟性的角度予以評價，而是應當綜合所有
人的利益及物之使用目的，始能確定。更進一步地說，帝國法院認為物之損
害在概念上無法與財產損害劃上等號，尤其是物損不必然包含財產總量的減
損❼。舉例來說，我們不排除被害人的財產總量因為行為人的行為有所增加，
不過卻是產生了物損效果，例如前述的在餐廳煮好的湯品中加入大量的糖。
基本上，德國帝國法院將毀損限制在變更物的組成內容，而在這樣的預設前
提下，不論是所有人利益及使用目的，或是物損與財產總量之評價關聯的論
證，均值得贊同，只不過折算理論的應用卻有可能不當地忽略了原本屬於阻
卻違法階層的承諾問題❼。

　　也就是說，一方面，若是木質地板腐蝕已經達到不堪用的程度，行為人
將其拆除的話，形式上看起來構成毀損，實質上卻沒有侵害所有人的利益，
因此不構成毀損；另一方面，若是還沒有達到不堪用的狀態，行為人將地板
拆除的正當性依據乃是「得被害人承諾」。無論如何，在欠缺被害人承諾的基
礎之上，行為人不會因為事後裝上新的地板而排除先前拆除行為的不法性。
除此之外，折算理論實際上是誤把不法構成要件行為的定性連結到裝修結果

---

❼　RGSt, 33, 177; Weber, in: A/W/H/H-BT, 2. Aufl., 2009, §12 Rn.22.

❼　RGSt, 33, 180；應注意的是，這裡的說理不等於毀損之評價必須取決純粹個人的審
　　美觀。

❼　類似的思考路徑，例如 Rengier, BT I, 12. Aufl., 2010, §24 Rn.14.

最終是否成功或失敗的偶然因素：倘若地板新裝成功的話，排除原先拆除行為的毀損適格性；相反地，換作是新裝失敗的話，則是肯認拆除行為的毀損適格性。簡單地說，這套理論不當地從行為結果的正向或負向評價，回溯地決定某個人類行動是否為刑法上可非難的不法行為。

4.所謂的「致令不堪用」

(1)擴張解釋的恣意性

從比較法的角度來看，德國於 1962 年的刑法修正草案將「醜化」、「致令不堪用」、「毀棄」、「損壞」四者同列為毀損的行為模式。值得注意的是，雖然致令不堪用通常表現在將物拆解的情形，但是考量到概念本身的外延很廣，因此有可能導致無止盡的擴張解釋[74]。形式上，德國現行的毀損罪最終沒有採納 1962 年的修正版本，卻有可能因為採取所謂的物之價值理論 (Sachwerttheorie)，而把致令不堪用的思考實質導入現行法的解釋脈絡中。更具體地說，德國部分的實務見解從物本身的特殊使用價值切入，把降低或排除物的可使用性視為一套補充的判斷標準，藉此放寬原本適用上顯得過於限制的實體理論，也就是毀損必須限於物之實體內容受有侵害。又依據價值理論的原旨，毀損可區分為「拆解」(Zerlegen) 與「侵害物之實體組成」兩種侵害模式[75]。只不過隨著致令不堪用在概念上逐漸朝往「降低或排除使用價值」的理解方向靠攏[76]，甚至是把致令不堪用與所謂的「功能妨礙」(Funktionsbeeinträchtigung) 劃上等號時，侵害實體組成內容反而不再是成立毀損的必要條件，例如「將機器的電源關閉」與「將機器的電源零件拆除」，均會產生機器無法運作的效果。應注意的是，倘前者在沒有損害物之實體內

---

[74] Weber, in: A/W/H/H-BT, 3. Aufl., 2015, §12 Rn.23.

[75] 明確採取此套理論者，例如 Rengier, BT I, 12. Aufl., 2010, §24 Rn.8.

[76] 例如 RGSt 20, 182; BayOLGSt 1, 195.

容的狀態下，仍舊可以成立毀損，刑事不法的射程範圍勢必顯得毫無限制。

儘管 1962 年德國的刑法修正草案最終沒有獲得通過，致令不堪用與毀壞的區分爭議依然反映在德國當代的司法實務上，例如有見解採取所謂的（使用）價值理論，認為行為人在汽車的擋風玻璃貼上大片的反光板，行經設有測速照相機的路段時，照相機因為車身反光而拍得過曝的照片，此乃致令照相機不堪用的結果，應論為毀損⓱；相反地，另有見解則是認為，行為人在測速照相機上的鏡頭塗抹芥末醬，只不過是一種「純粹的功能妨礙」，尚未構成毀損⓲。除了此項爭議之外，過度強調使用價值面向的評價觀點，則是有可能推導出「在他人外牆上塗鴉」不構成毀損的結論，例如德國聯邦最高法院即認為，因為塗鴉行為沒有明顯侵害牆壁之組成內容或降低其可用性，所以無法論為毀損⓳。

(2)當前的解釋標準

無論如何，當前學說趨向一致的見解是，若是行為人沒有就物的實體部分施以直接作用⓴，卻是產生降低或排除物之可利用性的效果，即無法論為毀損㉑。換句話說，「對物施以作用」與「致令不堪用」兩者必須是累積性地發生，由此進一步導致毀損結果㉒，例如使用電擊方式將動物殺死、將電器零件拆解等；若是欠缺前者的話，也就不會成立毀損，例如透過中斷供電方式而使電器無法運作。此外，較無爭議的是，特定物本身承載著特殊的美學

⓱ OLG München; 批評，見 Kudlich JA 07, 74 f., Mann NStZ 07, 271 f.（反對理由同前註）

⓲ OLG Stuttgart, NStZ 1997, 342.

⓳ BGHSt 29, 129; 不同見解，例如 Maiwald, JZ 1980, S.256.

⓴ 應強調的是，這裡的「直接作用」非指改變物的實體組成。

㉑ 例如 Hecker, in: Schönke/Schröder-StGB, 30. Aufl., 2019, §303 Rn.12; Mitsch, BT 2, 3. Aufl., 2015, S.215; Wieck-Noodt, in: MK-StGB, 3. Aufl., 2019, §303 Rn.42.

㉒ Hoyer, in: SK-StGB, 8. Aufl., 2011, §303 Rn.8.

意義時，例如藝術畫作，牆面設計等，改變其外在表現之行為屬於致令不堪用[83]。

(3)特殊問題：「外牆塗鴉」為毀壞或致令不堪用？

然而，在他人外牆上塗鴉是否構成毀損罪的致令不堪用，學說上則有相當歧異的見解。整體而言，不論是在外牆塗鴉，或是在他人衣物上潑灑墨汁，成立毀損的評價關鍵終究還是「**物之實體組成是否受有侵害**」，又此項標準實際上在於確認行為是否構成毀棄或損壞，而非致令不堪用。首先，較無爭議的是，如果顏料遇到雨天或使用清水沖灑，既是無傷牆面，而且亦可輕易褪去的話，不會構成毀損。其次，如前所述，作為衣物成分的纖維與墨汁融合之後，因顏色產生變化而構成毀損。同樣的道理，關於外牆塗鴉的毀損評價，仍有必要考量行為人所使用的漆料是否與牆壁之組成有所結合。不同於此，有部分的學說見解則是提出另一套判斷標準，也就是「有權之人是否需要耗費顯著的費用與時間成本」[84]。本書認為，犯罪評價上仍以「物之實體組成是否受有侵害」此項命題為必要，至於是否耗費顯著的費用與時間，則非所問[85]。雖然在客觀經驗上，我們不排除耗時且費工的清潔方式會連結到物的實體內容受有侵害，不過卻不是必然伴隨的現象。舉例來說，甲使用顏料把客運車窗塗上深色油漆，防止陽光透進車內。此種顏料必須借助特殊的清潔劑才能夠洗淨，不只耗時，而且也相當費工，但是不會傷害車窗材質。如果接受耗費顯著的費用與時間成本作為毀損的判斷標準，無異是承認單純違反所有人意思而變更物的狀態 (Zustandsveränderung)[86]即成立本罪，例如放生他人飼養的寵物、在他人住處門口擺放盆栽而變更景觀，將他人撰寫論文期間在參考的外文書籍中所黏貼的便利貼撕去而使其不易尋得該註記所欲引用

---

[83] Hecker, in: Schönke/Schröder-StGB, 30. Aufl., 2019, §303 Rn.11.

[84] Hecker, in: Schönke/Schröder-StGB, 30. Aufl., 2019, §303 Rn.8c.

[85] 同此結論，例如 Wieck-Noodt, in: MK-StGB, 3. Aufl., 2019, §303 Rn.45.

[86] 完整的分析與批評，可參考 Klecsczewski, BT, 2016, §8 Rn.14.

之段落，或者是將圖書館中的藏書移至不易尋得的位置等。為了避免恣意擴張毀損罪的解釋與適用，只要物（例如車窗、外牆）的組成內容沒有受到影響，即使清理油漆耗時且費工，仍然不成立毀損[87]。另一方面，如果案例事實變更為甲在乙住宅外牆噴漆塗鴉。乙必須使用特殊的清潔液始能將塗鴉清除，而且該液體具有侵蝕外牆之效果。縱然塗鴉可以被完全清除，但牆面仍會留下許多腐蝕痕跡。因為牆面的實體內容終究受有侵害，所以甲在乙的外牆塗鴉構成毀損。

【實例】甲為了抗議政府未能妥善解決勞資問題，便將數十桶廚餘放置於公路上。為了清除此等障礙物，該路段被封鎖將近一個小時。

本例中甲的行為方式為「在特定物上附加上其他物件」。類似案例為前述之在他人門口擺放盆栽，或是在他人牆壁塗上顏料等。先以形式而論，公路作為交通往來媒介的功能受到影響，由此似乎可推得出致令不堪用的結論。然而，甲之行為只不過是單純地在公路上堆疊其他物件，一方面，既不像是在他人煮好的湯品加入過多的糖，導致湯品內容產生變化，所以，公路的實體組成不會因為置放了數十桶的廚餘而產生變化；另一方面，堆放廚餘桶並非是對公路施以直接的作用，因此未能滿足構成致令不堪用的累積性條件。即使排除廚餘桶需耗費顯著的費用與時間成本，但不會因此即改論為構成致令不堪用。綜此，堆放廚餘桶僅屬暫時性的功能妨礙，甲之行為不構成毀損。

【實例】甲把乙機車的輪胎放氣。乙因而無法使用該車。

輪胎內的氣體不屬於輪胎的組成內容，將其放氣的話，無法論為侵害機車之實體。即便如此，機車還是有可能基於「漏風」因素無法移動，而使既有的可利用性有所降低，或是被完全排除，因此論為「致令不堪用」[88]。但

---

[87] OLG Köln StV 1995, 593; BayObLG StV 1997, 81.

應注意的是，當機車停放處的附近設有充氣設備，例如加油站、機車行等，形同被害人得以毫不費力地將輪胎再度充飽氣。如此一來，雖然甲之行為在形式上符合致令不堪用，仍舊未達到足生損害的重大門檻，實質上就不再視為本罪所欲非難的毀損❽。相較之下，若是案例事實更改為甲使用小刀在乙的機車輪胎上劃上一刀，那麼即屬侵害輪胎之實體內容，此為典型的「損壞」。

5.重大門檻條款：足以生損害

依據本罪的「足以生損害」要件，只要個案中出現侵害相當輕微的毀損，即可理解為行為本身尚未超越容許風險 (Erlaubtes Risiko) 的界線，因而排除該行為作為不法構成要件行為的定性。換句話說，因毀損行為而製造的法益侵害風險實質轉向於：「毀損行為具有導致特定物的實體內容或功能產生顯著變更的能力。」再者，就立法技術而言，立法者是把原本屬於結果不法的問題提前至行為不法的範疇予以解決，又重大門檻條款的反面詞義為「微量原則」❾，此種原則基本上涉及到法益侵害危險的量化結果，以及由此衍生的不法程度問題。所以我們也可以說，重大門檻或微量原則均是圍繞在不法行為本身的危險程度，而此與客觀處罰條件意指獨立於不法行為的刑罰條件有所不同。即使行為人所實施的毀損形式上實現了第 354 條的客觀不法構成要件，但是考慮到僅有相當少量的法益侵害危險，所以實質上透過「未達足以生損害」否定該行為的不法性。

---

❽ BGHSt. 13, 207.

❽ Hecker, in: Schönke/Schröder-StGB, 30. Aufl., 2019, §303 Rn.12.

❾ 例如刑法第 190 條之 1 第 8 項。

四、主觀不法構成要件

行為人必須於主觀上具有毀損故意，亦即對於毀損行為有所認識，以及對毀損結果有所意欲。這裡的故意包含直接故意與間接故意。「足以生損害」僅是不法量化的規範技術，規範目的在於界分「應罰」與「不罰」的毀損行為。換句話說，微量的侵害結果形同行為本身帶有低度的不法內涵，刑事政策上因而例外地不予處罰。於此，行為人於行為時的故意是否對應到足以生損害，即非所問。

參、毀壞建築物罪

一般而言，本罪的主、客觀不法構成要件與刑法第 354 條沒有太大的差異，解釋方法亦有延續性。所謂的毀壞是指毀棄或損壞，適格的犯罪客體則是列舉「建築物」、「礦坑」、「船艦」三者。值得注意的是，不同於刑法第 321 條第 1 項第 1 款之加重竊盜罪將犯罪客體限於「住宅或有人居住之建築物或船艦」，亦即「有居住事實之建築設施」[91]，立法者應是傾向於認為本罪的犯罪客體不以客觀上存有居住事實為前提。

儘管如此，如果我們要把一般性的毀損行為提高刑度，仍需要一項額外的正當化事由，例如毀壞建築物、礦坑及船艦將會限縮個人之既有的生活方式或條件。舉例來說，甲在機場（建築物）放置炸彈並且引爆，導致許多班機無法按時起降，旅客因此必須取消行程。就此例來說，除了破壞建築物的完整性之外，現實上不排除也有可能造成「非實體利益」(immaterielle Güter) 的侵害結果，尤其是這些利益無法事後予以衡平的，例如時間、生活興致等[92]。不過，這樣的說理有再商榷的必要。理由在於，除了機場建築體之外，

---

[91] 進一步的說明，可參考本書「加重竊盜罪」。

[92] Mitsch, BT 2, 3. Aufl., 2015, S.218.

若是換作甲破壞飛機結構，飛機被迫返航維修，也會影響旅客的行程興致及時間安排等，這些非實體利益同樣會受有侵害。如此一來，立法者將本罪的犯罪客體限於建築物、礦坑及船艦，刑事政策上即顯得相當不合理。所以，唯一可能的加重理由應當是，在毀損建築物、礦坑、船艦的情形，因為不定時有人員在內從事活動，所以除了破壞物的完整性之外，額外產生不特定人之生命、身體、健康的侵害危險。

此外，本罪的不法構成行為至少須是「局部毀棄」(teilweise Zerstörung) 建物、礦坑或船艦，不能只是毀棄此等犯罪客體的組成部分 (Zerstörung des Teils)[93]。更具體地說，前者是指從犯罪客體的整體性進行觀察，局部毀壞的結果導致其喪失重要的功能，例如礦坑入口遭到毀損而崩壞，礦坑內的工作人員因此受困，而坑外的營救人員無法進入。後者則是客體本身雖然受到損壞，但是並未因此喪失功能，例如建築物的大門玻璃遭人持石塊擊碎，但不影響任何人進出該建物之可能性[94]。

肆、毀損文書罪

如同毀損建築物罪，本罪的主、客觀不法構成要件與刑法第 354 條基本上沒有太大的差異，解釋方法亦有延續性。不過，就規範體系的安排來說，毀損文書規定於毀損罪章，而非偽造文書罪章，表示立法者有意將毀損文書的保護法益聚焦在「個人財產」（即物之完整性利益）的層面，至於文書在受有毀棄或損壞之後，是否因而影響文書本身所承載的證明法律交往關係之功能，則非所問。另以刑度的設定來看，本罪同樣涉及他人之物的毀損行為，但是處罰卻比刑法第 354 條毀損罪還重，所以後者應當是前者的加重構成要

---

[93] 參閱 Mitsch, BT 2, 3. Aufl., 2015, S.218; Weber, in: A/W/H/H-BT, 3. Aufl., 2015, §12 Rn.31.

[94] 參閱 Mitsch, BT 2, 3. Aufl., 2015, S.218.

件。再者，本罪的犯罪客體同時兼及「文書」與「物」的組成特徵，又偽造文書罪章所規定的文書乃是刑法上文書概念的形塑基礎，所以，當我們在不同的罪章使用相同的概念時，在具體個案的適用上即有必要予以釐清：既有的基礎文書概念於毀損罪章應有的解釋方法。

【實例】房東乙欲將屋內的雅房承租給丙。租賃契約之約定內容雖已填妥，但契約雙方仍未簽名。房客甲為阻止丙承租該房間，趁乙、丙簽約時，突然將該份契約撕毀。試問甲之行為是否構成毀損文書（刑352）？

本例中的租賃契約已填具約定內容，尚未交由雙方當事人簽名。換句話說，該契約書具備「文書」所需之穩固性與證明性等組成要素，不過卻是欠缺名義性。這裡有問題的是，甲所撕毀的契約書得否論為毀損文書罪的文書？首先，部分的實務見解認為，若是損壞文書未達足生損害他人之效果者，則非屬毀損文書行為，亦即「所謂毀棄，指毀滅或拋棄而根本使文書不存在，所謂損壞，係指損害破壞文書，使文書之外形為之改變，並減低文書之效用而言。查被告將上開**協議書及本票**撕毀，並將部分碎片沖入馬桶銷毀，……是被告之行為確符合毀棄文書之定義，且足以生損害於告訴人❾❺。」只不過不甚清楚的是，這裡所提及的減低文書效用，到底是僅止於侵害一般性的文書使用利益，還是有意指向文書的證明或擔保功能受有妨礙。相對地，另有實務見解則是採取較為寬鬆的解釋，也就是只要表現出一定之思想或內容者，即屬文書，例如行為人撕毀的**海報及布條**，均寫有「〇〇宮請遠離本社區」，即屬違犯刑法第 352 條之毀損文書罪❾❻。簡單地說，這樣的論理似乎只有強調文書的穩固功能，至於證明或擔保等功能❾❼，則非所問。

---

❾❺　臺灣高等法院 103 年上易字第 211 號判決。

❾❻　臺灣高等法院 105 年上易字第 2640 號判決。

　　除此之外，有學說見解試著將本罪的文書型態細分為兩大類❾❽：一者為廣義的文書，例如除了能夠表示一定意思或觀念的有體物之外，凡是能夠在紙上或物品上以文字、符號、圖畫等，依習慣或特約，足以表示用意之證明者均屬之；二者為以偽造文書罪的文書作為解釋基礎，具備證明權利義務關係或事實之功能的文書，即屬本罪的犯罪客體。只不過尚未製作完成的文書，因為不足以產生損害於公眾或他人的效果，所以應予排除。相對地，部分的見解則是認為，毀損文書罪的文書概念與偽造文書罪的文書相同，均指意思表示記載於有體物上，而且具有法律交往的證據價值與權利義務的內涵❾❾。

　　雖然本書同樣肯認偽造文書罪與毀損文書罪的「文書」應有相異的解釋取向，只不過理由不同於前述的實務與學說見解：

　　⑴一般而言，偽造文書罪章之規範目的在於保護「文書證明法律關係的安全性與可信賴性」 (Sicherheit und Zuverlässigkeit des Beweisverkehrs mit Urkunden)；相較之下，毀損罪則是在保護「物的完整性利益」。一方面考慮到不法構成要件必須在語意的理解範圍直接或間接反映出法益受有危害的意義；另一方面，文書同屬偽造文書罪與毀損罪的行為客體，不法行為施於行為客體的現實作用因而有必要對外表現出法益危害的關聯性。依此，普通毀損罪的「他人之物」以實體性為特徵，至於偽造文書罪的「文書」則是以穩固性、證明性與擔保性為組成內容。即便如此，倘若只有考量「普通毀損罪」的規範體系，因為他人之物乃是文書的上位概念，所以文書的穩固性應論為構成他人之物的必要條件，證明性與擔保性則是充分條件。

　　⑵偽造文書罪的非難重點在於，偽造文書而使他人誤認製作文書之人（即名義人）為特定範圍內的法律關係承擔責任。就這層關係來說，與製作人密

---

❾❼　文書的組成要素為穩固性、證明性、擔保性。僅參閱 Küpper/Börner, BT I, 4. Aufl., 2017, S.183–185.

❾❽　見甘添貴，刑法各論（上），2013 年 3 版，頁 399。

❾❾　林東茂，刑法綜覽，2016 年 8 版，頁 2–222。

切相關的擔保性要素並不會影響毀損文書罪的文書定性。若進一步比較普通毀損罪與毀損文書罪的規範結構，儘管文書作為他人之物的必要條件只有穩固性，但不可忽略的是，既然立法者已經在毀損罪章將毀損文書行為獨立規定，也就表示毀損文書罪的文書仍然以具有穩固性為必要。即便如此，因為規範目的無關證明法律關係之可靠性與安全性，所以也就無需滿足擔保性的特徵。換句話說，為了兼顧偽造文書、普通毀損、毀損文書等罪之間的適用協調，毀損文書罪的文書只要兼及穩固性及證明性等特徵，即為已足，至於擔保性僅為構成文書的充分條件❿。

綜上說明，針對前述實務見解中所提及的協議書、本票、海報等，前二者因為具備穩固性、證明性與擔保性而屬於文書，應無疑義；相對地，海報只有穩固性的特徵，所以不屬於文書，頂多為普通毀損罪的犯罪客體。

伍、詐術毀損罪

首先，應予辨明的是，從所有權犯罪的體系設定切入，本罪的保護法益與普通毀損罪同樣都是「物之完整性利益」，或是更具體的「所有權人事實上對物的使用利益」(Gebrauchsnutzen der Sache)。所以，我們不會只是因為客觀不法構成要件訂有施用詐術，便將犯罪本質轉向理解為侵害整體財產。簡單地說，本罪的犯罪結構始終是「他損性的」所有權犯罪，而非自損性的整體財產犯罪。如此一來，關於施用詐術使他人為財產處分的立法技術，實質上只不過是把「毀損罪之間接正犯」明文規定在各罪的不法構成要件而已。原本屬於不法歸責層面的間接正犯❿轉變為以法益保護為導向的禁止規範。

---

❿ 這裡請注意的是，筆者早期的見解（見古承宗，重新檢視擅自重製罪之解釋與適用，收錄：刑法象徵化與規制理性，2019 年 2 版，頁 312）已有變更。

❿ 間接正犯所欲處理的問題是，我們基於何種條件能夠將他人（即幕前者）所實現的不法（風險製造與實現）歸責到幕後者。相對地，在刑法第 355 條的解釋與適用，原本屬於幕後者之人即是本罪的行為主體，又施用詐術本身屬於違反行為規範的風

依此，施用詐術原本屬於幕後者（即本罪的行為人）形塑意思支配的歸責基礎，在本罪反而變成違反禁止規範的不法構成要件行為；另一方面，類似於定式犯罪的設定，本罪的詐術行為必須與（他損性的）被害人處分財產及財產損害之間具有因果關係與客觀可歸責性。

其次，考慮到本罪依舊被劃歸在所有權犯罪的範疇，所謂的使本人或第三人為財產上之處分即有必要限縮在「事實上的處分行為」，例如移轉占有⑩、毀棄等，至於其他形成債權債務關係，或是造成權利之得喪變更的法律行為，則不在本罪的規制範圍內。值得注意的是，客觀的不法構成要件已經訂有財產損害，而且主觀的不法構成要件也訂有意圖損害。推測當初立法之時，立法者應當是有意賦予這兩者相異的不法意義，否則都解釋為物之完整性受有侵害，主觀不法要件勢必顯得相當多餘及欠缺形塑本罪不法的功能。為了能夠充分凸顯出這兩項要件分別於客觀不法與主觀不法的規範意義，作為客觀不法構成要件的受有財產損害既然已經定調在事實上處分的解釋，那麼主觀不法構成要件的意圖損害則是朝向「經濟價值減損」的理解，始為妥適。

附帶一提的是，這裡的損害意圖不像竊盜罪的所有意圖作為一種以目的為導向的意欲 (zielgerichtes Wollen)，而是只要達到「間接故意之程度」即可，也就是行為時預期到將會造成他人之財產價值有所減損。

險製造行為。

⑩ 因為立法者將本罪的客觀不法構成要件規定為處分財產，而非毀損，所以即便採取限縮的解釋，也難以把行為類型絕對限制在毀損的部分。而在移轉占有的情形，基於不法所有意圖，並且利用意思支配地位而使他人移轉物之占有，原本是成立竊盜罪之間接正犯。然而，我們不排除在幕後者欠缺不法所有意圖的情形下，則是改論為成立本罪。如此一來，刑法第 355 條不再是嚴格意義下的毀損罪之間接正犯，而是某種程度上具有填補「非成立竊盜罪之間接正犯」的處罰漏洞。

陸、侵害債權罪

、保護法益與身分犯

　　侵害債權罪的規範目的在於確保債權人透過強制執行程序，從債務人的財產滿足其實體法上的請求權❿。更確切地說，保護法益為債權人之請求權於現實上的實現可能性⓯，本罪因此應被劃歸在「侵害個人之整體財產」的犯罪體系⓰。又法益所受之攻擊僅止於抽象的財產危險階段，無需產生法益侵害結果。雖然法條中訂有毀壞、處分、隱匿財產等結果要素，不過這些只是對外凸顯出法益侵害危險的事實狀態而已，終究不是所謂的實害結果。另一方面，本罪的犯罪結構為典型的「截斷結果犯」⓱，原本屬於客觀不法的財產損害結果已經被移置為主觀不法的損害意圖（即「溢出的內在傾向」），由此可進一步確定抽象危險犯的類型特徵⓲。總而言之，我國立法者將侵害債權罪的不法構成要件安排在所有權犯罪的毀損罪章，顯然是規範體系上的誤植。

---

❿　Hoyer, in: SK-StGB, 8. Aufl., 2012, §288 Rn.1–2；另見最高法院 109 年台上字第 1526 號刑事判決。

⓯　僅參閱 Otto, BT, 7. Aufl., 2005, §50 Rn.12；針對這裡所強調的「實現可能性」，有論者將本罪的保護法益定位在債權人基於程序法規定而形成的權利地位，據此有權干預債務人之財產，又此種程序法上的權限本質上乃是一種具有財產價值的特殊權利。見 Gaede, in: NK-StGB, 5. Aufl., 2017, §288 Rn.2.

⓰　Mitsch, BT 2, 3. Aufl., 2015, S.887; Heinrich, in: A/W/H/H-BT, 3. Aufl., 2015, §16 Rn.32; Hoyer, in: SK-StGB, 8. Aufl., 2012, §288 Rn.3.

⓱　Hoyer, in: SK-StGB, 8. Aufl., 2012, §288 Rn.2.

⓲　誣告罪有類似的犯罪結構設計，見古承宗，誣告罪之保護法益與構成要件解釋，收錄：刑法之理論與釋義㈠，2017 年，頁 181–182。

除此之外，本罪適格的行為人必須是「個人財產將面臨強制執行之人」，犯行本身因此具備「特別犯」（或身分犯）[108]的特徵，又此種釋義學上的主體定位將會連動到犯罪參與的犯罪評價問題，例如刑法第 31 條規定的擬制共同正犯。更具體地說，犯罪主體的資格必須兼具下述兩種非由刑法領域所累積形塑的特徵：(1)作為強制執行的目標主體（或稱「執行債務人」）；(2)本身即為財產所有人，個人財產為強制執行之標的。由此進一步確認行為人正是「實體法上的請求相對人（即債務人），並且為強制執行的對象」[109]。單就這點來說，本罪之行為人與被害人之資格均是取決於實體法上的意義，刑事法院不必然受民事判決之拘束，反而允許（且必須）審視該判決內容是否與實體法上之法律地位相符[110]。

【實例】甲對乙負有一百萬元債務，且民事法院判決乙勝訴。甲拒絕償付，乙便持該份民事判決聲請對甲所有之汽車為強制執行，甲及時將該汽車處分。

本例中的甲確定滿足了本罪的主體資格要求，以及實現其他的不法構成要件，因為甲既是強制執行標的的財產所有權人，同時也是相對於實體法上之給付請求的債務人。相對地，若是將案例事實更改為甲實際上已經償付一百萬元，只不過在訴訟上無法對此提出有利證明，因而受到敗訴判決。乙事後持該份民事判決聲請對甲之財產為強制執行。在此種情形下，甲欠缺必要的主體資格，所以無法作為適格的行為人[111]。理由在於，儘管甲之財產在程

---

[108] Gaede, in: NK-StGB, 5. Aufl., 2017, §288 Rn.4; Heinrich, in: A/W/H/H-BT, 3. Aufl., 2015, §16 Rn.39.

[109] 參閱 Mitsch, BT 2, 3. Aufl., 2015, S.889.

[110] Gaede, in: NK-StGB, 5. Aufl., 2017, §288 Rn.1; Heinrich, in: A/W/H/H-BT, 3. Aufl., 2015, §16 Rn.34.

[111] Mitsch, BT 2, 3. Aufl., 2015, S.889.

序法上面臨強制執行，但在實體法上卻是存有疑問的，因為甲既然已經償付乙一百萬元債務，表示乙在實體法上已經沒有請求基礎。換句話說，本罪規定之債權人為實體法意義的有權之人 (Berechtigte)，而非執行程序上之形式的有權發動程序之人 (Befugte)⑫。

 、不法構成要件之解釋

㈠強制執行之際

「強制執行之際」一般是指強制執行「即將發生」或「已經開始」⑬，但不包括確保請求權獲得實現的自助行為（民 151）。即便如此，債權人依法實施自助行為仍可視為即將採取強制執行程序的「間接證明」(Indiz)⑭。另外，關於即將發生之判斷必須綜合個案中明顯易見且具有說服力的情境條件，以確認債權人確實有接著採取強制執行手段之意思。即使債務人有意在強制執行之前履行債務，仍舊不影響強制執行即將發生之認定，充其量只能夠否定其具有侵害債權的意圖⑮。

1.實務見解

依德國早期的學說與實務見解，強制執行制度可被理解為債權人透過國家高權行為實現其實際存在的請求權⑯。然而，這種由實體法角度所提出的定義似乎不盡然符合強制執行法規定，因為即使強制執行目的在於實現實體

---

⑫　參閱 Mitsch, BT 2, 3. Aufl., 2015, S.889; Heinrich, in: A/W/H/H-BT, 3. Aufl., 2015, §16 Rn.34.

⑬　Hoyer, in: SK-StGB, 8. Aufl., 2012, §288 Rn.9.

⑭　Mitsch, BT 2, 3. Aufl., 2015, S.891.

⑮　Mitsch, BT 2, 3. Aufl., 2015, S.891.

⑯　例如 RGSt 13, 292; OLG Hamm, NJW 1956, 194; Geppert, Jura 1987, S.427.

法上的請求，只不過「實際上存在此項請求」(Bestehen des Anspruchs) 卻不必然含括在制度既有的規範射程❼。當然，如果堅持民事程序從屬的解釋方法，那麼刑事法院即有必要尊重且貫徹強制執行法的規定，否則不排除其將任意捨棄民事法上的舉證分配規則，或者在訴訟當事人均不爭執的情形下卻是否定債權債務關係。就此，我國實務見解亦有採取嚴格從屬之解釋，例如「刑法第 356 條損害債權罪之成立，係以債務人於將受強制執行之際，意圖損害債權人之債權，而毀壞、處分或隱匿其財產為要件；本罪係以保護債權人之債權受償可能性為其規範目的；所稱『執行名義』，以強制執行法第 4 條第 1 項各款所定之情形為準，包括民事確定判決、本票准予強制執行之裁定等；而所謂『將受強制執行之際』，則指債務人對債權人所負之債務，經債權人對之取得強制執行名義後，至強制執行程序尚未終結以前之期間而言。」❽

2.學說見解

相較之下，學說上有見解認為，不論是已經取得或未來有可能取得程序法上的權限，藉由強制執行手段干預他人之財產，都有受刑法保護的需求性，至於實際上是否確定有實體法上的請求，則非所問❾。換句話說，為了避免刑事法院耗費訴訟成本重新確認行為人與被害人之間的債權債務關係，以及刑法能夠有效擔保債權人實現債權的可能性，那麼強制執行之際不侷限於形式上正處於執行階段，只要債權人之行為已經明確對外嚴正地表現出計畫採取，或是致力於實踐強制執行程序❿，即已足夠，例如提起民事訴訟[121]、持

---

❼ 典型者為「支付命令」為強制執行之執行名義的一種（強制執行法第 4 條第 1 項第 2 款，民事訴訟法第 521 條參照）。

❽ 最高法院 109 年台上字第 1526 號判決；最高法院 108 年台上字第 3944 號判決。

❾ Wohlers, in: MK-StGB, 5. Aufl., 2017, §288 Rn.2.

❿ Otto, BT, 7. Aufl., 2005, §50 Rn.13.

[121] 應注意的是，民事訴訟的種類相當多元，但這裡的提出訴訟必須限於以「取得作為

執行名義查報財產，或是依強制執行法第 5 條提出聲請等 ⑫。值得注意的是，這套說理無非是強調刑事程序的訴訟經濟，其實沒有全然排除刑事法院得以窮盡調查方法確認民事法上的權利義務。然而，為了避免刑事法院捨棄民事訴訟程序的原理原則，例如舉證分配，或是否認當事人均不爭執的主張等，唯有在超越合理懷疑的條件下，刑事法院始能否定債權人的請求基礎 ⑬。

此外，另有論者則是持反對意見，認為若是堅採這樣的論理，恐怕早在訴訟詐欺的著手階段（刑 339 III 參照），侵害債權罪勢必變相地保護一個「實際上不存在的請求」，例如（表象的）債權人使用偽造的證據資料，試圖透過民事訴訟方式取得執行名義。刑事法院因而有必要受民事確定判決 (rechtskräftiges Zivilurteil) 的拘束 ⑭。就這點來說，此項見解似乎是認為強制執行之際的起算時點限於「債權人取得作為執行名義的民事確定判決」。

3.本書見解

本書認為，關於強制執行之際的解釋，原則上應依民事程序從屬為之，卻不必然排除刑事法保有一定程度的解釋自主性。理由如下：⑴本罪為截斷結果犯，原本屬於客觀不法的侵害債權結果被移至主觀不法層次作為一項意圖要素。也就是說，客觀不法的原始預設為：「行為人於強制執行之際所為的毀損處分財產行為帶有侵害債權的風險性，而該風險最終於債權受侵害的結果中實現。」就在不法結果被移至主觀不法後，依舊沒有改變不法構成要件行為的風險特徵。又作為情狀要素的強制執行之際在於框定出此種風險的情境條件，同樣不會因為不法結果被截斷而有不同的定性。簡單地說，不法構成要件行為的風險始終維持是針對債權人實際存在的債權，而強制執行之際

執行名義」之民事判決為目標。

⑫　Heinrich, in: A/W/H/H-BT, 2. Aufl., 2009, §16 Rn.36.

⑬　Hoyer, in: SK-StGB, 8. Aufl., 2012, §288 Rn.5.

⑭　Schünemann, in: LK-StGB, 12. Aufl., 2008, §288 Rn.3.

的時間軸亦須對此有所指涉。⑵本罪的規範目的不在於擔保債權人之債權透過強制執行程序獲得實現，而是實際存在之債權透過強制執行程序獲得實現之「可能性」。所謂實際存在的債權無非是強調刑事法院對於債權債務關係具有一定程度的確認權限，但不表示該債權必須百分之百確定存在。另一方面，過度強調擔保債權透過強制執行獲得實現，勢必讓刑法不當地淪為輔助（或強化）強制執行功能的工具。⑶綜此，強制執行之際應有的解釋如下：1.除非行為人（即債務人）握有可輕易證明的反證或抗辯，否則一提起民事訴訟，即屬強制執行之際；2.除非債權人（即被害人）明確表示目前沒有意願持執行名義聲請發動強制執行，否則只要一取得該名義，即屬強制執行之際；3.強制執行程序已經開始 ❿。

㈡毀壞、處分或隱匿

本罪之不法構成要件行為區分為毀壞、處分、隱匿等三種類型 ❿。「隱匿」是指事實上將特定物從強制執行手段可得干預之範圍移置其他處所，導致該執行程序未能發揮應有的效果，例如將執行標的物寄放友人住處，或是藏置於自有住宅中等。若是將該物讓與他人的話，應屬本條所規定的處分，而不是隱匿。而就「處分」來說，概念上可以是任何一種足以造成債權人之強制執行程序受有不利益之法律行為 ，但是不包括單純的訂立債法上的契

---

❿ 整理自 Gaede, in: NK-StGB, 5. Aufl., 2017, §288 Rn.7.

❿ 德國刑法第 288 條僅規定隱匿 (Beiseiteschaffen) 與處分 (Veräußen) 兩者。Heinrich, in: A/W/H/H-BT, 3. Aufl., 2015, §16 Rn.41 認為隱匿在概念上亦包括毀損，但 Mitsch, BT 2, 3. Aufl., 2015, S.894 認為此種解釋方法乃是過度擴張隱匿的概念範疇，而有牴觸法明確原則之疑慮。換句話說，隱匿的前提必須是特定物維持在實存的狀態 (stoffliche Existenz)。同此結論，見 Gaede, in: NK-StGB, 5. Aufl., 2017, §288 Rn.14. 據此，我國刑法第 288 條將隱匿與毀壞分開規定，不僅沒有德國法的解釋爭議，而且亦屬較為正確之立法。

約 ⑫。換句話說，處分限於造成權利得喪或變更之物權行為及準物權行為，例如所有權讓與、抵押權設定、債權讓與、債務免除等，凡此行為因為降低了強制執行所能夠取得的範圍而侵害債權人的受償可能性。除了事實性的隱匿及規範性的法律行為之外，不論是降低物本身的（經濟）價值，或是任何一種能夠影響債權實現機會的毀損行為 ⑫，均屬本罪所欲非難的「毀壞」。

(三)故意與侵害意圖

如前所述，本罪為「截斷結果犯」，所謂的債權侵害已經移置主觀不法，「強制執行受有阻礙」因此不再是客觀的不法結果，只要行為人受強制執行之際毀壞、隱匿、處分其財產，即屬既遂。至於後續強制執行了債務人的其他財產而使債權人受償，則不影響既遂之認定。

行為人於行為時必須具有故意，亦即對於自己與債權人之間具有實體法上的債權債務關係，並且對於強制執行之際毀壞、處分、隱匿等犯罪事實有所認識，以及債權人之債權無法受償的危險地位有所意欲，又這裡的故意包含直接故意與間接故意。除了行為時的故意之外，仍須具備侵害債權意圖。只不過此種意圖於本質上不像竊盜罪之所有意圖作為一種以目的為導向的意欲，而是只要達到「間接故意之程度」即可，也就是行為時預期到足以妨礙債權人實現債權 ⑫。

柒、告訴乃論

依第 357 條規定，本罪章之第 352 條、第 354 條至第 356 條之罪，須告訴乃論。

---

⑫　Gaede, in: NK-StGB, 5. Aufl., 2017, §288 Rn.9.

⑫　Mitsch, BT 2, 3. Aufl., 2015, S.894.

⑫　Mitsch, BT 2, 3. Aufl., 2015, S.897.

讀後測驗

1. 普通毀損罪是否為所有權犯罪或整體財產犯罪？保護法益又為何？

2. 毀損評價需考量到「物之使用目的」的理論依據為何？

3. 將他人所飼養的寵物自關籠中放生是否成立毀損？如果緊接著放生之後，因為氣候因素而死亡，犯罪評價上是否有所不同？

4. 在他人外牆塗鴉或衣物潑灑墨汁的行為，應是構成毀壞或致令不堪用？又其中的判斷標準為何？

5. 毀損文書罪的犯罪客體「文書」是否等同於偽造文書罪所規定的文書？

6. 將他人所有之建物的窗戶擊破，應成立普通毀損或毀壞建物罪？

7. 侵害債權罪的「受強制執行之際」應如何解釋？

第八章

詐欺罪

刑法第 339 條

I 意圖為自己或第三人不法之所有 ，以詐術使人將本人或第三人之物交付者，處五年以下有期徒刑、拘役或科或併科五十萬元以下罰金。

II 以前項方法得財產上不法之利益或使第三人得之者，亦同。

III 前二項之未遂犯罰之。

壹、保護法益

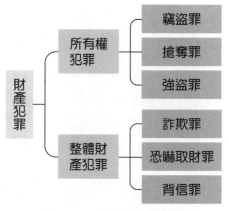

圖 8-1　財產犯罪之類型

　　刑法上的財產犯罪區分為「所有權犯罪」與「整體財產犯罪」兩大系統。前面章節所介紹的竊盜罪、搶奪罪、強盜罪等，均屬於所有權犯罪的範疇，而這裡所要介紹的刑法第 339 條詐欺罪則是被劃歸在 「整體財產犯罪」(Vermögensdelikt)❶，保護法益為所謂的「整體財產」(Vermögen)❷。整體來說，詐欺罪之規範目的主要在於禁止行為人以詐騙手段侵害他人的整體財產。

❶　除此之外，尚有恐嚇取財罪、背信罪等。

❷　Mitsch, BT 2, 3. Aufl., 2015, S.255.

　　部分的學說見解認為，個人在規範上就自己所有的財產保有自由支配之權，也就是有能力及選擇是否或如何處分財產，因此本罪所要保護的法益應當包括自由法益。即使詐欺罪規定著物之交付或得財產上利益等要件，也不絕對表示整體財產作為唯一的保護對象，所以仍有將自由法益納入保護的可能。此外，有少數論者則是極端地將詐欺罪視為侵害自由法益之罪❸。然而，這些見解均有待商榷，理由在於：

　　⑴從自由觀點論證詐欺罪的保護法益，恐怕將會架空保護法益與不法類型化之間的意義關聯。或許，不只是對於整體財產，還有生命、身體等，我們想要如何與自己本身及所有財物交往，本來就有一定的自由性，而這樣的自由理念似乎也支撐起各種法益的實質內涵。然而，這項論證卻是無法合理反映出各罪特有的不法內涵，甚至有可能迫使各罪被導向於侵害自由法益之罪的唯一定性。就像是作為基本權的財產權與住居自由權，理論上得以溯源至行動自由這項「源起權利」(Muttergrundrecht)。不過，卻不必然地表示，我們在說明財產權與住居自由權的內涵時，亦須兼及行動自由的意義；

　　⑵整體財產犯罪中涉及自由法益之保護者以恐嚇取財罪（刑346）作為典型代表，也就是行為人藉由影響他人意思活動的方式，侵害他人之整體財產；相較之下，詐欺罪同樣也是透過影響個人意思活動侵害他人之整體財產，只不過並非以強制行為（強暴、脅迫），而是使用誤導的方式（施用詐術）為之。縱然詐欺行為涉及個人之意思活動的影響，卻不表示「免於受他人詐騙」❹或「意思自由」亦屬本罪的保護法益。詳言之，詐欺罪的規制原型受到十九世紀 *Feuerbach* 的理論影響，原本被劃歸在一般性的詐偽之罪 (Verfälschungsdelikt)。被害人的意思決定在當時的規定脈絡下，的確帶有一

---

❸　例如 Wittig, Das tatbestandsmäßige Verhalten des Betrugs, 2005, S.195.

❹　或稱為「要求真實的權利」(Recht auf Wahrheit)，見 Pawlik, Das unerlaubte Verhalten beim Betrug, 1999, S.103.

定的保護意義。只不過隨著理論發展與條文內容變革，詐欺罪的規範目的逐漸導向於保護整體財產，犯罪本質同時也轉為財產移轉之罪。於此，比較特別的是，詐欺罪為第三人參與的犯罪模式，特別是被害人基於個人自決的行為而對其自己於財產上的損害產生協力作用（自損犯罪）❺。

貳、法條體系概覽

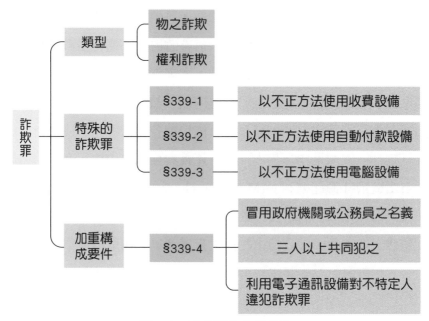

圖 8-2　詐欺罪的法條體系

刑法第 339 條區分為兩種詐欺類型：一者為第 1 項的「物之詐欺」，另一者則是第 2 項的「權利詐欺（或債權詐欺）」。兩者均屬侵害整體財產之罪，以及具有相同的犯罪結構，只不過財產損害的基礎對象有所差異而已。換句話說，詐欺取財與詐欺得利僅為詐欺罪的例式規定，適用上並無普通與特別的關係或想像競合❻。此外，刑法第 339 條之 1、2、3 屬於「特殊的詐欺

---

❺　相較之下，所有權犯罪，例如竊盜罪、搶奪罪，以及強盜罪等，均屬未經他人同意而改變物之持有狀態的「他損犯罪」。

罪」，規範目的在於抗制以不正方法使用收費設備、自動付款設備、電腦設備等行為。

除了刑法第 339 條的詐欺基本犯罪，2014 年 6 月新增的刑法第 339 條之 4 採取了「**加重構成要件**」的立法技術，例如冒用政府機關或公務員之名義、結夥三人，或是利用電子通訊設備對不特定人違犯詐欺罪。

參、與其他犯罪的比較

、竊盜罪

表 8-1 竊盜罪與詐欺罪

	定位	說明	物之移轉持有	不法所有意圖	小結
竊盜罪	他損犯罪、侵害所有權	未經持有人同意而移轉物的持有	為竊盜既遂時點	取得意思	兩者屬於互斥的法適用關係
詐欺罪	自損犯罪、侵害整體財產	行為人施用詐術使他人陷於錯誤，同意處分自己或他人之財產	僅為財產處分的態樣之一	獲利意思	

竊盜罪與詐欺罪分別為財產犯罪之所有權犯罪與整體財產犯罪的典型代表。一般來說，詐欺罪被定位在自損犯罪與侵害整體財產之罪，竊盜罪則是他損犯罪與侵害所有權之罪。又竊取乃是行為人未經持有人同意而移轉物的持有，詐欺則是行為人施用詐術使他人陷於錯誤，進而同意處分自己或第三人之財產。儘管在詐欺罪亦有可能發生被害人移轉物之持有的情形，卻不是由行為人介入他人對物的持有關係，而是被害人同意變更持有地位，亦即財產處分；另一方面，物之持有移轉在竊盜罪為既遂的時點，在詐欺罪只是作

---

❻ 司法院 (83) 廳刑一字第 14622 號之研討結果：「某甲明知身無分文，進入三溫暖洗澡及取得餐飲各一次。係本於一個詐欺意思，而騙得不法利益及詐取財物，犯刑法第 339 條第 2 項及第 1 項之罪，係一行為觸犯數罪名，為想像競合，應從一重之詐欺取財罪論處。」

為財產處分的態樣之一，在移轉持有後，仍有必要進一步判斷被害人之整體財產是否受有損害，以確定既遂與否。簡單地說，財產損害得以視為個人之處分行為的一種外在形式表現。綜此說明，我們也可以進一步確認，竊盜罪與詐欺罪之間屬於互斥的法適用關係，而不是法條競合的關係❼。

　　竊盜罪與詐欺罪同樣訂有所有意圖之主觀要件，雖然立法者使用同一用語，前者的所有意圖其實是指「取得意思」，至於後者的所有意圖則是「獲利意思」。

 、其他的整體財產犯罪

　　與詐欺罪一樣，同屬於整體財產犯罪者尚有恐嚇取財罪、背信罪等。不同於詐欺罪是利用詐騙促使他人為財產處分而導致財產損害，恐嚇取財罪則是行為人透過恐嚇手段使他人為處分財產之行為，導致財產損害之發生，以及背信罪為行為人濫用其與他人特殊的信賴地位，侵害他人的整體財產。

肆、不法構成要件

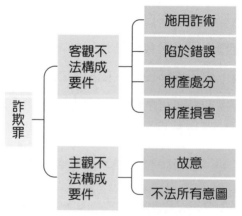

圖 8-3　詐欺罪的不法構成要件

---

❼　採取法條競合關係之見解，例如甘添貴，刑法各論（上），2014 年 4 版，頁 331。

一、客觀不法構成要件

本罪的客觀不法構成要件分別為 「施用詐術」、「陷於錯誤」、「財產處分」、「財產損害」。

(一)概　說

1.構成要件間之因果性與規範性的歸責關聯

本罪的客觀不法構成要件分別為 「施用詐術」、「陷於錯誤」、「財產處分」，以及「財產損害」。這些不法構成要件具有時間上的實現順序與（累積的）因果關係，詐欺罪因此在學理上又稱為所謂的 「定式犯罪」。應注意的是，這裡所提及的因果關係無非是強調各個不法要件處於一種傳遞性 (Transitivität)❽ 的邏輯關聯。或許，正是因為這樣的理解，使得詐欺罪的評價容易導向於純粹的因果想像，忽略不法要件所預設的禁止要求，以及與此相應的（客觀）歸責關聯。更具體地說，詐欺罪真正想要避免行為人引起的效果或作用正是「讓被害人使自己遭受財產損害❾」。依此，施用詐術作為不法構成要件行為，其本身即有必要內含一個足以導致財產損害的特殊風險❿。

即便如此，這樣的說法還是忽略了詐欺罪基於自損特徵而在犯罪結構上帶有特殊之處，也就是「第三人自決」之於犯罪實現的意義。換言之，行為人實際上是藉由被害人的自我決定來實現詐欺罪。基此，各個不法構成要件

---

❽ 當 X 與 Y 存在原因與作用的相互關聯性，兩者即具備因果關係，所以「某者的原因」具有傳遞性質。參閱 Joerden, Logik im Recht, 2005, S.243.

❾ Ast, Normentheorie, 2010, S.23；薛智仁，巧取公職之詐欺罪責，月旦法學雜誌，212期，頁 205 指出：「如果缺少被害人之財產處分作為聯繫詐術與財產損害的橋樑，詐欺罪將喪失其有別其他財產犯罪之不法內涵。」

❿ Mitsch, BT 2, 3. Aufl., 2015, S.270.

之間除了因果關係的要求外，亦須具備客觀上的歸責關聯，例如施用詐術不只是內含財產損害的典型風險，同時亦有讓他人陷於錯誤的風險，而這些風險分別於陷於錯誤與財產損害等結果中實現⓫。值得注意的是，被害人所為的財產處分行為乃是作為這兩種風險實現於客觀歸責上的連結基礎。

2.間接的財產損害

不同於刑法第 320 條竊盜罪，本罪的行為人非由自己，而是由被害人（所有人或有權處分之人）所為的行為造成財產損害之結果，又其之所以著手自損行為，則是源於行為人的詐騙所致。考慮到行為人利用被害人的無知而使其自損財產，多數論者認為詐欺罪的行為人與被害人處於間接正犯的支配關係⓬。舉例來說，自殺雖然不構成殺人罪，但利用他人陷於無知而使其自殺者，居於意思優越地位的幕後者，則應論為殺人罪之間接正犯，並且將犯罪結果算到幕後者的頭上。依此類比，詐欺罪的犯罪模式應為：財產所有人有權處分自己的財產，而處分效果在規範上應由其自己承擔。若行為人對財產所有人施用詐術，使其陷入錯誤而成為犯罪工具的話，關於犯罪工具處分財產的不利益，則是透過詐欺罪之規定轉由行為人（幕後者）承擔責任。

不可否認的是，行為人與被害人形式上處於「類似」間接正犯與行為工具的關係，但不表示本罪的設計原理完全仿照間接正犯的原理⓭，理由在於，⑴間接正犯屬於（正犯）歸責的問題，分則各罪則是涉及法益保護與行為不法的類型化，兩者於規範上的意義不同⓮；⑵針對利用他人之自損行為侵害

⓫　這樣的風險思考在捐助詐欺的議題上具有特別的意義，詳見下文的說明。類似見解，例如 Saliger, in: Matt/Renzikowski-StGB, 2013, §263 Rn.87.

⓬　見 Hoyer, in: SK-StGB, 7. Aufl., 2004, §263 Rn.6; Mitsch, JuS 2003, S.126.

⓭　類似的質疑，例如 Heinrich, in: A/W/H/H-BT, 3. Aufl., 2015, §20 Rn.28.

⓮　當然，現實上不排除有將犯罪參與的模式直接規定在分則各罪的情形，例如藏匿人犯

法益的手段，原本可以回歸一般性的歸責原理論斷行為人的責任，立法者卻是把正犯行為與被害人行為同時規定於條文之中，形同承認被害人的自決效力足以影響行為人的犯罪支配，因而有必要透過立法擬制行為人對於他人之財產損害具有完全的犯罪支配。換句話說，因被害人的自決行為而使詐欺罪實質上轉為一種「弱支配」的犯罪模式，進而透過立法方式肯認行為人仍舊保有犯罪支配地位。

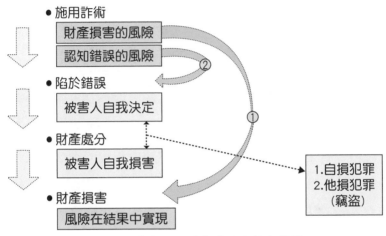

圖 8-4　客觀不法構成要件與歸責關聯

㈡施用詐術

1.詐術之定義

所謂的詐術是指就特定事實提出虛偽的陳述 (Aussage über Tatsachen)[15]，方法上可以是積極提供錯誤資訊，或是消極地不予說明，又具

罪。藏匿人犯之人原屬幫助犯，並不是因為藏匿行為無主行為（犯人藏匿自己為不罰）可以從屬，產生處罰上的漏洞而有獨立規定之必要，重點在於該幫助行為本身已經具有侵害國家司法權法益的危險性，因此在刑事政策上有予以獨立成罪的需求。

[15]　僅參閱 Hoyer, in: SK-StGB, 7. Aufl., 2004, §263 Rn.9.

體的陳述方式可區分為「虛構」、「歪曲」，或「掩飾」等[16]。這裡應注意的是，這三種方式的提出無非是為了更精確理解施用詐術的內涵，只不過於具體個案的應用往往難以區分，而且在概念上也多有交錯重疊之可能。即使存在著區分上的難題，現實上並不會影響最終的評價結果，因為施用詐術的核心意義在於行為人針對特定事實為詐騙行為，又這裡的詐騙專指關於特定事實的虛偽陳述。所以，只要掌握住這一項基本命題，那麼也就沒有必要在具體個案中特別地確認行為人到底是使用何種詐術方法。

2.施用詐術行為與財產侵害風險間的（客觀）歸責關聯

除此之外，並不是任何一種與事實不符的陳述均為本罪所要非難的詐術行為。也就是說，考慮到詐欺罪之規範目的在於保護整體財產，不法構成要件的設計均環繞著整體財產法益為重心，本罪所預設的不法構成行為因而有必要「內含一個整體財產的侵害風險」。延續這樣的歸責邏輯，當行為人施用詐術使被害人陷於錯誤，那麼被害人由此所生的意思瑕疵，即有必要與「整體財產之侵害」保有一定的風險關聯[17]。簡單地說，我們或許可以針對所有的世間事物提出虛偽性的陳述，只不過就詐欺而言，卻只能透過以下的詐術方式為之：「**使被害人誤以為特定行為沒有侵害財產的效果。**」[18]關於此種施

---

[16]　參閱 Kindhäuser/Nikolaus, JuS 2006, S. 194; Hoyer, in: SK-StGB, 7. Aufl., 2004, §263 Rn.9.

[17]　正是因為如此，財產損害結果始有可能（客觀）歸責於被害人所為的財產處分行為。

[18]　Mitsch, BT 2, 3. Aufl., 2015, S.270；我國實務見解曾有類似的思考，例如臺灣高等法院 99 年矚上易字第 2 號判決：「……於立法委員人事登記表上雖已填載具有美國國籍，立法院於其任職第 6 屆立法委員期間，亦仍然支給歲費、公費等各項費用，益見被告市議員個人資料表及立法委員人事登記表之填載與其支領前揭各項歲、公費等費用並無關聯性，是以，被告之前揭資料如何記載，俱不該當於詐欺取財罪之施

用詐術行為與財產侵害風險之間的歸責關聯，在所謂的捐助詐欺及乞討詐欺等案例，具有特別的犯罪評價意義⑲。

⑴捐助詐欺與乞討詐欺

【實例1】甲向乙行乞，表示希望有錢買麵包，以圖溫飽。乙因此給甲一百元。甲取得零錢後，卻到超商購買香菸。乙碰巧看到此狀，想要討回一百元，因為乙認為購買香菸不是原本捐助的目的。

【實例2】甲在街頭遊說路人捐款幫助震災重建。甲向愛好面子的乙虛偽表示，其他人都捐一萬元以上，乙自覺少捐將會輸掉面子，因而捐贈二萬元。倘若乙知道其他人僅捐數百元的話，就不會捐這麼多。

【實例3】甲為A基金會義工。甲向乙勸募，希望乙捐款幫助山區孩童興建學校。實際上，所有款項進入A基金會帳戶後，被用來購買資源回收設備。如果乙知道實情的話，就不會捐款。

【實例4】甲為了籌錢購買最新的賽車模型，欺騙祖父乙給其一萬元繳交補習費。

前述四例均涉及到典型的「乞討詐欺」（實例1）與「捐助詐欺」（實例2、3、4）。針對甲是否成立刑法第339條詐欺罪的問題，取決於具體個案中是否存在一個施用詐術行為，或是財產損害。對此，學說上有以下見解：

用詐術行為。是被告辯稱：市議員個人資料表、立法委員人事登記表與市議員、立法委員歲、公費等各項費用之發放，並無因果關係等語，堪以採信。」儘管結論正確，高等法院卻是將財產侵害的風險評價錯誤理解為因果關係的問題。

⑲ 請讀者務必注意的是，多數學說見解認為，此項議題涉及到「財產損害」，所以在犯罪評價上應該置於構成要件結果的層次予以處理。相對地，筆者則是採取不同的見解，並且認為捐助詐欺屬於構成要件行為的問題，而這也就是本議題的說明為何會落在「施用詐術」的章節。

①社會目的不達理論

依多數學說見解[20]，不論是在捐助詐欺或乞討詐欺的情形，詐欺罪之客觀不法的完全實現最終取決於「財產損害」的評價結果。詳言之，判斷財產損害是以經濟意義上的「整體折算原則」(Prinzip der Gesamtsaldierung)[21]為準據。不過，在捐助詐欺的情形，這樣的準據卻有適用上的困難，因為捐助的意義在於被害者交付財產時，本來就沒有與此相對應的財產利益。為此，學說上發展出所謂的「社會目的不達」(Soziale Zweckverfehlung) 理論。只要捐助者交付捐贈款項，乃是著眼於一定的社會性目的，而此種目的最終未能獲得實現的話，即應論為發生財產損害。舉例來說，上述實例 4 中的甲，基於購買模型無法達成乙所預設（教育）目的，捐助者交付的財產也就隨之失去其原本於社會意義上的價值，進而轉變為一種欠缺理性的（或是經濟上無意義的）交付行為[22]。相較之下，實例 2 的乙若知其他人只捐幾百元，就不會捐那麼多，但乙之捐款所要達成的社會性目的實際上已經實現，因為受災戶所遭受的急難狀態由此得以減輕，至於面子問題只是一種純粹主觀上的「偏好性利益」[23]而已，這種主觀性利益本來就不是詐欺罪所要保護的對象。既然沒有發生財產上的損害，頂多成立詐欺未遂（刑 339 III, 25）。

整體而言，社會目的不達理論似乎是建構在一套理想性的價值基礎上，典型者為捐款給社會福利機構、或是捐款給居於社會弱勢之人等。只不過在捐助過程中，這樣的價值基礎看似一套客觀化的標準，實質上卻有可能因為過度導向於個人主觀上的善惡之分，變得浮動而不確定，例如捐助者希望捐助的金額使用在購買午餐，如果是買菸酒的話，就是「惡」的表現。如此一

---

[20] 僅參閱 Perron, in: S/S-StGB, 29. Aufl., 2014, §263 Rn.101.

[21] 被害人處分財產前、後之總體財產價值是否發生增減。進一步說明，見本章之「財產損害」一節的說明。

[22] Wessels/Hillenkamp, BT 2, 32. Aufl., 2009, Rn.550.

[23] Wessels/Hillenkamp, BT 2, 32. Aufl., 2009, Rn.552.

來，所謂的社會性目的也就有可能淪為恣意的德性要求，迫使財產損害中的財產概念不當轉變為被害人純粹主觀上的處分自由。

②施用詐術否定論

此說乃是從經濟意義上的減損理論出發，詐欺罪的客觀不法取決於陷於錯誤與財產損害之間具有一定的「功能性關聯」(funktionaler Zusammenhang)㉔。詳言之，被害人自知財物於交付之後，現實上並不會有任何與此相對應的交換價值，而且在客觀上也將產生一定的財產減損結果。簡單地說，被害人認識到財產減少的狀態自始就沒有經濟上的衡平可能性。據此，關於捐助詐欺或乞討詐欺的可罰性問題，最早應當在「施用詐術」此一不法要件評價上予以決定之，並且推得出行為人根本未實現施用詐術的結論。

③本書見解

施用詐術否定論應屬可採。不可否認的是，考慮到捐助者（被害人）於捐助時，本來就不期待獲得與捐助物之價值相對應的利益，而且也已經認識到客觀上勢必發生經濟損失，所以，無法論為行為人施用詐術。只不過更完整的說理仍有必要從詐欺罪作為一種「定式犯罪」，以及「不法構成要件間特有的風險關聯」等觀點切入，特別是與此相關的「施用詐術行為內含一個財產侵害風險」的基本命題。具體的說理分述如下：

1.立法者在分則各罪預設了一定的誡命或禁止要求，而承載著此等誡命或禁止要求的「不法行為」屬於一種規範性的評價對象。以結果犯為例，刑法之所以要求規範相對人不為特定行為，無非是著眼於該行為本身內含了足以引起外部世界變化的效果，例如「殺人行為」、「傷害行為」等。又基於此種行為效果的預設，一個具有犯罪意義的行為描述往往會再透過負面的行為結果或作用來加以呈現，例如死亡、傷害等。整體而言，任何與此種行為描述相對應的「行為禁止」有必要針對行為之結果或作用而設，例如禁止任何

㉔ Kindhäuser/Nikolaus, JuS 2006, S.591.

人藉由殺人行為引起死亡結果，或是禁止任何人藉由傷害行為引起傷害結果。依此，我們可以確認詐欺罪真正想要防止詐術行為引起的侵害作用應當是：「**讓被害人使自己遭受財產損害**」，而這也是詐欺罪之所以作為「自損犯罪」的主要理由。換句話說，詐欺罪作為一種自損犯罪，行為人正是利用被害人的自我決定（意思瑕疵）實現詐欺罪。然而，一旦考慮到第三人的自我決定，那麼行為人施用詐術之於財產損害所產生的風險，也就無法直接類比其他結果犯（例如殺人、傷害等）的不法行為之於結果實現的風險意義。

2.延續前述的風險思考，詐術本身所內含的資訊風險除了指涉財產損害的效果外，也有相當部分是針對使他人陷於錯誤而來。所以，施用詐術為詐欺罪的不法行為，行為本身內含了兩種風險：「**使他人陷於錯誤的風險**」與「**引發財產損害的風險**」。就後者而言，關於詐欺罪的財產概念及經濟減損性的思考，從德國早期的普魯士刑法強調金錢或財貨等形式物件的損失理解，進而演變到近代強調經濟生活意義上的實質觀點，使得財產損害的評價因此帶有（經濟上）交換價值的思維❷⑤。所以，被害人為捐助行為之時，只要認識到捐出的款項不會有相對應的交換價值，那麼也就表示行為人所為的詐術不帶有財產損害意義的風險，而無法被論為實施詐欺罪的不法構成要件行為。

⑵涉及違法目的的財產處分

【實例】甲雇用職業殺手乙殺害丙，約定總報酬為五十萬元。甲先給付乙二十五萬元，等除掉丙之後，再給付剩餘的二十五萬元。乙收受前金二十五萬元時，早已決定不執行殺人計畫，並且帶著錢離開臺灣。

本例的乙是否構成刑法第 339 條第 1 項的詐欺取財罪或第 3 項的詐欺未遂罪，取決於⑴乙是否有施用詐術（構成要件行為），或是⑵甲是否受有財產

---

❷⑤　法制史上的考察，見 Varig, Zum Tatbestandsmerkmal des Vermögensschadens (§263 StGB), 2010, S.26–28.

損害（構成要件結果）。

詳言之，多數見解認為，本例涉及「**違法目的**」(illegaler Zweck) 的財產處分，也就是「甲聘雇乙殺害丙涉及教唆殺人」（刑 271, 29）。關於行為人構成施用詐術的部分，在犯罪評價上並無任何疑問。其中真正影響成立詐欺取財的關鍵在於「被害人是否因財產處分而導致財產損害」 ❷❻ 。不過，應注意的是，如果比較前述的捐助詐欺及乞討詐欺，只要被害人根本不期待收到相對應的對待給付，形同已經認識到自己的財產處分行為帶有財產侵害的效果，那麼也就表示，因為行為人所為的詐騙根本沒有財產侵害的風險性，所以不得論為詐欺罪所要非難的施用詐術。同樣地，延續這樣的說理邏輯，只要被害人認識到向行為人請求相對給付，該請求本身卻是在法律上帶有一定的瑕疵，以及給付標的不屬於法秩序所要保護的財物，那麼被害人在規範上注定無法獲得相對給付，而行為人所為的詐騙也就沒有內含一個財產侵害意義的風險。依此，我們即可否認行為人實現詐欺罪的施用詐術 ❷❼ 。換句話說，即使行為人對被害人就特定事實為虛偽陳述，只不過該虛偽的陳述於規範上並沒有內含一個帶有財產侵害意義的風險，所以無法將其論為詐欺罪所要非難的不法構成要件行為。

3.詐術之內容

(1)事　實

①定　義

詐術的內容涉及特定之事實，而所謂的事實則是指外顯且實際的事件 (Geschehenes) 或現存的事物 (Bestehendes)，以及在客觀上得以確定及證明其

---

❷❻ RGSt 44, 230；另外，應注意的是，若是採取此一見解者，則須進一步討論詐欺罪的「財產概念」為何。

❷❼ Mitsch, BT 2, 3. Aufl., 2015, S.277.

存在❷。換句話說，事實乃是在人類心理認知範圍內，於經驗上（依科學方法或經驗法則等）可得確認且非未來的事件或事物。

②**類　型**

這裡的事實又可區分為「物理性的」與「心理性的」等類型。前者是指外部世界的事物狀態，後者則是個人內在的意思內容，例如動機、確信、認知、想法等❷。不論是物理性或心理性的事實在邏輯上均可推得出「真或偽」的結論，所以與此有關的事物狀態也就必須是「過往的」或「現時的」，並且如前所述，在客觀上可得特定與經驗上得以證明。換句話說，如果依科學方法或經驗法則無法證明者，例如超自然的神鬼之說、（道德的、美學的）價值判斷，或是純粹的意見表達等❸，在邏輯上既然無法推得出真或偽的結論，那麼即應否認作為事實之可能。應注意的是，若是宣稱具有超能力治療重症，或是使用符水幫人治病等，因為在客觀上可以證明這些手段根本不具療效（甚至有害！），所以此等陳述的內容仍可視為一種事實。

③**未來之事件原則上非事實**

考慮到未來的事件尚未發生，無法證明現實上是否確實存在，以及推導出真或偽的結論，因而不得論為事實。不過，有例外的是，倘若陳述的語句或陳述的內容涉及特定的連結要素，也就還有論為事實之可能。舉例來說，在 9 月 1 日當天，成功大學在學校網頁上張貼公告 11 月 11 日為校慶活動，雖然校慶活動屬於未來（二個月後）才會發生的事件，不過，藉由已經確定的日期（所謂的連結要素），得以將校慶活動認定為確定發生的事實。

【實例】甲跟乙商借一百萬元。乙當下很猶豫，因為知道甲經濟狀況不好，

---

❷　Hoyer, in: SK-StGB, 7. Aufl., 2004, §263 Rn.12; vgl. auch Kindhäuser/Nikolaus, JuS 2006, S.194.

❷　Kindhäuser/Nikolaus, JuS 2006, S.194.

❸　Kindhäuser/Nikolaus, JuS 2006, S.194.

> 很有可能還不出錢。甲向乙拍胸保證：「一個月後，我的狀況一定變
> 好，連本帶利還你一百五十萬都沒問題！」

甲向乙表示經濟狀況將會好轉，此屬於未來不確定是否發生的事件，而
這樣的事件不論在事實的或規範的意義上均無法被虛偽陳述。既然甲的陳述
不能作為施用詐術的內容基礎，也就沒有正不正確，或是與現實相不相符的
問題。

④價值判斷與事實

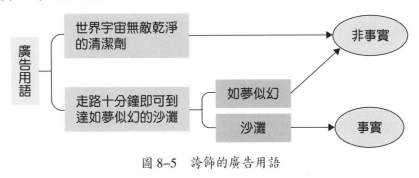

圖 8–5　誇飾的廣告用語

> 【實例】A 公司的清潔劑廣告：「世界宇宙無敵乾淨的清潔劑！」甲同時買了
> 　　　　A、B 品牌的清潔劑。使用後，甲認為 B 公司的清潔劑洗得比較乾
> 　　　　淨。C 公司的房地產廣告：「走路十分鐘即可到達如夢似幻的沙
> 　　　　灘。」

詐欺罪之被害人因行為人施用詐術而處分財產，進而受有財產損害。如
前所述，施用詐術與財產損害必須具有客觀上的歸責關聯，亦即詐術行為本
身內含財產損害的風險。就此，詐術為行為人就特定事實所提出的虛偽陳述，
而事實基礎勢必影響被害人處分財產的決定[31]。簡單地說，財產處分有必要
以作出處分決定的事實為基礎，學理上稱此為「理性原則」

---

[31]　Hoyer, in: SK-StGB, 7. Aufl., 2004, §263 Rn.4.

(Rationalitätskriterium)❷。相較之下，廣告用語往往使用誇大的修辭，試圖引起消費者於特定生活領域的情感反應❸，例如本案例提及的廚房清潔問題。廚房累積的油漬、洗碗槽的汙垢等為一般日常生活中無法避免的清潔難題。基本上，消費者在選購產品時，價格、內容物、功能等會是決定購買與否的理性基礎，但誇飾的廣告用語卻不盡然是針對消費者的理性而設計，大多是訴諸於一般性的生活情感；另外，誇飾的廣告內容在客觀上往往也是無法證明真或偽❹。整體而言，因為廣告用語並未涉及足以支持理性決定財產處分的事物狀態，所以無法論為事實。儘管如此，廣告所陳述的內容仍有可能作為事實❺，例如「走路十分鐘即可到達如夢似幻的沙灘。」儘管這段敘述所提及的如夢似幻為純粹的價值判斷，不過，至少就沙灘來說，仍屬客觀上可得證明的事物而得作為一項事實❻。

【實例】甲對外表示：(1)「乙是個好丈夫」；(2)「乙是個願意分擔家事的好丈夫」；(3)「乙是個好丈夫」，但實際上甲心裡認為乙是個不負責任的丈夫❼。

表 8-2　價值判斷與事實

「乙是個好丈夫」	只是價值判斷，非事實
「乙是個願意分擔家事的好丈夫」	分擔家務與心理態度部分為事實
「乙是個好丈夫」，但內心認為乙不負責任	就自己心理事實為虛偽陳述

如前所述，價值判斷並非施用詐術的內容基礎❽。然而，價值判斷與事

---

❷　Kindhäuser, BT II, 9. Aufl., 2017, §27 Rn.3.

❸　Kindhäuser, BT II, 9. Aufl., 2017, §27 Rn.3.

❹　Heghmanns, Strafrecht für alle Semester BT, 2009, Rn.1193.

❺　Hoyer, in: SK-StGB, 7. Aufl., 2004, §263 Rn.18.

❻　案例引用自 Mitsch, BT 2, 3. Aufl., 2015.

❼　案例引用自 Mitsch, BT 2/1, 2. Aufl., 2003, §7 Rn.19.

實有時候卻是難以區分，例如在有一些原屬價值判斷的陳述中，卻是隱含了事實性的要素。於此，到底要論為單純的價值判斷或是事實，我們有必要提出更進一步的判斷標準。關於某個陳述中是否內含事實的判斷，方法上或許可以先將整段陳述個別予以解構，然後找出哪一段文字表達屬於事實，哪一段則無事實的成分。然而，詐欺罪屬於溝通型的犯罪，特別是涉及社會成員之間的社會性交往，我們不可能（也不適合）將陳述的問題鎖定在語言研究的層次處理，而是應該回歸陳述的語意脈絡，以及訊息接受者如何理解等條件。簡單地說，這取決於社會性與溝通性的語言脈絡。也就是說，施用詐術的對象客體不包括純粹的價值判斷，因為沒有可供驗證「真或偽」的標準 ❸⑨。

然而，某個陳述得否論為所謂的價值判斷，則是從人際之間的社會性溝通出發，綜合語句表達與內容指涉等條件予以判斷。據此，本例的甲表示「乙是個好丈夫」。或許，一個丈夫可否被稱為好的或不好的，在社會生活的經驗上多少存在著一定的評價依據，例如分擔家務、新年期間陪伴太太回娘家等。不過，從這些標準推導得出的「結論」，實際上只是個人主觀上的倫理或文化觀念的反映，卻無法作為驗證好丈夫這項命題之真偽的標準。所以，這段描述僅止於價值判斷，而非事實。

相對地，若是基於一定事實而形成的價值判斷，則可視為針對事實而為的虛偽陳述，例如「乙願意分擔家務，所以是一個好丈夫。」，這段話涉及到分擔家務的事實。此外，價值判斷有時候在於反映出個人的心理態度，而此心理態度得以視為一項（心理）事實，並且作為虛偽陳述的對象客體。例如甲表示乙是個好丈夫，心裡卻不這麼認為。即使甲表示乙是個好丈夫是一項價值判斷，不過虛偽的重點不在於這段評價，而是甲內在的心理態度與外在的表現不一致 ❹⓪。所以，甲在這裡乃是對於自己內在的心理事實為虛偽陳述。

---

❸⑧　Heghmanns, Strafrecht für alle Semester BT, 2009, Rn.1193.

❸⑨　參閱 Mitsch, BT 2, 3. Aufl., 2015, S.263, 286.

(2)單純變更事物狀態與詐術

【實例】甲在夜市經營夾娃娃機。甲將電腦程式設定為爪子移動回投擲孔時，爪子的抓握力將會自動放鬆。即使顧客一開始抓到娃娃，在移動回投擲孔時，勢必會再度掉落。乙數次抓到娃娃，卻都在回程中失敗。

　　多數學說見解認為，施用詐術限於影響他人形成特定之認知或想法的行為，單純的改變現實則不包括在內❹。就此，這裡應先區辨的是，「藉由陳述而為的詐術」與「藉由變更事實而為的詐術」分屬不同的行為模式❹，而前者才是本罪所規定的施用詐術。進一步言，就不法構成要件之間的歸責邏輯來說，被害人陷於錯誤作為一種中間結果，又此種結果必須促使被害人實施財產處分行為，並且由此導致最終的財產損害。所以，回到「陷於錯誤」的階段，被害人之所以存有錯誤認知或想法，即有必要以行為人操控被害人如何形成意思作為前提❹。

　　總體而言，詐欺罪的規範目的不在於保護我們如何正確地體覺現實，而是對於那些具體描述現實之資訊的信賴❹。就本例而言，甲調整電腦程式的舉動並未影響乙的認知或想法，而乙之所以對機器運作存有錯誤的想法，僅僅是因為甲變更程式內容而降低了遊戲者的勝率❹。換句話說，甲讓機器未

---

❹　Mitsch, BT 2, 3. Aufl., 2015, S.260–261.

❹　參閱 Hoyer, in: SK-StGB, 7. Aufl., 2004, §263 Rn.24; Kindhäuser, BT II, 9. Aufl., 2017, §27 Rn.12; Hefendehl, in: MK-StGB, 2005, §263 Rn.75–76; Pawlik, Das unerlaubte Verhalten beim Betrug, 1999, S.88.

❹　見 Hoyer, in: SK-StGB, 7. Aufl., 2004, §263 Rn.24.

❹　Rotsch, ZJS 2008, S.132.

❹　見 Kindhäuser, BT II, 9. Aufl., 2017, §27 Rn.12; Mitsch, BT 2/1, 2. Aufl., 2003, §7 Rn.26.

❹　參閱 OLG Hamm NJW 1957, 1162ff.

依照通常的模式運作，乃是直接針對事物之狀態或性質予以變更，縱然「間接」影響被害人的意思形成，仍舊無法論為施用詐術。

相較之下，少數說則是認為詐欺 「不屬於」 典型的溝通之罪 (Kommunikationsdelikt)。也就是說，施用詐術不以行為人與被害人之間的溝通關係為必要，詐術本身也就不以直接影響被害人的認知或想法為限，同時也包括直接變更事物狀態而間接影響被害人的意思形成❹，例如中古車商調降待售機車的里程數，讓消費者誤以為車況保持九成新。然而，這樣的說法恐有疑問。如前所述，本書認為施用詐術的規範重點在於「行為人如何影響對他人提供之資訊的可信賴性，而非使他人如何正確地體覺現實。」依此，本例的甲調整夾娃娃機的爪子鬆緊度，雖然被害人認為鬆緊度與期待不符，不過，考慮到調整行為並未直接改變他人對夾娃娃機運作的認知，所以不應論為施用詐術。儘管如此，依少數說，調降里程數的例子其實還是有構成施用詐術的可能，特別是以「可得推知的詐騙」為之時❺。

⑶真實陳述與詐術

關於事實的正確陳述，亦有構成施用詐術之可能。詳言之，行為人之陳述是否構成施用詐術不能只從該陳述的內容予以判斷，仍應從陳述本身的語意脈絡，判斷提供資訊的目的到底為何，例如為了讓資訊接收者承擔財產風險。

> 【實例】甲使用假鈔購物。甲向店員乙開玩笑的表示，這張一千元大鈔是假鈔。乙相信甲是開玩笑的，因此收下鈔票。

本例的甲使用假鈔付款，儘管向店員乙表達了使用假鈔的事實，然而，

---

❹ 例如 Heinrich, in: A/W/H/H-BT, 3. Aufl., 2015, §20 Rn.45–46; Hoyer, in: SK-StGB, 7. Aufl., 2004, §263 Rn.25 認為這兩者沒有必然的解釋關聯。

❺ 進一步說明，可參考 Hoyer, in: SK-StGB, 7. Aufl., 2004, Rn.25.

提供正確的假鈔資訊的目的主要是為了讓乙承擔財產損失的風險，所以仍應論為施用詐術。

4.施用詐術態樣：作為與不作為

施用詐術可區分為「作為」與「不作為」等行為類型。分述如下：

⑴作　為

積極作為的施用詐術可分為「明示的」(ausdrücklich) 與「可得推知的」(konkludent) 詐術兩者。

①明示的詐術

「明示的施用詐術」是指行為人明確地針對特定內容為非真實的陳述❸，而這裡的陳述可以是透過口語、手勢或書寫等方式表達。至於陳述本身對外呈現的意義、行為人於陳述時是否帶有意思保留或隱含其他的意思，則非所問。相反地，評價重點僅在於，從資訊接收者的觀點來看，行為人是否確實對其提出了一定的陳述。就此而言，如果資訊接收者並未誤認行為人所為之陳述乃是基於玩笑，也就不屬於本罪所欲非難的陳述行為❹。

如前所述，誇飾的廣告用語可以因為欠缺事實基礎，而否認作為詐術之一種。相較之下，廣告用語也可以從資訊接收者的認知角度，否定其作為「明示的詐術」。詳言之，現實上我們不排除部分的資訊接收者會認真嚴肅看待廣告內容的真實性。若是單從資訊接收者的觀點來看，廣告本身似乎就有可能構成詐術的一種。但應注意的是，廣告最終之目的無非是為了促進商品的銷售，誇飾的陳述本身確實多少帶有虛偽的成分，只是不盡然是針對消費者的理性而設計，而是訴諸一般的生活情感。於此，關於廣告無法論為明示的詐術，即有必要取決於下述命題：「被害人實際上應當能夠認識到的不是廣告內

---

❸　Hoyer, in: SK-StGB, 7. Aufl., 2004, §263 Rn.27.

❹　Hoyer, in: SK-StGB, 7. Aufl., 2004, §263 Rn.27.

容的真實性，而是應當能夠認識該陳述本身根本不具有任何的嚴肅性⑩。」

②可得推知的詐術

「可得推知的施用詐術」是指，在行為人與被害人於交易往來的狀態下，行為人實施特定行為，而此種行為是在一定的行為情境下（或稱事實性條件）為之，例如乘客在路邊向計程車司機招手、顧客向麵店老闆表示：「來一碗湯麵」等。

> 【實例】甲到傢俱公司應徵工作。甲在面試時對公司主管乙表示，他曾經在一間工廠與三十名左右的同事一起製作過傢俱。事實上，甲所稱的其他工廠其實是指監獄內設置的職業訓練場所，因為其曾犯殺人未遂罪入監服刑。

本例的甲於面試時就自己曾於某工廠製作過傢俱未提出虛偽陳述。不過，甲卻是刻意忽略特定的說明內容，亦即入監服刑時於監獄內的職訓場工作，而此則有可能構成以不作為方式施用詐術。對此，在討論甲是否具刑法第15條的保證人地位之前，我們仍可思考的是，甲於陳述時對於特定事實保持沉默不提，是否仍屬以作為方式施用詐術。與此相應的評價依據為，在具體的對話情境裡，從被害人的觀點來看（亦即所謂的資訊接受者範疇）⑪，甲的表達本身不只是對外說了什麼，實際上還隱含了其他內容。更具體地說，就面試者乙的理解，甲應當是與一般的私人企業形成勞動關係而從事製作傢俱的工作。所以當甲選擇不提監獄內工作一事，即屬對乙提出虛偽的陳述⑫。

---

⑩ Hoyer, in: SK-StGB, 7. Aufl., 2004, §263 Rn.27.

⑪ Mitsch, BT 2, 3. Aufl., 2015, S.266.

⑫ 這裡應注意的是，儘管甲有施用詐術，卻不見得會造成傢俱公司的財產損害。因為甲事實上具有製作傢俱的能力，工作成效與報酬兩者在經濟上處於對等的狀態，並未造成傢俱公司的財產損害。因此不成立詐欺罪。見 Otto, BT, 7. Aufl., 2005, §51 Rn.133.

A. 未購票乘車

【實例】某日，甲決定搭乘臺鐵回家。搭乘臺鐵可採購票或使用悠遊卡。傍晚時分為搭乘火車的尖峰時段，人潮洶湧，甲因趕時間忘記帶錢包，也沒帶悠遊卡，遂趁站務人員不注意時混入人群，快速通過刷票閘口進入車站。凡是未購票且未補票的乘客，一旦被稽查人員發現，臺鐵公司可要求從列車起程開始起算的票價，以及加罰百分之五十的票額。甲於搭乘期間沒有遇到車長或查票員要求補票。到達目的站時，亦是趁站務人員不注意時走出刷票閘口。

a. 施用詐術之對象限於具體個人

本例的甲是否成立詐欺罪的關鍵在於，⑴刷票（或電子票證卡）進入車站之於施用詐術的意義，以及⑵查票動作之於施用詐術與陷於錯誤的意義。一般來說，我們可將未購買車票而進入車站的行為論為施用詐術，並將施用詐術的時點擴及未持票搭車的階段，然而，要得出這些結論仍有下述的前提問題必須先予釐清：「行為人是否或如何對何人施用詐術。」而此一問題的評價則是取決於個案事實而定。

詳言之，如果未購票的乘客於搭乘火車期間始終沒有遇到查票員查票（包括躲藏在車廂廁所），即無成立施用詐術之可能。因為施用詐術必須是針對具體的個人為之，又這個人須為自然人而非法人❸。既然乘客沒有遇到查票員或其他有權稽查之人，也就表示既不存在一個施用詐術的對象（自然人），而且也無法進一步論為對臺鐵公司（法人）施用詐術❸。

---

❸　這裡應強調的是，施用詐術是指行為人針對特定事實提出錯誤的陳述，而接受者因為此項資訊而形成錯誤的認知。換句話說，接受者必須具有資訊的認識與判斷能力，法人為多數的自然人所共同組成，現實上（而非規範擬制的）真正具有意識能力者僅止於自然人。如果捨棄自然人這樣要素，法人本身則非適格的資訊接受者，因為其沒有現實上的意識能力而無法認識與判斷行為人提出的資訊是否為真。

　　類似的思考同樣出現在刷票或刷卡進入車站的情形。也就是說，關於乘客是否有刷卡進入車站，本來就不是站務人員所關切的，因為乘客之所以得以進入車站搭乘火車，取決於刷票或悠遊卡等的動作，而非站務人員的驗票。依此，這種刷票或悠遊卡的行為對於施用詐術具有以下的特殊意義：「施用詐術必須是對具體的個人，而非對機器為之。」

　　b. 「純粹的無知」無法論為施用詐術

　　另一個問題是，未購票的乘客是否對「列車長」（或「司機駕駛」）施用詐術。對此，我們分別就下述情形說明：⑴如果該乘客趁列車長不注意的情形下進入車廂，也就表示在沒有積極影響列車長的認知狀態下搭乘火車，因此無法論為施用詐術。又因為司機駕駛的職掌範圍不包括查票，所以一般來說，並不會特別對乘客有無購票形成一定的想法，當然也就沒有陷於錯誤的可能 ❺❺ 。⑵施用詐術是指行為人就特定事實向他人提出虛偽的陳述，而當火車行進期間，查票員或列車長詢問乘客是否需要補票，表示對於乘客存在著兩種心理預設：「有買票」或「沒買票」。如果乘客在列車長詢問後，只是單純地佯裝靜坐，或是搖頭而沒有表示需要補票，形同透過一個「可推測的行為」對外表現出「我有買票！」的事實狀態。列車長因此陷於錯誤，以為甲是合法持票乘車。換句話說，只有在這個時點的行為，未購票的乘客才算是真正製造法所不容許的雙重風險，亦即 「陷於錯誤」 與 「財產損害」 等風險 ❺❻ 。

　　相較之下，如果列車長純粹穿越各個車廂而沒有詢問乘客是否需要補票，表示對乘客是否購票搭乘根本沒有形成一定的想法， 此為 「純粹的無知」 (ignorantia facti) ，而這樣的狀態根本無法促使列車長陷於錯誤 ❺❼ 。若純粹的

---

❺❹　Preuß, ZIS 2013, S.258.

❺❺　Ranft, Jura 1993, S.87.

❺❻　施用詐術本身帶有特殊的雙重風險，見古承宗，冒用信用卡之刑事責任，收錄：刑法之理論與釋義㈠，2016 年，頁 142–143。

無知亦可以論為施用詐術的成立要素，一方面在語言的應用上產生謬誤，因為沒有先對特定事實形成一定的印象，則無可能對此狀態表達為認知錯誤，另一方面，亦將導致陷於錯誤的評價變得毫無限制[58]。換句話說，未購票的乘客在列車長經過時沉默不語，根本沒有製造一個使他人陷於錯誤的風險，因此也就無法論為施用詐術。總而言之，因為從進入車站到搭車的過程，甲趁站務人員不注意進入車站，乘車期間也從未遇到查票員或其他有權稽查之人查票，所以未購票搭車的行為仍舊無法論為施用詐術。

B. 盜刷信用卡

【實例】甲盜刷乙的信用卡購物，店員丙於接受卡片及要求甲簽名之後，並未核對卡片後的簽名是否與簽單上的簽名一致。

基本上，盜刷信用卡可能涉及到兩種施用詐術的類型：(1)透過提交信用卡的動作，對「使用卡片之人的給付意思與能力」（內在的心理事實）所為的默示欺騙；(2)簽名於簽帳單而對「卡片持有人之身分同一性」（外部的物理事實）所為的明示欺騙。

a. 第一種類型

就「第一種類型」來說，甲提交信用卡屬於一種「可得推知的詐術」。即使甲沒有就特定事實提出明示的虛偽表達，但從整體的行為情狀與一般交易習慣來看，接受卡片的丙理解到提交信用卡的動作本身附隨著一定且合乎事理的（結帳付款）說明[59]。只不過有疑問的是，把信用卡交給店員的動作是否涉及到給付意思或能力等心理事實的虛偽表示。對此，有論者採取肯定見解[60]。與此相似的問題為，若「真正持卡人」欠缺給付意思或能力，仍舊繼

---

[57]　Preuß, ZIS 2013, S.258.

[58]　Saliger, in: Matt/Renzikowski-StGB, 2013, §263 Rn.91.

[59]　參閱 Steinhilper, NJW 1985, S.301.

續刷卡消費的話,同樣有論者認為此為施用詐術❻❶。

　　然而,前述見解均有再商榷之必要。進一步地說,儘管存在著各種交易及信用上的風險,信用卡仍為現代社會高度接受的付款手段。理由在於,(1)銀行擔保付款與雄厚的支付能力,使得特約商店願意讓消費者先取得物品或服務,持卡人可以延後給付簽帳款,又發卡銀行從特約商店收取一定的刷卡手續費、持卡人的年費與循環利息等利益❻❷。(2)就申請信用卡的程序來說,一般是由持卡人向發卡銀行申請核發信用卡,發卡銀行透過徵信程序審酌申請人收入,核定一定範圍的信用額度並發給卡片。持卡人的信用狀況(償債可能性)通常❻❸在申請卡片時即告確定,往後持卡消費無需當場給付特約商店現金,只要依持卡人與發卡銀行約定的清償方式償付簽帳款即可。信用卡契約的當事人或許各自有經濟上的風險計算;當然,也避免不了各種可能的違約情事所產生的負面利益。

　　即便如此,任何帶有風險的交易手段本來就是一種利益相對化的理性選擇,契約當事人基於一定的風險條件,試圖為自己在整個交易過程爭取最大的經濟效益。單就這點來說,信用卡制度正是為持卡人簽帳消費的「償債可能性」提供一套風險分配機制,例如特約商店原則上無須承擔持卡人拒絕償付簽帳款的風險,因為此種風險已經轉由發卡銀行承擔❻❹。所以,從特約商

---

❻❶　見盧映潔,刑法分則新論,2016 年 11 版,頁 719。

❻❶　甘添貴,信用卡之犯罪類型及其法律適用,月旦法學雜誌,87 期,頁 83。

❻❷　信用卡交易是由所謂的三面法律關係所構成:一者為,持卡人與特約商店的消費法律關係,例如買賣、承攬等,此又稱原因關係;二者為,發卡銀行與特約商店的擔保給付簽帳關係,亦即對特約商店而言,信用卡具備代替現金的功能,發卡銀行對特約商店之給付義務乃是其擔保特約商店如同收取現金一般收取債權。見楊淑文,信用卡交易之三面法律關係,收錄:新型契約與消費者保護法,1999 年,頁 76。

❻❸　當然亦不排除持卡人欠繳信用卡費,遭發卡銀行鎖卡的例外情形。

❻❹　BGHSt 33, 249.

店的風險理性來看，償債可能性的問題僅僅存在於「持卡人與發卡銀行之間的法律關係」，也就是特約商店接受信用卡簽帳消費，即可信賴持卡人使用信用卡已經具有形式上的 (formell) 及經濟上的 (wirtschaftlich) 償債可能性 ⑥ 。總而言之，特約商店接受信用卡簽帳消費，並不會特別考慮持卡人的經濟地位與償債可能性等問題，而持卡人的給付意思或能力等心理事實對於特約商店來說，也就不具有詐術意義上的重要性，特別是沒有財產侵害的風險性，因此無法作為持卡人虛偽陳述的事實基礎。

　　另有問題的是，如果是冒名使用他人的信用卡，上述說理是否同樣有適用之餘地。對此，本文認為應當從分則各罪的規制原理出發，逐步推導得出。詳言之，立法者在分則各罪預設了一定的誡命或禁止要求，而承載著此等誡命或禁止要求的「不法行為」屬於一種規範性的評價對象。以傳統的「結果犯」為例，刑法之所以要求規範相對人不為特定行為，無非是著眼於該行為本身內含了足以引起外部世界變化的效果，例如「殺人行為」、「傷害行為」等。又基於此種行為效果的預設，一個具有犯罪意義的行為描述往往會再透過負向的行為結果或作用來加以呈現，例如死亡、傷害等。整體而言，與此種行為描述相對應的「行為禁止」即有必要針對行為結果或作用而設，例如禁止任何人藉由殺人行為引起死亡結果，或是禁止任何人藉由傷害行為引起傷害結果。

　　基於上述的基本思考，專就詐欺罪來說，行為人施用詐術之於財產損害所產生的風險，也就必須考慮到，施用詐術所內含的資訊風險除了指涉財產損害的效果外，另一部分則是針對使他人陷於錯誤而來 ⑥ ，又這裡所指稱的他人就是直接接收虛偽資訊者。所以，在冒用信用卡的情形，特約商店這一方固然是立於直接接收虛偽資訊的地位，但是與前述持卡人的情形一樣，當

---

⑥　Bringewat, NStZ 1985, 535.

⑥　參閱 Heinrich, in: A/W/H/H-BT, 3. Aufl., 2015, §20 Rn.35.

下使用卡片消費的人是否欠缺給付意思或能力，根本不是特約商店接受刷卡消費所關切的重點，信用卡遭冒用的風險分配無論如何只有落在持卡人與發卡銀行之間 ❻ 。基此，特約商店接受信用卡簽帳的風險理性，始終只有考慮到發卡銀行對其承擔了擔保給付義務 ❻ 。

b. 第二種類型

就「第二種類型」來說，信用卡的卡面記明發卡銀行、有效期限、持卡人姓名，以及其簽名等資訊。藉由這些卡面資訊，我們可以有效掌握何人在何等期間內屬於信用卡法律關係的一部分。又依據這些有限且明示的說明值(Erklärungswert)，不論是從特約商店或是持卡人的觀點切入，提交信用卡的動作充其量只能證明到使用卡片之人的身分同一，以及作為信用卡組織的會員狀態 ❻ 。只要使用卡片之人沒有變造卡片的資料，也就不會構成施用詐術。相較之下，唯一有可能符合施用詐術的情形為「在簽帳單上偽造簽名」。依此，甲偽造簽名使用信用卡乃是對「持卡人身分之同一性」的事實提出虛偽之意思表示，因而構成施用詐術。

(2)不作為

①概　說

除了以「作為」方式實施詐術外，亦可透過「不說明」的不作為方式實現施用詐術 ❼ 。在具體個案中，可推測的施用詐術與不作為施用詐術之間往往在區分上存在著一定的難度，例如從語境的前後脈絡來說，行為人有可能僅就部分的資訊選擇沉默不語，使得接受資訊之人對於行為人的整體陳述導

---

❻　楊淑文，信用卡之冒用風險與舉證責任，台灣法學雜誌，9 期，頁 73。

❻　薛智仁，巧取公職之詐欺罪責，月旦法學雜誌，212 期，頁 205 明確指出：「如果缺少被害人之財產處分作為聯繫詐術與財產損害的橋樑，詐欺罪將喪失其有別其他財產犯罪之不法內涵。」

❻　Bringewat, NStZ 1985, S.536.

❼　Mitsch, BT 2, 3. Aufl., 2015, S.265.

向於錯誤的理解，而此時仍應當論為積極地施用詐術。舉例來說，中古車商甲告訴乙：「A 車以前發生過車禍，只是小擦撞。這些擦痕因重新烤漆而消失。」甲未告知其他的肇事紀錄，特別是死亡車禍的部分。無論如何，在犯罪評價上應先判斷，行為人之行為得否論為可推測的施用詐術。若是得出肯定的答案，那麼也就沒有必要再進一步探究是否成立不作為之施用詐術。

　　不作為的施用詐術往往出現在，行為人比其他人所知道的還要多，而且正是因為行為人處於此種認知上的優越地位，或是被害人處於資訊欠缺的狀態，使得被害人在未被告知的情形下財產將受到不利益。然而，居於資訊上的優越地位並不會讓「純粹不告知」立即轉變為詐欺罪的施用詐術❼。也就是說，成立不作為施用詐術的關鍵在於，行為人對於排除他人的誤認狀態具有保證人地位，並且依此負有積極說明的義務❼。這裡應注意的是，積極說明之目的是為了阻止他人即將對特定事實發生誤認，或是排除他人已經陷於錯誤的狀態。只不過行為人的積極說明義務，卻不能毫無限制地要求其阻止或排除任何一種形式上的錯誤，而是必須針對那些「**內含財產侵害風險的錯誤**」。單就這點來說，抽象且不確定的「誠實信賴原則」既無法具體連結到財產侵害風險的意義，也無法形成一套穩定的評價結果，因而未能作為形成保證人地位的正當性依據❼。

　②案例思考

【實例】甲長年接受 A 市政府社會局的殘障生活補助。甲死亡之後，甲的兒子乙並未向社會局通報。社會局的承辦人丙依舊每個月匯款至甲的帳戶，乙是甲之存款（債權）的繼承人，連續領了六個月的補助始

---

❼　Mitsch, BT 2, 3. Aufl., 2015, S.267.

❼　僅參閱 Wessels/Hillenkamp, BT 2, 32. Aufl., 2009, §13 Rn.503–505.

❼　見 Mitsch, BT 2, 3. Aufl., 2015, S.267；相同結論，Duttge, in: Gesamtes Strafrecht, 2. Aufl., 2011, §263 Rn.29.

被發現。

甲死亡之後，社會局持續將殘障生活補助匯入甲的帳戶。換句話說，社會局的承辦人丙對於甲已經死亡一事始終處於誤認的狀態，以為甲仍然有權繼續獲得補助。因為丙的誤認並不是受到乙所積極引起，或是積極地維持誤認，所以乙無法被論為以作為之方式施用詐術。即便如此，依身心障礙者生活補助費發給辦法第 12 條：「申請人喪失補助資格或死亡時，本人或其法定繼承人應自事實發生之日起十五日內通知直轄市、縣（市）主管機關。」對於詐欺罪的施用詐術而言，此一規定作為形成法定繼承人乙之保證人地位的依據（刑 15 I），乙因而負有義務通知社會局（主管機關）被繼承人甲已死亡的事實，以排除承辦人丙持續處於認知錯誤的狀態。據此，乙依法應通知社會局甲的死亡事實，卻是消極不通知，構成不作為施用詐術。

【實例】A 球團有意與棒球選手甲續訂二年合約，簽約金為二百萬元。近年來甲的手臂飽受運動傷害之苦，A 球團在取得甲的同意後，委託醫師乙為甲進行健檢，再決定是否與甲簽約。乙將報告送到 A 球團，結果皆為正向評價。不過，該份報告的對象其實是另外一位球員丁。因為乙在電腦前輸入資料時邊講手機，不小心將丁的姓名誤植為甲。甲的運動傷害遲未痊癒，A 球團的負責人丙誤信乙的健診報告而與甲續約。實際上，乙在 A 球團與甲簽約之前，已經發現誤植。不過，乙是甲的忠實粉絲，期待甲在 A 球團繼續發光發熱，所以決定隱匿該份報告的錯誤。

與前例一樣，本例主要的爭點在於乙是否藉由不作為之方式施用詐術。基本上，成立不作為之施用詐術的前提為乙對 A 球團的負責人丙負有說明義務，以此排除其對於甲之身體健康的誤認，而乙的說明義務又取決於保證人地位之有無（刑 15）。對此，不論是依據乙與 A 球團之間具有諮詢及管理財

產事務意義的「契約關係」，或是乙不小心誤植另一位球員丁之體檢數據的「危險前行為」，均可作為形塑保證人地位的依據⑭。就此，乙負有義務向 A 球團負責人丙告知「丁的體檢資料遭誤植為甲」，卻未為積極說明，應屬不作為之施用詐術。

【實例】甲前往 A 銀行匯款。甲因疏忽而將帳號誤植，導致原本應匯給丙的 5,000 元匯入丁的帳戶中。丁發現自己的帳戶意外多了一筆 5,000 元款項。丁決定不通知銀行及甲，而將該款項提領花用。

因為丁未積極影響行員乙形成特定的認知或想法，所以無法論為以積極作為之方式施用詐術。基於這樣的前提，丁純粹利用他人的錯誤匯款不構成積極作為的詐欺。然而，丁仍有可能透過沉默之方式施用詐術，而成立不作為詐欺（刑 339, 15）。換句話說，若丁具有保證人地位，也就負有義務通知銀行錯誤匯款，以避免銀行或甲受有財產損失。從多數學說見解所承認的保證人地位出發，亦即「保護型」（依法令規定、事實承擔）與「監督型」（危險前行為、危險源監督）的保證人地位⑮，丁對銀行的錯誤匯款均無任何的保證人地位。儘管如此，約莫從 1930 年代開始⑯，德國的學說與實務針對詐欺罪發展出一種特殊的保證人地位，亦即所謂的「誠實信用」(Treu und Glauben)⑰，並且有相當的期間屬於多數見解。對照之下，我國實務其實也有相類似的觀點，例如澎湖地方法院 88 年易字第 57 號判決：「不動產交易，

---

⑭　見 Mitsch, BT 2, 3. Aufl., 2015, S.269.

⑮　僅參閱王皇玉，刑法總則，2016 年 2 版，頁 503–504；林書楷，刑法總則，2018 年 4 版，頁 458 以下。

⑯　1933 年左右，因為德國學說上的熱烈討論，開始形成一股推力而將誠實信用原則視為詐欺罪所獨有的保證人類型，最為關鍵的實務判決是德國帝國法院於 1937 年的 RGSt 70, 155ff.。

⑰　Naucke, NJW 1994, S.2810.

按諸社會交易習慣，被告對於上開房屋所設定之負擔，基於誠實信用之交易原則，當有據實相告之義務。」❼⑧

不過，考慮到誠實信用原則過於抽象而不確定❼⑨，從 1990 年開始，德國實務見解雖然不直接否認這種保證人地位，卻是技巧性地對此一原則的適用採取限縮解釋，以避免詐欺罪的適用範圍不當地擴張❽⓪。詳言之，以這裡的錯誤匯款為例，刑法若是要作為一種經濟風險的分配手段，那麼就有必要考量到履行義務之人（給付者）本身原本應當承擔的給付風險，特別是「既有的債務內容」與「給付不超過債權人得請求的範圍」❽①。即便如此，一旦行為人（沉默者）與被害人（給付者）於交易過程中存在著「緊密的信賴關係」(enges Vertrauenverhältnis)❽②，那麼錯誤匯款的財損風險也就不能完全由被害人自己承擔。換句話說，在這種關係條件下，基於刑法上的保證人地位，使行為人（沉默者）負有一定的說明義務。被害人原本應承擔的給付風險因此透過由行為人承擔的澄清風險，予以適度的平衡。據此，就一般的交易程序來說，甲與丁不存在緊密的信賴關係，丁對於甲的錯誤匯款欠缺保證人地位❽③。

---

❼⑧ 臺灣高等法院法律座談會的研討意見中，仍可見到誠信原則的見解。例如臺灣高等法院暨所屬法院 89 年法律座談會刑事類提案第 9 號之討論意見的甲說：「……本件依誠信原則及社會交易上的習慣，應認某甲有通知真實之義務，是某甲明知非屬其所有之款項，利用郵局作業之錯誤，仍予提領該款項，並拒不返還，顯有不法所有意圖，應構成刑法第 339 條第 1 項之詐欺取財罪名。」

❼⑨ 依誠實信用原則，行為人的說明義務將會不當地指向於阻止或排除任何一種錯誤，而不是針對那些帶有財產損害風險的錯誤。

❽⓪ 相較之下，現時多數的學說見解則是否認誠實信用原則作為保證人地位。僅參閱 Mitsch, BT 2, 3. Aufl., 2015, S.267.

❽① BGH, NJW 1994, 951.

❽② BGH, NJW 1994, 950.

❽③ 同此結論，見 Klesczewski, BT 2, 2011, S.89.

> 【實例】甲是 A 公司負責人。為了東區的新建案，委託乙、丙二位室內裝潢
> 　　　　專家負責新建房屋的修繕與裝潢。甲跟乙、丙兩位是長期合作的夥
> 　　　　伴。就在乙、丙開始施作之後，A 公司出現嚴重的財務問題，根本
> 　　　　無法履行報酬給付義務。對此，甲始終選擇沉默，決定能瞞多久就
> 　　　　瞞多久，避免乙、丙中途放棄施工，影響建案進度。

　　一般而言，構成施用詐術的前提為，針對特定事實為虛偽陳述。從語意理解的角度切入，虛偽陳述在本質上屬於一種「積極」行為。因為本例的甲只是單純地沉默，未對財政危機提出任何積極的說明，所以無法從中推導出對於交易關係具有重要性的說明。於此，可先確定的是，甲未以明示或可推測的方式實現詐術。不過，甲的沉默還是有可能構成所謂的「不作為詐欺」。詳言之，如果行為人與被害人之間處於一定的信任關係，或有形成信賴的特殊事實基礎等，例如「（委任）法律關係」或「事實上的長期合作」，那麼行為人也就會有「緊密的信賴關係」之保證人地位，而負有說明義務。依此，乙、丙與建設公司為長期合作夥伴，不只存在一般契約上的權利義務關係，同時也是一種基於職業而形成相互依存的高度信賴關係（或稱契約外的特別信賴關係）[84]。甲因而具有保證人地位，對於自己已經無法履行報酬應為積極的說明卻消極不說明，應論為成立「不作為詐欺」。

㈢陷於錯誤

1.定　義

　　陷於錯誤是指個人對於特定事物或狀態存在著錯誤的理解[85]，特別是受

---

[84]　用語見林東茂，刑法綜覽，2012 年 7 版，頁 2–158。

[85]　「理解與現實兩者存在著衝突」，見 Mitsch, BT 2, 3. Aufl., 2015, S.288.

詐騙之人就行為人所陳述的事實產生積極的誤認 (Positive Fehlvorstellung)，而且內容上是與整體財產法益相關的法益關係錯誤[86]，純粹的無知無法構成陷於錯誤[87]。又形成錯誤認知的前提必須是，受詐騙之人對於其所接收的資訊有所認識，並且對於該資訊的真假並非毫不關心[88]。再者，不論是「引起」或者「維持原本已存在」的錯誤認知，均屬陷於錯誤的類型。倘若行為人只是利用已經存在的錯誤認知，卻無說明義務的話，則不得論被害人有陷於錯誤。至於被害人在何種條件之下能夠論為陷於錯誤，學說見解對此問題一致地認為被害人無需百分之百相信其所接受到的資訊是錯誤，而是只要有所「懷疑」即屬陷於錯誤[89]。

　　詳言之，當被害人對於行為人之陳述內容的真實性有所懷疑時，並不會影響陷於錯誤之認定結果，因為這裡的評價基礎終究在於「行為人對於陳述內容之真實與否的態度」[90]。舉例來說，甲跟乙商借十萬元。甲決定錢到手後立刻消失，不再聯絡，日後也不打算還錢。雖然乙認為甲有可能不還錢，還是把錢借給了甲。於此，沒有疑問的是，甲對於自己內在的心理事實（給付意願）提出虛偽的陳述。至於乙是否有陷於錯誤，則是取決於乙如何理解甲的行為。在乙的認知模式裡，乙或許認為甲可能不會還錢，不過，卻也不排除乙認為甲還是有可能會還錢。換句話說，不論是甲有意願，或是沒有意願還錢的心理事實，同樣都是乙判斷是否借錢給甲的依據。基於這樣的擇一性條件，陷於錯誤的評價重點將會聚焦在「乙認為甲可能會還錢，但實際上甲決定不還錢。」據此，既然「甲的心理事實」與「乙的可能性認知」存有

---

[86] 理論依據，見黃士軒，詐欺罪的財產損害與被害人之錯誤，中研院法學期刊，26 期，頁 142–144。

[87] Mitsch, BT 2, 3. Aufl., 2015, S.288–289; Rengier, BT I, 12. Aufl., 2010, §13 Rn.21.

[88] 薛智仁，巧取公職之詐欺罪責，月旦法學雜誌，212 期，頁 211。

[89] 僅參閱 Kindhäuser, BT II, 9. Aufl., 2017, §27 Rn.34.

[90] 同此理解，見 Kindhäuser, BT II, 9. Aufl., 2017, §27 Rn.34.

差異，那麼即可論乙有陷於錯誤。

2.案例思考

> 【實例】甲冒用乙的信用卡在 A 餐廳消費。店員丙接受卡片，並且將簽帳單
> 交給甲簽名。甲偽造乙的簽名。丙核對信用卡背面的簽名，並未察
> 覺有異，便將卡片連同發票交還給甲。

首先，應釐清的是，甲冒用信用卡是否引起丙的錯誤。我們可將問題細分為「點餐者與付款者不同一」，以及「使用卡片者與真正持卡人不同一」：

⑴點餐者與付款者不同一

當然，丙有可能會因為不知點餐之人（甲）並不是實際付款之人（乙），進而導致誤認了甲使用卡片的權限。然而，倘若行為人所傳達的虛偽資訊對於受詐騙之人是無關緊要的，則不會構成所謂的陷於錯誤。依此，餐廳通常在接受點餐時，不會要求點餐者同時也是付款者。既然現實上不排除是由持卡人付款，卻是他人取得商品或服務的話，那麼也就不會導致餐廳業者對使用卡片之人的合法權限形成任何想法❾❶。所以，丙不會因點餐者與付款者不同而產生甲使用卡片之權限的錯誤認知。

⑵使用卡片者與真正持卡人不同一

依信用卡交易的法律關係，持卡人與特約商店進行交易時，無需當場交付現金，而是由特約商店日後向發卡銀行提示持卡人簽名的簽帳單，請求給付簽帳款，發卡機構日後再向持卡人請求代價的款項。持卡人簽名的真實性為特約商店向發卡銀行請求給付的依據，又為了避免民法上的損害賠償爭議，特約商店對使用卡片的合法權限必須具有一般性的警覺，也就是不排除卡片遭冒用的可能性。

---

❾❶　OLG Düsseldorf NJW 1993, 1872.

或許，我們不排除特約商店的店主絕對相信人性本善，所有顧客均會按照規定使用信用卡，店主因而產生「所有人均按規定使用卡片」的積極認知。所以，只要有人冒用信用卡，店主隨即屬陷於錯誤；相對地，如果換作是店主具有「不是所有人都會按規定使用卡片」的積極認知，那麼在卡片遭到冒用的情形，店主則不會陷於錯誤。不過，這樣的說法忽略了人類意識活動的現實。理由在於：

(1)人類的意識活動本是一系列的資訊處理過程，進而對客觀世界產生一定的意義理解，除了睡眠或喪失意識等情形，我們無時無刻不是在積極地對這個世界形成一定的想法。或許，會有論者質疑這樣的理解[92]，並且認為就算肯認人類的意識活動乃是積極地對既有的世界產生想法，那麼所謂的「無知」(Unkenntnis) 對於形成積極的錯誤認知來說，還是不夠充分的。然而，這樣的質疑是有疑問的。所謂的積極形成想法不外乎也是因為欠缺足夠的資訊，而這正是一種典型的無知狀態。舉例來說，被害人誤認假鈔為真鈔，我們可以說被害人被票面圖示所積極誤導，卻也可以說被害人消極未認識到鈔票的虛假之處。無論如何，「積極的誤認」與「無知」只是不同語境的表達方式，本質上並沒有不同。

(2)考慮每個人的思維模式本有一定程度上的差異，穩定的社會交往有賴於社會成員間的相互理解，以此形成最起碼的交往共識。在此前提之下，特別是在經濟活動的過程中，只要我們心理上形成某項事實陳述為真的認知，往往也會產生「一切沒問題！」(Alles sei in Ordnung!) 的理解，而這種意識狀態正是經過各種情境資訊的分析、比較之後所得到的結果，例如基於檢查、法規範、法律關係、社會慣行等形式取得某個陳述為真或偽的認知[93]。

依此，信用卡的交易現實是，特約商店不可能一廂情願地認為所有人均

---

[92] 例如 Rengier, BT I, 12. Aufl., 2010, §13 Rn.20.

[93] 見 Steinhilper, NJW 1985, S.302.

是按照規定使用卡片，或者單純對冒用情形毫無所知。在其形成一切都沒問題的意識狀態之前，勢必須歷經一定的資訊處理程序。換句話說，針對使用卡片之人是否具備使用上的合法權限，特約商店必須藉由履行一定的「**核查義務**」(Prüfungspflicht) 加以確認，例如特約商店比對信用卡背面的簽名是否同於簽帳收據上的簽名 94。

應注意的是，民事法要求特約商店核對簽名本非刑事法上的義務，所以這裡的簽名核對程序充其量也只是作為客觀上存在（以核對為條件的）錯誤認知的間接證明 (Indiz)95。總而言之，特約商店依照與發卡銀行的契約約定，於接受信用卡簽帳消費時，必須進行必要的核對程序，只要發現有非法使用的情形，應予拒絕。本例的丙已經採取法律上所要求的簽名核對程序，而主觀上對於甲是持卡人之事實形成「沒問題！」的認知狀態，因此對甲使用卡片的合法權限具有錯誤的認知。

㈣財產處分

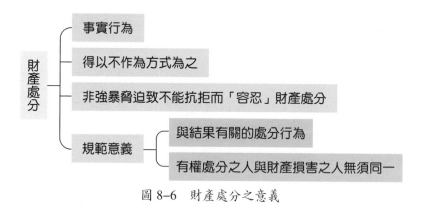

圖 8-6　財產處分之意義

94　Hellmann/Beckemper, JA 2004, S.893.

95　參閱 Mitsch, BT 2, 3. Aufl., 2015, S.291; auch Otto, BT, 7. Aufl., 2005, §51 Rn.25.

1.概 說

最早於十九世紀中期（例如 1851 年的普魯士刑法），隨著詐欺之構成要件轉向財產移轉之罪 (Vermögensverschiebung) 的思考後，財產處分的要件也就被確定下來 ❾❻。時至今日，當代刑法上典型的財產處分主要出現在詐欺罪、恐嚇取財罪、背信罪等整體財產犯罪，而此種行為是指陷於錯誤的財產持有人基於事實上 ❾❼ 的自決而直接導致財產減少 (Vermögensminderung) 的作為、容忍，或是不作為。於此，應注意的是，(1)這裡所指的事實上自決是指，財產處分無需從民法的角度予以理解，而是一種純粹的事實行為 ❾❽，處分財產之人因而是否具有行為能力，或是無效的法律行為、非法律行為等，均為財產處分；(2)財產處分可以是不作為的方式，例如甲於某假日參觀臺南古蹟赤崁樓，向驗票員乙出示偽造的門票。在乙驗票之後，未發現任何問題，即讓甲進入園區參觀。就此例來說，因為乙自始未向甲主張債權，所以應論為不作為之財產處分；(3)倘若行為人透過強暴、脅迫手段至使被害人不能抗拒（刑328），而被害人以交付財物之方式「容忍」財產減少的話，此種交付財物之行為也就不屬於本罪的財產處分。

再者，在法釋義的理解層次，財產處分內含兩項重要的規範意義：(1)此種行為必須是「與結果有關的處分行為」，也就是處分行為與財產減損結果（或稱處分結果）具有所謂的直接性關係；(2)有權處分之人與財產損害之人無需同一，而此正是區分「三角詐欺」與「竊盜罪之間接正犯」的關鍵。

---

❾❻ Rönnau, JuS 2011, S.982.

❾❼ 應注意的是，「事實上」在這裡的意義為，為財產處分的自我決定，這與處分之人是否具有民法上的意思表示能力無關。

❾❽ 此為從「經濟且事實上的處分概念」所理解的結果。另外，同樣屬於侵害整體財產犯罪的背信罪，該罪的財產處分必須是法律行為，此與詐欺罪之財產處分僅要求任何事實上足以產生財產減少效果的行為有所不同。見 Rönnau, JuS 2011, S.982.

2.處分意思

(1)處分意思是否必要

　　處分意思 (Verfügungsbewusstsein) 是指，陷於錯誤的財產持有人認識到處分行為具有財產減少的效果●。較無疑問的是，多數學說見解認為，在「**物之詐欺**」 (Sachbetrug) 的情形，被害人為財產處分必須以具有處分意思為前提，至於「**債權詐欺（或稱權利詐欺）**」則是無需處分意思。理由在於：(1)物之詐欺現實上存在著「移轉特定物之持有」的現象，而這正是詐欺罪之所以作為以「交付財產」(weggeben) 為特徵的自損犯罪。相對地，刑法第 320 條之竊盜罪則是作為一種他損犯罪且強調破壞持有與建立持有的行為模式；(2)持有本身以持有人具有持有意思（或稱支配意思）為前提，所以只要涉及持有移轉的行為，也就有必要實質考量到持有人是否及如何認識到放棄自己對特定物的持有關係。綜此而言，不同於物之詐欺，既然權利處分不以被害人處分財產利益時具有處分意思為必要，那麼也就沒有與竊盜罪（他損犯罪）區別之可能性，畢竟現行法不承認所謂的「權利竊盜」。假設執意要求被害人於債權詐欺的情形，亦須具有處分意思而財產處分始能論為實現，勢必產生被害人因為不知自己在處分特定的財產利益，使得行為人未能構成詐欺罪，頂多成立竊盜，但又考慮到現行法不處罰所謂的權利竊盜，勢必會出現處罰漏洞●，例如甲的住處遭祝融之禍，其列出燒毀財物的清單，向保險公司申請保險理賠。儘管甲事後發現其中有兩項物件根本沒有燒毀，仍然決定不告知保險公司●。

　　關於處分意思之於債權詐欺（權利詐欺）的意義，我們可以再從「訂約

● 僅參閱 Otto, BT, 7. Aufl., 2005, §51 Rn.32.

● Otto, BT, 7. Aufl., 2005, §51 Rn.35.

● RGSt 70, 225.

詐欺」與「履約詐欺」等類型予以說明。就訂約詐欺而言，受詐騙之人不論是積極有所作為，或是消極不作為，均非取決於「現時且實際的表示意識」(aktuelles Erklärungsbewusstsein)。因為表意人基於認識錯誤或欠缺認識而為的意思表示仍屬有效，特別是當表意人對此意思表示錯誤與有過失的話，即無法再依民法第 88 條主張撤銷意思表示。簡單地說，就詐欺罪的財產處分而言，我們僅僅要求到潛在的表示意識，即為已足；但是，如果是純粹的不作為，例如沉默，那麼也就不具有任何的處分意思。另外，就履約詐欺而言，當債權人消極地不向債務人主張請求權而導致財產減少，例如公車司機未要求乘客出示車票，這裡的財產處分則不以處分意思為必要。

應強調的是，學說上針對「物之詐欺」與「債權詐欺（權利詐欺）」區分是否以處分意思為必要，其實本意上並不在於說明權利詐欺必須完全捨棄處分意思這項要求，而只是強調這種意思非屬必要而已❿，例如甲實際上只是想要確認訪客的名單，卻是誤認簽名所代表的意義而在一份訂單上簽名，依此創設了民法上的債權債務關係。換句話說，考慮到處分意思在處分權利的範疇不是必要的，所以，甲的簽名亦得論為一個有效的財產處分。

⑵個別化的認識觀點

【實例 1】甲將大賣場販售的巧克力預藏於外套內。收銀員乙不知甲的外套內藏有賣場的巧克力，讓其通過收銀臺。

【實例 2】甲在大賣場購買一箱飲料，另將一盒巧克力藏在飲料箱之下。甲在結帳時，收銀員乙在不知飲料箱下壓藏一盒巧克力的情形下，刷了該箱飲料的條碼。收銀員詢問是否還有其他的商品需要結帳，甲回答：「沒有！」

【實例 3】甲在大賣場購買一盒燕麥及一袋蘋果。外包裝上均印有價格標籤，

---

❿ Duttge, in: Gesamtes Strafrecht, 2. Aufl., 2011, §263 Rn.29.

> 共一百元。甲將賣場販售的巧克力塞進該袋蘋果內及盒裝燕麥內。收銀員乙不知包裝內各自藏有一盒巧克力，刷了標籤上的條碼後，向甲收取一百元。

　　不論是在【實例1, 2或3】的情形，因為收銀員乙實際上均未認識到巧克力的存在，所以無法對其形成處分意思。即使甲虛偽地回應乙的提問，仍舊不影響乙自始沒有對交付巧克力形成一定的處分意思。依此，甲取走賣場的巧克力，乃是未經他人（收銀員乙）同意，而破壞他人對物的持有並建立自己新持有的竊取。甲成立刑法第320條第1項普通竊盜罪。或許，我們可以改從「商品個別化」的觀點切入，進而主張【實例3】收銀員乙誤認包裝盒內的或蘋果袋內的商品，亦即「具體且個別化的認識結果與實際狀態存有落差」❿，甲因而成立詐欺罪❿。

　　不過，前述見解容待商榷，理由在於，⑴所謂「認識對象的個別化」其實是將處分意思簡化為一般性意識❿。也就是說，我們先是確認收銀員乙從外包裝意識到甲所欲購買的商品（一般性意識），緊接著再從現實上的物件狀態反推何者與乙的認知不相符合。此種反向推論的邏輯只不過是一種純粹的「假設」，而與財產處分的處分意思乃是受詐騙之人於處分時實際的認知活動有所衝突。⑵一旦貫徹個別化的認識觀點，勢必導致刑法內部體系的評價矛盾，例如將巧克力放在外套口袋且帶出賣場，事後使用強暴手段防護贓物，將成立刑法第329條準強盜罪；如果換作將巧克力放在其他商品的包裝盒內

---

❿　所謂的具體且個別化的認識結果是指收銀員當下僅僅認識到「盒裝燕麥」與「袋裝蘋果」。

❿　參閱 Rengier, BT I, 12. Aufl., 2010, §13 Rn.39.

❿　例如 Rengier, BT I, 12. Aufl., 2010, §13 Rn.39 即是將處分意思簡化為「一般性意識」，因為收銀員所認識的對象就是盒裝燕麥與袋裝蘋果，若要將被害人的處分意思逐一區分為針對盒內的，或是袋內的商品，現實上是不可能的。

且帶出賣場，卻會因為成立詐欺罪，使得行為人事後使用強暴手段防護贓物，反而無法成立刑法第 329 條準強盜罪 [106] 。

(3)案例思考

> 【實例】甲將錢包放在大賣場的收銀臺上，結完帳之後忘了帶走。收銀員丁注意到臺上有一個顧客遺忘的錢包。換乙結帳時，站在乙後面的丙注意到收銀臺上的錢包。丙將其撿起，並且詢問乙是否為所有人。乙回答：「是！」丙因而立即將錢包放回原處，乙緊接著將其取走並放入自己的背包。

　　本例的爭點在於乙取走錢包且放入自己的背包，是否為「丙」或「丁」之財產處分結果。不過，在回答此一問題前，應予確認的是，乙將甲的錢包放入背包，是否構成未經他人同意，破壞他人對物的持有，並且建立自己對該物的新持有（刑 320）。因為只要特定物的持有移轉非由被害人所同意，也就是表示被害人欠缺處分意思。

　　針對竊取之持有移轉的評價，首要的先決問題為「何人對錢包具有持有關係」。甲原本對自己的錢包具有持有關係，隨後當錢包被遺留在收銀臺時，持有關係則是可能轉向「丙」或「丁」身上 [107] 。

　　就丙而言，在丙撿起錢包後，形式上似乎隨即與錢包建立新的持有關係，只不過丙純粹是為了詢問乙是否為所有人而短暫地撿起錢包，應當沒有持有意思，乙的行為因而無法論為破壞丙與錢包的持有關係。至於丁的部分，依通說見解，店家對商店內的物件（包括顧客的遺忘物）具有一般性的支配意思，丙在乙回答為所有人之後將錢包放回收銀臺，乙即屬破壞其對該物件的持有關係，因為錢包的歸屬狀態在乙表示為所有人的這個時間點上形同對外

---

[106] 參閱 Duttge, in: Gesamtes Strafrecht, 2. Aufl., 2011, §263 Rn.29.

[107] Klesczewski, BT 2, 2011, S.93.

顯示出為乙所有。對此，丁實際上並沒有同意移轉錢包的持有，那麼也就表示丁欠缺移轉財物的處分意思。儘管乙虛偽表示自己為錢包所有人，但仍應成立竊盜，而非詐欺。

> 【實例】甲趁任職於「黑狗宅配公司」的乙休息時，取走託運單，穿著制服外套及帽子獨自騎乘機車前往丙、丁住處收取託寄物品。丙、丁看到身穿制服的甲，以為宅配公司提早到府收貨，便將物品交付給甲。甲收受託寄物品後，在託運單上簽上乙的名字，並且交給丙、丁存查。甲將取得的物品放置於自家倉庫。

　　甲穿著宅配公司的制服，使得丙、丁誤以為甲為宅配公司的員工，有權收受託運物品。但有疑問的是，丙、丁二人將託運物品交付給甲得否論為財產處分。換句話說，丙、丁對於交付託運物品是否具有所謂的處分意思。對此，最高法院 33 年上字第 1134 號判例：「刑法上詐欺罪與竊盜罪，雖同係意圖為自己或第三人不法之所有而取得他人之財物，但詐欺取財罪以施行詐術使人將物交付為其成立要件，而竊盜罪則無使人交付其財物之必要。所謂交付，係指對財產之處分而言，故詐欺罪之行為人，其取得財物，必須由於被詐欺人對於該財產之處分而來，否則被詐欺之人提交財物，雖係由於行為人施用詐術之所致，但其提交既非處分之行為，**則行為人因其對於該財物之支配力一時弛緩，乘機取得，即與詐欺罪應具之條件不符，自應論以竊盜罪。**」最高法院在此號判例中明確提及行為人取得財物必須源於被詐欺人的財產處分，緊接著卻又使用概念不甚精準的「提交」，試圖透過「提交」與「交付」二者於概念上的差異，以此作為區分詐欺與竊盜的依據。雖然最高法院最後推導出鬆弛持有的結論，說理過程顯然欠缺論證上的依據。

　　對此，本書認為區分的關鍵在於「託運單與處分意思的評價關聯」。也就是說，託運單上通常會記載著一組託運號碼，以供託運人查詢運送進度。藉

由查詢運送進度的機制，表示託運人始終保有對託運物的支配意思，而沒有將託運物之所有權移轉託運人或託運公司的意思。簡單地說，儘管託運人現實上有將託運物交付給託運人，形式上看似託運人具有移轉持有的意思，不過，實質上卻沒有「完全的處分意思」，因而無法論為處分財產。依此，因為丙、丁交付託運物品的行為並沒有任何的處分意思，所以無法論為詐欺罪的財產處分。於此，甲之行為應成立刑法第 320 條第 1 項竊盜罪。

3.直接性要求

⑴處分行為直接導致財產減少

處分行為不只是在條件理論的意義下導致財產減少，同時亦須是直接導致這樣的狀態。所以，從客觀歸責的角度來看，財產處分與財產減少之間必須具有所謂的「直接性」(Unmittelbarkeit)。更具體地說，在行為人無需額外的行為介入，或是沒有其他可歸責於第三人之行為等情形，被害人基於錯誤而處分財產即可產生財產減少的效果[108]。於此，直接性的判斷標準則是，由被害人所創造的財產危險在何種程度上得以論為財產減少的結果[109]。然而，這樣的處分行為是否真的導致詐欺罪所肯認的財產減損結果，最後還是會取決於我們如何理解所謂的「財產」[110]。

另外，應注意的是，財產處分行為直接導致財產減少，而所謂的財產減少係屬財產處分這項要件的評價對象，仍未進入到財產損害的範疇。關於財產損害是否實現而達詐欺既遂之程度，則有待依據所謂的折算原則予以判斷[111]。簡單地說，財產處分僅僅涉及財產減少的效果，無關處分前後之財產狀態的折算。

---

[108] Rönnau, JuS 2011, S.982.

[109] Rönnau, JuS 2011, S.982.

[110] 財產概念為詐欺罪的獨立議題，詳見本章中關於「財產損害」的說明。

[111] Jäger, JuS 2010, S.761.

(2)鬆弛持有非財產處分

【實例】甲假裝要購買一只手錶。店員乙依照甲的要求從櫃中取出手錶讓其試戴。甲趁店員乙招呼其他客人時，戴著手錶衝出商店逃逸。

　　本例的甲成立竊盜，而非詐欺。理由在於，甲對乙施用詐術的目的僅僅在於事後取得對手錶之持有的機會，所以交付手錶與財產減少之間不存在所謂的直接性；另一方面，乙將手錶交給甲試戴，也沒有移轉財物的處分意思，乙與手錶之間頂多為「鬆弛持有」的關係。當甲試戴後衝出商店且逃逸，實屬典型的未經持有人同意的持有移轉（竊取）。

(3)財產危險與財產風險

【實例】甲持有乙的提款卡，並對乙施用詐術取得提款卡的密碼。甲使用卡片從提款機提領現金五千元。

　　一般來說，行為人只是藉由詐術而取得事後侵奪被害人財產的機會，即不符合直接性的要求。本例的甲看似為自己創造一個事後侵奪他人財產的機會，亦即持卡片與密碼至提款機領款，但乙提供密碼的行為與財產減少之間不具有直接性，所以無法論為財產處分。然而，若從財產危險的角度來看，乙提供密碼給甲形同為自己的財產創造一定的危險，而這個危險實現與否已經不是乙所能控制。又甲獲悉密碼後隨即處於實現財產危險的支配地位，已經可以毫無阻礙地拿著卡片到提款機提款。所以，乙告知密碼所創造的財產危險得以直接論為財產減少，屬於詐欺罪的財產處分行為。

【實例】甲偽裝成瓦斯公司的工作人員到乙的住處假裝檢查瓦斯。甲利用此機會取走乙的筆電。

　　本例的乙讓甲進入住家的行為並未直接導致財產減少（財物喪失），甲取

走筆電的行為應視為竊盜罪的竊取。詳言之，財產處分的行為內含一個關涉財產減少的風險，而這裡的直接性其實就是風險製造與實現之間於規範上的歸責關聯，特別是被害人對其行為是否具有財產減少的特殊認知。依此，乙讓甲進入住家在規範上頂多帶有侵入住居的風險❶❷，卻無關財產減少的風險。應注意的是，前述提及的財產危險在於說明財產是否減少，至於這裡的財產風險則是涉及處分行為與處分結果之間的客觀歸責。這兩者分屬不同層次的解釋方法。

【實例】甲偽裝成車站的服務人員，向乘客乙表示可以幫忙將行李置放於置物櫃。甲趁乙不注意時，將行李鎖進編號 001 的櫃子，緊接著再將編號 002 櫃子的鑰匙交給乙。當乙離開後，甲將行李從編號 001 的櫃子取出。

原則上，如果被害人只是有意識地保持對物的鬆弛持有，卻無意將物之持有「完全」移轉給行為人❶❸，則非屬財產處分之行為。甲之行為不成立詐欺罪，反而是成立竊盜罪。因為這裡的持有移轉既不具有直接性，而且乙也沒有完全移轉物之持有的意思，所以，乙將行李交給甲的行為並沒有內含一個財產減少的風險。換句話說，乙頂多只有鬆弛對物之持有的意思，而非自願地終局喪失自己對行李的持有地位。依此，這裡的持有移轉乃是基於甲將行李從櫃子取走，終局地變更乙原有的持有地位。

---

❶❷ 為了便於理解，這裡暫時不討論「阻卻構成要件同意」的問題。

❶❸ Jäger, JuS 2010, S.762.

4.所謂的「三角詐欺」

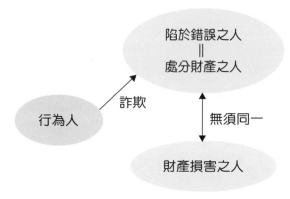

圖 8-7 三角詐欺

(1)概 說

詐欺罪作為所謂的定式犯罪，財產處分由陷於錯誤之人所為，而該陷於錯誤之狀態則是基於行為人的施用詐術而來。基本上，陷於錯誤之人與為財產處分之人亦應具有同一性，但在一些情形，處分財產之人與受有損害之人卻不必然為同一，此為典型的「三角詐欺」(Dreiecksbetrug)⑭，通常在涉及法人議題的情形更為明顯，因為法人總是需要一個自然人為其處分財產。再者，與此相關的爭點在於「**陷於錯誤的財產持有人所為的財產處分得否歸責於財產所有人**」⑮。更進一步言，一旦財產持有人（即陷於錯誤之人）的處分行為可視為財產所有人所為的自損行為，而且處分結果亦可歸責於該財產所有人，那麼仍應論為詐欺罪之財產處分。相對地，假設我們不能將處分結果算到財產所有人的頭上，則是轉為成立竊盜罪之間接正犯。

不論是「物之詐欺」或「權利詐欺」，均有成立三角詐欺的可能。或有見解認為，三角詐欺在釋義學上的意義無非是為了區分詐欺罪與竊盜罪的間接正犯，只是考慮到現行法不承認所謂的權利竊盜，那麼在債權詐欺（刑 339

⑭ 僅參閱徐育安，三角詐欺之實務與理論，月旦法學雜誌，194 期，頁 244。

⑮ Otto, BT, 7. Aufl., 2005, §51 Rn.44.

II）的情形，似乎就沒有藉由三角詐欺區分詐欺罪與竊盜罪之間接正犯的必要。但有問題的是，我們是否就應該隨之放棄「財產利益處分」對於「債權人」（財產損害之人）的歸責。換句話說，區分詐欺罪與竊盜罪之間接正犯是否只是討論三角詐欺的唯一理由。對此，關於財產處分的歸責，不只是區分詐欺罪與竊盜罪的依據，同時也在於凸顯詐欺罪作為自損犯罪的本質，所以，不論在物之詐欺與債權詐欺的範疇，財產處分的歸責均有一定的重要性⑯，特別就債權詐欺來說，一旦不構成三角詐欺，將會轉為成立竊盜罪，又考慮到現行法不承認所謂的權利竊盜，最後將會得出不罰的結果。

【實例】甲提供乙帳號。債務人乙誤以為甲替債權人丙收取債權，而將原本應償還丙的金錢匯入甲提供的帳號。

　　本例的甲對債務人乙施用詐術，陷於錯誤的乙將款項匯入甲帳戶使債權人丙原本對乙的請求權歸於消滅，丙因而受有損害。此為典型的債權詐欺，又考慮到成立三角詐欺的條件為：「只有在債權人丙的請求權因乙的給付而歸於消滅，而且該請求權消滅已經足以平衡債務人原本的財產不利益。」那麼假設債務人對債權人的債務未能（完全）履行，或是履行結果無法平衡損害的話，則不構成三角詐欺⑰。

(2)理論概述

表 8-3　三角詐欺之理論

學說	處分財產之人
事實上的貼近理論	擁有事實上支配實力
規範上的貼近理論	擁有事實上支配實力＋規範上貼近關係（例如保管人或輔助人）
權限理論	擁有事實上支配實力＋規範上依據（民法或其他法律依據）

　　三角詐欺的成立前提為，處分財產之人與財產損害之人，或是處分財產

---

⑯　同此見解，Kindhäuser, BT II, 9. Aufl., 2017, §27 Rn.44.

⑰　Fock/Gerhold, JA 2010, S.510.

之人與財物之間存在一定的關係⑱。倘若沒有這層關係的話，將無成立詐欺罪的空間，而是成立竊盜罪的間接正犯。因為施用詐術之人相對於處分財產之人，實際上位居於認識優越的地位，以幕後者角色操控著陷於錯誤的行為工具，使其破壞原持有人對特定物的持有且為幕後者建立新的持有關係。但有待釐清的是，這裡所指的關係到底為何，目前學說上有以下理論：

①事實上的貼近理論（事實貼近說）

此一理論認為，相較於行為人來說，處分財產之人必須更接近於持有的財物⑲，而且在受詐騙之前，現實上早已可以直接支配該物件⑳。換句話說，關鍵的評價準據為「處分財產之人（即受詐騙之人）於整個犯罪過程的地位」，例如在物之持有移轉的情形，處分財產之人基於有利於行為人（或不利於財產所有人）的條件，終止財產所有人與特定物的持有關係。不論是處分財產之人的支配地位，或是有利及不利的條件等，我們發現到這些說理其實均是從客觀上的事實狀態所推得的理解，而且額外輔以有利於行為人或不利於財產所有人的條件，試圖強調處分財產之人如何處分特定之物的支配效果。除了物之詐欺外，在權利詐欺（即債權詐欺）的情形，只要受詐騙之人於現實上存在一定的可能性，以有利於行為人的條件移轉財產價額(Vermögenswert)，同樣可以成立三角詐欺㉑。

不過，容待商榷的是，我們在邏輯上無法直接從處分財產之人與特定物（或權利）具有事實上的貼近關係，隨即將該處分結果歸責於財產所有人，

---

⑱ BGH bei Dallinger, MDR 1974, S.15.

⑲ 德國聯邦最高法院 (BGHSt 18, 223-224) 之所以強調空間上的差異性，無非是想要凸顯處分財產之人較容易在受損害者不知情的情形下，因錯誤而交付財物予行為人。見徐育安，三角詐欺之實務與理論，月旦法學雜誌，194 期，頁 246；Duttge, in: Gesamtes Strafrecht, 2. Aufl., 2011, §263 Rn.33.

⑳ Kindhäuser, BT II, 9. Aufl., 2017, §27 Rn.46; Rengier, BT I, 12. Aufl., 2010, §13 Rn.45.

㉑ Fock/Gerhold, JA 2010, S.511.

因為財產處分之人單純事實上的權力支配地位不必然推導出他人（即財產所有人）在規範上受有財產損害的結果。換句話說，財產處分之人基於誤認而為財產處分行為，其中所製造的財損風險是否最後在財產所有人的財產損害中予以實現，仍應考慮到財產損害與財產處分行為的歸責關聯，又因為詐欺罪乃是涉及「個人自決」的自損犯罪，所以這層關聯結構似乎也就無法忽略財產損害與財產處分等要件背後所分別指涉之主體如何為他人自決負責的條件，特別是財產所有人與財產處分之人於規範上的關係。

②規範上的貼近理論（立場理論）

基本上，此說延續了事實上貼近理論的基本思考，並且進一步提出修正的觀點。三角詐欺之成立條件不在於處分財產之人與特定物之間於空間上的距離遠近，而是聚焦在處分財產之人與財產所有人的關係上。也就是說，除了具有事實上的支配實力之外，同時亦須具備規範上的貼近關係，特別是「處分財產之人（即受詐騙之人）必須是財物的保管人或輔助人」⓬，在規範上始得論為歸屬於損害者之地位。關於此種地位歸屬的評價，依「處分財產之人」的觀點，只要處分之人善意地以有利於財產所有人的立場而交付財物給行為人，那麼也就會成立一個可歸責於損害者的財產處分結果⓭。相對地，假設受詐騙之人有意識地逾越守護地位 (Hüterposition) 的話，也就不得再論為三角詐欺，而是轉為成立竊盜罪的間接正犯。

③權限理論（權限說）

相較於上述理論，此說採取最為嚴格的觀點，且為本書所支持。除了事實上的處分可能性之外，處分財產之人同時也具有民法或其他法律上的依據時，例如以明示、默示，或者至少在外觀上具有法律的授權等方式，該財產

⓬ 又稱為「守護財物之人」(Gewahrsamshüter)，見 Hoyer, in: SK-StGB, 7. Aufl., 2004, §263 Rn.141; Otto, BT, 7. Aufl., 2005, §51 Rn.44; Rengier, BT I, 12. Aufl., 2010, §13 Rn.45；徐育安，三角詐欺之實務與理論，月旦法學雜誌，194 期，頁 247。

⓭ 例如 BGHSt 18, 223–224; OLG Hamm, NJW 1969, S.620.

處分結果始得歸責於財產所有人 ⑫ 。進一步言，凡是涉及詐欺罪與竊盜罪之間接正犯的區分，本質上乃是一種規範上的判斷，所以與此有關的區分標準也就不能只是依循純粹的事實狀態，而有必要另外尋求一套規範上的準據。於此，值得一提的是，以債權詐欺為例，評價重點在於處分權利之人是否具有法律上的處分權限，如果只有事實上的處分可能，例如在表見代理的情形，被代理人因不知代理人的代理行為，尚不足以使處分結果歸責於財產利益受損害之人 ⑫ ；相對於此，若是「容忍代理」(Duldungsvollmacht) 的話，因為被代理人認識到代理權授與事實，實質上已經「相當接近於」默示承認代理關係，依此，我們得以肯定代理人具有法律上的權限，其所為的財產處分即可歸責於被代理人 ⑫ 。

(3)案例思考

①訴訟詐欺

> 【實例】因車禍事件，乙向管轄之臺南地方法院對甲提起十萬元的損害賠償之訴。訴訟過程中，甲主張已經給付十萬元之賠償金，並且提出偽造的支付證明。同時，甲教唆好友丙作偽證，證明乙收受甲交付的現金，並且簽收。法官誤信甲提出的支付證明及證人丙的證言，駁回乙之訴訟。

本例涉及三角詐欺的「訴訟詐欺」(Prozessbetrug) ⑫ 。於此，行為人乃是透過對法官施用詐術，使其為一個司法高權行為，例如駁回訴訟或判決給付，而透過這個行為導致訴訟相對人的財產受有損害 ⑫ 。又詐欺罪所規定的主觀

---

⑫　Hoyer, in: SK-StGB, 7. Aufl., 2004, §263 Rn.148, 177.

⑫　至於交易相對人得否依民法第 169 條要求被代理人為代理人所為之法律行為負責，並不影響刑法上之三角詐欺關係的評價。

⑫　參閱 Fock/Gerhold, JA 2010, S.512.

⑫　Duttge, in: Gesamtes Strafrecht, 2. Aufl., 2011, §263 Rn.35.

不法所有意圖可以是為第三人所有，所以非訴訟當事人的證人亦可作為施用詐術的行為主體，例如本例的丙以偽證方式實施詐術，使甲獲得不法的財產利益。另外，較有爭議的是，考慮到訴訟詐欺中「陷於錯誤及處分財產之人」（法官）與「受有財產損害之人」（乙）並非同一人，甲與丙之詐欺行為的可罰性因而有必要進一步透過三角詐欺理論予以說明。對此，若是依據貼近理論，法官於受詐騙之時尚未與乙的財產形成所謂的貼近關係❿；另一方面，法官於整個訴訟處於中立地位，並非自始專為某一方訴訟當事人的利益來指揮訴訟❿。於此，貼近理論無法合理說明法官所為的財產處分（不利益的判決）得歸責於乙。另一個可能的理論選擇為權限理論。依此，法官依據訴訟法之規定取得法律上的授權，在整體的訴訟程序中，就特定的財產範圍具備一定的財產處分地位，例如依法為判決或裁定，該財產處分結果因而得以歸責於乙。

②謊稱已經獲同意

【實例】甲向乙借用汽車一天，但乙表示拒絕。甲轉向求助乙的室友丙，並且謊稱乙已經同意使用汽車，請丙到乙的房間拿鑰匙。甲取得鑰匙後，便將車子開走。

　　首先，較無疑問的是，甲將乙的汽車開走乃是破壞乙對該車的持有關係，但有問題的是，此一破壞持有是否為基於原持有人乙的同意而為之。雖然在整個犯罪歷程中，乙均未為同意與否的表示，似乎可直接推得出甲的行為構成竊取。但應注意的是，第三人丙介入了汽車的持有移轉過程。考慮到第三

---

❿ Mitsch, BT 2, 3. Aufl., 2015, S.303.

❿ 有學說見解採取貼近理論，卻是忽略了「受詐騙時具備貼近關係」這項要求者，例如 Duttge, in: Gesamtes Strafrecht, 2. Aufl., 2011, §263 Rn.35.

❿ Otto, BT, 7. Aufl., 2009, §51 Rn.140.

人丙的處分行為這項條件，甲的犯罪評價則有可能進一步導向於成立「竊盜罪之間接正犯」或「詐欺罪」。更進一步地說，雖然丙出於自由意志而將鑰匙交付給甲，卻是自始未獲得乙的授權將車鑰匙交付他人。除此之外，丙於受詐騙時根本還沒有與乙的車鑰匙（即汽車）處於所謂的貼近關係，真正形成貼近關係的時間點最遲是在走進乙的房間時❶。就這點來說，即使不採最嚴格的權限理論，若是依據貼近理論的貼近時點要求，本例還是無法構成所謂的三角詐欺。總而言之，甲利用不知情的丙使其交付乙的車鑰匙，實屬未經乙之同意而破壞其對汽車的持有，並且建立自己對該車的持有。於此，甲成立竊盜罪之間接正犯。

③盜刷信用卡

【實例】甲到 A 餐廳用餐，趁鄰座的乙上廁所之時，擅自取走其皮包內的信用卡，藉此刷卡消費。餐廳店員丙接受卡片，並且要求甲在簽帳單上簽名。甲偽造乙的簽名，而丙核對了該簽名與卡片背後的簽名，便將卡片歸還，完成刷卡程序。甲回到座位後，偷偷地將卡片放回乙的皮包內。

本例的爭點在於店員丙是否有為財產處分之行為，以及處分何人之財產。首先，受詐騙的丙的財產處分行為可以是「提供餐飲」，或是「讓發卡銀行承擔給付款項義務」兩者。至於財產損害之認定，則是依據所謂的「整體折算原則」(Prinzip der Gesamtsaldierung)❷，被害人原本保有的財產價值在財產處分之前後進行比較，若是經濟上的財產總額有所減少，即屬發生財產損害之結果。

---

❶　見 Klesczewski, BT 2, 2011, S.94.

❷　Wessels/Hillenkamp, BT 2, 32. Aufl., 2009, §13 Rn.538.

A. 提供餐飲

就提供餐飲而言，丙依約提供餐飲屬於刑法第 339 條第 1 項之財產處分行為，不過，終究沒有讓自己受有損害，因為依據持卡人與發卡銀行之間的信用卡使用約定，持卡人簽名於簽帳單上形同向發卡銀行作出指示，發卡銀行應向特約商店給付簽帳款項。

B. 讓發卡銀行承擔給付款項義務

就特約商店與發卡銀行之間的擔保給付約定，只要持卡人簽名與信用卡背面上的簽名相符，特約商店也就可以對發卡銀行取得簽帳款之給付請求權。只不過有疑問的是，發卡銀行在丙接受信用卡簽帳的情形下，處分財產結果可否歸責於發卡銀行，因而論為受有損害。丙對發卡銀行取得給付簽帳款的請求權；相對地，發卡銀行則是承擔對丙的擔保給付義務。而發卡銀行通常在數日後收到特約商店或收單機構所彙整的簽帳單，在審核簽名無誤之後，將會付款予特約商店。既然甲是冒名使用他人信用卡，而且亦不打算繳付銀行代償的簽帳款，發卡銀行似乎會因為擔保給付而注定受有財產損害，亦即「承擔債務」（刑 339 II）。只不過這項結論的成立仍應考慮到下述條件：發卡銀行受有損害的前提為，實際處分財產的丙之於發卡銀行的財產而言位居特殊的地位，此為典型的「三角詐欺」(Dreiecksbetrug)。依據詐欺罪的不法構成要件設定，財產處分包括「交付他人之物」（刑 339 I）或「處分權利」（刑 339 II）等情形，儘管被詐騙之人與處分財產者必須具有同一性，不過，處分之人與受損害者卻不以同一人為必要。就此，只要被詐騙之人的財產處分亦可算到受損害之人的頭上（客觀歸責），那麼最終的財產損害結果依舊會成立[133]。

關於三角詐欺的客觀歸責，目前學說上有事實貼近說、立場理論，以及權限說等見解[134]，不過，對本例而言，這些不同見解的選擇其實並無特別的

---

[133] Krey/Hellmann, BT 2, 15. Aufl., 2008, §11 Rn.386.

實益，即便採取最嚴格的權限說，處分財產的結果仍可歸責於受損害之人。因為在信用卡付帳（電腦連線）的過程中，不論現場簽名或網路填具授權碼，只要商家有盡到檢查核對義務時（陷於錯誤之判斷），那麼契約權限即可讓店家向信用卡公司請求給付相當價金數額的款項。據此，依特約商店與發卡銀行之間的擔保給付約定，只要丙接受顧客使用信用卡消費，而且也有履行必要的簽名核對程序，隨即取得為銀行處分財產的權限，亦即「銀行承擔給付簽帳款的義務」。

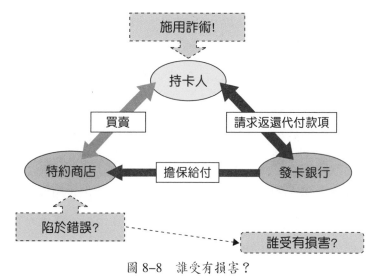

圖 8-8　誰受有損害？

㈤財產損害

詐欺罪作為一種「財產移轉之罪」(Vermögensverschiebung)，不法結果為財產損害[135]，而在損害發生之前的財產處分則是導致財產減少的行為。在一般的情形，只要確認了財產處分乃是源於詐騙而為之，似乎即可推論被害

---

[134] 學說之說明與分析，亦可參考徐育安，訴訟詐欺，月旦裁判時報，8 期，頁 145。

[135] 作為所有權犯罪的竊盜罪則是所謂的「持有移轉之罪」。雖然在詐欺的犯罪歷程之中，特別是涉及到財物詐欺，同樣也會有移轉特定物之持有的現象，不過，詐欺罪所強調的不法結果仍在於財產總額的增減問題。

人的財產將會有所減損。

不過，嚴格來說，這不立即表示我們同時確認了財產損害之結果，關於財產損害的判斷，仍有必要再透過「整體折算」[136](kompensieren) 進一步確認財產是否確實有減少。所謂的折算是指，被害人「所取得的」與「處分的」財產之間是否具備一定的等價關係 (Äquivalent)[137]，財產損害因此也就會進一步理解為「現實上無法再透過財產上的相等價值予以平衡的財產減少狀態」[138]。若是從客觀歸責的觀點切入，財產處分行為製造了財產損害的風險（風險製造）[139]，而就在處分財產之後，財產減少的風險必須在財產損害的結果中獲得實現（風險實現）。依此，我們也可以說，所謂的折算在相當程度上正是處理風險實現的問題。

刑法第 339 條第 1 項詐欺取財罪的財產損害是以「實體物上的損失」為評價依據，同條第 2 項的詐欺得利罪則是涉及到「財產利益上的損失」，典型者為承擔債務。應注意的是，依第 343 條準用第 323 條之規定，電能、熱能或其他能量亦可作為本罪之犯罪客體。

1.財產概念

關於上述之折算原則的具體應用，取決於我們如何理解所謂的「財產」[140]。對此，目前學說上有以下數種理論，茲分述如下：

---

[136] 又稱之為「整體折算原則」(Prinzip der Gesamtsaldierung)，用語見 Wessels/Hillenkamp, BT 2, 32. Aufl., 2009, §13 Rn.538.

[137] Kindhäuser, BT II, 9. Aufl., 2017, §27 Rn.57.

[138] 類似見解，Kindhäuser, BT II, 9. Aufl., 2017, §27 Rn.57.

[139] 應強調的是，詐欺罪中真正製造非法所容許之財產損害風險的行為是「施用詐術」。我們在這裡借助客觀歸責的觀點，目的是為了說明折算方法之於判斷財產損害的規範性意義。

[140] Klesczewski, BT 2, 2011, S.96.

表 8-4 財產概念

學說	說明
法律的財產理論	認為「純粹的處分自由」受到侵害，即屬財產損害
經濟的財產理論	須現實可得支配，且具有經濟上價值的財產利益受到損害
經濟與法律的財產理論	特定財物或利益必須為法秩序所承認，始為詐欺罪保護客體
個人的財產理論	財產為兼具人格意涵的組織單元

⑴法律的財產理論

凡是因為受詐騙而為財產處分，進而導致了權利移轉，或是承擔特定之義務，均屬所謂的財產損害。換句話說，此一理論實際上並不承認被害人所取得與處分之財產的折算結果 ，而是著眼於 「純粹的處分自由」 (bloße Dispositionsfreiheit) 受到侵害⑭。然而，將財產損害實質限制在處分自由的意義理解，並且不考慮財產狀態的折算結果，勢必導致詐欺罪於個案適用上的浮動與不確定。此一理論早已過時，近代幾乎沒有論者支持。

⑵經濟的財產理論

多數見解⑭採取「經濟的財產理論」，或者以此為基礎所提出的「經濟與法律的財產理論」。不論是採取何種理論，保護客體均為個人於現實上可得支配的，以及具有經濟上價值（即金錢價值）的財產利益⑭，例如金錢、債權、所有物、能獲得勞動報酬的勞動力 (Arbeitskraft als Arbeitsleistung)，以及其他權利等。又如果占有本身具有經濟價值的話，亦屬之⑭。至於單純的獲利期待則不是詐欺罪所要保護的財產，例如樂透彩券的中獎。

不過，這裡應予區辨的是，一者，彩券本身內含一定統計機率上的獲利

---

⑭ Klesczewski, BT 2, 2011, S.96.

⑭ 關於德國多數之實務及學說見解的說明，可參考 Heinrich, in: A/W/H/H-BT, 3. Aufl., 2015, §20 Rn.17.

⑭ Otto, BT, 7. Aufl., 2005, §51 Rn.55; Rengier, BT I, 12. Aufl., 2010, §13 Rn.54; Waszcynski, JA 2010, S.251.

⑭ Rengier, BT I, 12. Aufl., 2010, §13 Rn.54.

可能，而中獎的可能性已經是現實上可得量化的經濟價值，例如我們購買一張一百元的刮刮樂形同購買了潛在的獲利機會 ⑭。簡單地說，彩券價格與潛在的獲利機會兩者具有經濟意義上的對應性。所以，如果行為人賣給消費者一張偽造的刮刮樂彩券，消費者的「財產」因而受有損害；二者，相較之下，單純的獲利期待則是指，完全忽略彩券價格與潛在獲利於經濟上的對應性，而僅僅聚焦在彩券本身在統計機率上的中獎機會，例如不能只是因為購買刮刮樂沒有刮到任何獎金，即主張受有財產損害。

其次，以經濟的財產理論為基礎，我們可以進一步將折算方式及限制區分如下 ⑭：

①折算原則

針對以交換模式為基礎的財產處分型態，依據當時的金錢價額評價雙方之「對待給付」，是否因為存在量的差距而產生財產減少之結果，此稱之為「折算原則」（Saldierungsprinzip）。詳言之，發生財產損害的條件為，針對處分財產於客觀上的收益與不利益進行整體性的折算，個人財產在經濟上的總額較財產處分前為少，又這裡的計算必須考量到，具體個案中的財產處分與取得在時間性的與地點性的條件，以及系爭財物在交易當時的使用價值與交換價值等。即便如此，整體折算在具體適用上仍有一定的限制，例如折算基礎必須是行為人與被害人進行交換的且直接與財產處分具有關聯的財產價值 ⑭、行為人是否事後放棄取得的請求權，或是被害人在法律上是否保有替代請求權 ⑭，或契約事後被撤銷等，均不影響整體折算的評價結果。

---

⑭ 或如 *Rengier* 所言，「參加樂透」（Teilnahme an Lotterien）本身就是一種具有經濟價值的財產地位。見 Rengier, BT I, 12. Aufl., 2010, §13 Rn.54a.

⑭ 整理自 Kindhäuser, BT II, 9. Aufl., 2017, §27 Rn.61.

⑭ BGH wistra 1999, 265–266.

⑭ 顯著例子為「信用卡詐欺」。當行為人冒用信用卡消費時，因為特約商店接受卡片而使得發卡銀行負有擔保付款的義務。就在此一時點上，銀行已經受有損害，至於

②目的不達理論

在部分的情形，雖然處分的與取得的財產之間具備經濟上的等價性，但考量到個別的行為情境因素，受詐騙之人所為的財產處分實質上為一種不當的投資。實際上，大部分的物件對所有人來說，不見得都具有相同的財產價值，也正是因為每個人對於某個物件的可利用性，多少會有不同的理解與期待⑭，所以依據所謂的「目的不達理論」（或稱個別的財產效果；persönlicher Schadenseinschlag）⑮，該不當投資的結果可例外地認定為財產損害，例如賣百科全書給未受過教育之人、賣給學生非課堂指定的教科書、取得無法達到契約所預設之目的的擠奶器（原本設定為十頭牛使用，實際取得的機器卻只能給三頭牛使用）、飲料自動販賣機沒有商品的遞出口⑯。相較之下，倘若買受人認為是多餘的，卻是法律規定應備的物件，例如機車的後照鏡，或是買到專給嬰兒食用的糖粉，實際上也可以使用在一般的飲料及料理等，均不屬於財產損害。

⑶經濟與法律的財產理論

基本上，這個理論延續了經濟的財產理論的基本架構，只不過額外要求特定財物或利益必須為法秩序所肯認，始能作為詐欺罪的保護客體⑰。更進

該銀行事後是否向卡片持有人請求給付代償款項，或是行為人事後向銀行或卡片持有人給付該筆代償款項等，均不影響財產損害的折算結果。

⑭ 實際上，BGHSt, 16, 325–326 是從所謂的「供給—需求觀點」確認是否發生財產損害，因為每個人對於特定物的使用需求不見得都一樣，所以不見得相同的事物就會有相同的價值。

⑮ 本質上此為經濟的財產理論的修正觀點，又稱之為「客觀的經濟理性標準」，見 Otto, BT, 7. Aufl., 2005, §51 Rn.55.

⑯ 整理自 Duttge, in: Gesamtes Strafrecht, 2. Aufl., 2011, §263 Rn.64.

⑰ Duttge, in: Gesamtes Strafrecht, 2. Aufl., 2011, §263 Rn.40; Otto, BT, 7. Aufl., 2005, §51 Rn.244.

一步地說，構成財產的條件為：(1)個人的財物與利益 (Güter) 於經濟意義上的集合，以及 (2) 個人就此等財物與利益具有法律上的處分權力 (Verfügungsmacht)。又個人實現處分權力必須是在維護法秩序，或是法秩序不禁止的條件下始可為之❸。舉例來說，如果被害人是透過違法手段取得對特定物的占有、為了違法目的而交付財物，或是無效的債權等，均無法論為詐欺罪所欲保護的客體❹。

(4)個人的（或稱人格的）財產理論

個人的財產理論認為，經濟的財產理論先是以客觀的價值總量作為財產損害的依據，卻又在部分情形透過個別的財產效果理論予以修正，恐怕將造成犯罪評價上的浮動。同時，經濟性的觀點亦有可能使得一些不具市場價值的財物無法納入詐欺罪的保護範疇❺。無論如何，財產不只是一種純粹現象上的實體或利益狀態，而是兼具人格意涵的組織單元。藉著所謂的財產，我們可以確保社會成員於社會交往關係中決定如何實現自我❻。

進一步地說，若是從規範性的觀點切入，個人作為一個法主體，現實上任何與其實現自我有關的主、客觀條件，均有必要納入法規範的擔保範疇。就這點而言，既然考慮到財產作為一種兼具人格意涵的組織單元，那麼在概念上即有必要進一步理解為「**個人與客體（財產利益）之間為法秩序所承認的支配關係**」，又此種支配關係在個人的經濟交往上往往具有一定的獨立性意義。總而言之，只要個人的財產概念引入刑法的規制系統，個人於經濟範疇的自我實現可能性即可受到全面的保護❼。又之所以採取這樣的理解，無非

---

❸ 參閱 Otto, BT, 7. Aufl., 2005, §51 Rn.57.

❹ 德國亦有部分的實務見解採取此一理論，並且主張為了取回竊得的錢包而交付的贖金、勞動給付欠缺法律上得請求給付酬勞的依據，或是為了犯罪而採取的勞動給付等，均非詐欺罪所要保護的財產。整理自 Otto, BT, 7. Aufl., 2005, §51 Rn.58.

❺ 參閱 Otto, BT, 7. Aufl., 2005, §51 Rn.60–61.

❻ 參閱 Otto, BT, 7. Aufl., 2005, §51 Rn.54.

是這套理論認為純粹經濟的財產理論對於「經濟」的理解過於直觀，實質上脫離了經濟學領域應有的詮釋脈絡。也就是說，經濟學上的價值並不是指特定物本身所呈現出來的資格或特徵，而是個人如何看待客體的利用性(Nützlichkeit eines Objekts)❶❺❽。

　　不可否認的是，個人的財產理論嘗試透過法主體實現自我所必需的關係條件，一方面確立了財產具有經濟交往上的可利用性，更加強調個人對於具體財物的利用關係，並且以此說明「買賣目的不達」同樣屬於一種財產損害❶❺❾；另一方面，更是技巧性地將財產實質連結到法秩序的規制脈絡。整體而言，這套理論的論證結構似乎比經濟性的財產理論更具說服力，不過，嚴格來說，實際上卻是將刑法保護法益抽象的法理準據❶❻⓪直接套用到確立各罪具體的保護客體，其中忽略了作為個人實現自我之關係條件的法益乃是法本身的保護對象，至於犯罪客體的保護則是法益保護之下的一種反射效果❶❻❶。關於這兩者之間的理論沿用性，似乎有再商榷的空間。

---

❶❺❼　Otto, BT, 7. Aufl., 2005, §51 Rn.59.

❶❺❽　Otto, BT, 7. Aufl., 2005, §51 Rn.60.

❶❺❾　Otto, BT, 7. Aufl., 2005, §51 Rn.60.

❶❻⓪　進一步說明，見古承宗，環境風險與環境刑法之保護法益，收錄：刑法的象徵化與規制理性，2017 年，頁 142 以下。

❶❻❶　舉例而言，刑法第 271 條殺人罪禁止殺人。此罪的保護法益為「生命法益」，保護客體則是「個人的生命現象」。當我們說一個人的生命法益被侵害，那麼前提必須是生命現象遭受到絕對的侵奪，亦即生命法益不受干擾取決於個人之生命現象的確保。若刑法主要的任務在於保護法益，那麼也就可以說，個人之生命現象的確保正是刑法保護生命法益下的一種反射效果。

2.特殊問題

(1)違法約定或取得的財物

【實例】甲與乙約定，只要乙幫甲偷到丙收藏的名畫，即可獲得十萬元報酬，
無論如何，甲都決定不付錢。甲拿到乙偷得的畫作，確實不依約定
給付報酬。

較無疑問的是，甲與乙約定竊取報酬，卻自始不願意付款，此乃是對乙
就給付意願的心理事實提出虛偽的陳述。甲之行為構成施用詐術。乙始終認
為事成之後甲就會付款，即屬陷於錯誤。只不過有疑問的是，乙透過犯罪手
段，亦即竊取他人之物（刑 320），所提供的勞動給付而未獲得相對應的報酬，
是否得論為受有財產損害？依據「經濟的財產理論」，乙竊取丙收藏的畫作屬
於勞力付出，此為具有對價關係的勞動給付，因而帶有一定的經濟價值。若
此勞動給付的價值最終無法透過相對應的報酬予以平衡，即屬受有財產損害。

相對地，若是改從「經濟與法律的財產理論」出發，考慮到甲與乙之間
的契約依民法第 71 條規定為無效，並且乙所提供的勞動給付亦為法所不容許
的竊盜犯罪，所以基於法秩序一致性原則，刑法應當尊重民法所確立的財產
分配秩序[162]，進而否認乙的勞動給付在刑法上的保護必要性。據此，儘管乙
事後未取得相對應的報酬，仍未發生財產損害之結果[163]。

【實例】甲與乙約定，只要乙幫甲偷到丙收藏的名畫，即可獲得十萬元報酬。
甲先付給乙五萬元酬金，等偷到畫後再付剩下的五萬元。其實乙早

---

[162] 應注意的是，依民法第 71 條的文義設定，法律行為因違反強制規定無效，並非意
指債權本身的無效，而是當事人之間債權、債務「所立基的法律行為無效」。因此，
本例的乙始終對甲未形成任何債權。

[163] Waszcynski, JA 2010, S.252.

決定不偷畫，因此一拿到甲給付的五萬元，隨即失聯。

　　基於「經濟的財產理論」的觀點，甲受有五萬元的財產損害。相對地，依據「經濟與法律的財產理論」，則會得出不同的結論。刑法的財產保護取決於財物的利用關係。也就是說，純粹持有某個物件並無法表彰出該物件本身所內含的價值為何，所謂的價值有無（或高低）最終還是取決於該財物的「可交換性」(Tauschfähigkeit)。一旦法秩序禁止基於違法目的而使用金錢，也就形同表示該金錢本身在法律上已經不被承認為具有交換價值❿。

　　換句話說，特定數額的金錢具備交換價值的認定不再是依循市場性的供需標準，而是完全導向於法律上的流通許可。延續這樣的思考，若是再從「法律門外漢」的評價觀點出發，（被害人）甲至少認識到因為跟乙的「犯罪約定」，所以使得他在法律上並沒有向乙請求給付的權利，充其量只能期待乙遵守諾言而已。就這點來說，甲也應當認識到所給付的五萬元，在法律上根本沒有透過乙之對待給付予以衡平的可能。既然甲認識到該筆五萬元不具備衡平的機會，那麼財產減少也就必須完全歸責於甲自己。

　　依目前為止的說明，考慮到甲的財產減少不可歸責於乙，我們或許可以得出乙成立詐欺未遂（刑 339 III, 25）的結論。然而，這樣的推論似乎還是過於直斷，忽略了乙的詐術行為根本沒有內含一個具有財產損害重要性的虛偽資訊。理由在於，甲、乙之間的犯罪約定，在法律上無法讓金錢報酬（十萬元）形成「具有可交換性」的特徵，那麼甲交付五萬元之時，即已註定沒有相對應的給付（價值）❿，也就是在規範上不可能受有財產損害。既然這裡不存在一個詐欺罪所關切的財產損害結果，乙所為的詐術也就不可能內含一個具有財產損害的典型風險。依此，因為乙實質上未製造法所不容許的風險，

---

❿　Waszcynski, JA 2010, S.253.

❿　如果乙繼續執行竊取計畫的話，對甲來說，乙的勞動給付也只能算是一種事實上的偶然。

所以對甲的詐騙無法論為詐欺罪的不法構成要件行為。

> 【實例】甲偷盜一只名貴手錶。乙向甲出價五萬元購買。乙決定在甲交付手
> 　　　　錶之後便不付錢。實際上，乙收到手錶後也確實拒付該筆款項。

本例同樣涉及到「財產」與「財產損害」的評價。首先，甲與乙約定買賣，而乙自始即不願意付款，此乃針對給付意願的心理事實提出虛偽的陳述。乙之行為構成施用詐術。又甲誤認乙在手錶交付之後就會付款，因而陷於錯誤。其次，關於甲在處分財產之後是否受有財產損害，則是取決於我們如何理解所謂的「財產」，特別是甲就竊得手錶之「非法占有」的財產適格性問題❻。依據「經濟的財產理論」，甲、乙約定手錶以五萬元出售，甲將手錶交付之後，卻未得到相對應的五萬元，因此受有財產損害。若是從「經濟與法律的財產理論」出發，乙所購買的手錶乃是甲違犯竊盜罪所取得之物，依刑法第38條之1規定為應沒收的犯罪所得，所以，甲對於該只手錶「在法律上」自始就沒有占有利益。單就這點來說，雖然甲以五萬元價格將手錶出售給乙，該五萬元在法律上卻無相對應的利益基礎，所以，無法論甲受有財產損害。

> 【實例】甲為汽車黑市的商人。甲與專業竊賊乙約定，只要乙幫他偷到賓士
> 　　　　車，即以百分之十的汽車售價作為報酬。乙將車偷到手，並且交給
> 　　　　甲。甲以八十萬元將該車售出。售出當下，甲決定向乙謊稱，車子
> 　　　　是以五十萬元賣出，所以報酬為五萬元。乙接受之。

與前幾例不同的是，甲施用詐術導致乙陷於錯誤的時點在於「約定竊取後」。對此，主要的爭點不在於乙所提供的勞動給付是否為刑法所要保護的財產利益，而是甲與乙之間因為約定竊盜而產生的報酬請求得否作為財產？換

---

❻　問題意識，已見 Waszcynski, JA 2010, S.253.

句話說，甲原本應當給付乙八萬元，事後卻只給五萬元，其中「不足的三萬」得否論為乙的財產損害。依經濟的財產理論，乙的報酬請求具有一定的經濟價值，因為乙所為的勞力付出為具有對價關係的勞動給付。基於甲、乙之間的約定，乙的勞動給付因為甲以八十萬元將汽車售出而保有八萬元的價值。若是依據具體個案中的情境條件，乙的債權於「現實上」(tatsächlich) 是可得實現的，而且債務人甲也具有給付能力❼，那麼只要甲少給乙三萬元，即屬讓乙受有財產損害。簡單地說，這樣的說理其實是將原本在民法上不存在的債權（民71），藉由「**債權於事實上的實現可能性**」轉為刑法上應受保護的財產❽。然而，這樣的標準卻有待商榷。關於事實上之實現可能性的判斷，在具體個案之中多少會受制於不同的事實條件而產生不同的評價結果，導致債權實現與否的問題不當地取決於潛在的偶然因素，例如債務人履行義務的意願即屬之。相較之下，若是改從「經濟與法律的財產理論」出發，考慮到甲與乙之間的契約依民法第71條規定為無效，而且乙所提供的勞動給付亦為法所不容許的竊盜犯罪，那麼基於法秩序一致性原則，刑法應尊重民法所確立下來的財產分配秩序❾，進而否認乙的勞動給付在刑法上的保護必要性。所以，儘管乙事後未取得相對應的報酬，仍未發生詐欺罪所規定的財產損害結果❿。

(2)訂約詐欺

一般來說，從經濟性的觀點切入，財產損害是以所謂的「整體折算原則」作為評價準據，以及從「事後的觀點」切入，回溯地比較處分財產前後所確

❼ BGHSt 2, 366–367; Mitsch, BT 2, 3. Aufl., 2015, S.305.

❽ 見 Waszcynski, JA 2010, S.252.

❾ 應注意的是，依民法第71條的文義設定，法律行為因違反強制規定無效，並非意指債權本身的無效，而是當事人之間債權、債務所立基的法律行為無效。因此，本例的乙始終對甲未形成任何債權。

❿ 參閱 Waszcynski, JA 2010, S.252.

切發生的損害額度為何。也就是說，當具體個案中存在一個實際發生的損失，那麼我們即可確認損害額度到底為何。舉例而言，賣家乙把商品交付給甲，甲自始就無意給付貨款，乙因為沒有收到相對應於該商品價值的對待給付，所以受有財產損失。換句話說，只要乙將商品交付給甲，隨即形成一個判斷財產減損與否的比較基礎。因為在「同時履行給付」(Zug-um-Zug-Leistung) 的情形，甲違反約定拒絕履行給付義務（履約階段），使得乙的財產減少無法受到相對價值的平衡，而受有財產上的損害[171]。

不同於前述的詐欺類型，所謂的「訂約詐欺」（或稱「訂約時的詐騙」）乃是於契約訂立時，契約一方確定不履行給付義務，或是縱然履行給付義務，相對人勢必遭受經濟上的損失，例如投保人謊報自己的健康狀況，使得保險公司與其簽訂壽險契約、交付附有錯誤條件的支票、信用卡公司因錯誤的薪資證明而誤判申請人的償債能力、書商賣給顧客對其根本沒有價值的雜誌等。也就是說，從訂約開始到履約，綜合個案中的所有客觀條件，確定沒有任何足以妨礙履約的情事，行為人將可獲得基於訂約所帶來的利益；同時，被害人的財產地位亦將因此受到侵害。整體而言，訂約詐欺的財產損害是以契約雙方的「給付義務」作為經濟上的價值衡量基準[172]，並且強調「財產損失的具體危險」(Die konkrete Gefahr des Vermögensverlustes)，而就犯罪評價的意義來說，我們其實是將財產損失的具體危險與財產損害等同視之[173]。即便如此，「實際上的財產損失」（刑 339 I）與「財產損失的具體危險」（刑 339 II）

---

[171] Otto, BT, 7. Aufl., 2005, §51 Rn.118.

[172] Heinrich, in: A/W/H/H-BT, 3. Aufl., 2015, §20 Rn.95; Klesczewski, BT 2, 2011, S.97.

[173] 因為損害概念的擴張，使得詐欺既遂的時點隨之提前；同時，也降低了行為人主張中止未遂（刑 339 III, 27）的機會，然而，若是從「純粹經濟性」的觀點出發，我們將具體的財產危險納入財產損害的概念，邏輯上並不衝突，見 Mitsch, BT 2, 3. Aufl., 2015, S.318；另有論者則是批評此種財產危險的概念違反罪刑法定原則，例如 Duttge, in: Gesamtes Strafrecht, 2. Aufl., 2011, §263 Rn.69.

仍舊處於一種（經濟上）的量化關係，而不是損失本身的質性有所不同。

> 【實例1】甲跟乙購買一臺價值十萬元的 A 款機車，並約好先給付價金。但店家乙自始就沒有打算交付 A 款機車，交給甲的卻是另外一款價值五萬元的 B 款機車。
>
> 【實例2】甲預計夏天時在臺南 A 海岸向遊客出租水上摩托車，料想可獲取不少的收益，因此向乙購買五輛水上摩托車，每輛售價十萬元。乙於訂約時明知 A 海岸被劃定為自然保護區域，禁止任何的商業活動，包括水上摩托車，但未告知甲。當乙準備供貨給甲之時，甲獲悉 A 海岸禁止從事商業活動，才發現自始被乙詐騙。甲依此理由向乙解除買賣契約。

　　這兩則案例均屬於典型的「訂約詐欺」，其中主要的爭點在於，「甲、乙訂約時」所產生的財產危險是否（或如何）等同於財產損害。「財產損失的具體危險」是指，於契約訂立時，現實上發生財產損失的危險已經相當具體，特別是被害人在訂約的這個時點上注定將受有財產上的損失[174]，而我們將此種情形直接論為「已經存在一個經濟上的損失」。只不過應注意的是，這裡所謂的具體危險倒不是因為現實上存在了導致財產減少的條件，只是基於此種條件開始了履約程序，並且在不受干擾的情形下應可持續發展為實際的財產損害[175]。換句話說，「財產損失的具體危險」乃是取決於「**客觀上沒有任何足以阻礙發生財產損失的重大事由**」，例如解除權、撤回權，或是同時履行抗辯等。再者，因為財產損失的具體危險在犯罪評價上被直接論為財產損害，所以，行為人應成立詐欺既遂，而不是詐欺未遂[176]。一般而言，與此相關的思

---

[174]　Duttge, in: Gesamtes Strafrecht, 2. Aufl., 2011, §263 Rn.57.

[175]　因為行為人事後履行帶有財產損害性質的給付，實際上並沒有製造「新的」財產損害，只不過是強化了既有的財產損害狀態而已。參閱 Heghmanns, Strafrecht für alle Semester, BT, 2009, Rn.1250.

考流程為[177]：

①基於契約關係而生的債權，現實上是否存在一個相對應的經濟價值（債務）。也就是說，我們先行「假設」[178]一系列合法的履約程序，倘若被害人因履行債務（處分財產）而導致財產減少，至少也能夠藉由一個同等價值的對待給付予以平衡。可以想像的是，如果行為人沒有給付意願或能力[179]，被害人於履約的過程中，確定將無法取得任何給付，或者被害人只有獲得不足額的給付，在這些情形中，被害人的財產減少勢必無法透過等價的給付獲得平衡。

②訂約詐欺發生財產損害的時點鎖定在「訂約時」。即使行為人事後在履約階段停止帶有財產損害性的債務履行、突然改變心意決定繼續履行債務（事後給付），或是原本具有財產損害性的債務履行，最終沒有造成被害人的財產不利益等，均不會影響我們對於財產損害的認定[180]。

③若是被害人對於契約履行具有合法的解除權 (Rücktrittsrecht) 或撤回權 (Widerrufsrecht)，或是認知到可以主張同時履行抗辯權，則不發生財產損失的具體危險[181]。相對地，儘管被害人依約定負有先行給付的義務，也不會因此就排除財產損失的具體危險。

【實例】甲到 A 餐廳用餐，趁鄰座的乙上廁所之時，擅自取走其皮包內的信用卡，藉此刷卡消費。餐廳店員丙接受卡片，並且要求甲在簽帳單上簽名。甲偽造乙的簽名，而丙核對了該簽名與卡片背後的簽名，便將卡片歸還，完成刷卡程序。甲回到座位後，偷偷地將卡片放回

[176] Mitsch, BT 2, 3. Aufl., 2015, S.318.

[177] 整理自 Waszcynski, JA 2010, S.251–252.

[178] 參閱 Kindkäuser, BT II, 9. Aufl., 2017, §27 Rn.98.

[179] 見 Heghmanns, Strafrecht für alle Semester, BT, 2009, Rn.1250.

[180] Mitsch, BT 2, 3. Aufl., 2015, S.319.

[181] Waszcynski, JA 2010, S.254.

乙的皮包⑱。

本例涉及到信用卡詐欺的財產損害評價，亦即真正的持卡人乙，或是發卡銀行是否因為甲冒用信用卡而受有財產損害⑱。一般而言，民法上的債權債務關係帶有經濟價值上的意義，所以只要發卡銀行依約向特約商店擔保給付，則有可能發生財產總額減損的結果。即便如此，考慮到發卡銀行同時也會取得對持卡人之代償款的給付請求權，因而形成損益相抵的效果。在冒用信用卡的情形，發卡銀行之財產受有減損是指無法收到代償款項的風險，因為發卡銀行對真正持卡人並無返還代償款項之請求權⑱。而這種風險屬於一種「財產損失的具體危險」的概念，只不過被直接視為財產損害。其次，針對被害人受有損害的認定，並不會因為事後的損益填補而有差別。即便真正持卡人事後償付簽帳款，仍舊無法否認發卡銀行受有損害。

附帶一提的是，發卡銀行與持卡人之間通常會事先約定信用卡冒用風險的轉嫁條款，例如持卡人掛失前一日起被冒用所發生的損失由發卡銀行負責，如果未掛失的話，仍應就信用卡被冒用的風險負賠償之責。依此看來，發卡銀行的損失似乎是取決於持卡人是否辦理掛失手續。然而，民事法上的約定涉及契約當事人之間的風險分配，而雙方如何承擔冒用風險終究還是一種事後的利益衡平機制；相較之下，若從刑法的規範目的來看，詐欺罪則是強調（一般預防的）整體財產保護，而非事後的利益衡平。倘若特約商店接受信用卡消費之時，已經造成財產損害結果，即屬國家發動刑罰權的正當時機。至於任何透過契約所創設的冒用風險分配或轉嫁機制，既然僅屬於事後之損

---

⑱ 關於本例所涉及的施用詐術、陷於錯誤，以及財產處分等問題，可參考前面各單元的說明。

⑱ 至於本例所涉及之施用詐術、陷於錯誤、財產處分等不法構成要件的評價問題，請參考前面各單元的說明。

⑱ Hellmann/Beckemper, JA 2004, S.894.

益衡平的意義，那麼持卡人是否辦理卡片掛失，也就不會影響發卡銀行已經
受有損害的認定結果。

【實例1】自醫學院輟學的甲向 A 醫院求職內科醫師一職時，出具偽造的畢
　　　　業證書與成績單。經錄取之後，甲兩年來的表現均是符合醫療專
　　　　業，而且不輸給一般有證照的醫生。

【實例2】具雙重國籍的甲當選市議員，但於就職前未依法放棄雙重國籍身
　　　　分。任職期間由任職單位領取歲費、公費、助理費等❽。

　　依多數見解，聘用詐欺 (Anstellungsbetrug) 基於法律關係的屬性得以區分
為「巧取私法關係的職位」(Erschleichung des privatrechtlichen
Anstellungsverhältnisses) 及「巧取公職」(Amtserschleichung)，又此等詐欺類
型在概念上均被劃歸在所謂的訂約詐欺❾。首先，從經濟性的觀察角度切入，
當代眾多的社會交往關係是以市場價格的量化方式呈現，例如運動員表現、
名人形象等，由此所確立的財產價值被理解為「非實體的」財產利益。又勞
動市場中的人力資源 (Arbeitskraft) 同樣屬於典型的價格化結果，因此我們也
可以把「實際履行的勞務給付」(Arbeitsleistung) 理解為個人財產的組成要素
之一。更具體地說，個人按照自身所能夠支配的勞動力，提供具有經濟價值
的勞務內容，典型者為約定報酬的僱傭、承攬、任用關係等。不論於求職或
升遷時，只要求職者就法律上具有重要性（典型者為從屬於勞動法或公務人
員任用法）的聘用條件事實提出虛偽陳述，例如「專業資格」(fachliche
Eignung) 或「人格資格」(persönliche Eignung)，將導致締約他方受有財產損

❽　案例事實改編自臺灣高等法院囑上易字第 2 號判決。

❾　參閱 BVerfG NStZ 1998, 506; BGHSt 45, 1; Kindhäuser, in: NK–StGB, 5. Aufl., 2016,
　　§263 Rn.322.; Mitsch, BT 2, 3. Aufl., 2015, S.330; Perron, in: S/S–StGB, 30. Aufl.,
　　2019, §263 Rn.153; Saliger, in: Matt/Renzikowski–StGB, 2013, §263 Rn.252.

害（或危險）。

關於財產損害的判斷，一般學理上是將僱用人（即被害人）訂立聘用契約視為「財產處分行為」，緊接著再針對訂約前、後的財產狀態予以折算，以此確定是否發生財產損害。折算基礎為雙方因為契約關係而承擔義務的內容，也就是僱用人應給付薪資，受僱人則是提供預期的勞務內容，又這兩者之間基本上保有經濟意義上的等價關係。換句話說，僱用人有無財產損害取決於「約定報酬」與「預期之勞動給付」的價值比較 [187]，尤其是在訂約的這個時間點上，當受僱人（即施用詐術之人）應履行勞務內容的請求權價值低於僱用人（即財產處分之人）應為對待給付的請求權價值，那麼僱用人的整體財產即屬受有不利益 [188]。既然聘用詐欺的財產損害是以訂約時為評價基礎，那麼在概念上得以將其理解為等同於財損的 (schadensgleich) 或作為財損依據 (schadensbegründend) 的財產危險。然而，採取此種概念類比的解釋並不是毫無限制，前提在於最終導致財產損害的危險已經相當具體，例如從訂約雙方的關係，或是具體個案的客觀條件來看 [189]，已經可以嚴正考慮到僱主未來將會發生財損，或者是時間上已迫近於實際的財損 [190]。主要的理由在於，既然我們從行為時的評價觀點 (Ex–ante–Betrachtung) 確認訂約詐欺的財產損害，那麼事後的履約階段充其量作為財產危險的深化結果而已。所以，最終的實害結果乃是間接證明 (Indiz) 該危險確實為財產損害的依據 [191]。

①巧取私法關係的職位

從施用詐術到財產損害等一系列不法構成要件的實現均是形塑客觀不法

---

[187] Perron, in: S/S–StGB, 30. Aufl., 2019, §263 Rn.153.

[188] Saliger, in: Matt/Renzikowski–StGB, 2013, §263 Rn.252.

[189] 例如被害人個人需求、情況或目的等。若締約時確定無法實現契約目的，即屬詐欺既遂。參閱薛智仁，巧取公職之詐欺罪責，月旦法學雜誌，212 期，頁 215–221。

[190] 僅參閱 Saliger, in: Matt/Renzikowski–StGB, 2013, §263 Rn.223.

[191] Perron, in: S/S–StGB, 30. Aufl., 2019, §263 Rn.153.

的必要條件，以及為了確定結果發生與不法行為之間的客觀歸責，私法上聘用關係的財產損害原則上應是以「實際且符合規定的職務履行」⑲²為評價基準。即便如此，多數見解認為，只要受僱人欠缺必要的職業訓練或學位證書，使自己無法提出約定的勞務內容，那麼僱用人將會因為求職者未具備（專業）能力而受有財產損害的具體危險⑲³。又如前所述，財產損害的判斷不再是從事後觀點 (ex post) 檢視實際給付的勞務內容與薪資給付之間的價值折算，反而提前立於行為時的評價基準，確定「職務本身可受期待的品質」與「約定薪資」之間於締約時的等價性。即使求職者事後符合規定地提出勞務內容，例如實例 1 的甲不具有醫學院畢業資格，表現卻不輸給其他有證照的醫師，仍然不影響僱用人已經受有財損之具體危險（即訂約損害）的認定結果⑲⁴。

再者，受僱人是否具備專業的勞動能力是以一般性的能力狀態為判斷標準，而不是由工作本身予以決定⑲⁵。所以只要受僱人於執行職務時符合專業上的要求，也就沒有由此導致僱用人之財產損害的問題。另一方面，在部份的專業領域中，我們不排除職務本身特別以具有值得信賴的條件 (Vertrauenswürdigkeit und Zulässigkeit) 為聘用前提，並且將此等要求換算成經濟性的價格且作為報酬的計算基礎，例如過往從事特定職業的方式與期間。就此，德國有實務見解即認為，不同於擔任師司令長的司機或建築工程師等

---

⑲² Mitsch, BT 2, 3. Aufl., 2015, S.330.

⑲³ BGHSt 1, 13; Hefendehl, MK-StGB, §263 Rn.513; Saliger, in: Matt/Renzikowski-StGB, 2013, §263 Rn.253; 但應注意的是，針對雇主依據勞動法規不得詢問，或是受僱人依法無須告知的事項，受僱人雖然於求職時未誠實以告，仍無法論為施用詐術。見 Perron, in: S/S-StGB, 30. Aufl., 2019, §263 Rn.154.

⑲⁴ Mitsch, BT 2, 3. Aufl., 2015, S.330.; Perron, in: S/S-StGB, 30. Aufl., 2019, §263 Rn.154.

⑲⁵ 例如電腦工程師具備一般撰寫電腦程式的能力，即為已足；相反地，其是否能夠在一段期間內應付大量的工作，或是完美地實現交辦工作，則非所問。

職位，若是企業生產工程師 (Betriebsingenieur) 欲任職部門主管時，即有必要滿足此等條件 [196]。相較之下，若是特別的信賴條件根本無關僱主的財產利益，即無成立詐欺罪的可能。也就是說，從客觀歸責的角度來看，形式上看似詐騙的行為因為不帶有財產損害的風險，所以不構成詐欺罪所欲非難的施用詐術。

應強調的是，在一般的僱傭關係上，當僱用人聘用有前科紀錄之人，導致（企業）形象受有損害，即便此種損害得以轉換成經濟性的市場價值，但是終究不影響提供勞務內容與約定薪資之間的等價性，所以無法視為詐欺罪的財產損害；或者假設僱用人知道聘用之人有前科紀錄，也就不會與其締約，同樣無法論為受有財產損害。另一方面，在具體個案之中，部分有前科紀錄之人或許有再犯的傾向，不過依舊無法將僱用人與其締約論為財產處分且受有財產損害 [197]。唯一的例外是，就擔保勞資雙方之信賴關係的意義來說，有無前科紀錄具有特殊的對價關係，並且充分反映在約定薪資的數額上 [198]。

②巧取公職

A. 財產處分的直接性

基本上，類似與前述的巧取私職，當謀取公職之人未具備專業上的資格時，即可證立任用單位受有財產損害的具體危險。因為謀取公職之人或公務員於接受任用或晉升時，欠缺必要的聘用條件，例如特定經歷、職業訓練，或學位等，形同執行職務與俸給在這個時間點上已經處於經濟性的非等價狀態，又價值的評斷標準則是依據相關之公務員待遇支給規定所確立下來的客觀市場價格 [199]，至於日後所執行的職務是否維持專業上的無瑕疵狀態，則非

---

[196]　OLG Celle MDR 1960, 696–697.

[197]　Perron, in: S/S–StGB, 30. Aufl., 2019, §263 Rn.154.

[198]　Mitsch, BT 2, 3. Aufl., 2015, S.330–331.

[199]　於此，謀取公職之人具市場交換價值的「人之資本」(Humankapital)，見 Saliger, in: Matt/Renzikowski–StGB, 2013, §263 Rn.254.

所問。此外，德國的實務見解認為，欠缺人格資格同樣可作為任用單位處分財產且導致財產損害的依據[200]，例如前科紀錄、偽稱的憲法忠誠[201]等。這樣的觀點似乎是肯認施用詐術、陷於錯誤、處分財產，以及財產損害等不法要件之間的（貫穿）因果性，也就是「若沒有對人格資格提出虛偽陳述，就沒有被害人處分財產與損害」。然而，部份的學說見解批評德國實務忽略了財產處分的直接性問題[202]。也就是說，謀取公職之人基於法律升等、銓敘、國家考試而取得任用資格，並且經由主管機關審定任用。謊稱不具雙重國籍在本質上屬於一種針對任用資格提出虛偽陳述的行為[203]，只不過陷於錯誤之人為「審定任用資格的主管機關」，實際為處分財產之人卻是「任用單位」。既然給付俸給之人與審定任用資格之人不同一，那麼財產損害也就不是源自於「與詐騙相關的處分行為」而來。簡單地說，在施用詐術與陷於錯誤之後，因為被害人受有財產損害正是客觀可歸責於第三人的中介行為[204]，所以欠缺財產處分的直接性。

---

[200] BGHSt 45, 7; BGHSt 17, 259; BGH NJW 1978, 2043.

[201] 例如依據德國公務人員身分法第 33 條第 1 項後段規定，公務人員之整體行為，對於基本法所稱自由民主基本秩序之信奉及維護，即屬所謂的憲法忠誠義務 (Pflicht zur Verfassungstreue)，而欠缺政治正確的學經歷，通常有可能產生憲法忠誠的疑慮；另外，參考大法官會議第 768 號解釋：「……按憲法第 18 條規定人民有服公職之權利，其所稱公職，涵義甚廣，凡各級民意代表、中央與地方機關之公務人員及其他依法令從事於公務者皆屬之（本院釋字第 42 號及第 764 號解釋參照）。依公務人員任用法任用之公務人員，屬憲法第 18 條公職之範圍，其代表國家履行公共任務，與國家恆處於特別緊密的忠誠、信任關係，因此國家就兼具外國國籍者是否適於擔任公務人員，應有較大裁量空間。其限制之目的如屬正當，且其手段與目的之達成間具有合理關聯，即不至於違反比例原則。」

[202] Saliger, in: Matt/Renzikowski–StGB, 2013, §263 Rn.254.

[203] 公務人員任用法第 28 條第 1 項第 2 款；國籍法第 20 條。

[204] Klesczewski, BT, 2016, §9 Rn.57.

　　值得注意的是，在選舉公職人員的情形，依修正前的公職人員選舉罷免法第 67 條之 1 規定，當選人兼具外國國籍者，應於當選後就職前放棄外國國籍，逾期未放棄者，視為當選無效。前述關於財產處分之直接性的標準，於此仍有適用的空間，因為公告當選資格的主管機關（中選會）與任用單位（立法院、市議會等）顯然為不同之人。只不過該規定於 2007 年遭到刪除後，雙重國籍的規範問題直接回歸到國籍法第 20 條，也就是具有雙重國籍者原則上不得擔任公職，倘若已經擔任者，例如立法委員由立法院解除職位，直轄縣市民選公職人員則是分別由內政部、縣政府解除職位。如此一來，審定任用資格單位與財產處分之人已經趨於同一，因而沒有財產處分之直接性的問題。相較之下，最終成立客觀不法的關鍵便是任用單位於決定任用時（即締約時）是否受有財產損害或危險。對此，詳見下一段落的說明。

B. 訂約詐欺與財產損害

　　德國聯邦最高法院從客觀化的經濟折算觀點切入，法定的任用資格得以換算成一定的市場價格，而約定的俸給與此資格保有經濟上的等價性，所以只要行政機關對於任用條件不具有裁量空間（即裁量減縮至零）的話，例如行政法規訂有人格信賴 (persönliche Zulässigkeit) 的要求，那麼謀取公職之人就此等條件提出的虛偽陳述，即屬施用詐術的行為，並且導致任用單位受有財產損害的具體危險[205]。換句話說，欠缺法定資格將會影響公務執行本身所表徵的經濟價值，因而作為一項妨礙任用的事由。然而，學說見解卻是對此持否定態度，因為這樣的看法其實是將人格意義的任用條件實質理解為擔保忠誠的功能，不當地使詐欺罪的保護對象導向於道德化的整體財產[206]。另有學說見解則是採取個人的（或人格的）財產理論，並且主張巧取公職的財產

---

[205] 此最早源自於德國帝國法院時期的見解，見許恒達，巧取公職與財產損害，月旦法學雜誌，217 期，頁 22–23。

[206] Saliger, in: Matt/Renzikowski–StGB, 2013, §263 Rn.255.

損害評價應當改從擔任公職之人日後執行公務的表現予以決定，若是提供了符合職缺所預期的服務內容，即無財產損害❼。實質上，這套說理同樣在於避免財產道德化的問題，只不過財產損害的危險被定性為詐欺未遂的評價基準，既遂則是取決於事後之服務內容的品質。依此，就這裡的實例 2 來說，民意代表的職務內容在於為民喉舌、立法、實踐代議民主制度等，而此同樣屬於從任用單用受領俸給的對價基礎，至於國籍法所禁止的雙重國籍身分，因為與執行此等職務內容並無直接關係，所以不影響受領俸給的等價性❽。

C. 本書見解：巧取公職與施用詐術

不同於前述的見解，本書認為犯罪評價的關鍵在於「施用詐術」。也就是說，即便謀取公職之人針對帶有擔保個人與國家之信賴關係或忠誠意義的任用資格提出虛偽的陳述，仍然不構成詐欺罪所欲非難的施用詐術。理由如下：

a. 在巧取私職的情形，由特定之人格資格所形塑的信賴關係其實是指向「從事實性的勞動經驗合理化規範性的角色期待」，尤其涉及到下述問題：原本屬於人力資源意義的抽象能力如何具體實踐於個別的勞動關係。舉例來說，前述的企業生產工程師多年來參與組織運作，已經相當熟悉市場運作規則及人事之間的協調等，因而被視為主管階級的人力資源，並且可以期待未來能夠發揮領導、組織部門的能力。相較之下，在巧取公職的範疇，現實上的確存在不少擔保個人與國家之信賴關係或憲法忠誠的資格規定，也就是從客觀性的規範框架確認個人的政治道德。然而，法律規定看似預設了公務員應有的角色期待，但是本質上仍然不脫離高度主觀化的價值意向，又此種意向在詐欺罪保護整體財產的脈絡下是否有進一步市場價格化 (Kommerzialisierung) 的可能性，恐有疑問。詳言之，假設保有雙重國籍的公務員應視為非忠誠於憲法，不得領取經濟上同等價值的俸給，那麼一個即使

---

❼ 參閱許恒達，巧取公職與財產損害，月旦法學雜誌，217 期，頁 30。

❽ 許恒達，巧取公職與財產損害，月旦法學雜誌，217 期，頁 31。

沒有雙重國籍，卻是基於個人政治傾向而表態否認當前憲政體制的公務員，是否也應當視為非忠誠於憲法，而否認其領取經濟上等價之俸給的正當性。相對地，如果把這樣的比較套用到私職關係的情形，同樣有問題的是，對於一個向來支持組織工會以對抗資方，甚至帶有反對資產階級之意識型態的僱員，我們可否依據欠缺忠誠意向的理由，降低約定薪資或解僱。無論如何，不論是在巧取公職或私職的情形，任何一種帶有主觀性特徵的價值意向不會因為法律規定而隨即轉變為客觀化的價格基準，否則詐欺罪的規範目的不只是質變為保護道德化的整體財產，甚至是變相地確保（統治）階級的穩定與權威性。

b. 問題重心根本不在於規範化的角色期待，而是詐欺罪預設之行為規範所建構的行為義務內容，亦即「應避免侵害他人整體財產」，如何具體反應在不法構成要件的設定與解釋。不同於竊盜罪，詐欺罪的犯罪屬性為自損犯罪，被害人依自我決定而處分財產，又自我決定的意思形成基礎為行為人提供錯誤的資訊，尤其是涉及具有交換價值意義的事物狀態。若是被害人處分財產的意思決定不是出自於交換價值的理解，也就表示此一決定與施用詐術與陷於錯誤等要件事實之間根本不具備客觀可歸責性。換句話說，行為人提供虛偽的資訊中欠缺交換價值的意義，即屬沒有製造財產損害的風險，因而無法論為詐欺罪所欲非難的不法行為❷⓪❾。依此，與國家與個人之信賴關係或忠誠有關的法定資格既然沒有市場價格化的可能性，那麼就不可能再作為具有交換價值意義的施用詐術內容。如此一來，即使行為人針對與此相關的任用條件提出虛偽陳述，例如實例 2 的公職人員隱瞞自身的雙重國籍，但是，因為規範上確定無法產生財產損害的風險，所以不構成詐欺罪所欲非難的施用詐術。

---

❷⓪❾ 典型的理論應用為「捐助詐欺」。詳見本章「一、（二）、2、(1)」的說明。

(3)履約詐欺

履約詐欺 (Erfüllungsbrtrug) 是指，財產損害不在訂立契約時，而是最遲於履行債務的階段發生，行為人所為之（瑕疵）給付招致被害人的財產損害結果[210]，或是被害人消極地不主張債權，同樣也會造成財產減少的效果[211]。這裡應注意的是，雖然履約詐欺的犯罪評價大多側重於財產損害的問題，不過，施用詐術的確切時點其實是在「給付時」，也就是行為人藉由給付有瑕疵的標的物實施可得推測的詐術行為。換句話說，基本上，訂約詐欺與履約詐欺存在一定的評價連動性。也就是在具體個案中不發生所謂的訂約損害時，「通常」也就不會有履約詐欺的問題[212]。

此外，有必要進一步區辨的是所謂的「非真正的履約詐欺」，也就是在訂立契約之時，行為人已經就給付標的的狀態或性質為虛偽陳述[213]，例如羊毛衣的材質實際上不是羊毛，而是聚酯纖維，又被害人的錯誤認知持續到履約階段，使得原本可以請求行為人給付高價商品（羊毛衣），卻只收到低價商品（聚酯纖維毛衣）。簡單地說，約定的給付標的物之間失去了原本於經濟價值上的相對應性，被害人因而受有財產上的損害。不過，這裡應注意的是，假設給付標的物的經濟價值原本就符合售價的標準，例如羊毛衣以聚酯纖維毛衣的價格出售，那麼被害人也就沒有發生財產損害之可能[214]。除非行為人於給付之時，額外實施一個（可得推測的）詐術，始有可能進一步評價是否成立履約詐欺的必要性。

其次，不同於訂約詐欺是以契約雙方的給付義務作為財產價值的衡量基

---

[210] Duttge, in: Gesamtes Strafrecht, 2. Aufl., 2011, §263 Rn.60; Mitsch, BT 2, 3. Aufl., 2015, S.320.

[211] Klesczewski, BT 2, 2011, S.93.

[212] 參閱 Heinrich, in: A/W/H/H-BT, 3. Aufl., 2015, §20 Rn.96.

[213] Kindhäuser, BT II, 9. Aufl., 2017, §27 Rn.101.

[214] 僅參閱 Duttge, in: Gesamtes Strafrecht, 2. Aufl., 2011, §263 Rn.60.

礎，履約詐欺是以「已經履行的給付」作為被害人之財產總額是否增減的判斷依據。

> 【實例】乙經由中古車商甲的介紹與試車後，決定買 A 車。當下兩人立刻簽訂買賣契約，並且約定隔日下午五點一手交錢一手交車。簽約的當天晚上，甲將原本裝於 A 車內的新電池換成舊電池。隔日，甲、乙依約交付 A 車與車款。

本例為典型的履約詐欺。首先，甲、乙在訂約之時，乙的財產總額尚未發生任何的不利益效果，「給付車款的義務」在經濟意義上所代表的財產減少可藉由「請求移轉汽車所有權」予以平衡。儘管甲一開始即有意圖透過詐騙讓乙受有財產上的不利益，不過，還是不構成財產損失的具體危險（訂約詐欺），因為契約標的於訂約時始終是指向「A 車（包括新電池）」與「車款」兩者[215]。相較之下，甲真正構成施用詐術，而且使乙的財產發生損害的時點分別為：(1)甲交付裝有舊電池的 A 車；(2)乙在不知情下收受 A 車與給付車款。換句話說，乙所收受的 A 車與給付的車款之間存在著價值上的落差，因而導致乙受有財產上的損失。

(4)期待增加而未增加的財產價值

> 【實例】甲跟店家乙購買 A 筆電，售價一萬元整。A 筆電的市場公定價確實為一萬元。乙告訴甲：「隔壁的店家丙賣一萬二，我賣你一萬，算是便宜了。」實際上丙才賣九千。

本例的爭點在於，甲原本可以更便宜的九千元購買筆電，卻是以市場的公定價一萬元購得，甲是否因而受有財產上的損害。詐欺罪的財產損害是指

---

[215] 嚴格來說，這個階段甲乃是對乙就事實提出正確的陳述，亦即「內裝新電池的 A 車」，客觀上並未實現施用詐術。

財產總價值有所減少，不包括應發生財產增值卻未發生的情形。換句話說，所謂的財產損害是指，被害人在受詐欺之前實存的財產價值有所減少，至於原本可期待增加的價值受到阻礙導致未能增加，則不包括在內。若是將其視為財產損害的一部分，那麼原本不受詐欺罪保護的期待利益勢必會不當地轉為財產的一部分。總而言之，詐欺罪的規範任務僅僅在於避免「變得更少」(Ärmerwerden)㉑㊅。就甲與乙所簽訂的買賣契約來看，筆電的市場公定價為一萬元，而甲、乙約定的價格同樣也是一萬元，這兩者之間並沒有價差的問題。於此，甲的財產實際上沒有因為這筆買賣而有任何的減少。至於甲原本可以期待減少支出一千元的筆電費用（一萬減九千），或是乙向甲承諾減少二千元的筆電費用（一萬二減一萬），在這裡均不影響甲未發生財產損害的評價結果。

⑸使用信用卡之「假消費而真借款」

【實例】甲急需現金購買新的機車，因此到 A 眼鏡公司向店家乙借貸一筆金錢。甲假裝使用信用卡購買十副眼鏡，總計十萬元。乙當場便將該筆現金交給甲，並且約定貸款利息。

①多數學說與實務：持卡人與特約商店經營者均成立詐欺得利罪

多數的學說及實務見解，均認為在假消費真借貸的情形，持卡人與特約商店之經營者均成立刑法第 339 條第 2 項的「詐欺得利罪」㉑㊆。詳言之，若持卡人於簽帳次月即依約給付簽帳款，特約商店取得借款的利息利益，銀行則是獲得手續費的利益，無人因而受有損害。於此，持卡人並無刑責；相對地，若是持卡人自始即無給付簽帳款的意思，則是成立詐欺得利罪㉑㊇。例如

㉑㊅ Mitsch, BT 2, 3. Aufl., 2015, S.317.

㉑㊆ 相關學說與實務見解的整理，參閱盧映潔，刑法分則新論，2016 年 11 版，頁 730–732。

㉑㊇ 見 86 年度 11 月份臺灣高等法院暨所屬法院法律問題之審查意見。

高等法院 85 年上易字第 4757 號判決：「查發卡銀行對於特約商店經由聯合處理中心送來之簽帳單，誤信為日後持卡人一定依約償還，因而代持卡人墊付款項，乃係受詐欺陷於錯誤而為金錢之支付處分行為，持卡人於使發卡銀行代墊價款與特約商店，因而得不法利益。」；或是最高法院 97 年台上字第 185 號判決：「如持卡人於刷卡向特約商店借款之初，並無不法所有之意圖，於嗣後仍依期限向發卡銀行繳款，尚難遽認以假消費，真借款之行為，即具有不法所有意圖，而負詐欺罪責。」 ㉑⑨

②本書見解

前述之實務見解容待商榷。理由分述如下：

A. 發卡銀行非直接接收錯誤資訊之人

詐欺罪之施用詐術的對象必須是「**直接接收錯誤資訊之人**」。在刷卡消費的情形，直接的資訊相對人為特約商店的經營者（或店員），而不是發卡銀行。換句話說，假設持卡人於刷卡時即無償還簽帳款的意願（給付意願），陷於錯誤之人除了為特約商店的經營者或店員之外，不可能為發卡銀行。就此而言，或有實務見解認為，「一般使用信用卡消費無須支付利息，而以現金卡或使用信用卡預借現金，則須支付利息，發卡銀行對於兩者之信用評估、風險控管，甚而繳納之利息均不相同。自不能以時下一般民眾所使用銀行所核發之信用卡，除得於一般商店消費簽帳外，亦得直接向發卡銀行預借現金，認以假消費、真借款之方式借貸，發卡銀行並無陷於錯誤之可能云云。」 ㉒⓪ 然而，此項見解顯然混淆了信用卡交易的「信用風險分配」與詐欺罪的「**財產侵害風險**」的差異。詳言之，信用卡交易涉及消費者、特約商店、發卡銀行的三面法律關係，通常具有較高的交易與信用風險。即便如此，考慮到銀行擔保付款與雄厚的支付能力，使得特約商店仍然願意讓消費者先行取得交

㉑⑨ 同此見解者，見最高法院 103 年台上字第 2558 號判決。

㉒⓪ 最高法院 97 年台上字第 6888 號判決。

易標的物，而持卡人得以延後給付簽帳款，發卡銀行則是從特約商店收取手續費、持卡人的年費與循環利息等利益。

此外，就申請程序來說，由持卡人向發卡銀行申請核發信用卡，發卡銀行透過徵信程序審酌申請人收入，以此核定一定範圍的信用額度與發給卡片。又因為持卡人的信用狀況（償債可能性）於申請卡片時即告確定，往後持卡消費也就無需當場給付特約商店現金，只要依持卡人與發卡銀行約定的清償方式償付簽帳款即可。不可否認的是，信用卡契約的當事人各有自己於經濟上的風險計算，不免必須面對各種違約情事所帶來的負面不利益。然而，任何帶有風險的交易手段本來就是一種利益相對化的理性選擇，契約當事人在一定的風險條件下，總會試圖為自己在交易過程爭取經濟上的最大效益。因為這樣的效益性策略，使得信用卡制度可以積極地影響市場交易的熱絡。

B. 特約商店無陷於錯誤之可能

即便如此，仍有必要辨明的是：「詐欺罪的規範重點不在於信用卡制度如何促進市場經濟，而是在三方的法律關係中，當事人間於經濟上的風險理性對於評價法益（整體財產）侵害的規範意義及界限。」也就是說，信用卡制度已經為持卡人簽帳消費的償債可能性劃定出一套的風險分配機制，特約商店原則上無須承擔持卡人拒絕償付簽帳款的風險，此種風險轉由發卡銀行承擔。總而言之，即便持卡人無意償還簽帳款，特約商店仍然沒有陷於錯誤的可能；當然，在詐欺罪的不法要件結構下，也不會因此即越過特約商店而直接肯認發卡銀行陷於錯誤，因為持卡人事後是否償付簽帳款，屬於銀行發卡時已經決定下來的信用風險。無論如何，假消費真借貸成立詐欺僅僅可能出現在「發卡銀行位居於直接的資訊相對人」，例如特約商店持虛偽的簽帳單向發卡銀行請求給付，或是持卡人與特約商店共同謀議，由特約商店持簽帳單向發卡銀行施用詐術。

C. 持卡人不構成「施用詐術」

部分的實務見解則是改從持卡人欠缺不法所有意圖的觀點切入，否認其

成立詐欺得利罪之可能性❷。至少就結論來說，應該沒有特殊的疑問，只不過除了主觀上的所有意圖（即獲利意圖）之外，因為持卡人並未就給付意願的心理事實為虛偽陳述，所以我們也可以說，這裡根本不存在一個施用詐術的不法構成要件行為。綜此，本例的甲雖然有假消費而真借貸之行為，仍舊不成立刑法第 339 條第 2 項詐欺得利罪。

(6)謀職詐欺

> 【實例】甲至 A 公司謀職。甲向面試官乙表示熟悉 Windows 文書作業系統。實際上，甲不知道什麼是 Windows 文書作業系統，也從未使用過。

甲向乙虛偽表示自己熟悉 Windows 文書作業系統，實際上卻不知此為何物，並且從未使用過，此乃是對於特定事實提出虛偽陳述的施用詐術。換句話說，甲藉由與 A 公司訂立僱傭契約為詐欺。A 公司因而受有財產上的損害，因為 A 公司請求甲給付的勞務與甲向 A 公司請求給付的勞資，這兩者經濟上的價值不具有相當性❷。

> 【實例】甲至 A 電玩公司謀職。甲向面試官乙表示自己大學時就讀資訊工程學系。乙因而錄取甲。實際上，甲從未念過大學，不過卻是編寫電腦軟體的高手。

雖然甲對於乙就大學攻讀資訊工程學系這項事實提出虛偽的陳述，構成施用詐術，然而，與前例不同的是，這裡的 A 公司並沒有任何的財產損害，因為甲雖然沒有念過大學，本身卻是編寫電腦軟體的高手，A 公司能夠合理期待甲有效地履行契約所約定的勞動事項，例如編寫電玩程式❷。

---

❷ 最高法院 92 年台上字第 7369 號判決；最高法院 97 年台上字第 5534 號判決。

❷ Otto, BT, 7. Aufl., 2009, §51 Rn.131.

❷ Otto, BT, 7. Aufl., 2009, §51 Rn.132.

、主觀不法構成要件

㈠概　說

　　詐欺罪的主觀不法構成要件分別為「故意」與「不法所有意圖（或稱獲利意圖）」❷❷，行為人必須於施用詐術時（行為時）具備此等心理條件。又考慮到詐欺罪所要保護的法益為具有經濟意義的整體財產，與此相應的法益侵害歷程在邏輯上也就必須是施用詐術、被害人陷於錯誤、財產處分、財產損害，以及最終由行為人或第三人獲取財產上的利益等。然而，當立法者將獲利階段設定為主觀的所有意圖之後，使得詐欺罪與竊盜罪一樣，明確採取「**截斷的結果犯**」(kupiertes Erfolgsdelikt) 的立法模式，客觀不法構成要件的射程界限因而以財產損害作為標準，也就是發生財產損害等同於實現詐欺既遂的時點。至於行為人企圖獲得的財產利益（獲利），也就不再是成立詐欺罪既遂的條件。換句話說，行為人或第三人在被害人交付財物之後的獲利，概念上不再劃歸於客觀的不法要件，而是立法者將此等事實狀態予以主觀化❷❷，作為一項「**獲利意圖**」(Bereicherungsabsicht)❷❷ 的主觀不法要件。

圖 8–9　詐欺罪的不法結構

---

❷❷ 關於「意圖」的基本說明，請參閱本書竊盜罪章之「不法所有意圖」一節中的說明，此處不再贅述。

❷❷ 以「竊盜罪」為例，有論者認為基於刑事政策的理由將所有權法益的保護予以提前，並且減輕於訴訟程序上證明是否發生據為己有之結果的困難，僅參閱 Murmann, ZJS 2008, S.458.

❷❷ Mitsch, BT 2, 2. Aufl., 2002, §7 Rn.109；參閱 Murmann, ZJS 2008, S.458.

㈡故　意

行為人於行為時必須對所有的客觀不法構成要件事實具有故意。對於詐欺罪而言，故意並沒有特殊的類型要求，凡是刑法第 13 條所規定的直接故意與間接故意，均包括在內。又依刑法第 13 條規定，故意包含「知」與「欲」兩項心理要素，行為人因此除了認識到施用詐術、被害人陷於錯誤及處分財產等客觀事實之外，至少是容任被害人發生財產損害的結果。此外，特別就「欲」 的要素來說 ， 如果是依據 「個別的財產效果觀點」 (persönlicher Schadenseinschlag) 認定財產損害之發生 ， 例如賣百科全書給未受過教育之人、賣給學生非課堂指定的教科書等，只要行為人認為有可能 (Für-möglich-halten) 發生財產損害的結果，即為已足。

考慮到故意的存在時點為 「行為時」，詐欺罪與此相對應的行為時即以「施用詐術時」作為基準。倘若行為人於這個時點誤認客觀不法構成要件事實，即屬欠缺詐欺故意，例如甲跟餐廳老闆加點數十瓶啤酒，但因嚴重酒醉而沒有意識到身上的錢不夠付啤酒。換句話說，甲對於自己沒有給付能力欠缺認識，所以並無施用詐術的故意。

【實例】甲賣給乙一臺機車，價金為七萬元。甲以為該輛機車是瑕疵品，應該只值六萬元（實際上車子沒有任何瑕疵）。買賣時，甲向乙虛偽表示車子毫無瑕疵。在乙取車之前，機車行的技師丙私自騎著該輛機車前往車站接送朋友，結果車子在途中發生輕微擦撞，價值當場跌至六萬元。甲將機車交付給乙時，不知擦撞一事。

本例涉及到主觀不法構成要件「故意」在「訂約詐欺」與「履約詐欺」等案例中的評價[27]。首先，甲於訂約之時，尚未實現詐欺罪的客觀不法構成

---

[27]　Mitsch, BT 2, 3. Aufl., 2015, S.335.

要件。因為買賣標的在這個時點上確定是沒有瑕疵的，所以，當甲向乙表示車身沒有瑕疵，其實是對於事實提出正確的陳述；同時，乙與甲簽訂買賣契約，也沒有受到任何的不利益，因為該輛機車的市價在此一時點上確實價值七萬元。總而言之，雖然甲於主觀上有施用詐術的故意，不過，客觀上卻是沒有實現施用詐術的可能性，因此不成立訂約詐欺的既遂[228]。

相較之下，甲所交付的機車是在履約階段才出現瑕疵。而就這點來說，乙依照契約原本應收受價值七萬元的機車，實際上卻只有值六萬元，明顯受有一萬元價差的損失。即使乙可依民法第 359 條，或是同法第 364 條第 1 項等規定向甲主張瑕疵擔保責任，只不過民法上的瑕疵擔保請求權僅僅作為一套事後的利益衡平機制，規範上並不影響刑法上關於財產損害已發生的認定。換句話說，因為甲交付的機車不值七萬元，所以在客觀上乃是對乙施用詐術（即「可推測的施用詐術」[229]），而乙在陷於錯誤之後交付七萬元現金，受有一萬元價差的財產損害。不過，甲的施用詐術的故意乃是存在於訂約時；至於在履約之時，卻因為沒有認識到自己對機車存有瑕疵的事實提出虛偽的陳述，所以欠缺施用詐術的故意。總而言之，當甲訂約時有施用詐術的故意，卻沒有實施詐術行為，隨後於履約時，甲實施詐術行為，卻沒有施用詐術的故意。就此，甲頂多成立（訂約）詐欺未遂罪（刑 339 III, 25）[230]。

㈢不法所有意圖

1.獲利意圖

除了故意之外，行為人於行為時在主觀上亦須具備所謂的「不法所有意

---

[228]　Mitsch, BT 2, 3. Aufl., 2015, S.335.

[229]　在履約詐欺中，甲的交付行為形同對外陳述一項事實：「交付無瑕疵且符合價值七萬元的機車」。

[230]　Mitsch, BT 2, 3. Aufl., 2015, S.335.

圖」，也就是為自己或為第三人違法取得財產上的利益。考慮到詐欺罪為整體財產犯罪，行為人所侵奪的對象為經濟意義上的財產，又財產損害與獲利兩者往往為一體兩面的關係，所以，即使刑法第 339 條的不法構成要件明文規定為所有意圖，不過，實質上應當理解為「**獲利意圖**」，始為妥適。

其次，如前所述，詐欺罪作為一種典型的截斷結果犯，立法者選擇將原本屬於客觀上的獲利結果移置主觀不法構成要件的範疇，那麼就客觀不法構成要件的評價來說，行為人所企求實現的獲利結果即無需真的實現。

2. 目的導向的結果意思

基本上，所有意圖以行為人具有 「**以目的為導向的結果意思**」 (finaler Erfolgswille) 為必要[231]，而這裡所謂的目的導向可以進一步理解為：(1)獲取利益作為行為人所預設的主要目標，或者(2)至少是實現其他目的的必要手段。應注意的是，倘若財產利益只是行為人實施詐術的一種附隨效果，依德國的實務見解，構成所有意圖的條件則有必要額外考慮到：「獲得財產利益是否行為人所希望得到的。」不過，這項條件有待商榷。因為「希望」或「不希望」原本屬於罪責層次中帶有高度情感意義的動機心理，若是移至不法構成要件階層作為一項形塑主觀不法的要素，恐怕是混淆了目的導向與動機之間的差異，進而架空意圖應有的概念內涵[232]。

3. 損害與獲利於內容上的同一性要求

獲利在概念上是指行為人致力於追求任何一種關於財產地位的改善狀態，不論是長期或短暫的增加財產及減少支出，均包括在內。若是從經濟性

---

[231] 見 Kindhäuser, BT II, 9. Aufl., 2017, §27 Rn.77; Duttge, in: Gesamtes Strafrecht, 2. Aufl., 2011, §263 Rn.77.

[232] Duttge, in: Gesamtes Strafrecht, 2. Aufl., 2011, §263 Rn.77.

的觀點切入，詐欺罪所欲非難的獲利可以是資產增加；同時，也可以是負債減少 ㉝。此外，如前所述，詐欺罪為財產移轉之罪，獲利與損害往往為一體兩面的事物，行為人致力於獲得的利益必須是「直接」㉞ 源自於被害人因處分財產而導致財產減少的部分 ㉟。也就是說，行為人或第三人的獲利與被害人的財產損害之間具有所謂的「**內容同一性**」(Stoffgleichheit) 為必要。

然而，這裡所謂的「同一」並不是指處分與獲得的財物於內容上完全一致，而是指不論財產減少，或是獲利本身均與受處分的財物有所關聯，或者用另一種表達方式：財產損害與獲利之間具有所謂的貫穿性 (Durchgang)㊱。舉例來說，在物之詐欺的情形，只要犯罪客體同一，也就滿足內容同一性的要求；至於權利詐欺（即債權詐欺）的內容同一性則是以債之給付內容作為依據，例如金錢，或是其他種類之給付等。相較之下，欠缺內容同一性的情形為，基於詐欺而為的擔保，使得公司的財務狀況獲得改善，擔保人則受有負擔訴訟程序費用的財產危險。

【實例】甲為詐騙集團的成員，負責電話詐騙的工作。每個月甲可以從集團獲得三萬元的薪資酬勞。

甲參與詐欺犯罪而從詐騙集團獲得薪資報酬。然而，甲每月三萬元的薪資酬勞與被害人因詐騙而受到的財產損害並沒有任何內容上的同一性，因為不論是甲的獲利，或是被害人因處分財產（匯款）而導致的財產減少，兩者均與處分財物無內容上的直接關聯。儘管三萬元酬勞是詐騙集團「間接地」從被害人所匯的款項予以給付，也不會影響欠缺同一性之認定。

㉝　Kindhäuser, BT II, 9. Aufl., 2017, §27 Rn.78.

㉞　參閱 Duttge, in: Gesamtes Strafrecht, 2. Aufl., 2011, §263 Rn.79.

㉟　Kindhäuser, BT II, 9. Aufl., 2017, §27 Rn.79.

㊱　Duttge, in: Gesamtes Strafrecht, 2. Aufl., 2011, §263 Rn.77.

4.不法性

行為人致力於獲得的利益必須具備不法性，而這裡的不法是指客觀上的不法，以及在法律上對於獲利並無任何的請求權依據[237]。相對地，獲利被認為是合法的情形往往是，行為人依實體法規定（例如民法）對於被害人交付財產具有即期且無抗辯的請求權，或是拒絕一個現實上對其根本不存在的請求求[238]。

伍、犯罪參與問題：共同正犯（刑 28）與三人以上共同犯之（刑 339 之 4 I ②）

 、立法分析

㈠立法者試圖納入領取贓款、提供帳戶等參與行為

為了積極有效抗制電信詐欺的集團性犯罪，特別是針對其中負責至提款機領取贓款（俗稱車手）、提供人頭帳戶等參與行為，2014 年 6 月增訂刑法第 339 條之 4 第 2 款規定，三人以上共同犯詐欺者，加重處罰至一年以上七年以下有期徒刑[239]。基本上，本款所規定的三人以上共同犯之作為一項「加重構成要件」，本質上無異於結夥三人的概念，又加重的理由在於，考慮到此種參與方式具有促使他人之整體財產受到侵害的危險，亦即「更有效率地實現犯罪」，所以共同違犯詐欺具有較高的不法內涵。這裡應強調的是，本款之

---

[237] Otto, BT, 7. Aufl., 2005, §51 Rn.94.

[238] Duttge, in: Gesamtes Strafrecht, 2. Aufl., 2011, §263 Rn.82; Otto, BT, 7. Aufl., 2005, §51 Rn.94.

[239] 參閱刑法第 339 條之 4 於 2014 年增訂時的立法理由。

所以應當導向於結夥三人的規範結構，而不是共同正犯的特殊規定，主要的理由在於，刑法第 28 條共同正犯本質上為一種歸責規範，也就是所有的犯罪參與者基於共同的犯意聯絡與各自的行為分擔，而必須在刑法第 339 條所欲非難的不法程度內予以負責。如果將刑法第 339 條之 4 第 2 款理解為共同正犯的特殊規定，勢必讓原本僅屬於歸責功能的刑法第 28 條不當地透過分則各罪的設定而質變為加重處罰的依據。依此，下文與此款規定有關的說明均以結夥三人的概念為基礎，合先敘明。

㈡領取贓款者非適用本款，卻可適用洗錢罪處罰之

或許，立法者的初衷在於試圖將所有可能的犯罪參與模式均納入本款的適用範疇[240]，但本文認為此乃錯誤的立法嘗試，明顯忽略了「更有效率地實現犯罪」作為加重處罰理由應有的限制。若是從更有效率的觀點出發，結夥三人理應包括正犯與共犯兩者的結合型態，例如共同正犯、間接正犯，以及幫助或教唆犯等，只不過考慮到不法構成要件的歸責範圍本以「既遂」作為界限，所以，結夥三人可能涉及的犯罪參與也就有必要限縮在「**針對犯罪實行（著手至既遂階段）提供行為分擔**」，以及排除教唆犯、預備階段的及事後的幫助[241]。據此，除了負責施用詐術、提供人頭帳戶者之外，詐欺犯罪中負責領取贓款者，應當排除本款的適用。理由在於，只要被害人將款項匯入行為人所指定的戶頭，財產損害在這個時點即已實現，應論為詐欺既遂。如此一來，凡是在既遂後負責領取贓款的參與者，因為無法對犯罪既遂（財產損害）形成任何的促進作用，所以在規範上也就不得論為成立結夥三人。

儘管如此，負責領取贓款之人仍可成立洗錢罪[242]，藉此填補詐欺罪與贓

---

[240] 陳子平，刑法各論（上），2015 年 2 版，頁 560。

[241] 更完整的分析與論證，請參考本書加重竊盜罪章中「結夥三人」一節的說明。

[242] 見洗錢防制法第 14 條連結同法第 2 條第 3 款及第 3 條第 2 款，或是同法第 15 條的「特別洗錢罪」。關於立法論上的批評，可參考古承宗，洗錢刑法的正當性依據，

物罪的處罰漏洞。除了前述之結夥三人的適用限制外，詐騙款項匯入銀行帳戶後，與該款項相同額度的存款無法作為刑法第 349 條贓物罪的犯罪客體，因為存款在民事法律關係上僅為存戶請求銀行返還一定數額金錢的債權。近代的洗錢行為多是利用「無現金式」的資本流通管道，將那些由犯罪所取得的財物轉進或轉出特定帳戶。面對此種特殊的資金流通模式，贓物罪未能發揮應有的規制效果，因此可藉由洗錢罪填補由此所生的處罰漏洞。

二、案例思考

【實例】乙誤信甲之電話詐騙，而欲將款項匯入甲指定之帳戶。甲擔心行蹤曝光，在乙準備匯款前，先以電話分別聯絡好友丙、丁（互不知對方的存在）討論後續的犯罪計畫，請其提供協助，並答應報酬。丙、丁二人通話之後皆答應參與。先由丙負責確認帳戶資料與測試提款卡，丁則是在被害人匯款後，利用超商的提款機將款項領出[243]。

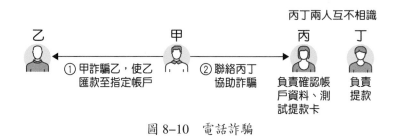

圖 8-10　電話詐騙

收錄：犯罪、資恐與洗錢，2017 年，頁 267 以下。

[243] 應注意的是，本例事實涉及到「相續共同正犯」的問題。在一般的共同正犯參與，不論是測試卡片或提領匯款之人，實務見解認為均成立共同正犯。見最高法院 105 年台上字第 424 號判決。

(一)丙的部分

1.實務見解

　　針對「丙」的刑責，依實務見解，犯罪參與者「於行為時」仍可形成犯意聯絡，再加上參與了部分的構成犯罪事實，即可成立共同正犯，例如「刑法之**相續共同正犯**，就基於凡屬共同正犯對於共同犯意範圍內之行為均應負責，而共同犯意不以在實行犯罪行為前成立者為限，若了解最初行為者之意思，而於其實行犯罪之中途發生共同犯意而參與實行者，亦足成立；故對於發生共同犯意以前其他共同正犯所為之行為，苟有就既成之條件加以利用而繼續共同實行犯罪之意思，則該行為即在共同意思範圍以內，應共同負責。」[244]不論是接聽電話、試卡、領款等，在本例中均屬於參與犯罪行為之實行[245]。即使沒有參與事前謀議，或是事中的詐騙行為，仍可成立共同正犯。雖然丙只是事後參與謀議，不過，因為參與了帳戶資料及卡片的測試，所以成立詐欺罪之（相續）共同正犯。

2.學說見解

　　相較之下，多數的學說見解則是認為，共同犯罪決意作為所有的犯罪參與者之間相互歸責的基礎，「**犯罪既遂前**」都有成立相續共同正犯之可能性[246]。依此，因為丙在詐欺既遂前參與犯罪謀議，所以應成立共同正犯。然而，也有部分的學說見解認為[247]，在不法構成要件尚未完全實現的情形，後加入者有成立相續共同正犯的空間，例如行為人施用詐術，被害人因而陷於

---

[244]　最高法院 98 年台上字第 7972 號判決；最高法院 98 年台上字第 4230 號判決。

[245]　見最高法院 100 年台上字第 2833 號判決。

[246]　僅參閱 Roxin, in: LK-StGB, 11. Aufl., 1993, §25 Rn.192.

[247]　黃榮堅，論犯罪之行為時，收錄：刑罰的極限，1999 年，頁 293。

錯誤，直到交付財物時，行為人委請好友出面接受物之交付。因為好友的加入才使詐欺罪的構成要件結果獲得完全的實現，所以必須為其所控制的利益侵害結果負責。即便好友對先前的施用詐術行為不知情且也未參與，然而，若是考慮到犯罪實現的意義本來就無需行為人親自實現所有的不法構成要件，行為人本來就是在利用既存的各種現實條件，基於個人的支配力，再加上任何一種可能的著力方式，使得一整組的不法構成要件獲得完全的實現。

3.本書見解

　　不同於前述實務與學說的說理方法，本文認為應從犯罪支配與客觀歸責的關聯性確認犯罪參與者可否被視為正犯。因為正犯為支配犯罪實現之人，又犯罪實現的可支配性乃是客觀歸責的基礎。另外，行為人基於個人自決而實行不法行為，也就等於其決定了犯罪發展的效果，而這個基於個人自決而確定下來的效果等同於客觀歸責的可支配性範圍。依此，就共同正犯的客觀歸責而言，共同正犯的歸責基礎為多數犯罪參與者的犯罪共識，而且只要部分參與者實行不法行為，形同體現出所有人共同對犯罪實現的可支配性，不法結果因而客觀可歸責於其他的參與者。

　　本例的丙是在甲實行不法行為之後，才與其他人形成犯罪共識。即便如此，丙的犯罪意思仍然無法溯及已經實現的不法。換句話說，儘管在犯罪既遂前加入，後加入者對於犯罪實現始終欠缺完整的可支配性，不法結果也就不可歸責於丙。又因為後加入者就已實現的不法不具備支配地位，所以僅能就後續所共同實現的部分負責。倘若後加入者與其他參與者仍成立相續共同正犯，而須為他人先前已實現的部分不法負責，那麼勢必與犯罪支配的客觀歸責原理有所衝突。

　　總而言之，甲的詐術行為已經內含一個足以導致財產損害的典型風險，被害人乙的財產損害在甲實行不法行為之時已經進入甲的支配範疇。於此，丙在規範上已經無法再透過事後的犯罪參與，利用甲先前所創成的支配狀態

而對犯罪實現形成一定的支配關係㊽。

㈡丁的部分

1.實務見解

　　針對「丁」的提領行為，實務見解認為，相續共同正犯乃是後行為者在先行為者之行為接續或繼續進行之中，以共同犯罪意思，對既成之條件加以利用而繼續共同實行犯罪。相對地，若後行為者在介入之前，先行為者之行為已經完成，又非其所得利用者，即無須為先行為者之行為負共同之責。儘管一般實務上均未明確說明車手的領款行為是否為詐欺行為尚未完成，而後加入者對既成條件加以利用，但考量到其大多肯認領取款項亦屬詐欺罪之一部分，邏輯上應不排除領款階段仍可成立詐欺罪之相續共同正犯，領款者必須為犯罪結果負責㊾。

2.學說見解

　　相對地，多數的學說見解則是認為犯罪既遂後無法成立（相續）共同正犯㊿。理由在於，分則各罪之不法構成要件行為僅內含促使「**犯罪之形式既遂**」的（風險）特質，而不是「**使犯罪（實質）終了的行為**」○51。又詐欺罪作為一種「截斷的結果犯」，既遂與否取決於被害人受有財產損害，至於行為人企圖獲得的財產利益（獲利）則非既遂之標準。詳言之，行為人或第三人在被害人交付財物後的獲利並非客觀不法要件，刑事立法者實已將此種事實

㊽　同此結論，見謝開平，相續共同正犯應否對加入前之行為負責，月旦裁判時報，2期，149–150。

㊾　最高法院 100 年台上字第 2833 號判決。

㊿　僅參閱林山田，刑法通論（下），2008 年 10 版，頁 79。

○51　Kühl, AT, 6. Aufl., 2008, §20 Rn.127.

狀態予以主觀化，將其轉化為「獲利意圖」之主觀不法要件。依此，詐欺既遂以發生財產損害為基準，即便行為人或第三人事後獲有利益，或者現實上根本無法獲益，均不再有任何犯罪成立上的意義。此外，犯罪參與（共同正犯、幫助犯等）的從屬對象為「違法行為」。此種行為只要具備實現不法構成要件的特徵即為已足。所以，終了階段之參與行為的可罰性並不會落在各罪既有的規制範圍內；同時，在此階段也排除了共同犯罪的支配可能性，而無法成立共同正犯。

3.本書見解

基本上，學說見解應屬可採。只不過說理上應當改從客觀歸責及犯罪支配等法理切入，進一步推導出領款行為無法作為共同正犯的行為分擔。詳言之，結果之所以可歸責於行為人，源於行為符合各罪規定之不法要件，而該行為所連結的法效果亦是因此可以算到行為人頭上。詳言之，客觀歸責乃是立法者的立法意志與行為人的行為之間在規範上的一種對應關係，而此一對應關係的功能在於促使社會成員能夠理解到規範上的義務要求，以及違反法律的效果為何。就這點來說，客觀歸責不只是判斷利益侵害得否論為行為人的作品，實質上也是在確認行為人應承擔到何等程度的刑事制裁，例如既遂或未遂。

另外，特別考慮到行為人對犯罪實現的可支配性同時屬於客觀歸責的界限，以及客觀歸責必須具體對應到法規範所確立的制裁範圍及意義，那麼（共同）犯罪支配也就應當受限於刑法規定的界限。這個限制基準就是「**不法構成要件**」。因此任何有關刑事不法的說明，均不能逾越不法構成要件所形塑的規範性標準。綜此，本例的後加入者丁於詐欺既遂後領取款項，不論甲、丁何時才開始具有犯意聯絡，領款行為對詐欺罪之實現均沒有任何（共同）犯罪支配上的規範意義，當然也就沒有客觀可歸責的空間❷❷。

陸、加重詐欺罪

刑法第 339 條之 4

I 犯第三百三十九條詐欺罪而有下列情形之一者，處一年以上七年以下有期徒刑，得併科一百萬元以下罰金：

一、冒用政府機關或公務員名義犯之。

二、三人以上共同犯之。

三、以廣播電視、電子通訊、網際網路或其他媒體等傳播工具，對公眾散布而犯之。

II 前項之未遂犯罰之。

 、加重構成要件之設計

2014 年新增的刑法第 339 條之 4 第 1 項採取「**加重構成要件**」的立法技術，行為人於行為時的故意必須對應到加重構成要件事實，又因為不是量刑事由，所以法官對此並沒有適用上的裁量空間。其次，作為加重構成要件的理由在於：(1)本條第 2 項訂有未遂犯之處罰。行為人於著手犯罪實行時，主觀上的行為決意必須具體對應到本條第 1 項及第 339 條普通詐欺罪的客觀不法事實；(2)除了普通詐欺罪此一基礎犯罪之外，立法者訂立加重構成要件無非是考量到，行為人於實現基礎犯罪之部分或全部的客觀不法要件時，以附帶的行為方式，使得整體財產法益的侵害更為有效率，例如冒用政府機關或公務員名義犯之，更輕易地影響被害人當下的心理狀態，以此順利詐騙得手。

---

[252] 同此結論者，見蕭宏宜，未遂與犯罪參與，2015 年，頁 107。

、各款不法要件之解釋

立法者於立法理由中明白指出，「近年來詐欺案件頻傳，且趨於集團化、組織化，甚至結合網路、電信、通訊科技，每每造成廣大民眾受騙，此與傳統犯罪型態有別，若僅論以第 339 條詐欺罪責，實無法充分評價行為人之惡性。」依此，本罪的保護法益仍然是以基礎犯罪的「整體財產法益」為主，各款加重構成要件的行為事實僅在於強調**更有效率地實現詐欺罪**，例如科技化與集團化等方式為之，而不是附帶地攻擊其他種類的法益。

㈠冒用政府機關或公務員名義犯之

依本款的立法理由：「行為人冒用政府機關或公務員名義施以詐欺行為，被害人係因出於遵守公務部門公權力之要求，及避免自身違法等守法態度而遭到侵害，則行為人不僅侵害個人財產權，更侵害公眾對公權力之信賴。是以，行為人之惡性及犯罪所生之危害均較普通詐欺為重，爰定為第 1 款加重事由。」就此而言，立法者的初衷似乎是強調除了保護財產權之外，市民對於公權力信賴也是本款的保護法益之一。不過，我們若是進一步觀察立法理由的前段說明，原始的立法動機其實是著眼於被害人出於擔心自己可能違法，而只好配合公務部門的要求。換句話說，行為人偽稱公務機關或公務員，目的在於促使被害人形成一定的心理壓力。特別是在此種壓力情境下，被害人往往更輕易地作出財產處分的決定，進而導致財產損害。因此，嚴格來說，冒用政府機關或公務員名義終究只是施用詐術的手段之一❷⁵³，至於潛在的公權力信賴並不會因此即變為本款的保護法益之一。

---

❷⁵³ 可以進一步思辨的是，關於冒用公務機關或公務員名義的詐術行為，在具體個案中有可能是成立恐嚇取財，而不是詐欺取財。

㈡三人以上共同犯之

詳見上文關於「伍、犯罪參與問題」的討論，於此不再重複贅述。

㈢以廣播電視、電子通訊、網際網路或其他媒體等傳播工具，對公眾散布而犯之

如同上文針對第一款冒用政府機關或公務員名義的說明，利用廣播工具違犯詐欺罪本質上屬於施用詐術的手段之一，只不過立法者認為此種方式能更有效率地對不特定人為詐欺，因而有加重處罰之必要，例如依據本款的立法理由，「考量現今以電信、網路等傳播方式，同時或長期對社會不特定多數之公眾發送訊息施以詐術，往往造成廣大民眾受騙，此一不特定、多數性詐欺行為類型，其侵害社會程度及影響層面均較普通詐欺行為嚴重。」其次，本罪列舉的行為工具主要是以科技性的傳播通訊設備為主，包括廣播電臺、電視、手機、電腦網路等。有論者認為其他媒體是指報紙、雜誌等平面媒體❷⁵⁴，然而，從不法構成要件的文義設定來看，不論是電視、電子通訊，或是網際網路，均屬於科技化的資訊媒介，而作為概括規定的「其他媒體」理應具備類似的特徵。因此，報紙及雜誌等傳統的平面媒體應予排除，始為正確。

實務上常見的犯罪模式為（跨國）電信詐騙。舉例來說，行為人透過網際網路與群發系統的系統商聯繫，系統商再透過網路電話通訊協定，以群發方式發送詐騙語音訊息至特定範圍的電話號碼，接獲語音的中國民眾依指示操作回撥，各該電話進而轉至詐欺集團中假冒中國的公安人員、檢察官的第一線、第二線、第三線人員❷⁵⁵。相對之下，若是使用手機或其他通訊設備，個別對被害人施用詐術，則不屬於對公眾散布而犯之，僅能成立普通詐欺罪。

---

❷⁵⁴ 陳子平，刑法各論（上），2015 年 2 版，頁 603。

❷⁵⁵ 見最高法院 106 年台上字第 1338 號判決之案例事實。

柒、類似詐欺之罪

刑法第 339 條之 1

I 意圖為自己或第三人不法之所有 ， 以不正方法由收費設備取得他人之物者，處一年以下有期徒刑、拘役或十萬元以下罰金。

II 以前項方法得財產上不法之利益或使第三人得之者，亦同。

III 前二項之未遂犯罰之。

刑法第 339 條之 2

I 意圖為自己或第三人不法之所有，以不正方法由自動付款設備取得他人之物者，處三年以下有期徒刑、拘役或三十萬元以下罰金。

II 以前項方法得財產上不法之利益或使第三人得之者，亦同。

III 前二項之未遂犯罰之。

刑法第 339 條之 3

I 意圖為自己或第三人不法之所有，以不正方法將虛偽資料或不正指令輸入電腦或其相關設備，製作財產權之得喪、變更紀錄，而取得他人之財產者，處七年以下有期徒刑，得併科七十萬元以下罰金。

II 以前項方法得財產上不法之利益或使第三人得之者，亦同。

III 前二項之未遂犯罰之。

、保護法益與法條體系概覽

與詐欺罪相同，刑法第 339 條之 1、2、3 的保護法益為「整體財產」，只不過對於他人之整體財產的攻擊方式採取特別的規定。也就是說，綜觀此等犯罪的不法構成要件設計，在客觀不法構成要件的範疇，均是以「不正方法」作為不法構成要件行為。但值得注意的是，不法結果似乎是以取得財物或利益作為評價基礎。然而，整體財產犯罪的不法結果應當是被害人發生了財產損害，至於行為人或第三人是否從中獲利，則非所問。單就這點來說，雖然立法者在條文中採用了「取得他人之物」及「得財產上利益」等用語，推測背後的思考應該只是從損害與獲利的一體兩面關係理解財產侵害的現象與意義。簡單地說，只要行為人取得他人財物或得財產利益，也就形同被害人受有財產上的不利益。無論如何，「財產損害」終究是刑法第 339 條之 1、2、3 等犯罪的不法結果，並且作為犯罪既遂的評價依據❷❺❻。當然，這裡的財產處分與財產損害之間仍應具備所謂的「**直接性**」，也就是刑法第 339 條之 1、2、3 等犯罪過程的資料處理程序直到發生財產損害之時始終保有運作上的連續性，特別是在此期間沒有自然人針對資料內容採取一定的檢查措施，因而使得資料處理結果轉變為具有財產侵害性，或者該處理結果儲存於其他的資料處理設備❷❺❼。最後，依據此等條文的第 3 項規定，未遂行為均屬可罰的。

其次，關於主觀的不法構成要件，此等犯罪與第 339 條普通詐欺罪的不法要件設計並沒有差異，同樣要求行為人於行為時具有「故意」與「不法所有意圖」（即獲利意圖）。當然，就後者來說，行為人或第三人的獲利與財產損害之間亦須具備所謂的「**內容同一性**」。

附帶一提的是，考慮到立法者制定這些犯罪的目的，刑事政策上主要是

---

❷❺❻ 僅參閱 Hoyer, in: SK-StGB, 7. Aufl., 2004, §263a Rn.5.

❷❺❼ Heinrich, in: A/W/H/H-BT, 3. Aufl., 2015, §21 Rn.34.

為了填補詐欺罪適用於對機器設備詐騙的處罰漏洞，也就是普通詐欺罪之施用詐術的對象限於自然人，只有自然人才有陷於錯誤的可能。實際上，這些規定本身是將原本不處罰的（設備）詐欺行為視為可罰的行為，而不法構成要件設計則是以不正方法取代施用詐術。於此，我們也可以說，針對填補處罰漏洞所採取的立法技術，在某種程度上帶有處罰前置或法益保護提前的意義。

、不法構成要件之解釋

㈠刑法第 339 條之 1 ── 自動收費設備

嚴格來說，自動收費設備在本質上並不是純粹機械式的設備，而是必須透過內建的電腦程式始能發揮其應有的功能。當行為人使用不正方法由自動收費設備取得他人之物，其實是透過影響電腦程式運作的方法❸，進而實現取得他人之物件（第 1 項）或服務（第 2 項）等目的，例如自動販賣機、車站入口的刷票機等。

1.販賣機

【實例】甲在五十元硬幣的中間穿孔，並且綁上細繩。甲將該枚錢幣投入飲料販賣機的投幣孔。待機器感應到錢幣及顯示商品選擇後，甲使用細繩將錢幣拉出投幣孔。甲按下選擇鍵，販賣機掉下一瓶運動飲料。甲想要再多拿幾瓶飲料，但覺得使用錢幣投販賣機太麻煩，因此改用雙腳猛踹機器，試圖讓機器掉出飲料。販賣機不堪重力搖晃，果然掉出數瓶飲料。

---

❸ 如何影響電腦程式的運作正是不法構成要件行為「不正方法」的核心內涵。

本罪為 1997 年所新增，當時的立法動機在於填補普通詐欺罪於詐取自動收費設備之物所產生的處罰漏洞，而所謂的收費設備可以是投幣式電話機、電子遊戲機、自動販賣機等。舉例來說，行為人使用偽幣、其他物質，或是將錢幣穿孔綁上繩索投入販賣機（自動收費設備），只要機器感應到與錢幣相同重量的物體，內建的電腦程式便會啟動販賣選項。也就是說，行為人按下選擇鈕，即可獲得販賣機內的商品❷。在這種情形，因為機器本身的電腦自動化特徵，不只是欠缺一個施用詐術行為，而且也沒有陷於錯誤的問題。理由在於，⑴因為販賣機內建程式啟動販賣選擇的條件為「一定重量的物體被投入機器」，而不是指「特定的錢幣」。所以，儘管行為人使用偽造貨幣或其他物質充作錢幣使用，仍然不構成對特定事實的虛偽表達，又機器基於程式設定判斷投入物的重量而啟動販賣選項，也沒有陷於錯誤的問題❷；⑵暫且不論前述機器設備的程式設定條件，詐欺罪之施用詐術的對象僅僅限於自然人，規範上早已排除對機器施用詐術的可能性❷。

本質上，自動收費設備乃是透過電腦系統進行運作❷。基於這樣的功能性條件，即使行為人投入偽幣或其他物體符合電腦程式啟動販賣選項的要求，亦即所謂的「符合設備運作之使用」(funktionsgerechte Nutzung)❷，仍可視為濫用自動收費設備，特別是對自動機器設備決定過程的操縱性干預❷，又此種行為正是本罪所要非難的不正方法。詳言之，純粹從技術面的角度來看，

---

❷ 僅參閱蔡蕙芳，刑法第三三九條之一不正利用收費設備取財得利罪之適用問題，月旦法學雜誌，138 期，頁 236。

❷ 參閱盧映潔，刑法分則新論，2016 年 11 版，頁 722。

❷ Heinrich, in: A/W/H/H-BT, 3. Aufl., 2015, §21 Rn.27.

❷ Otto, BT, 7. Aufl., 2005, §52 Rn.15.

❷ Otto, BT, 7. Aufl., 2005, §52 Rn.15.

❷ 蔡蕙芳，刑法第三三九條之一不正利用收費設備取財得利罪之適用問題，月旦法學雜誌，138 期，頁 236。

行為人使用設備的方式確實符合內建電腦程式的運作邏輯，然而，若是從規範性的行為禁止觀點切入，本罪所預設的禁命終究是指向於「類似詐欺的手段」。也就是說，我們假設性地類比普通詐欺罪的適用過程❷❻❺，原本使用偽幣或與貨幣同等重量的物質購物，可對自然人實現詐欺，不過，同樣的行為卻是無法對機器設備構成施用詐術與使其陷於錯誤。因此，透過立法技術將此種濫用機器設備的不正行為直接視為一種可罰的施用詐術。

相對地，倘若是對自動收費設備施以物理力而取得財物，則是屬於典型的竊盜，例如以強暴手段破壞收費設備，並非本罪所要填補之處罰漏洞的類型。據此，本罪規定的不正方法應採限縮解釋，也就是僅限於類似詐術的符合設備運作之使用方式，至於破壞設備之「違反設備運作的使用」(funktionswidrige Nutzung)，則不包括在內。

2.賭博性電子遊戲機

【實例】甲以棉線綁住代幣，投入賭博電子遊戲機的投幣孔，觸動機臺內的計分裝置，使得押注的分數增加。待分數增加到一定數額時，甲按下退幣鈕，取走代幣。甲將取得的代幣拿至櫃臺兌換現金。

甲使用棉線綁代幣觸動計分裝置，可能構成刑法第 339 條之 1 的不正方法由自動收費設備取財罪。對此，實務見解認為，電子遊戲機的使用必須投幣付費，此與公用電話須付費後，並依使用時間計算費用的收費設備相同，唯一的差別僅在於費用的計算方式與收費標準，所以仍屬一種收費設備。又甲以棉線綁住代幣，投入投幣口，使得電子遊戲機計算分數有誤，因為機臺本身非特定相對人，只能依照一定程式語言之指令運作，無法陷於錯誤，雖然無法成立刑法第 339 條，不過卻構成刑法第 339 條之 1❷❻❻。

---

❷❻❺ 類似的思考，已見 Hoyer, in: SK-StGB, 7. Aufl., 2006, §263a Rn.7.

相較之下，有學說見解則是採不同見解，並且認為收費設備可分為售物與服務機器兩種。若是電子遊戲機的功能在於提供賭博性遊戲，那麼此種機臺應當屬於「提供服務的收費設備」❷⁶⁷。又提供遊戲乃是機臺主要的服務內容，至於遊戲輸贏才是決定最後是否得利的條件，所以本罪的不正方法必須是直接針對提供服務的財產處分行為，而不是偶然輸贏之下的獲利。依此見解，因為甲實施不正行為的目的不在於無權使用收費設備，使其提供遊戲服務，所以不成立本罪。

儘管學說見解提出較為完整的說理，本文認為仍有再斟酌的空間。詳言之，賭博性的電子遊戲機或許在於提供具有機率性的遊戲服務，而遊戲者是否能夠從中獲取財物，本來就不是百分之百確定。於此，我們確實可以想像，遊戲者現實上無法從電子遊戲設備直接取得任何財物。然而，這樣的理解畢竟是立於「取得財物須經過一個帶有機率性的賭注行為」的前提。倘若今天的機率性完全被排除，反而是百分之百確定可以從電子遊戲機獲得財物，那麼遊戲者也就形同直接從該設備取得財物。依此，甲的行為不再是純粹地讓電子遊戲機提供遊戲服務，反而是全然排除了機率性的賭注條件，藉此直接從中獲得財物。

3.其他「自動收費設備」

附帶一提的是，除了前述傳統的犯罪型態外，隨著時代變遷，本罪的犯罪客體「自動收費設備」的類型不斷增加，除了自動販賣機、車站入口的刷票機、電子遊戲機之外，兼具付款功能的自動儲值設備亦屬之，例如超商的悠遊卡儲值機。對此，即有實務見解認為，利用信用卡自動加值的方式購物，

---

❷⁶⁶ 高雄地方法院 94 年簡字第 4680 號判決。

❷⁶⁷ 蔡蕙芳，刑法第三三九條之一不正利用收費設備取財得利罪之適用問題，月旦法學雜誌，138 期，頁 239。

應成立刑法第 339 條之 1 第 2 項之以不正方法由收費設備得財產上不法之利益罪[268]。對此，應注意的是，儘管自動加值設備可視為本罪的自動付費設備，不過，行為人造成的財產損害應為發卡銀行先行給付的金額。就此，行為人主觀上的獲利內容與銀行的財產損害之間是否具有所謂的內容同一性，恐怕都還有疑問。另一方面，因為本罪主要的規範目的在於填補詐欺罪無法適用對機器施詐的處罰漏洞，所以，只要行為人於超商店員面前儲值悠遊卡時，乃是對「自然人」施用詐術，也就應成立第 339 條的普通詐欺罪，而不是第 339 條之 1[269]。

㈡刑法第 339 條之 2──自動付款設備

依據立法者的理解，不正方法由自動收費設備取得他人之物屬於電腦犯罪的一種[270]。與第 339 條之 1 一樣，因為自動付款設備必須透過內建的電腦程式始能發揮應有的功能，所以行為人使用不正方法由自動收費設備取得他人之物，其實是透過影響電腦程式運作的方法[271]，實現取得他人之物的目的。就這點來說，本罪似乎可被歸類在電腦犯罪的範疇。然而，即使不正方法的行為模式影響了電腦程式的運作，並且同時造成電腦安全的危險，卻不必然就是典型的電腦犯罪[272]。至少就法律規定的體系結構來看，既然本罪被安排在詐欺罪章，那麼立法者的初衷應是認為其屬於一種類似詐欺的犯罪型態。進一步地說，以不正方法影響電腦程式的運作乃是施用詐術的一種攻擊模式而已，只不過附帶地具有典型的危害電腦安全的意義而已。基於這樣的思考，關於不法構成要件的解釋，例如不正方法，除了類似詐欺的首要理解之外，

---

[268]　見臺灣高等法院 103 年上易字第 2428 號判決。

[269]　參閱 Raschke, ZIS 2012, S.222.

[270]　見本罪之立法理由。

[271]　如何影響電腦程式的運作正是不法構成要件行為「不正方法」的核心內涵。

[272]　關於電腦犯罪的概念，可參考本書之「電腦犯罪」一章的說明。

相當程度上也會額外考量到危害電腦安全的攻擊特徵。

基本上，「不正方法使用」的行為特徵在於無權操縱自動付款設備之資料的處理程序，藉此啟動機器自動化的財產處分。從刑法第 339 條詐欺罪的不法結構來看，因為這樣的行為無法被劃歸在普通詐欺罪所要規範的財產侵害行為❷❼❸，所以，透過立法技術填補由此所生的處罰漏洞。一般來說，本罪的犯罪客體為自動付款設備，例如自動提款機，又存戶的存款遭他人冒領之時，銀行僅可對冒領之人主張損害賠償，卻不可以此為理由，主張已生清償效力。依此，所謂的財產損害應當是指銀行無法主張清償效力，對於存戶仍舊負有一定金額的金錢債務❷❼❹。簡單地說，本罪之受有財產損害的被害人為銀行，而不是存戶。

此外，法條使用了概念不甚明確的「不正方法」，不論在學說上或實務上對此存在著相當歧異的見解。對此，本文試以下述案例說明：

【實例 1】甲擅自取走乙的提款卡，至提款機輸入密碼後，領取三千元。隨後，甲依原訂計畫將卡片歸還。

【實例 2】甲脅迫乙交出提款卡，至提款機輸入密碼後，領取三千元。

---

❷❼❸ 蔡蕙芳，刑法第三三九條之一不正利用收費設備取財得利罪之適用問題，月旦法學雜誌，138 期，頁 236。

❷❼❹ 最高法院 99 年台上字第 1888 號判決：「……又銀行接受客戶存款，係屬金錢寄託關係，依民法第 603 條之規定受寄人銀行無返還原物之義務，僅須返還同一數額，該寄託物之利益及危險於該物交付時移轉於受寄人，存款戶得隨時請求返還寄託物。客戶存款倘確係被第三人所冒領，該銀行僅得對該冒領人為損害賠償之請求，要不得以第三人冒領之事由，主張已生清償效力，則受損害者即係銀行，存款戶對銀行仍非不得行使消費寄託物返還請求權，不能謂其權利已受侵害。至過失相抵法則，僅於損害賠償之債，其賠償義務人始有主張適用之餘地，而存款戶依消費寄託物返還請求權請求返還寄託之存款，並非請求損害賠償，自無過失相抵規定之適用。」

【實例3】甲使用自己所研發的電子設備收集與儲存提款機的帳戶資料與提款卡密碼，緊接著再透過編碼裝置將此等資料儲存於空白卡片。甲使用這張卡片總計領取十萬元現金。

此三例均涉及到甲使用提款卡輸入密碼提領款項。關於甲之行為是否構成刑法第339條之2第1項，主要的爭點在於不法構成要件行為「**不正方法**」的解釋。對此，學說與實務之間存在著相當歧異的見解。分述如下：

1.實務見解

依最高法院94年台上字第4023號判決：「按刑法第339條之2第1項之以不正方法由自動付款設備取得他人之物罪，其所謂不正方法，係泛指一切不正當之方法而言，並不以施用詐術為限，例如以強暴、脅迫、詐欺、竊盜或侵占等方式取得他人之提款卡及密碼，再冒充本人由自動提款設備取得他人之物，或以偽造他人之提款卡由自動付款設備取得他人之物等等，均屬之。」於此，最高法院似乎是肯認本罪本質上為一種「特殊的詐欺犯罪」，仍須具備冒充有權之人（持卡人）使用自動提款設備取款，或是偽造提款卡提領款項等。只不過這兩種詐偽行為的差別在於前者的行為人得以使用任何方式取得提款卡及密碼，後者則是透過偽造方式取得提款卡及密碼。無論如何，依據最高法院的見解，實例1、2、3的甲均構成以不正方法使用自動付款設備。

嚴格來說，最高法院的分類是不夠精確的，因為比較符合詐術概念者應屬偽造卡片的部分，冒充本人則是難以被理解為類似施用詐術，畢竟自動提款機所在意的只有使用者輸入的密碼是否與卡片上的晶片（資料儲存媒體）所記載的一致，至於使用者為何人則不是機器所關切的重點。儘管如此，最高法院的見解仍有一定的說理基礎：一方面，立法者試圖透過本罪全面地防堵盜用提款卡提領現金的問題；另一方面，使用自動提款機的過程終究是涉

及到電腦系統的運作，而在這樣的基礎之上，所謂的資訊安全可能才會是法規範本身所真正關切的重點❼。資訊及設備本身原本屬於中性的事物，而帶有價值判斷意義的資訊安全則是取決於我們如何使用資訊及設備，不能夠只是單向地由資訊及設備這一端回應人類各種潛在的使用行為，例如不斷透過編寫程式防堵可能發生的資訊濫用問題。所以，除了各種符合電腦程式運作邏輯的使用方式之外，更重要的是我們必須確定何人具有接近資訊的權限。

綜上，如果本罪的不正方法具有類似詐欺的特徵，那麼似乎不可避免地就應額外考慮到資訊安全的意義，特別是這裡所提到的接近資訊之權限。也就是說，類似詐欺的不正方法理應包括僭越有權之人使用提款卡的權限。如此一來，最高法院的見解才能夠真正地立於一套較為合理的論理依據。

2.學說見解

基本上，學說見解多是延續德國法上關於「擅自使用資料」(unbefugte Verwendung von Daten)❼的討論，從比較法的觀點進一步推導不正方法應有的解釋結果。

首先，這裡所指稱的「使用」具有兩種意義：(1)行為人將正確的資料輸入資料處理程序；(2)利用編寫程式將密碼以偽造財產所有人之意願的方式輸入資料處理程序❼。據此，我們可先確認的是，實例 1、2、3 的甲不論是將正確的密碼，或是將虛偽製作的密碼輸入自動提款設備，均屬於使用資料的

---

❼ 見本罪的立法理由：「利用電腦或其相關設備犯詐欺罪，為常見之電腦犯罪型態，為適應社會發展需要，爰參酌日本現行刑法第 246 條之 2 立法例增列處罰專條規定。」

❼ 見德國刑法第 263a 條電腦詐欺罪的第 1 項規定。與我國實務類似，該條文中所規定的「無權使用資料」也是通常適用在濫用提款卡的情形。

❼ 僅參閱 Kindhäuser, BT II, 9. Aufl., 2017, §28 Rn.20; Otto, BT, 7. Aufl., 2007, §52 Rn.40.

行為。其次，行為人必須是擅自使用資料。基本上，所謂的擅自是指欠缺使用資料的權限[278]。只不過有爭議的是，是否任何一種未經許可的資料使用均屬於所謂的欠缺權限[279]。

關於欠缺權限的內涵，學說上發展出許多不同的觀點[280]。分述如下：

(1)違反設備的使用規則說

此一見解是以「電腦或資料處理之特性」作為判斷基準[281]，例如以違反財產所有人的意思方式為之，而且此種意思違反的現象將會具體反映在電腦程式的運作上，例如透過編碼方式將權限驗證儲存於提款卡的晶片內[282]。一般人使用自動提款機提領款項時，內建於自動提款機的電腦程式只會判斷領款人輸入機器的密碼與記載於卡片晶片的密碼是否相符，只要是銀行發行的卡片與正確的密碼，即使是非持卡人提領款項，機器也會依照輸入的金額數交付現金。

簡單地說，考慮到自動付款設備內建之電腦程式的運作邏輯，即使不是由真正的持卡人擅自輸入正確的密碼，仍然屬於符合設備的使用規則。依此，本罪所規定的不正方法勢必將嚴格限制在偽造卡片的方式[283]。只不過這樣的說理顯然背離本罪目的在於填補詐欺罪因機器無法作為施詐對象及陷於錯誤而產生的處罰漏洞。一旦採取此種嚴格限縮解釋，當初立法政策上原本所要

---

[278] Kindhäuser, BT II, 9. Aufl., 2017, §28 Rn.22.

[279] 問題意識，見 Heinrich, in: A/W/H/H-BT, 3. Aufl., 2015, §21 Rn.32.

[280] 相關理論的介紹，可參考蔡聖偉，論盜用他人提款卡的刑事責任，收錄：刑法問題研究(一)，2008 年，頁 306 以下。

[281] Eisele, Computer- und Medienstrafrecht, 2013, S.172；蔡聖偉，論盜用他人提款卡的刑事責任，收錄：刑法問題研究(一)，2008 年，頁 312。

[282] Kindhäuser, BT II, 9. Aufl., 2015, §28 Rn.24.

[283] 蔡聖偉，論盜用他人提款卡的刑事責任，收錄：刑法問題研究(一)，2008 年，頁 312。

面對的問題不僅未能獲得解決，反而可能產生新的處罰漏洞。

(2)取得來源違法的觀點

　　所謂的不正方法取決於行為人取得提款卡的方式，特別是以違法手段取得卡片，例如強暴、脅迫、竊盜等[284]。但有疑問的是，這樣的理解形同捨棄了違法取得提款卡與財產損害之間的風險關聯要求。進一步地說，分則各罪預設了一定的行為規範，禁止規範相對人為所謂的「不法行為」。以結果犯為例，不法行為的禁止無非是著眼於行為本身內含一個足以引起外部世界變化的效果，例如「殺人行為」等。基於此種行為效果的預設，一個具有犯罪意義的行為描述往往會進一步透過負面的行為作用來加以呈現，例如死亡。無論如何，凡是與此種行為描述相對應的「行為禁止」在立法技術上必須是針對行為結果或作用而設，例如禁止任何人以殺人行為引起死亡結果。延續這樣的基本思考，不正方法使用自動付款設備罪在本質上屬於侵害整體財產之罪，而且不正方法使用作為構成要件行為，該行為本身即有必要具備侵害整體財產的風險性。依此，嚴格來說，不論是以強暴、脅迫或竊取等方式取得他人之提款卡，頂多帶有侵害自由法益或所有權法益的風險性，卻沒有侵害整體財產法益的風險。

(3)處分權限的標準

　　依此見解，所謂的擅自使用資料是指違反有權處分資料之人的意思而使用資料，其中特別涉及到與資料使用相關的使用權限[285]。據此，只要使用提款卡及輸入密碼得到有權處分之人的同意，即可排除客觀的構成要件該當性[286]。舉例來說，甲未經乙的許可取走提款卡。甲使用該卡片從提款機領取

---

[284] 參閱 OLG Köln NStZ 1991, S.586；我國實務亦有採取此項見解者，例如最高法院 94 年台上字第 4023 號判決；進一步的分析與討論，可參考蔡聖偉，論盜用他人提款卡的刑事責任，收錄：刑法問題研究(一)，2008 年，頁 314–315。

[285] Eisele, Computer- und Medienstrafrecht, 2013, S.172; Mitsch, BT 2, 3. Aufl., 2015, S.398; Kindhäuser, BT II, 9. Aufl., 2017, §28 Rn.23.

三千元現金。隨後將卡片歸還乙。因為乙使用提款卡領款乃是向銀行主張債權，所以，乙為有權使用卡片之人。

　　基本上，此說與前述之違反設備的使用規則觀點並無顯著的差異，均是以違反有權之人的意思作為評價基礎，只不過違反設備的使用規則觀點試圖以違反電腦程式運作的方式間接說明有權之人的意思受到違反。因此，我們可以說，違反設備的使用規則觀點採取了比本說更為限縮的解釋方法。

3.本書見解

　　如前所述，使用自動提款機的過程始終涉及到電腦程式的運作，而在這樣的運作基礎之上，所謂的電腦安全將會是法規範所附帶關切的重點❷❸❼，特別是資料使用的獨占性。首先，我們可以試著比較「資料」與「電腦安全」於本質上的差異。前者在本質上屬於中性的科技事物，而後者則是一種帶有價值判斷的理念，其中涉及到我們應如何使用資料的行為要求。一旦考慮到規範性的行為要求，那麼一個符合電腦安全理念的資料使用，也就不可能只是片面地從資料的技術性結構來回應人類各種潛在的使用行為，例如只是強調藉由編寫程式的方式防堵可能的資訊濫用。所以，除了各種符合電腦程式運作邏輯的使用方式外，仍有必要在規範上進一步劃定近用資料或設備的界線。

　　更精確地說，如果要求本罪的不正方法具有類似詐欺的特徵，應考慮到資料使用的獨占性，特別是指「**近用資料的權限**」。就此而言，所謂的類似詐欺是指類比自然人詐欺的情形❷❸❽，「假設」行為人持提款卡與密碼向銀行行員

---

❷❸❻　Mitsch, BT 2, 3. Aufl., 2015, S.398.

❷❸❼　見本罪的立法理由：「利用電腦或其相關設備犯詐欺罪，為常見之電腦犯罪型態，為適應社會發展需要，爰參酌日本現行刑法第 246 條之 2 立法例增列處罰專條規定。」

❷❸❽　Eisele, Computer- und Medienstrafrecht, 2013, S.172.

提領款項，不論是提示卡片本身或書寫密碼均屬於一種可推測的虛偽陳述，也就是向行員表示自己為有權使用卡片之人。若是進一步連結到電腦特殊性的解釋方法 (computerspezifische Auslegung)，行為人將他人提款卡插入自動提款機且輸入正確的密碼，同樣具有相類似的 「權限操控」 (Befugnismanipulation) 特徵[289]，因而可論為本罪的不正方法。

總而言之，類似詐欺的不正方法理應理解為僭越有權之人使用資料的權限[290]。不論是偽造他人的提款卡，或是持有他人提款卡且輸入正確密碼，均屬於本罪所規定的不正方法，至於是否為透過竊盜、搶奪、強暴、脅迫等方式取得他人的提款卡，均非所問。

㈢刑法第 339 條之 3──電腦程式

整體而言，前述的犯罪類型均是涉及行為人以不正方法使用自動付款設備及收費設備，又所謂的不正方法使用終究是以影響設備內建之電腦程式運作為主要目的。相較之下，第 339 條之 3 的侵害模式同樣也是針對電腦程式而來，只不過從不法要件的文義設定來看，因為行為人必須將虛偽資料或不正指令輸入電腦或其相關設備，製作財產權之得喪、變更的紀錄，所以，本罪得論為此三種犯罪類型之中最典型的電腦性詐欺，其中又以「輸入性操控」 (Inputmanipulation)[291]為其主要的行為模式。

首先，本罪的不法構成要件使用「輸入」而非「使用」之用語，立法者似乎有意將不法行為限縮在資料處理程序開始時或運作中輸入資料，並且排除任何於有關資料處理的資料使用行為[292]。簡單地說，行為人所輸入的資料僅限於所謂的驅動資料 (Ausgangsdaten)，例如帳戶名稱、密碼等。

---

[289] 見 Hoyer, in: SK-StGB, 7. Aufl., 2006, §263a Rn.37.

[290] 同此結論，Hoyer, in: SK-StGB, 7. Aufl., 2006, §263a Rn.31.

[291] Hoyer, in: SK-StGB, 7. Aufl., 2004, §263 Rn.26ff.

[292] 參閱 Otto, BT, 7. Aufl., 2005, §52 Rn.35.

其次，「非正確或非完整的資料」是指資料所呈現的內容與現實不相符合，或是有所欠缺，至於正確或非完整的認定則是取決於「電腦或其相關設備之所有人」的理解。又行為人將非正確或非完整的資料輸入電腦或其相關設備，以此驅動內建之電腦程式的資料處理程序。即使行為人使用錯誤的驅動資料，電腦程式在這種情形仍然可以毫無錯誤地進行❷❸。另一方面，若是考慮到電腦程式本身是由許多個別的資訊所組成，那麼程式進行運算的同時，其實也正在使用非正確的資訊，例如將設計錯誤的程式安裝於電腦系統，或由使用者介入原本的程式內容予以變更，進而將該等程式加以驅動，均可視為一種輸入行為。

應強調的是，考慮到本罪終究為侵害整體財產之罪，這裡所指稱的電腦程式仍以涉及財產給付的計算功能為必要，只要行為人輸入非正確或非完整的資料，例如年資、年紀、收入總額、期間等，將會導致電腦程式產生錯誤的財產計算結果。除了傳統的輸入方式之外，亦可使用編碼方式將資料儲存於卡片的晶片內，例如在手機易付卡增加原本不存在的預付金額，或是網路使用者以錯誤的名字或代號登入應付費系統，以此取得免費的網路服務。

捌、告訴乃論

刑法第 343 條準用第 324 條之規定，於直系血親、配偶或同財共居親屬之間，犯第 339 條至 339 條之 4 者，得免除其刑。親屬或其他五親等內血親或三親等內姻親之間，犯前述之罪者，須告訴乃論。

---

❷❸ Eisele, Computer- und Medienstrafrecht, 2013, S.171.

讀後測驗

1. 刑法第 339 條詐欺罪的保護法益為何，以及第 1 項與第 2 項分別代表何種詐欺類型？

2. 詐欺罪的客觀不法構成要件有哪些，以及這些要件之間必須具備何種歸責關聯？

3. 詐欺罪被稱之為「自損犯罪」的理由為何，又「詐欺罪」與「竊盜罪之間接正犯」應如何區分？

4. 施用詐術是否包括非真實的價值評斷，以及不阻止他人陷於錯誤的情形？

5. 為何對於超自然現象的虛偽陳述無法構成施用詐術？

6. 「財產處分」如何作為區分竊盜罪與詐欺罪的依據？

7. 何謂捐助詐欺，以及與此相關的犯罪評價在施用詐欺或財產損害等要件中的具體應用為何？

8. 何謂三角詐欺，以及與此有關的學說見解為何？

9. 試比較「訂約詐欺」與「履約詐欺」的差異。

10. 何謂「內容同一性」？

11. 刑法第 339 條之 1，第 339 條之 2，以及第 339 條之 3 所規定的「不正方法」應如何解釋？

12. 在三人以上所組成的詐騙集團中負責提領款項的「車手」是否成立結夥三人犯詐欺罪？

第九章

恐嚇取財及擄人勒贖罪

刑法第 346 條

I 意圖為自己或第三人不法之所有，以恐嚇使人將本人或第三人之物交付者，處六月以上五年以下有期徒刑，得併科三萬元以下罰金。

II 以前項方法得財產上不法之利益，或使第三人得之者，亦同。

III 前二項之未遂犯罰之。

刑法第 347 條

I 意圖勒贖而擄人者，處無期徒刑或七年以上有期徒刑。

II 因而致人於死者，處死刑、無期徒刑或十二年以上有期徒刑；致重傷者，處無期徒刑或十年以上有期徒刑。

III 第一項之未遂犯罰之。

IV 預備犯第一項之罪者，處二年以下有期徒刑。

V 犯第一項之罪，未經取贖而釋放被害人者，減輕其刑；取贖後而釋放被害人者，得減輕其刑。

刑法第 348 條

I 犯前條第一項之罪而故意殺人者，處死刑或無期徒刑。

II 犯前條第一項之罪而有下列行為之一者，處死刑、無期徒刑或十二年以上有期徒刑：一、強制性交者。二、使人受重傷者。

刑法第 348 條之 1

擄人後意圖勒贖者，以意圖勒贖而擄人論。

壹、保護法益

恐嚇取財罪跟詐欺罪一樣，均屬於侵害整體財產的財產犯罪，所以本罪的保護法益也是「整體財產」。從不法構成要件的形式結構觀察，恐嚇取財罪作為典型的「定式犯罪」，行為人先是實施恐嚇之強制行為，緊接著利用此等行為所產生的強制效果，使他人將財物交付❶。其次，本罪的「恐嚇」與「財產交付」等複數行為分別以「自由法益」與「整體財產法益」為攻擊對象❷，恐嚇取財罪的刑度設定充分反映出雙重法益侵害具有高度的不法內涵；同時，也正好凸顯出與詐欺罪之間具有不同的不法程度。就這點來說，此罪在學理上又被稱之為「侵害財產的妨礙自由罪」(Vermögenschädigendes Freiheitsdelikt)❸。應注意的是，儘管恐嚇取財罪所要保護的法益包括整體財產與自由兩者，實際上，這兩者處於首要與次要的保護位階，亦即以保護整體財產法益為主，自由法益只是附帶地受到保護。所以，恐嚇取財罪仍然為典型的整體財產犯罪。

貳、法條體系概覽

刑法第 346 條第 1 項為以「實體物」為犯罪客體的恐嚇取物之罪，至於

---

❶ 亦即「強制行為（刑 304）→交付財物（刑 339）→整體財產法益侵害」。應注意的是，跟強盜罪一樣，這裡乃是從時序意義所獲得的理解，本罪的強制行為與交付財產之間仍須具備所謂的「目的關聯」(Finalzusammenhang)，只不過在概念上是側重於「使被害人處分財產」。

❷ 見臺灣高等法院暨所屬法院 105 年法律座談會刑事類提案第 24 號：「查刑法第 339 條詐欺罪，其保護法益為個人財產；而刑法第 346 條之恐嚇取財罪，亦係以個人財產為保護法益，但乃兼及被害人的意思決定自由及行動自由，是二罪均係重在保護個人財產，就此而言，具有保護法益之同一性。」

❸ 用語見 Kindhäuser, BT II, 9. Aufl., 2017, §17 Rn.1.

第 2 項則是以「**財產利益**」為犯罪客體的恐嚇取得利益之罪，例如權利、占有利益等。依同條第 3 項規定，恐嚇取財未遂為可罰的行為。

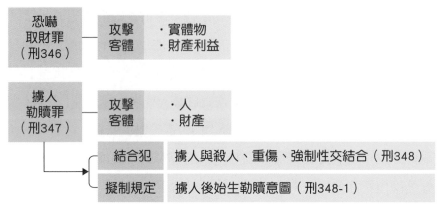

圖 9-1　恐嚇取財罪及擄人勒贖罪法條概覽

不同於恐嚇取財罪，刑法第 347 條的擄人勒贖罪具有較複雜的規範體系。第 1 項規定為擄人勒贖罪的基本犯罪，並且採取複數行為的立法技術，與此對應的犯罪客體分別為「人」與「財產」❹。相較於此，第 348 條之 1 則是擄人勒贖的擬制規定，擄人之後始生勒贖意圖者，以擄人勒贖論。第 347 條第 2 項規定了加重結果犯，額外保護了個人之生命、身體法益。依第 3 及 4 項規定，不論是擄人勒贖未遂，或是預備犯擄人勒贖，均屬可罰的行為。第 5 項則是規定了特殊的減輕刑罰事由。除了財產法益與自由法益的保護之外，第 348 條第 1 項訂有擄人勒贖與殺人之結合犯的規定，第 2 項則規定了擄人勒贖與重傷或強制性交之結合犯，以此額外保護生命、身體、健康、性自主等法益。

---

❹　依實務見解，本罪的客觀不法構成要件僅限於「擄人」，「勒贖」則是主觀不法構成要件意圖的內容，例如最高法院 80 年台上字第 4157 號判決：「強盜與擄人勒贖同以意圖為自己或第三人不法所有為主觀違法要件，僅其實施之手段不同。……使喪失行動自由，而移置於自己實力支配之下，藉以向被害人或其關係人勒索財物，即構成擄人勒贖罪。」相對於此，本文認為本罪的客觀不法構成要件包括擄人與勒贖兩者。進一步說明，見本章的「恐嚇取財之行為加重類型：『擄人勒贖』」。

參、與其他犯罪之比較

 一、強制罪

　　恐嚇取財罪所規定的「恐嚇」要件內含了刑法第 304 條強制罪的強制要素。就這點而言，恐嚇取財罪與強制罪之間為不純正競合的「特別關係」，而非基礎犯罪與加重構成要件的規範結構❺。

二、詐欺罪

表 9-1　恐嚇取財罪與詐欺罪

	相同點	相異點
恐嚇取財罪	均為自損犯罪、定式犯罪	藉由強制手段（恐嚇）引起財產損害
詐欺罪		藉由詐騙手段（施用詐術）引起財產損害

　　詐欺罪與恐嚇取財罪具有相類似的不法構成要件結構，也就是均屬於（引起他人）自損的及侵害整體財產的犯罪類型，以及多數客觀不法構成要件之間具有因果關係與客觀可歸責性的定式犯罪。基本上，此等犯罪的被害人乃是基於自己的意思決定介入了犯罪的發展，又所謂的介入犯罪則是指「透過處分財產之行為開啟了後續的財產損害歷程」。然而，存有差異之處為，詐欺罪的行為人藉由「詐騙手段（施用詐術）」，而恐嚇取財罪的行為人利用「強制手段（恐嚇）」引起被害人開啟後續的財產損害歷程❻。

　　儘管詐欺罪與恐嚇取財罪都是由行為人引起被害人的自損行為，而這裡看似被害人的意思決定影響了犯罪結果的發生，但應注意的是，立法者選擇

---

❺　Mitsch, BT 2, 3. Aufl., 2015, S.582；關於基礎犯罪與加重構成要件的說明，請參考本書「加重竊盜罪」一章的說明。

❻　Mitsch, BT 2, 3. Aufl., 2015, S.582; Heinrich, in: A/W/H/H-BT, 3. Aufl., 2015, §18 Rn.6.

將被害人因自主決定而為的財產處分納為不法構成要件，等同於肯認行為人對於實現犯罪結果位居於支配性地位。又詐欺罪與恐嚇取財罪同屬自損犯罪，以處分意思為前提的財產處分既是作為一項客觀不法構成要件❼，而且被害人於交付財產時必須認識到處分本身具有財產減少的效果。即便如此，恐嚇取財罪與詐欺罪的財產處分仍有一定的差異。單就恐嚇取財的部分來說，財產處分不只是一種可直接導致財產損害的行為方式，而且依被強制者的觀點，也是作為一項發生財產損害的必要前提，例如乙雖然不知保險箱的密碼，甲仍舊脅迫乙將保險箱打開❽。

無論如何，不同於其他的財產犯罪，例如竊盜、強盜等，行為人對於犯罪實現具有典型的犯罪支配，恐嚇取財罪與詐欺罪一樣，則是被劃歸在所謂的「弱支配」類型❾。

 、強盜罪

表 9–2　恐嚇取財罪與強盜罪

	相同點	保護法益	不法行為模式
恐嚇取財罪	為典型的雙法益侵害之罪	整體財產	利用強制手段促使他人交付財產
強盜罪		所有權	利用強制手段實現持有移轉

與恐嚇取財罪一樣，刑法第 328 條強盜罪基本上屬於典型的雙法益侵害

---

❼ Wessels/Hillenkamp, BT 2, 32. Aufl., 2009, §17 Rn.707–708；在恐嚇取財的情形，交付財產乃是一種具有財產處分意義的行為，特別是以被害人之處分自由 (Dispositionsfreiheit) 為基礎的財產處分。若不作這樣的理解，恐嚇取財恐怕無法有效地跟其他的財產犯罪予以區別，例如強盜。學說爭議可參考 Otto, BT, 7. Aufl., 2005, §53 Rn.4.

❽ Otto, BT, 7. Aufl., 2005, §53 Rn.5；相對地，詐欺罪的被害人因陷於錯誤而處分財產，所以依據被害人的觀點，誤以為將從行為人那邊得到相對應的給付，而不知自己的處分行為將導致財產損害。

❾ 詳見本書詐欺罪章中關於「客觀不法構成要件：概說」的說明。

之罪，只不過保護的法益對象是以「所有權」為主要，不法行為的模式則是「利用強制手段實現持有移轉」。此與恐嚇取財罪在於保護「整體財產」，以及強調「利用強制手段促使他人交付財產」有所不同。應注意的是，雖然這兩種犯罪均涉及到行為人使用強制手段，不過，若是進一步考量到保護法益與行為模式的差異，那麼對於實現持有移轉與促使他人交付財產等不法要素而言，強制手段應當具有不同的規範意義。

更進一步地說，強盜罪為典型的持有移轉之罪。關於持有移轉之罪的犯罪結構，以竊盜罪為例，竊取是指未經原持有人同意，破壞原持有人對特定物的持有，並且建立起自己對該物的新持有關係。延續這樣的持有移轉理解，強盜罪的複數行為即有必要實質反映出「未經同意之破壞持有與建立持有」的意義。也就是說，行為人形同藉由強制手段讓原持有人未經同意，進而移轉特定物的持有。相較之下，恐嚇取財罪是以財產交付為行為特徵，其中總是涉及到被害人自主選擇的意義，例如以交付財產換取行為人放棄將恐嚇內容付諸實現❿。

（四）、擄人勒贖罪

圖 9-2　恐嚇取財罪與擄人勒贖罪

---

❿　例如陳子平，刑法各論（上），2015 年 2 版，頁 635：「強盜罪係壓抑對方的反抗，即違反對方意思而取得財物、利益的犯罪；而恐嚇取財罪則係根據對方有瑕疵的意思（非壓抑對方的反抗）而取得財物、利益的犯罪。」似乎是認為強盜罪與恐嚇取財罪的差異不在於手段，而是手段的程度。不過，這段說明容有待釐清的是，所謂的「手段程度」應當如何理解「破壞持有之罪」與「移轉財產之罪」，又單以違反意思及瑕疵意思似乎仍無法有效區辨強盜罪與恐嚇取財罪於不法結構上的不同。

從犯罪實現的時序來看，擄人勒贖行為通常發生在恐嚇取財之前，而此種犯罪型態屬於恐嚇取財的預備階段❶。這裡應強調的是，所謂的前階段並非意指擄人勒贖為恐嚇取財的預備犯，只是藉由兩者於時序上的實施先後關係說明這兩罪的行為類型不具有同一性而已。換句話說，恐嚇取財本質上為擄人勒贖的目的，因為從擄人勒贖罪所規定的「**意圖勒贖**」來看❷，這一項主觀不法構成要件主要在於具體表徵出行為人「溢出的內在傾向」，而且正是透過此種不法構成要件，我們得以確認恐嚇取財與擄人勒贖之間的犯罪結構關聯。又基於意圖勒贖的特性，以及凸顯出恐嚇取財作為擄人勒贖的目的設定，恐嚇取財罪可能是擄人勒贖的後行犯。

即便如此，我們仍應注意擄人勒贖罪的刑度設計，進而將本罪理解為恐嚇取財的行為加重類型，以及複數行為的犯罪模式。也就是說，擄人與勒贖均為客觀的不法行為。理由在於，各罪之不法構成要件所預設的不法內涵必須對應到行為人所應承擔的刑事責任。又擄人勒贖的刑度比強盜、恐嚇取財等複數行為的犯罪高出許多，似乎沒有理由將擄人勒贖罪的客觀不法構成要件限制在擄人這一項。或許，我們可以說，勒贖作為主觀不法構成要件可以反映出，立法者有意對於以金錢交換自由的目的性意思採取嚴厲的非難。然而，這樣的理解還是有再商榷的空間，因為如果在客觀不法構成要件的不法性只有強調剝奪行動自由，另一方面，卻又透過主觀上的意圖要件將刑度大幅調整到無期徒刑，恐怕有淪為意念刑法 (Gesinnungsstrafrecht) 的疑慮。

肆、客觀不法構成要件

本罪的客觀不法構成要件分別為「恐嚇」、「使人將本人或第三人之物交付」。

---

❶ Mitsch, BT 2, 3. Aufl., 2015, S.583.

❷ 刑法第 347 條第 1 項：「意圖勒贖而擄人者，……。」

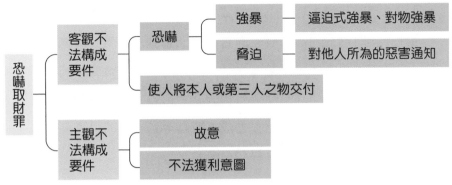

圖 9-3 恐嚇取財罪的不法構成要件

一、恐 嚇

(一)「逼迫式強暴」、「對物強暴」與「脅迫」

我國的學說與實務見解分別就恐嚇提出不同的定義，例如「以強暴、脅迫或其他不法的手段，使他人心生畏懼而受其強制」[13]；「足以使他人心生畏怖之將來不利益告知他人之行為」[14]；「恐嚇取財罪及強盜罪，固均以取得財產上不法利益為目的，惟前者不以將來之惡害恫嚇被害人為限，即以強暴脅迫為手段，但被害人未達不能抗拒之程度，使其交付財物，即屬之」[15]，或是「一般社會通念上，無論是未來的惡害或是現在的惡害，凡是能讓人產生畏懼心的，皆應屬於恐嚇。」[16]整體看來，部分的見解認為恐嚇包含強暴與脅迫，且不限於現在或未來的惡害；相對地，另有見解似乎是認為僅限於脅迫，並且以將來的惡害為脅迫內容。

---

[13] 林山田，刑法各罪論（上），2006 年 5 版，頁 500。

[14] 甘添貴，刑法各論（上），2014 年 4 版，頁 369。

[15] 例如最高法院 80 年度第 4 次刑事庭會議決議；最高法院 100 年台上字第 3881 號判決。

[16] 陳子平，刑法各論（上），2015 年 2 版，頁 636。

本書認為恐嚇作為本罪的不法構成要件行為，本質上內含了典型的強制要素。因此，就概念的內涵來說，即有必要回歸到刑法第 304 條之客觀不法構成要件的基本預設❶，也就是「強暴」與「脅迫」等行為模式，其中的強暴又可區分為對人的逼迫式強暴與對物強暴。再者，恐嚇取財罪的行為人乃是利用對被害人施以強暴或脅迫等手段，並且導致一定的恐嚇結果❸，特別是迫使其有所作為、不作為，或容忍為財產交付。

1.強　暴

表 9–3　恐嚇取財罪中的「強暴」

恐嚇取財罪中的「強暴」	對人強暴	絕對強暴	不屬於恐嚇手段
		逼迫式強暴	屬於恐嚇手段
	對物強暴		

⑴對人強暴

依多數的學說見解，所謂的「強暴」是指實施不法腕力，特別是行為人藉由身體力量的展現，或是利用其他物理上的作用力，對被害人形成身體上的強制作用，又此等作用依據該手段本身的強度與表現形式等條件，足以妨礙他人之意思形成與意思活動的自由❶。依據此種「對人強暴」的定義，屬於恐嚇的強暴手段在概念上理應兼及「絕對強暴」(vis absoluta) 與「逼迫式強暴」(vis compulsiva)。前者為完全剝奪被害人的意思自由，例如將被害人綑綁；後者則是，例如逼車、腳踹被害人使其往特定方向前進❷。

---

❶　參閱 Günther, in: SK-StGB, 5. Aufl., 1998, §253 Rn.16; Heinrich, in: A/W/H/H-BT, 3. Aufl., 2015, §18 Rn.6.

❸　請讀者注意的是，恐嚇結果與強盜罪的至使不能抗拒均屬於「強制結果」的下位概念，只不過考慮到兩罪的犯罪本質有所不同，例如強盜罪為持有移轉之罪與強支配的犯罪類型，恐嚇取財罪為財產移轉之罪與弱支配的犯罪類型，這裡的強制結果亦有可能出現不同的解釋。進一步說明，詳見本章的「⑵強制結果」。

❶　僅參閱 Kindhäuser, BT II, 9. Aufl., 2017, §17 Rn.4.

　　然而，恐嚇所內含的強暴與強盜罪的強暴卻有所不同，特別是多數的學說見解認為應當排除絕對強暴的類型 ，否則勢必與強盜罪產生適用上的混淆[20]。相較之下，少數的學說見解則是認為[22]，恐嚇仍然包括絕對強暴的類型。或許，此項見解與多數學說的結論有所不同，但在實務上出現的強暴手段多為逼迫式強暴，所以兩者見解的應用結果實際上並無明顯的差異。

　　關於前述學說上的爭議，本文認為作為恐嚇手段的對人強暴，僅限於「逼迫式強暴」的類型[23]。理由如下：(1)就比較法的觀點出發，德國法訂有「恐嚇取財罪」(Erpressung) 與「準恐嚇取財罪」(räuberische Erpressung)，後者的行為方式可視為前者行為的加重型態，也就是僅限於對人的強暴。考慮到恐嚇取財罪的強暴屬於基礎性的行為類型，所以保有較廣泛的解釋空間。相較之下，我國的恐嚇取財罪既不像德國法的規範結構，刑度也比刑法第 328 條強盜罪所規定的還要低，若是將恐嚇概念限縮在對人的強暴，特別是絕對強暴，不論是從條文的文義本身，或是從行為應有的不法內涵來說，均非妥適的解釋結果。(2)恐嚇取財罪為侵害整體財產之罪，以及被害人基於意思決定為處分財產之行為，進而開啟了後續的財產損害歷程。應注意的是，被害人乃是受到行為人的恐嚇而處分財產，意思的形成自由或活動自由確實受到一定程度的限制。然而，就在此種意思自由受有限制的條件下，被害人終究是在兩個不利益的選項作出選擇，例如甲威脅乙交付金錢，否則砸車。乙在這

---

[20]　見 Küper/Zopfs, BT, 9. Aufl., 2015, Rn.284.

[21]　例如 Wessels/Hillenkamp, BT 2, 32. Aufl., 2009, §17 Rn.707.

[22]　Kindhäuser, BT II, 9. Aufl., 2015, §17 Rn.5.

[23]　國內多數的學說與實務見解均未進一步區分恐嚇行為中的強暴類型，例如最高法院 80 年度第 4 次刑事庭會議決議：「恐嚇行為不以將來之惡害通知為限，即以強暴脅迫為手段，而被害人未達於不能抗拒程度者，亦屬之。」或如陳子平，刑法各論（上），2015 年 2 版，頁 636：「此所稱的強暴，凡不達於壓抑對方反抗程度（至使不能抗拒或難以抗拒程度者）而帶有使對方畏懼的暴行即可。」

裡必須就「交付金錢（財損）」與「愛車遭受侵害（財損）」兩種不利益事項做出選擇。相較之下，不同於恐嚇取財罪，強盜罪的行為模式則是強調被害人因為強暴、脅迫等手段而沒有選擇的空間㉔，行為人利用這樣的強制狀態取走其持有之財物。就此來說，倘若我們將所謂的「絕對強暴」納入恐嚇的概念範疇，勢必產生恐嚇取財罪與強盜罪於個案適用上的混淆，同時也是忽略了所有權犯罪與整體財產犯罪於不法結構上的根本差異。

⑵對物強暴

除了前述的對人強暴外，本罪的恐嚇行為亦包括「**對物的強暴**」，例如甲當著乙的面毆打乙的寵物小狗。若乙交出一萬元，甲才願意鬆手；或是甲拿著油漆準備潑向乙收藏的名畫。若乙交出一萬元，甲就會放棄破壞畫作。在這些情形，行為人所實施的強暴手段乃是直接針對特定物，只不過同時對被害人產生一定的心理壓力。無論如何，此等強暴手段仍舊無法論為對人強暴，畢竟被害人對於強暴所產生的壓力並不是直接導因於身體性的，而是心理性的情境因素。換句話說，在對人強暴的情形，行為人乃是透過對於身體的侵害引起被害人於心理上的強制效果，對物的強暴則是不涉及被害人於身體上的強制徵兆㉕。

⑶**案例思考**

【實例】甲敲毀乙住處的門鎖，闖進屋內取走乙收藏的名畫。

基本上，任何一種強暴行為必須能夠導致「強制結果」(Nötigungserfolg)之發生。假設行為本身已經確定不足以對被害人的心理狀態產生任何作用，

㉔ 所謂的「沒有選擇」，實質上類似於緊急避難所要求的「不得已」。筆者之所以在這裡提及緊急避難，目的不在於說明緊急避難作為阻卻違法事由如何應用於強盜罪，而只是從一個抽象性的觀點，強調個人之意思自由被壓縮至零的意義。

㉕ 參閱 Mitsch, BT 2, 3. Aufl., 2015, S.585–586.

根本無法影響被害人的意思決定或意思活動，那麼也就無法論為強暴㉖。就本例來說，甲破壞乙住處的大門，闖入屋內取走財物。雖然甲破壞大門屬於身體上的作用力，不過，卻是無法對乙的心理狀態產生任何具有強制性的效果。換句話說，從客觀歸責理論的角度切入，破壞大門的行為沒有製造侵害個人之自由法益的風險，那麼甲的行為當然也就不可能進一步導致乙之作為、不作為或容忍的強制結果㉗。所以，甲頂多成立侵入住居的加重竊盜罪（刑321 I①），而非恐嚇取財罪。

附帶一提的是，本例看似涉及所謂的「**對物強暴**」，只不過應注意到，在犯罪評價上之所以要求特定行為必須內含侵害自由法益的風險，無非是為了凸顯對物強暴乃是「**直接**」對個人產生心理上的影響。也就是說，行為人對特定物施以不法腕力，儘管現實上沒有直接對個人產生身體上的作用力，卻是直接影響了受強制者的心理狀態㉘。相對地，在部分的情形之中，對物強暴的行為不排除被視為直接地對人產生強制力，進而得以論為「對人強暴」，例如甲破壞身障者乙的輪椅，使其無法行動，藉此取走財物。因為在這種情形，輪椅乃是乙得以自由行動不可或缺的必要條件，所以甲之行為應成立強盜罪（刑328），而不是恐嚇取財罪（刑346）。

【實例】甲持刀傷害自己，威脅乙買給他一個價值十萬元的名牌包。

本例的爭點在於，行為人若是「**對自己施以強暴**」，得否論為本罪的恐嚇行為。首先，單就法條的形式結構來看，客觀不法構成要件只有規定著「以恐嚇使人將本人或第三人之物交付」，文義上並未限制恐嚇內容必須是對他人

㉖ Mitsch, BT 2, 3. Aufl., 2015, S.585.

㉗ 相較之下，倘若甲利用破壞乙的所有物，促使乙形成一定的心理負擔，該破壞行為即屬製造了自由法益的侵害風險，因而可以論為恐嚇行為（對物強暴）。

㉘ Mitsch, BT 2, 3. Aufl., 2015, S.585.

或他人之物施以強暴手段。其次，改從實質的規範性觀點切入，本罪的不法構成要件之間要求客觀上的歸責關聯為「**行為人利用強制手段促使被害人為處分財產之行為**」，單就這一項歸責的條件來看，恐嚇取財總是涉及到「**強制他人**」的不法內涵。換句話說，本罪的不法重點僅僅在於，行為人如何利用某個強制情境影響被害人的意思決定，所以也沒有理由將行為人對自己施以強暴手段排除在恐嚇概念之外。綜此，本例的甲持刀傷害自己得論為恐嚇取財罪的恐嚇。

2.脅　迫

表 9–4　強暴與脅迫

	作用對象	時間性
強暴	對人或物的實體施以不法腕力	現時的惡害
脅迫	直接影響人的心理狀態	未來將發生的惡害

⑴與強暴的差異

　　關於脅迫與強暴的差異，依據「作用對象」為區分的話，強暴是指直接對人或物的實體施以不法腕力，脅迫則是直接對人的心理狀態產生影響；另一方面，若是從「時間性」的理解出發，強暴為現時的惡害，脅迫則是未來將發生的惡害。至少從這兩項標準來看，部分的學說與實務見解純粹以「時間上的觀點」來區分第 328 條強盜罪與第 346 條恐嚇取財罪的適用❷❾，似乎就有再商榷的空間。理由在於，我們不可能既在強盜罪與恐嚇取財罪各自所保有的規範結構內，以時間作為劃分強暴與脅迫等不同行為方式的標準，同時又將此種時間標準採納為區辨強盜罪與恐嚇取財罪的依據。簡單地說，這兩者分屬不同層次的議題:「**前者涉及到各罪自己內部所規定的行為類型及定性，後者則是涉及到不同犯罪之間關於行為不法之組成要素的差異。**」

---

❷❾　僅參閱甘添貴，刑法各論（上），2014 年 4 版，頁 369；最高法院 72 年台上字第 7468 號判決。

⑵定　義

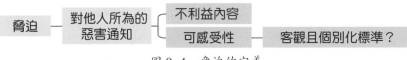

圖 9-4　脅迫的定義

「脅迫」一般是指對他人所為的惡害通知。惡害內容可以是涉及任何的不利益❸，例如侵害生命、身體，或是其他的法益，並且為被害人所能感受到 (empfindlich)，又正是基於這樣的不利益內容與可感受性，足以使受強制之人的心理狀態受有影響，例如甲威脅乙，若乙不給一千元，甲就要當著乙的面抽打乙飼養的小狗，或是甲威脅老煙槍乙，若乙不給一千元，就要把乙的香菸銷毀。又「**持續性的脅迫**」(fortdauernde Drohung) 亦屬本罪的恐嚇，特別是行為人於實施強制手段時，雖然尚未有恐嚇取財的故意，但是在該強制手段之後，利用已經產生的強制情境威脅被害人交付財物，例如甲威脅對乙施暴，企圖藉此激化乙而與甲互毆。乙為了避免被打，便問甲可否讓其花點錢消災。甲思考後，繼續擺出威脅的氣勢，並且讓乙交付一千元消災❸。

關於前述之「可感受性」的判斷，部分的學說見解採取所謂的「**客觀且個別化的標準**」❸，也就是將一個理性第三人立於被強制之人的地位，檢視行為人所表達的惡害內容是否為一般的理性之人所能夠體覺，至於該被強制之人實際上是否屈服於威脅手段所產生的壓力，則不是評價上所要考慮到的重點。簡單地說，此一見解其實是預設了一個「**虛擬的理性標準人**」(fiktive besonnene Maßperson)❸，而這個標準人代表著個人之行動理性的平均值，既沒有超越平均水準之上的敏感度，也沒有超越平均水準之上的抵抗能力。

---

❸　僅參閱盧映潔，刑法分則新論，2016 年 11 版，頁 761。

❸　Krey/Hellmann, BT 2, 15. Aufl., 2002, §9 Rn.307.

❸　Gössel, BT 2, 1996, §19 Rn.8.

❸　見 Mitsch, BT 2, 3. Aufl., 2015, S.588.

①實務與學說見解

我國實務與學說見解也有相類似的觀點，例如最高法院 84 年台上字第 813 號判決：「按刑法第三百四十六條第一項之恐嚇取財罪，其所謂恐嚇，指凡一切言語、舉動足以使人生畏怖心者均屬之，而該言語或舉動是否足以使他人心生畏怖心，**應依社會一般觀念衡量之**，如行為人之言語、舉動，依社會一般觀念，均認為係惡害之通知，而足以使人生畏怖心時，縱被害人心理狀態特別，不因而畏怖，仍不能不認為行為人已著手實行恐嚇取財犯行，自應成立該罪之未遂犯。」❸❹這些標準看似可避免恐嚇取財罪在個案適用上的不當特權，例如對於一個性格異常剛毅的被害人實施恐嚇行為，只是因為被害人異於常人的性格而無法成罪。相反地，在部分的案例中這項標準卻有可能產生犯罪評價上的恣意❸❺，例如對於性格異常軟弱之人實施一個完全無害的施壓，卻是因為被害人的獨特性格而成罪。總而言之，客觀且個別化的觀點排除個別被害人的觀點，並且從一個所謂理性第三人的生活觀點（或稱一般社會通念）評價恐嚇行為的可感受性。只不過這裡所謂的「理性第三人」及「社會通念」到底是依據何人的生活經驗，或是何種社群的文化價值，恐怕都是有待釐清的難題，否則可以想像到的是，理性第三人或一般社會通念最終會是法官個人生活經驗的反射而已。

②本書見解

不同於前述見解，本書認為應當回歸被強制之人的視野進行評價，特別是「被強制之人個別的認知與體覺」。也就是說，可感受性的問題不只是取決於惡害內容，還有被強制之人的生活條件與個案中的各種行為情境。更進一步地說，恐嚇涉及「行為人的惡害通知」與「要求提出的給付」兩種不利益的選項。假設被強制之人想要避免發生可能的惡害，那麼就必須依照行為人的要求行事。於此，恐嚇的目的在於迫使被強制之人在這兩種不利益之間作

---

❸❹ 同此見解者，見陳子平，刑法各論（上），2015 年 2 版，頁 636。

❸❺ 批評已見 Mitsch, BT 2, 3. Aufl., 2015, S.588.

出選擇：「要不是接受惡害，就是依行為人要求提出給付。」考慮到被強制之人基於個人理性作出一定的選擇，我們也可以進一步確認，恐嚇內容至少必須對被強制人是可感受的 ❸⑥；同時，也就表示恐嚇本身與被強制之人的心理變化具有一定的連動性，而這其中的連動性不可避免地就應實質考慮到被強制之人於主觀上的認知與體覺，特別是惡害內容、被強制之人的生活條件及具體個案的各種行為情境。

　　即便如此，仍應注意的是，關於恐嚇行為的判斷，被強制之人的個人觀點確實位居關鍵性的地位，只不過除此之外還須考慮到一定的「客觀性評價」，也就是行為人所要求的給付內容對於避免可能發生的惡害來說必須是相當的 (verhältnismäßig) ❸⑦。舉例來說，甲威脅乙每週交付一千元，否則每天將會把垃圾倒在乙為住處精心布置的庭院。垃圾一旦被傾倒在精心布置的庭院，勢必會破壞住宅的整體美感。乙交付甲要求的一千元即可避免垃圾傾倒於庭院內，該一千元對於避免惡害來說具備相當性，甲的威脅因而屬於恐嚇。相對於此，如果甲威脅乙每週交付一千元，否則將會在乙住家殘破不堪的牆壁上塗鴉。甲要求的一千元與避免惡害之間則是不相當的，甲的威脅無法構成恐嚇。

(3)違法、合法行為作為脅迫之手段

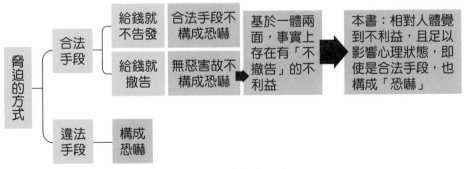

圖 9–5　脅迫的方式

❸⑥　Mitsch, BT 2, 3. Aufl., 2015, S.588.

❸⑦　Mitsch, BT 2, 3. Aufl., 2015, S.589.

①合法手段

關於脅迫的形式，部分的論者認為，對於他人之利益採取違法的侵害手段予以干預，始能論為具有脅迫意義的惡害，因為合法的脅迫手段基於規範性的理由而欠缺所謂的惡害性 (Empfindlichkeit)[38]，所以無法論為適格的脅迫行為。相對於此，另有學說見解則是認為合法手段同樣可以定性為脅迫行為[39]。整體而言，這裡的爭點涉及到「*以合法行為脅迫*」(Drohung mit erlaubtem Handeln) 得否作為本罪所要非難的恐嚇[40]。舉例來說，店長甲在超商看到乙偷竊。甲以此威脅乙，若不給一千元遮口費，就立刻報警。若是我們要求所謂的脅迫必須以手段本身是違法的為必要，那麼甲告發乙違犯竊盜罪本為合法的行為，因此即不構成恐嚇取財罪之恐嚇；相反地，如果換作是甲向乙表示，只要給一千元，就撤回告訴。對乙來說，撤回告訴乃是從原本的不利益轉為具有正向意義的受益狀態，所以，甲向乙提供撤回告訴的方案，實質上已經不再是具有惡害意義的脅迫[41]。

然而，單就撤回告訴這點來說，此項見解有再商榷的必要。理由在於，撤回與不撤回告訴為一體兩面的利益狀態。對被害人而言，將告訴撤回確實是一種受利益狀態；假設不撤回告訴的話，則是持續維持既有的不利益狀態。所以，當行為人要求被害人給付一千元以換取撤回告訴，從個人行動的經濟理性來看，利益與不利益的狀態均是給付一千元的意思決定基礎。如果我們肯認撤回告訴乃是從原本的不利益轉為受益狀態，恐怕也只是片面掌握到影

---

[38] 換句話說，惡害通知的「惡害」不能只是從純粹事實性的角度予以理解，見 Horn, NStZ 1983, 499.；對此見解的完整分析，可參考 Vogel, in: LK-StGB, 12. Aufl., 2010, §253 Rn.10.

[39] Duttge, in: Gesamtes Strafrecht, 2. Aufl., 2011, §253 Rn.10; Mitsch, BT 2, 3. Aufl., 2015, S.590.

[40] Heinrich, in: A/W/H/H-BT, 3. Aufl., 2015, §18 Rn.10.

[41] 參閱 Heinrich, in: A/W/H/H-BT, 3. Aufl., 2015, §18 Rn.10.

響被害人決定的其中一項因素（撤回告訴），忽略了另一個同樣能夠影響其決定的不利益條件（不撤回告訴而續行訴訟）。這項不利益條件正是定性脅迫行為的關鍵。

總而言之，脅迫的評價重點僅僅在於「受脅迫之相對人體覺到行為人之行為帶有一定的不利益效果，以及此種效果已經足以影響其心理狀態」，例如提起民事訴訟或執行強制處分、斷絕商業上的往來關係、通知裁員，以及告發犯罪等均屬之。依此，即使是利用法律所允許的行為，同樣亦可構成恐嚇取財罪的恐嚇。

②違法手段

較無爭議的是，只要是違反法義務的行為，均可視為具有惡害通知意義的脅迫（恐嚇）。不過，若行為人向被害人表示不為特定行為，而且在法律上（例如刑 15）對該行為也沒有義務履行的話，也就未能構成本罪所要非難的恐嚇行為[42]。

③案例思考

【實例】甲在 A 文具店竊取數十支原子筆。A 文具店的牆面貼有一張公告：「竊盜者，應賠償商品之一百倍價格，否則依法送辦」店主乙抓到甲後，要求甲依照公告內容賠償，否則報警。

實務見解認為，「乙明知甲僅竊取食品一包，竟要求甲支付該食品一百倍之金錢，聲明付款後可免送法辦，顯係以將甲送法辦為由，恐嚇某甲，主觀上有不法所有之意圖，應成立恐嚇取財罪。」[43]依此，當本例的乙要求甲給付原子筆的一百倍價格，否則將依法送辦，應當成立恐嚇取財罪。儘管這裡的結論值得贊同，只不過在推論上顯得過於直斷，其中並沒有就商家要求支

---

[42] 參閱 Heinrich, in: A/W/H/H-BT, 3. Aufl., 2015, §18 Rn.11.

[43] 見司法院 (80) 廳刑一字第 562 號之研討意見。

付一百倍的商品價格構成恐嚇提出一套完整的說理，而且也僅止於提出商家對此具有不法所有意圖的結論。關於賠償公告是否構成恐嚇取財罪的恐嚇(即脅迫)，本文認為有必要從「竊盜者應賠償商品之一百倍價格，否則依法送辦」的語句結構及語境脈絡予以綜合評價，特別是不法行為與被害人反應之間具有所謂的「誘導關聯」(motivatorischer Zusammenhang)❹。

首先，應予辨明的是，「竊盜者應賠償商品之一百倍價格」乃是針對民事侵權所提出的損害賠償請求。依民法第 216 條第 1 項規定，除法律另有規定或契約另有訂定外，損害賠償應以填補債權人所受損害及所失利益為限。又關於侵權行為賠償損害之請求，以受有實際損害為要件，至於損害賠償的範圍，則是以被害人實際所受損害為準據❺。基此，店主乙得向甲主張的賠償範圍應以實際所受損害為主，例如返還遭竊的數十支原子筆，或是相應於數十支原子筆價值的金額。即便如此，不論是超出或符合民法規定的賠償範圍，損害賠償請求在本質上終究屬於一種權利主張。關於此種純粹的請求聲明，侵權之人是否接受且履行賠償義務，頂多為個人於行動倫理上的自我決定，還無法論為具有外部性意義的心理強制作用。

相較之下，真正帶有惡害意義且影響個人之心理狀態的語句為「**依法送辦**」。簡單地說，不論是在應賠償，或是無需賠償的情形，只要店主乙向甲表示竊盜將依法送辦，即可產生心理上的強制效果。倘若我們再進一步將「竊盜者，應賠償商品之一百倍價格，否則依法送辦」予以綜合評價，這段公告的內容正是說明了依法送辦與賠償商品一百倍價格之間的誘導關聯，也就是透過依法送辦的惡害通知，迫使甲在給付商品一百倍價格與接受刑事追訴等不利益作出選擇。於此，若甲為了避免遭受刑事追訴，即須作出財產處分的決定。

---

❹ 用語見 Günther, in: SK-StGB, 5. Aufl., 1998, §253 Rn.15.

❺ 最高法院 19 年上字 2316 號判例。

【實例】乙因為急需現金，而想跟銀行貸款，但缺少關鍵的薪資證明。甲藉此威脅乙：「若不給一萬元，我就不幫你偽造薪資證明。」

本例的爭點在於，甲威脅乙若不交付一萬元，就不提出有利的證言，是否構成恐嚇取財罪的恐嚇。換句話說，「不為法所禁止的行為」(Unterlassung einer verbotenen Handlung)㊻得否作為一種可感受的惡害。在部分的情形中，行為人拒絕為非法行為同樣可以對強制相對人產生一定的惡害感受性，藉此迫使該相對人為特定行為或不作為，例如甲拒絕幫乙偽造薪資證明的話，乙將會因為欠缺關鍵的薪資證明，而無法向銀行申請貸款。無法取得貸款對於急需現金的乙來說，屬於一種可感受的惡害通知。

然而，假設承認不為法所禁止的行為可作為可罰的脅迫行為，勢必導致法秩序（特別是刑法）的內在價值衝突。進一步地說，當我們肯認甲向乙表達「不違犯偽造文書罪」形同對乙之自由法益的攻擊，那麼也就表示為了保護乙的法益，恐嚇取財罪必須處罰以「不違犯偽造文書罪」為惡害內容的恐嚇行為。恐嚇取財罪因此質變為促使規範相對人實施犯罪行為的手段。為了避免刑法的內在價值矛盾，行為人表達不為法所禁止的行為，例如本例的偽造文書罪，應否認其具有惡害通知的資格㊼。

【實例】乙因犯傷害罪而受刑事追訴及審判。證人甲威脅乙，「若不給我一萬元，我在法庭上就不提出對你有利的證言。」

甲向乙表示不提出有利的證言。因為不利的證言有可能使乙受到不利益的有罪判決，所以似乎可論為一種可感受的惡害通知。不過，有疑問的是，當甲向乙表達以一萬元交換有利的證言時，乙其實已經因為受刑事追訴及審

㊻ Mitsch, BT 2, 3. Aufl., 2015, S.591.

㊼ 同此結論，Mitsch, BT 2, 3. Aufl., 2015, S.592.

判而處於不利益的狀態。假設甲威脅乙不讓其轉為更為有利的狀態，是否仍屬於所謂的惡害通知。對此，我們可以試著比較「威脅一個已受拘禁的人不讓其自由」與「威脅一個自由的人將其予以拘禁」的心理強制效果❹。前者涉及到「可能」❹從不利益轉為有利狀態，後者則是從有利轉為不利益狀態。如果從心理上的強制意義來看，這兩種行為模式在本質上其實沒有不同，因為甲所為的陳述隱含了兩種可能的選擇：(1)交付一萬元換取有利的證言；(2)不交付一萬元，即不為有利的證言，而這兩者在形式上看起來效果相異的行為選擇，實質上卻是甲支配了乙最終是否獲得福祉或遭受惡害。所以，甲之行為無論如何還是屬於恐嚇。

3.所謂的「詐騙式恐嚇」

在部分情形中，恐嚇取財罪的恐嚇也有可能是透過施用詐術的形式予以實現，例如甲利用外套遮住右手，偽裝成持槍的動作。甲詐騙乙手上握有一把上膛的手槍，若不交出錢包，就等著挨槍。就此例而言，依臺灣高等法院暨所屬法院 96 年法律座談會刑事類提案第 15 號之研討意見：「刑法第 346 條第 1 項之恐嚇取財罪，與同法第 339 條第 1 項之詐欺取財罪，二者之區別，在於前者係施用使人心生畏怖之恐嚇手段，致被害人心生畏懼，明知不應交付財物而交付，後者則係施用詐術手段，使人陷於錯誤，誤信為應交付財物而交付（最高法院 30 年上字第 668 號判例參照）。惟上開之恐嚇手段，常以虛假之事實為內容，固有時亦不免含有詐欺之性質，倘含有詐欺性之恐嚇取財行為，足使人心生恐懼時，自應論以高度之恐嚇取財罪。」實務見解之所以認為恐嚇取財罪與詐欺罪具有高度或低度的（競合？）關係，推測背後的論據在於兩者的刑度差異，以及恐嚇取財行為額外帶有侵害自由法益的效果。

---

❹ 參閱 Mitsch, BT 2, 3. Aufl., 2015, S.591.

❹ 例如受拘禁之人交付贖金以換取自由。

基本上，前述見解的結論應可贊同，不過，在說理上卻有再商榷的空間。本書認為其中的說理顯然忽略了詐欺罪與恐嚇取財罪的犯罪結構內含著不同類型的行為風險。一旦考慮到不同的風險基礎，兩者的犯罪歷程勢必會存在著不同的風險實現路徑。也就是說，當行為人施用詐術使被害人陷於錯誤，同時亦屬於強制手段的組成要素時，僅成立恐嚇取財罪即為已足，無需另外成立詐欺取財罪。理由分述如下：

(1)強制內容的真偽非評價重點

恐嚇取財罪的行為人主要是透過脅迫方式影響被害人的意思活動，若是同時利用詐騙誤導被害人的認知與理解，只不過是脅迫手段所形成的附隨作用而已。換句話說，恐嚇取財罪的規範目的在於防止行為人使用強制手段侵奪他人之財產❺⓪，至於強制內容到底為真或偽，則非重點。

(2)被害人是基於決定壓力而非資訊不對等

恐嚇取財罪與詐欺罪同樣屬於自損犯罪，也就是在整個犯罪歷程中，被害人基於意思決定而為財產處分之行為，因而開啟了財產法益侵害的發展歷程。即便如此，兩者犯罪所預設的行為風險仍有不同。詳言之，恐嚇取財罪的行為人乃是先透過恐嚇行為，促使被害人形成一定的心理強制狀態，而被害人在此種狀態之下，針對兩種可能的不利益選項作出選擇。簡單地說，恐嚇取財的風險特徵在於被害人基於一定的決定壓力 (Entscheidungsdruck) 而為選擇。相對地，詐欺罪的行為人提供錯誤的資訊，促使被害人誤認雙方的對待給付具有等價性而為財產處分。所以，詐欺罪的風險特徵在於被害人因資訊不對等而誤以為作出有利的財產處分決定。依據恐嚇取財與詐欺兩者於風險發展上的差異性，當行為人實施詐騙式的強制手段迫使被害人交付財物，無需另外成立詐欺罪的關鍵原因在於「促使被害人為財產處分的風險並非源

---

❺⓪ 同樣屬於侵害整體財產的詐欺罪，則是為了避免行為人不當地使用詐騙手段侵奪他人之財產。

於資訊不對等，而是被害人所面臨的決定壓力」。

4.被害人自願獎賞以避免惡害與恐嚇的評價關聯

【實例】賣場保全甲抓到乙竊取店內商品。當甲正要報警時，乙問甲：「我可以給你什麼，以換取不報警？」甲與乙約在賣場對面的便利商店，甲要求五千元，換取不告發犯罪。乙認為金額過高，最多只能提供三千元。甲接受乙的提議。

基本上，對於違犯竊盜罪的人來說，刑事訴追具有不利益的效果，例如可能發生名譽、自由、財產的干預等，因而屬於一種惡害。所以，威脅告發他人犯罪可論為脅迫，並且構成恐嚇取財罪的恐嚇。只不過有問題的是，假設被害人為了避免可能發生的惡害而自願提供獎賞，行為人接受該項條件且放棄實現惡害，是否仍為本罪的恐嚇[51]。換句話說，本例的爭點在於，甲之所以脅迫乙交付五千元換取不告發犯罪，源自於乙先前自願提供獎賞，以及事後認為五千元過高，再度提出以三千元換取甲不告發竊盜的建議。就這個歷程來說，甲的脅迫可否被論為一個可感受的惡害通知。針對甲是否對乙為恐嚇的問題，我們可以試著從兩個思考點切入：(1)甲放棄告發犯罪與「**不作為脅迫**」的評價關聯；(2)被害人積極提供獎賞阻斷甲實施脅迫的歸責關聯。

就第一點來說，刑法上不作為的非難重點在於「行為人應避免惡害而未避免」，又成立不作為脅迫的前提在於行為人具有客觀上的規範義務。嚴格來說，甲的行為在本質上乃是一種「積極的」惡害表達，亦即「不給錢，就告發！」[52]此種惡害通知與不作為脅迫之間其實沒有犯罪評價上的關聯。

---

[51] 已見 OLG Karlsruhe, NJW 2004, S.3724.

[52] 這裡涉及到所謂的 「情境關聯的脅迫」 (situationsbezogene Drohung)，見 Maxen, Kompaktkurs Strafrecht BT, 2004, S.72.

至於第二點的部分，基本上，恐嚇取財的恐嚇是由行為人對被害人為強制手段，迫使其形成一定的心理壓力。但這裡應注意的是，被害人已經處於特定的危險情境，為了擺脫該危險，轉為求助他人且提供獎賞。假設被害人當下不為一點犧牲，則有可能面臨更大的損失。在此一情形中，即使提供救助之人接受獎賞，也不會被論為利用被害人的危險情境而構成恐嚇。舉例來說，甲被乙一路追砍。甲躲進丙經營的雜貨店。甲要求丙讓其暫時躲藏在店內，並且願意提供一萬元作為回報。

綜上說明，我們可粗略地提出以下的類型差異：(1)被害人原已陷於特定的危險情境，接受獎賞之人在法律上沒有義務提供救助，(2)接受獎賞之人使得被害人陷於特定的危險情境。基此，本例的乙之行為剛開始被發現時，其提出的獎勵方案屬於第一種類型。在甲提出五千元的要求後，則是進入第二種類型。針對後者來說，一個可能的解釋方向為，乙積極提供三千元獎賞乃是一個具有阻卻構成要件效果的同意，藉此排除甲之脅迫行為的強制結果。不過，這樣的見解顯然忽略了乙之所以提出三千元的獎賞，無非是基於原有的強制情境而來。更精確地說，甲為恐嚇行為的目的在於讓乙陷於一定的強制情境，在兩種不利益的選項之間進行選擇。於此，犯罪評價的重點根本不在於乙事後是否積極提出另一個獎勵選擇以換取甲不告發犯罪，而是乙本來就沒有義務被強迫在兩種不利益之間作出選擇。所以，即使甲接受乙的三千元提議，仍然構成恐嚇取財罪的恐嚇。

(二)強制結果

恐嚇取財罪之恐嚇所內含的脅迫要素與強盜罪所規定的脅迫要件，在內容上有所不同。分述如下：

1.脅迫程度

就恐嚇取財罪來說，構成脅迫的前提不以「對個人之生命身體的現時危

表 9-5　恐嚇取財罪與強盜罪

	恐嚇取財罪	強盜罪
脅迫程度	對個人生命身體的現時危險或對於其他法益的不利益	限於對個人生命身體的現時危險
三面關係	本罪本就是針對心理狀態進行攻擊，故屬於「強暴」	以心理狀態為攻擊對象，屬於「脅迫」而非「強暴」
至使不能抗拒	✕	✓
	實務＋多數學說：得作為區別強盜與恐嚇取財的判斷標準 本書：無法作為區分兩者的有效標準，恐嚇取財亦須至使不能抗拒	

險」為必要，僅需達到刑法第 304 條所規定之脅迫的程度即可。其次，惡害的內容不以對個人之生命身體的現時危險為限，還包括對於其他法益的不利益。相較之下，強盜罪的脅迫則是限於對個人之生命身體的現時危險，而此又可論為加重型態的強制手段。

2.三面關係

強盜罪的強暴、脅迫限於對個人之生命、身體、健康為之。在具體的個案之中，我們不排除行為人是針對特定之人實施強暴行為，不過，卻是對第三人產生強制結果。這裡涉及到強盜罪的「三面關係」(Dreiecks-Konstellation)，也就是存在著兩個被害人，一者為「強暴被害人」，二者為「強制被害人」❸。舉例來說，甲為了竊得乙的錢包，在乙面前抓住乙的五歲小孩，並且不斷毆打。乙不忍小孩被如此對待，便讓甲將錢包取走。形式上，這樣的關係結構看似符合強盜罪的強暴要件，實質上卻是典型的脅迫，因為甲之所以實施強暴不是以被害人的身體為主要的攻擊對象，而是心理狀態❹。

同樣地，恐嚇取財罪亦有可能出現行為人與兩個被害人的「三面關係」（或稱之為「三面強制」；Dreiecks-Nötigung）❺。只不過與強盜罪有所不同

---

❸　Mitsch, BT 2, 3. Aufl., 2015, S.501.

❹　Mitsch, BT 2, 3. Aufl., 2015, S.502.

的是，恐嚇取財罪原本就是利用恐嚇手段直接對被害人的心理產生影響，任何一種具有強制效果的強暴形式均可論為強暴。既然不論（逼迫式）強暴或脅迫，均是以被害人的心理狀態為攻擊對象，那麼即使行為人對特定之人為強暴手段，卻是對其他第三人產生強制結果，仍然屬於強暴的一種，而非構成脅迫。

不可否認的是，恐嚇取財罪的不法構成要件沒有嚴格區分強暴與脅迫兩種行為態樣，而是統一規定為「恐嚇」。因此，前述說明似乎就沒有特別的實益，三面關係之下的行為人無論如何都會構成恐嚇。然而，我們在這裡之所以提出強暴與脅迫等概念於適用上的辯證，無非是為了強調「恐嚇取財罪」與「強盜罪」之間存在著本質上的差異。以強暴為例，前者行為的不法性始終聚焦在於影響他人的心理狀態，而後者行為則是以侵害被害人之生命、身體、健康為首要，進而達到心理強制的效果。

3.「至使不能抗拒」作為區分強盜與恐嚇取財的標準？

(1)學說及實務見解

一般而言，不論學說或實務見解均認為「至使不能抗拒」乃是區分強盜與恐嚇取財的依據。也就是說，當被害人因受強暴、脅迫而不能抗拒，行為人成立強盜罪；相對地，被害人仍可抗拒的話，行為人則是成立恐嚇取財罪。就此，有部分的論者認為，恐嚇乃是以未來的惡害通知他人，使其心生畏懼。如果以現時的危害，甚至是施以強暴或脅迫，只要此等強制手段的強度尚未使被害人不能抗拒，仍然屬於恐嚇範疇。因為儘管被恐嚇者受到行為人的強暴或脅迫，交付財物卻還保有相當程度的意思自由，所以應論行為人成立恐嚇取財，而非強盜⑤⑥。相對於此，另有論者則是主張，恐嚇取財罪與強盜罪

---

⑤⑤ Günther, in: SK-StGB, 5. Aufl., 1998, §253 Rn.18; Mitsch, BT 2, 3. Aufl., 2015, S.586.

⑤⑥ 林山田，刑法各罪論（上），2006 年 5 版，頁 501。

的區分在於被害人的意思自由是否受到壓抑。若是將來才會發生的危害，被害人被告知後，雖然心生畏怖，但仍有斟酌抗拒的空間，其意思自由尚未被完全排除。於此，無法論為至使不能抗拒。如果是被害人面臨當前的惡害，當下不屈從勢必遭受危難，被害人顯然沒有選擇的自由，這種情形才能論為不能抗拒❺❼。

此外，最高法院採取類似學說見解的說理方法，並且在 100 年台上字第 3881 號判決中指出：「刑法上恐嚇取財罪、強盜罪，固均以取得財產上不法利益為目的，惟恐嚇取財罪，不以將來之惡害恫嚇被害人為限，即以強暴、脅迫為手段，但被害人未達不能抗拒之程度，使其交付財物，亦屬之；若係以使用強暴、脅迫等手段，達於不能抗拒之程度，即係強盜行為。」換句話說，恐嚇本身包含了強暴與脅迫等，此與強盜罪所規定的強制手段並無不同。兩者犯罪的差別僅僅在於強制效果的強弱，亦即是否達到至使不能抗拒的結果。

(2)**本書見解**

嚴格來說，所謂的「至使不能抗拒」無法作為區分強盜罪與恐嚇取財罪的有效標準，理由如下：

①**壓制被害人之對立性意思**

恐嚇所包括的強暴與脅迫均屬於強制手段，而強制效果乃是這些手段所要追求的目標。從「事後觀點」(Ex-post-Perspektive) 來看，我們可以將強制理解為由強暴或脅迫等行為所招致的結果❺❽。基本上，所謂的強制是指壓制被害人的對立性意思 (Überwindung eines entgegenstehenden Willens)。就這點來說，**恐嚇行為在實質上也會造成至使不能抗拒的效果**。也就是說，當被害人基於行為人的強暴或脅迫而為特定之作為、不作為，或容忍等，即屬受到強制。相對地，假設行為人要求被害人所為之作為或不作為，正好符合被害

---

❺❼　盧映潔，刑法分則新論，2016 年 11 版，頁 691。

❺❽　Mitsch, BT 2, 3. Aufl., 2015, S.593.

人原本的心理預設，那麼也就無法論為實現強制結果。

　　舉例來說，甲威脅乙，若不交出手機，就告發乙在超商偷竊的事實。乙正好要換新手機，甲的要求對乙來說，反而可以讓其免除處理舊手機的困擾。對乙而言，甲威脅告發犯罪事實屬於可感受的惡害內容，因而符合脅迫行為。基於甲的脅迫行為，乙將手機交付給甲，乙的處分財產與甲的脅迫之間因而具有因果關係。即便如此，乙在實際上卻是未受到強制。換句話說，甲的脅迫行為最終無法引起乙的對立性意思，當然也就不存在壓制對立意思的空間。就此而言，因為甲所實施的脅迫行為未能產生強制效果，所以頂多成立恐嚇取財未遂。

②選擇自由並非適切的區分標準

　　如前所述，恐嚇取財與強盜的強制手段均帶有壓制被害人之對立意思的效果。不論是被害人交付財物（恐嚇取財），或是任由行為人取走財物（強盜取財），同樣都是基於強制結果而導致財產損害。所以，至少在「至使不能抗拒」的語意表達上，我們難以理解為何達到不能抗拒的程度就是強盜，而未達不能抗拒的程度就是恐嚇。另一方面，部分的學說見解嘗試以被害人是否有選擇自由作為區分標準。強盜罪的被害人因為面臨現時的危害而沒有選擇自由，此為典型的不能抗拒狀態，恐嚇取財罪的被害人現實上卻是保有選擇自由，因此不可能為不能抗拒。

　　不過，前述說法容待商榷。嚴格來說，對於任何帶有強制效果的犯罪類型來說，所謂的選擇自由並不是最適切的表達。理由在於，從行為風險的發展脈絡來看，我們應當如此主張：「行為人實施強制手段，被害人因而受到強制，並且喪失選擇自由；或是行為人實施強制手段，被害人並沒有因此受到強制，仍舊保有選擇自由。」相對地，邏輯上卻不能從結果本身反向推論行為人是否實施強制行為，也就是「因為被害人最後仍保有選擇的自由，所以行為人沒有實施強制手段❺❾；或是因為被害人沒有選擇自由，所以行為人有實施強制手段。」

③換贖性的選擇壓力過渡至不得已的選擇壓力

不同於多數的學說與實務見解，本文認為強盜與恐嚇取財之強制手段的區分在於「被害人面臨選擇衝突時的決定壓力 (Entscheidungsdruck)」，而此決定壓力取決於被害人面臨的客觀情境條件，以及不利益選項的內容等因素。詳言之，強盜與恐嚇取財所形成的決定壓力帶有線性發展的特徵，特別是**從換贖性的選擇壓力延伸至不得已的選擇壓力**。舉例來說，恐嚇行為的目的在於促使被害人在兩種不利益之間作出選擇，特別是這兩個選擇具有交換的意義，例如交付財物以換取自己身體、健康不被傷害；相對地，強盜罪的強暴、脅迫手段則是無意讓被害人在兩種不利益之間作出選擇，不論是被害人選擇讓行為人取走財物，或是由自己交付，均是在自己被迫接受不利益的狀態下為之，例如因受到綑綁而任由行為人取走財物，或是在被威脅傷害的情形，被害人只有「傷害與財產損失」與「不傷害與財產損失」這兩種無論如何都會有財損結果的選擇❻。

 、「使人將本人或第三人之物交付」

此一法定的不法構成要件可進一步細分為兩項不法要件：「財產處分」與「財產損害」。一方面，與詐欺罪一樣，前者涉及到由被害人開啟財產減少的流程，後者則是被害人所為的財產減少行為最終導致財產損失的結果。另一方面，恐嚇取財罪與強盜罪一樣，強制手段與財產損害之間必須具備所謂的「目的關聯性」。

關於財產處分與財產損害應有的內涵，可參考詐欺罪章的說明，本文在這裡僅就數項重要的議題提出說明：

---

❺ 依據多數見解的說理，這裡是指被害人保有選擇的自由，所以推導出行為人沒有實施「強盜罪」的強制行為。

❻ 針對此種不得已的選擇壓力，刑法第 24 條緊急避難的「出於不得已」要件可提供思考上的類比基礎。

㈠財　產

恐嚇取財罪與詐欺罪均屬於「整體財產犯罪」及「財產移轉之罪」，不法結果為財產損害 ❻，又在損害發生前的財產處分則是導致財產減少的行為。在一般的情形，只要確認了財產處分乃是基於恐嚇結果而為之，似乎即可直接推論被害人的財產將會有所減損。不過，嚴格來說，這不代表我們同時確認了財產損害之結果，因為針對財產損害的判斷，與詐欺罪一樣，必須經由「折算程序」進一步確認財產是否有所減少 ❼。

即便如此，為了能夠精確評價財產損害的結果，我們仍有必要先行掌握「財產」應有的概念內涵為何。就此先決問題，詳見詐欺罪章之財產損害一節的說明，此處不再贅述。

㈡財產損害之評價

1.整體折算原則

【實例】乙的汽車遭丙竊取。乙請甲「好好處理」把車子取回。甲與丙談判之時，甲威脅丙：「如果不把車子交出來的話，就立刻報警。」丙不想多惹麻煩，當下便把鑰匙交給甲。在此之前，丙花了五百元將汽車加滿油。丙告知甲，車子現在是滿油狀態，不用擔心無法開回家。甲從皮包拿出一千元給丙，並且說道：「這應該夠你加滿油的錢吧！」隨後便將車子開回車廠。

---

❻　作為所有權犯罪的竊盜罪則是所謂的「持有移轉之罪」。雖然在詐欺的犯罪歷程之中，特別是涉及到財物詐欺，同樣也會有移轉特定物之持有的現象，不過，詐欺罪所強調的不法結果始終聚焦在財產總額的增減問題。

❼　僅參閱 Duttge, in: Gesamtes Strafrecht, 2. Aufl., 2011, §253 Rn.16.

本例中較無爭議的是，甲利用法律所允許的告發手段脅迫丙交付汽車，即使脅迫的內容為「合法行為」，不過，對丙而言，仍舊屬於一種可感受的惡害，甲之行為因此構成恐嚇。相較之下，有待釐清的爭點在於，丙受到甲的強制而交付汽車，此一財產處分行為是否導致丙自己的財產受有損害。對此，就「汽油」而言，丙於談判前已經將汽車加滿油，該油箱內的汽油隨同汽車交付而移轉給甲。然而，考慮到甲交給丙的一千元油錢，此筆金額已經超過加滿油所需要的五百元，就在這兩筆金額進行折算之後，即使丙損失了汽油，卻無法論為受有財產損害[63]。

附帶一提的是，關於喪失「對汽車的占有」，丙也有可能發生財產損害。若是從經濟性的觀點切入，對於特定物的占有同樣也可以論為一種財產利益，因為只要事實上占有特定之物，形同取得利用該物的可能性[64]。更精確地說，不論是占有地位於規範上的評價為何，或者是否牴觸規範上的財產分配秩序，一旦從經濟性的財產理論出發，均不影響占有作為恐嚇取財罪之保護對象的適格性。總而言之，縱然是透過犯罪方式取得的財物或利益，均屬於本罪的犯罪客體[65]。

然而，前述說理恐怕會產生刑法內在之價值體系的衝突。更具體地說，假設違犯竊盜罪而取得對特定物的占有地位，同樣可以作為詐欺罪所欲保護的財產利益，也就表示任何一種透過竊盜或詐欺等犯罪手段而取得的財產利益位居刑法上的保護地位。這裡出現的價值矛盾是，我們一方面主張這些不法取得的財產利益可作為刑法上的保護對象；另一方面，卻又透過詐欺罪主觀上的意圖要件非難行為人「不法的」獲利意圖。無論如何，行為人以違犯詐欺罪的方式取得對特定物的占有狀態始終是一種違法的財產利益，取得該

---

[63] Gropp/Küpper/Mitsch, Fallsammlung zum Strafrecht, 2003, S.280.

[64] 參閱 Günther, in: SK-StGB, 5. Aufl., 1998, §253 Rn.20.

[65] Krey/Hellmann, BT 2, 15. Aufl., 2008, §11 Rn.433.

物之人於規範上應屬無權占有。為了避免刑法內在價值體系的衝突，經濟性的財產理論即有必要納入規範性的標準，針對財產概念予以限縮。也就是說，違法取得且牴觸法律之利益分配秩序的財產利益必須排除在刑法上的保護範疇外[66]。綜此，因為丙以違犯竊盜方式取得對汽車的占有，又此種占有地位未能作為詐欺罪所要保護的財產，所以丙未受有財產上的損害。

2.違法取得的財物或利益

【實例】甲向乙購買一級毒品海洛因，每公克四千元，總計十公克，價值四萬元。甲將款項一次付清，乙卻只給付五公克的海洛因，其餘的五公克為太白粉。甲知情後大怒，要求乙三天內退回二萬元，否則乙的機車將成一堆廢鐵。乙擔心愛車遭到破壞，依甲要求將二萬元交出。

本例的爭點在於，乙受到甲的恐嚇（即脅迫）而交付二萬元，此一財產處分是否導致財產損害。對此，學說上有以下兩種觀點，否認乙受有財產上的損害[67]：(1)因為買受人所給付的價金涉及違法的毒品買賣，所以排除其在刑法上的保護效力，或是(2)縱然該筆價金屬於刑法所要保護的財產，買受人還是沒有發生財產損害。因為在法律行為違反強制規定而無效的情形（民71），買受人得向出賣人主張回復原狀或損害賠償（民113）。藉由這些替代給付的請求權，買受人原本陷於財產減少的狀態得以再度獲得經濟上的平衡。

關於前述二種見解的合理性，本文認為可先回歸到一項先決問題：「*毒品買賣的標的物（價金、毒品）得否作為刑法上的保護對象*」，並且藉此釐清違法取得的財物或利益是否在刑法上具有特殊的保護需求性。首先，依毒品危

---

[66] Mitsch, BT 2, 3. Aufl., 2015, S.306–307.

[67] 整理自 Mitsch, JuS 2003, S.122.

害防制條例第 2 條第 2 項第 1 款及第 4 條等規定，海洛因屬於一級毒品，舉凡製造、運輸、販賣海洛因，均屬於犯罪行為。再者，依民法第 71 條規定，法律行為因違反強制或禁止規定而無效。不論是債法上的原因行為，或是物權法上的履行行為，都會因為毒品買賣牴觸刑法規定（毒品危害防制條例）而自始無效。所以，就算甲將買賣價金交付給乙，乙還是自始未取得該筆價金的所有權。至於乙現實上對於該筆價金的占有，則是刑法上的沒收標的（刑38-1）。

整體而言，我們觀察到這裡涉及到兩個影響犯罪評價的關鍵因素：⑴價金具有經濟上的價值；⑵毒品買賣違反刑法規定。倘若從經濟性的財產理論切入，不法占有的財物只要是具有經濟上的交換價值，即可作為刑法的保護對象。或許，此套說理在各罪的文義結構中可以找到立論依據，也就是從刑法第 339 條及第 346 條的不法構成要件來看，立法者選擇使用較為中性的取得「本人或第三人之物」，而不是「本人或第三人之動產」，文義上似乎沒有要求犯罪客體必須具備一定的適法性。

不過，這樣的理解卻有可能導致刑法內在體系的價值衝突。詳言之，犯罪基本上被視為一種侵害法益的行為；同時，也是一種違反（刑）法秩序的現象。若是從一般預防的觀點切入，具體個案的被害人之所以受到侵害，無非是因為刑法不被遵守而陷入不穩定的狀態。所以，確保刑法秩序的穩定即帶有一定的反射性利益，特別是擔保被害人不受他人恣意的侵害❻❽。對此，只要立法者企圖透過刑法手段確保財產制度的運作，例如竊盜罪、詐欺罪等，那麼具體個案中個人的財產利益其實只是反射性地受到保護。如此一來，當我們提出「毒品買賣的標的物（價金、毒品）得否作為刑法之保護對象」的問題，只是片面主張違法標的物具有一定的經濟價值，所以推得出應受到刑法保護的結論，恐怕是忽略了確保刑法秩序之於保護個人財產利益的連動意義。

---

❻❽ 類似的思考路徑，已見 Mitsch, JuS 2003, S.121.

　　舉例來說，刑法第 346 條第 1 項規定了「不法所有意圖」。這裡針對所有意圖所預設的不法性要求，不只是涉及其他法領域的價值決定，其實也是確定了「刑法自身」針對行為人具有所有意圖的非難意義，也就是刑法秩序之下應有的財產分配邏輯。據此，倘若毒品買賣的標的物（價金、毒品）得以作為受刑法保護的對象客體，那麼也就形同牴觸了刑法自身關於財產分配秩序的價值決定，以及變相地肯認任何人得以透過犯罪達到經濟上實現自我的目的 ⑱。所以，即使毒品買賣的價金與毒品具有經濟上的價值，卻無法作為受恐嚇取財罪保護的對象客體 ⑲。

伍、主觀不法構成要件

　　恐嚇取財罪與詐欺罪同屬整體財產犯罪，關於本罪之「故意」與「不法所有（獲利）意圖」，詳見詐欺罪章的說明，此處不再贅述。

　　應強調的是，被害人的財產損害與行為人的獲利之間同樣亦須具備所謂的「內容同一性」⑳。又恐嚇取財的故意內容應於行為時具體對應到恐嚇行為與財產損害之間的目的關聯性。換句話說，行為人於實施恐嚇行為時的故意，即有必要對應到此種強制手段將會招致財產損害的結果㉑。除此之外，行為人只要是透過「非法所許可之手段」實現合法的請求權，其所有意圖無論如何將會具有不法性㉒。因為所有意圖的不法性作為一種客觀性的狀態描

---

⑱　Mitsch, JuS 2003, S.124.

⑲　請讀者注意的是，這裡的辯證同樣也適用在作為整體財產犯罪的「詐欺罪」。

⑳　Krey/Hellmann, BT 2, 15. Aufl., 2008, §9 Rn.306d；進一步的說明，可參考詐欺罪章的「不法所有意圖」。

㉑　僅參閱 Kindhäuser, BT II, 6. Aufl., 2011, §17 Rn.48；所謂的「目的關聯性」或可進一步理解為，行為人利用自己所創造的強制情境，促使他人交付財物而實現財產損害之結果。

㉒　Günther, in: SK-StGB, 5. Aufl., 1998, §253 Rn.25.

述，所以，行為人於行為時的故意亦須具體對應到此一客觀狀態❼。若行為人誤認自己（或第三人）❼在法律上具有請求權基礎，則屬欠缺故意。至於誤認具有請求權基礎的原因，一方面可以是對於事實狀態的誤認；另一方面，也可以是源自於誤認民事法上的規定❼。

陸、違法性

應先辨明的是，強盜罪所要非難的正是行為人透過強制手段實現竊取，又此種手段的可非難性乃是預設在強盜行為所內含的強制目的之中，亦即強暴或脅迫而至使他人不能抗拒（即無效的持有移轉同意），並且以此取他人之物，所以無需針對強制行為的可非難性額外地予以評價。

不同於強盜罪的不法結構，恐嚇取財的違法性於本質上乃是作為所謂的「一般性犯罪要素」（allgemeines Straftatmerkmal），而不是一項不法構成要件❼。進一步地說，如同刑法第 304 條強制罪之不法構成要件的設定邏輯，恐嚇取財作為一種「開放性構成要件」(offener Tatbestand)。不同於其他大多數的分則各罪，恐嚇取財不會因為不法構成要件一獲得實現，便直接推定該行為本身的違法性❼。換句話說，違法性階層的評價目的不在於確認個案中是否存在阻卻違法事由，並且據此排除已經受到推定的違法性，反而是基於具體的事實情狀及法律關係等條件判斷行為是否具有違法性❼。簡單地說，

---

❼ Krey/Hellmann, BT 2, 15. Aufl., 2002, §9 Rn.319b.

❼ 亦即在「為第三人不法所有」的情形。

❼ Krey/Hellmann, BT 2, 15. Aufl., 2002, §9 Rn.319b.

❼ Mitsch, BT 2, 3. Aufl., 2015, S.631; Krey/Hellmann, BT 2, 15. Aufl., 2002, §9 Rn.319a.

❼ Günther, in: SK-StGB, 5. Aufl., 1998, §253 Rn.29.；不可否認的是，我國刑法第 304 條強制罪是否為開放性構成要件的設計，容有討論空間，本書於此暫不處理，合先述明。

❼ 換句話說，於違法性的評價階層，我們通常必須確認是否存在「消極排除違法性的

即使實現恐嚇取財罪的不法構成要件，也不等於自動推定行為本身的違法性。

基本上，恐嚇取財是否具違法性取決於強制手段與獲取財產利益的關聯性，也就是「**手段與目的之間的可非難性**」⓼，又具有可非難性的情形大多出現在，行為人對其所企求的財產利益既沒有法律上的請求權基礎，而且是以造成被害人不利益的行為方式不法地獲取利益，例如脅迫提出虛偽的告訴、散布有損名譽的私密之事，或是不為負有作為義務的行為等⓼。簡單地說，只要行為人使用**強暴**，或是**法所不允許的惡害通知**，均屬於有可非難性；相對地，恐嚇取財欠缺可非難性的情形則是，儘管行為人對被害人施以惡害通知⓼，只不過該項通知是**法所允許**，或者至少**不為法所禁止**，例如提出告訴為被害人的合法權利，若以提出告訴作為要挾的手段，理應不成立恐嚇取財罪⓼。

整體而言，因為恐嚇取財的可非難性於本質上涉及到：「刑法」⓼未許可行為人侵害他人的財產法益，所以，任何與此有關的評價不僅要求高度的倫理非難基礎，同時亦須兼及應刑罰性的不法程度⓼。

【**實例 1**】乙涉嫌在超商內竊取商品，全部為甲使用手機拍下。甲要求乙交

事由」，例如正當防衛、緊急避難等，至於在開放性構成要件的範疇則是需要「積極形成違法性的依據」（positive Rechtswidrigkeitsberündung）。僅參閱 Günther, in: SK-StGB, 5. Aufl., 1998, §253 Rn.29.

⓼ Günther, in: SK-StGB, 5. Aufl., 1998, §253 Rn.31–32; Mitsch, BT 2, 3. Aufl., 2015, S.631.

⓼ 見 Günther, in: SK-StGB, 5. Aufl., 1998, §253 Rn.35.

⓼ 這裡應強調的是，強暴手段幾乎難以通過違法性的檢驗，因為強暴本身的行為模式，例如傷害、私行拘禁等，已經是法所禁止的。

⓼ 75 年 7 月 19 日檢察署座談會之法 (75) 檢（二）字第 1013 號。

⓼ 這裡之所以強調刑法乃是為了凸顯不是由一般的法秩序決定法益侵害的許可性。

⓼ 同此結論，例如 Günther, in: SK-StGB, 5. Aufl., 1998, §253 Rn.29.

付五千元遮口費，否則向警察告發犯行。乙擔心遭受刑事訴追及有罪判決，便依甲的要求給付五千元換取不告發。

【實例2】甲將於下學期至美國大學當國際交換生。現時承租套房的租約還有三個月才到期，無法退還預繳的租金。甲為此尋找下一位承租者承接該套房。乙對甲的套房表達高度的興趣。甲向乙謊稱有許多學生表達承租意願，若乙幫忙給付解約金五千元（相當一個月租金的押金），甲願意向房東極力推薦由乙接續承租。若乙不願意的話，只好轉由其他學生承租。因為乙實在太喜歡該套房的設備與環境，所以依甲的要求給付五千元。

較無爭議的是，此二則實例中的甲不論是威脅乙交付遮口費以換取不為告發，或是威脅代繳解約金以換取訂約機會，均已實現了恐嚇取財罪的主、客觀不法構成要件。也就是說，甲乃是利用脅迫手段，亦即告發及喪失簽約機會等惡害通知，對乙造成一定的不利益危險，進而獲取財產上的利益，又甲對此等獲利結果並沒有法律上的請求權基礎。只不過有疑問的是，甲的恐嚇取財行為是否具有違法性，或是所謂的可非難性。

一、理性關聯作為可非難性之評價標準

一般來說，恐嚇取財的可非難性取決於「惡害通知」與「要求金錢給付」兩者之間欠缺所謂的「理性關聯」(vernünftige Konnexität)❽。至於欠缺理性關聯的判斷標準，多數的學說見解認為，行為人所採取的強制手段造成被害人於主觀上無法承受的，以及依客觀的社會性評價所無法許可的心理強制狀態❽。嚴格來說，這樣的標準幾乎只是單向地聚焦在行為人有責地造成被害

---

❽ Konnexität 的字義於形式上可理解為關聯性，但就實質而論，此種關聯性乃是綜合各種情境事實、法律關係等要素所共同形成的連動狀態。依此，惡害通知與要求金錢給付的理性關聯應當綜合考量行為事實、法秩序的內在價值與外部界線等條件。

人的心理強制，然而，若是涉及行為違法性（或可非難性）的判斷，為了能夠充分體現利益衡量的價值決定，那麼即有必要綜合考量行為人於行為時既有的各種情境因素，包括被害人面向的行為條件。

 、自決原則與保護平等性

更進一步地說，多數的學說見解明顯忽略被害人亦須對自己財產承擔一定程度的責任。對此，部分的論者即認為，即使行為人對被害人實施合法的惡害通知（例如提告、不提供訂約機會），並且要求給付金錢換取不發生惡害，那麼依據所謂的「自決原則」(Autonomieprinzip)⑱，該惡害通知與獲得財產利益之間仍有一定的理性關聯而欠缺可非難性。理由在於，(1)行為人的金錢給付要求實際上並沒有限縮被害人的自由領域，反而是因為提供了不同的選擇，使得被害人更有機會避免惡害的發生⑲，例如給付金錢換取不告發，或是代繳解約金換取簽約機會。換句話說，在這種情形下，行為人形同透過提供不同的選擇可能性，擴展了被害人的自由領域。(2)若被害人只是因為行為人提出給付金錢換取不告發或簽約的選擇，即應受有刑法上的財產保護⑳，那麼在其他恐嚇取財的案件中，假設被害人同樣受到類似的威脅，卻拒絕履行行為人的金錢要求，或是行為人未提出避免惡害的金錢要求等，勢必導致被害人的保護會因為行為人有無提出金錢給付的選擇，而在刑法上受到不合理的差別對待㉑。

---

⑧ Mitsch, BT 2, 3. Aufl., 2015, S.632.

⑧ 用語見 Günther, in: SK-StGB, 5. Aufl., 1998, §253 Rn.37.

⑧ Horn, NStZ 1983, S.497.

⑨ 也就是說，行為人之恐嚇取財行為仍然具有可非難性，而造成被害人的財產損害結果為刑法所不允許。

⑨ Mitsch, BT 2, 3. Aufl., 2015, S.632.

、本書見解

　　從自決原則與保護平等性的觀點質疑多數見解提出的標準，在說理上或許有一定的說服力，只不過這些觀點似乎是立基在有問題的前提。首先，較無爭議的是，理性關聯作為可非難性的評價重點在於，行為人提出合法的惡害通知與換取惡害不發生的金錢要求是否將不當限縮被害人的自由領域。若被害人的自由領域因避免惡害發生而變得更為有利時，行為人的恐嚇取財也就不存在可非難性的問題。然而，自決原則的理念初衷其實在於，「刑法僅允許行為人為合法的惡害通知，或是實現此種惡害，但未賦予行為人藉此實現強制或恐嚇取財目的之權限」⑫，又依此推導出的評價準據為：「被害人按照行為人要求而為的不利益行為，並不會影響被害人原有的地位狀態。一旦被害人履行行為人的要求以避免惡害之發生，其地位將由此變得更為有利。」

　　舉例來說，甲於書店內竊取一本小六法，當場被店家乙發現。乙威脅甲交出小六法，或是賠償相應的價額，否則就向警察告訴犯行。假設甲按照乙的要求給付小六法應有的價額（或是交出小六法），不只是不影響甲原有的地位狀態，避免告訴的結果也可以使甲的地位更為有利。相對地，舉凡給付金錢換取不告訴，或是代繳解約金換取簽約機會等，行為人看似提供了不同的選擇可能性，實際上卻是限縮了被害人的自由領域，而非部分見解所認為的擴展；當然，在不當限縮被害人之自由領域的情形下，更沒有理由進一步質疑在刑法保護上是否平等的問題。

柒、未遂與終了

　　本罪的未遂開始於著手實施恐嚇行為，而既遂的時點則是被害人發生財產損害之時，至於行為人最終是否獲利，並非既遂與否的評價準據⑬。另外，

---

⑫　Günther, in: SK-StGB, 5. Aufl., 1998, §253 Rn.37.

如果被害人發生財產損害並非源自於行為人原本所欲實現的強制結果，則是成立恐嚇取財未遂，例如(1)被害人根本未嚴肅看待行為人的恐嚇行為，而其交付財物乃是出於同情而非害怕；(2)行為人自始就已經決定，只要被害人交付不足額的財物，便拒絕收受；(3)被害人交付內無任何財物的空箱子，或者交付不是行為人原本所要求的財物[94]。

捌、恐嚇取財之行為加重類型：「擄人勒贖」

、不法構成要件之解釋

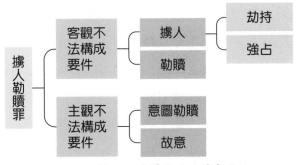

圖 9-6　擄人勒贖罪的不法構成要件

㈠概　說

1.犯罪結構

刑法第 347 條第 1 項擄人勒贖罪的不法構成要件使用了「擄人」用語，藉此強調不同於傳統強制罪或私行拘禁的自由法益侵害方式；同時，將刑度訂為相當高的無期徒刑或七年以上有期徒刑，立法者似乎是有意凸顯擄人勒贖的不法內涵不同於恐嚇取財或強盜。倘若擄人作為本罪唯一的客觀不法構

[93]　Kindhäuser, BT II, 9. Aufl., 2017, §17 Rn.57.

[94]　整理自 Kindhäuser, BT II, 9. Aufl., 2017, §17 Rn.57.

成要件⑨，例如依最高法院 85 年台上字第 3675 號判決，「擄人勒贖係指意圖勒贖而擄人而言。行為人苟以勒贖之目的而擄人，**只須被擄人喪失行動自由，而置於加害者實力支配之下即屬既遂**，其事後果否實施勒贖，向何人勒贖，有無取得贖款，以及何人交付贖款均不影響其已成立之犯罪……。」⑨ 依此，擄人勒贖之既未遂的評價勢必只能夠以「擄人的既未遂」作為標準。

　　然而，上述理解恐怕無法合理體現本罪於不法與罪責的衡平要求。理由在於，⑴倘若只是將犯罪之「後階段」的不法內容移置為主觀的不法構成要件，應無理由將刑度大幅調高到無期徒刑。⑵可想像的是，取得贖款在本質上為犯罪歷程的其中一個階段，我們因而將擄人勒贖原有的客觀不法確定在「擄人後取得贖款」此一範疇。不過，這樣的不法預設不會只是因為立法技術上把取得贖款階段予以截斷，並且移置到主觀的不法構成要件，隨即就讓本罪原有的不法突然大幅升高。或許，我們可以對此提出辯駁，也就是立法者的初衷在於透過意圖勒贖要件強烈非難行為人主觀上的獲利意思，因而有必要提高刑度。只不過有問題的是，刑度突然大幅躍升的結果，恐怕是變相地淪為處罰主觀貪念的意念刑法，或是質變為所謂的倫理刑法。總而言之，為了有效反映本罪應有的不法內涵，「擄人」與「勒贖」兩者應當定性為客觀不法構成要件，兩者具有時序上的先後實現要求（即定式犯罪），既遂時點又以「行為人取得贖金」為必要⑨。

　　此外，第 347 條第 5 項訂有特殊的量刑事由。只要行為人在未取贖之前釋放被害人，應減輕其刑。若是在取贖後釋放被害人的話，則是得減輕其刑。

---

⑨　德國刑法第 239a 條類似於我國的擄人勒贖罪規定，而該條所規定的「擄人」(Entführen oder Sichbemächtigen) 為唯一的客觀不法構成要件，以及刑度為五年以上有期徒刑。在刑度設計的懸殊差異下，我國法能否直接援用德國法的解釋方法，恐有疑問。

⑨　同此見解，最高法院 98 年台上字第 7627 號判決。

⑨　同此結論，例如林東茂，刑法綜覽，2015 年 7 版，頁 2-201。

又第 348 條訂有擄人勒贖罪結合犯，例如擄人勒贖而故意殺人、強制性交、使人受重傷等。

2.三面關係或二面關係

基於本文將「擄人」與「勒贖」全部定位為客觀不法構成要件，本罪的犯罪客體似乎分別指向兩個被害人，一者為「**被擄之人**」，另一者則是「**遭恐嚇取財之人**」(98)；同時，不法行為所侵奪的法益對象也因此分別為前者的自由法益，以及後者的自由與財產法益。或許，可進一步想像的是，考慮到本罪的攻擊對象分屬不同的被害人與不同的法益，使得擄人勒贖具有較高的不法內涵，以及採取與此相對應的重刑立法。關於此種不法構成要件的理解，我們又可稱之為擄人勒贖的「**三面關係**」(99)。就此，有論者進一步指出，三面關係乃是區分強盜與擄人勒贖的關鍵。如果侵奪他人財物不涉及第三人，而是由人質交付財物以換取自由，此應構成強盜。若是由第三人交付財物而讓人質獲釋的話，此為擄人勒贖(100)。

相較之下，部分的實務見解卻是持不同意見，並且認為「擄人勒贖係指意圖勒贖而擄人而言。行為人苟以勒贖之目的而擄人，只須被擄人喪失行動自由，而置於加害者實力支配之下即屬既遂，其事後果否實施勒贖，向何人勒贖，有無取得贖款，以及何人交付贖款均不影響其已成立之犯罪，**故擄人勒贖並不以被擄人與被勒贖人不屬同一人為必要**。」(101)換句話說，因為被擄之人與

---

(98) Rössner/Lenz, in: Gesamtes Strafrecht, 2. Aufl., 2011, §239a Rn.1；應注意的是，倘若認為本罪的客觀不法構成要件僅限於擄人，那麼客觀不法構成要件領域的被害人只有被擄之人，至於遭恐嚇取財之人則是主觀不法構成要件領域所指涉的被害人。

(99) 見最高法院 89 年台上字第 1240 號判決；林東茂，刑法綜覽，2012 年 7 版，頁 2–197；黃惠婷，擄人勒贖罪，月旦法學雜誌，159 期，頁 286；陳子平，刑法各論(上)，2015 年 2 版，頁 658。

(100) 林東茂，刑法綜覽，2012 年 7 版，頁 2–197。

被勒贖之人也可以是同一人，所以成立擄人勒贖罪不必然以三面關係為前提。

基本上，本文同樣肯認擄人勒贖不以三面關係為必要，只不過理由在於，從法益侵害的角度來看，擄人勒贖的不法內涵沒有理由因為涉及到不同的或同一的法益持有人而有所差別，而且就算是針對同一的法益持有人，不排除行為人於擄人過程中對被害人採取相當殘暴的壓制手段。於此，在二面關係下的擄人勒贖行為，不法程度不見得會低於三面關係下的擄人勒贖。

(二)擄　人

1.行為模式

概念上，所謂的擄人包括「劫持」(Entführung) 與「強占」(Sichbemächtigen) 兩種行為模式，分述如下：

(1)劫　持

劫持是指行為人違反被害人的意思而變更其原本所在的處所，特別是在新的處所，被害人受制於行為人的影響力而與外界原有的保護源隔絕[102]。具體的手段上可以是（絕對與逼迫式）強暴、脅迫，或是詐騙等。又劫持結果為行為人或第三人對於被害人之身體取得類似於持有 (gewahrsamähnlich) 的支配地位[103]。也就是說，藉由此等物理性的[104]暴力形式，行為人或第三人使得被害人臣服於其事實上的支配力，並且陷於無助的地位。

(2)強　占

不同於前述的劫持，強占不要求變更被害人原本所在的位置，行為人因而取得物理上對於被害人的支配，例如使用槍械勒令被害人禁止不動[105]。換

---

[101]　例如最高法院 85 年台上字第 3675 號判決；最高法院 93 年台上字第 2859 號判決。

[102]　Otto, BT, 7. Aufl., 2005, §29 Rn.4.

[103]　Mitsch, BT 2, 3. Aufl., 2015, S.675.

[104]　參閱 Lackner/Kühl, StGB, 25. Aufl., 2004, §239a Rn.3.

[105]　Otto, BT, 7. Aufl., 2005, §29 Rn.4; Rössner/Lenz, in: Gesamtes Strafrecht, 2. Aufl.,

句話說，行為人相對於被害人位居優越地位，而此種地位必須是持續不斷且穩定的，以致於後續的恐嚇取財有獲得實現之可能 ⑩。依此，我們也可以說，凡是阻止或妨礙任何足以讓被害人變更所在位置的行為（例如脫逃、逃逸），正是典型的強占。與劫持的手段一樣，強占也可以透過強暴、脅迫，或是詐騙的方式予以實現 ⑩。

2.犯罪客體

依據上述關於不法構成要件行為的說明，我們可以進一步確認的是，本罪的犯罪客體乃是任何具有生命現象之人，而不包括屍體。又與刑法第302條私行拘禁罪有所不同的是，被擄對象不以具有形成移動意思的能力為必要，因此嬰幼兒、睡眠中之人、無意識之人均為適格的犯罪客體。其次，在多人參與擄人勒贖的情形，犯罪參與者亦有可能作為被擄對象，此又稱之為「**表見擄人**」(Scheingeiseln)。然而，應注意的是，因為擄人勒贖罪的規範目的之一在於保護被擄之人，倘若犯罪參與者同意被擄，藉此作為共同恐嚇他人的手段，則該同意具有排除構成要件該當的效果 ⑩。

【實例1】乙下車準備買早餐時，甲突然手持上膛的手槍威脅乙上車，並且要求將車子開往指定地點。一路上，甲始終坐在後座拿著槍抵住乙的頭，指使其按照路線行駛。到了某路口時，甲要求乙下車。

【實例2】甲在小學旁經營雜貨店。趁小學生乙獨自一人在店內挑選糖果時，甲將自動鐵捲門放下，將乙鎖在商店。

【實例3】甲偽裝成病患乙的親人。乙的雙腳因為車禍關係而嚴重骨折，只

2011, §239a Rn.5; Lackner/Kühl, StGB, 25. Aufl., 2004, §239a Rn.3.

⑩ Mitsch, BT 2, 3. Aufl., 2015, S.677.

⑩ Rössner/Lenz, in: Gesamtes Strafrecht, 2. Aufl., 2011, §239a Rn.8.

⑩ 僅參閱 Rössner/Lenz, in: Gesamtes Strafrecht, 2. Aufl., 2011, §239a Rn.3.

能躺在床上，無法行走。甲進入乙的病房後，打電話給乙的雙親，要求給付現金一百萬，否則當場開槍殺了乙。

實例 1 的甲脅迫乙上車，並且依照指定的路線駕駛汽車。針對甲在沿途中以手槍抵住乙的頭部，一方面乃是違反乙的意思而變更其原本的所在位置；另一方面，則是對乙的身體形成物理上的支配。依此，甲的行為應論為「劫持」（擄人）。相較之下，實例 2 的甲只是將鐵捲門放下，而沒有變更乙原本所在的位置。因此，雖然甲同樣是違反乙的意思而限制其活動，只不過是藉由所謂的「強占」（擄人），而不是透過劫持的方式予以實現。另外，雖然實例 3 的乙因為雙腳骨折而喪失行動的能力，本身已經沒有移動自身位置的可能性，甲對其所為的行為仍舊構成強占。因為這裡的評價重點在於甲如何及是否取得對乙的支配。也就是說，甲的行為隔離了乙與外界之保護或安全機制的連結，第三人所要提供的協助無法進入乙的病房，甲藉此取得對乙完全的支配實力 ❿。於此，當有實務見解認為，行為人必須將被害人擄走且脫離其原有處所，使其喪失行動自由，進而移置自己的實力支配之下，始能構成擄人 ⓫，即有再商榷之餘地。

㈢勒　贖

就本質而言，擄人勒贖屬於「恐嚇取財」的行為類型之一，其中又可區分為「作為之擄人勒贖」（刑 347）與「不作為之擄人勒贖」（刑 348-1）⓫。

---

❿ Mitsch, BT 2, 3. Aufl., 2015, S.678.

⓫ 最高法院 92 年台上字第 2913 號判決。

⓫ 實質上，行為人乃是利用自己有責的「危險前行為」（刑 15 II）所創造的強制情境，對他人實施恐嚇取財。然而，立法論上是否有必要，容有檢討的空間。一方面，即使沒有本罪規定，我們亦可透過解釋方法論承認不作為擄人勒贖；另一方面，刑法第 348 條之 1 規定以擄人勒贖罪論，反而有擬制故意的疑問。進一步說明，可參考

考慮到擄人勒贖作為恐嚇取財的行為加重類型，因此，兩者於不法構成要件的解釋上仍有些許的異同。

1.強制對象

一般來說，恐嚇的強制對象往往為被擄之人以外的第三人（三面關係），然而，如前所述，被擄之人也有可能作為強制對象（二面關係）。又行為人於擄人之時無需具體認識到所要恐嚇的對象為何，只要認為「有人」將會為了被害人的福祉著想而交付財物，即為已足。再者，強制對象不以被擄之人的親屬為限，也包括其他毫無血緣關係之人，例如在銀行遭搶的情形，對於被擄的顧客來說，銀行的行員亦可作為本罪的強制對象[112]。即使最終不是以強制對象的財產作為贖金，也不會影響我們對於強制對象的認定結果，例如銀行行員（強制對象）將置放於櫃檯抽屜的現金（銀行的財產）當作贖金交付予行為人。換句話說，不論是擄人勒贖的三面關係或二面關係，均不會因為贖金的所有人與強制對象不屬於同一人而受有影響。

2.換贖與贖金之定性

雖然擄人勒贖的「取贖」與恐嚇取財罪的「交付財物」於犯罪既遂的評價存有差異，亦即前者以行為人收到贖金為既遂時點，後者則是以被害人交付財物為基準，不過，兩者在犯罪結構上卻是同樣帶有「換贖」的意義[113]。詳言之，就擄人勒贖的情形來說，行為人要求強制對象給付贖金的目的在於換取被擄之人的自由。強制對象面臨的選擇為「交付贖金換取被擄之人的自由」或「不交付贖金而被擄之人的自由持續受到剝奪」；相較之下，在恐嚇取

下文「㈣主觀不法構成要件」處的說明。

[112] Rössner/Lenz, in: Gesamtes Strafrecht, 2. Aufl., 2011, §239a Rn.13.

[113] 應注意的是，此種換贖性的特徵乃是恐嚇取財、擄人勒贖兩者與強盜罪的差異所在。換句話說，強盜罪的強制手段與取走他人之物之間「沒有」換贖的意義。

財也有相類似的二元選擇情境。以行為人威脅傷害為例，恐嚇對象必須在「交付財物換取不被傷害」與「不交付財物而被傷害」作出選擇。就此而言，有實務見解提出相類似的說理，亦即(1)「刑法上所稱擄人勒贖，係在主觀上具有勒贖之不法意圖，客觀上以強暴、脅迫或詐術、恐嚇或其他不正方法使被害人離開其原來處所而將其移置於自己實力支配之下，而令被擄者之親友提供金錢或其他財物以贖取被擄者之生命或身體自由，因此在手段行為上具有妨害自由之本質，但在目的行為上，則具有恐嚇行為之本質」❶❹，或如(2)「通常乃行為人將被擄者（俗稱肉票）置於實力支配之下，而以如不給付贖金，將進一步加害被擄者之生命或殘害其身體（不包含已遭侵害之人身自由）作為恐嚇內容，向被擄者本人或其家屬、相關人員要索財物，……，且常因被擄者或其家屬、相關人員之身分、資力及行為人犯罪被捕風險等主、客觀因素，而無一定數額，但其代價仍應符合社會通念所公認足為換取被擄者之人身安全與自由，始謂相當，非謂一有金錢或財物之約定，即一概視之為贖金，逕以上揭至重之罪責相繩。」❶❺

整體來說，第一個實務見解在說理上確實已正確地指出擄人勒贖與恐嚇取財的不法內涵帶有換贖的意義。只不過第二個實務見解卻有再商榷的必要。理由在於，關於被害人原本應當面臨的二元選擇，不當地額外考量到家屬或相關人員之身分、資力及行為人被捕的風險等情境因素，並且依此決定行為人是否取得所謂的「贖金」。基本上，擄人勒贖的既遂是以「行為人取得贖金」作為評價準據❶❻。如果貫徹此一實務見解的邏輯，那麼關於贖金的定性勢必受到個案不同情境因素的影響，變得浮動且不確定，擄人勒贖的既遂時點也將因此連帶地取決於個案中多重的情境因素而轉變恣意。簡單地說，不

---

❶❹　最高法院 91 年台上字第 6480 號判決。

❶❺　最高法院 98 年台上字第 7627 號判決。

❶❻　同此見解，林東茂，刑法綜覽，2012 年 7 版，頁 2–201。

論是家屬或相關人員之身分、資力，或是行為人被捕的風險均是無關贖金定性的評價基礎。

3.擄人危險的射程範圍

除了勒贖的評價標準之外，上述的實務見解凸顯出另一個潛在的說理問題，也就是本罪的不法構成要件僅僅規定了「意圖勒贖而擄人」，而單就「擄人」這項不法要件的文義結構來看，我們難以直接推導出擄人與勒贖之間的目的關聯性乃是行為人利用其所創成的限制自由情境，威脅被害人的生命、身體、健康，進而迫使被害人或其他第三人交付贖款。除非立法者於（主觀或客觀）不法構成要件額外加入帶有強暴、脅迫等意義的用語，例如「意圖危害他人之生命、身體、健康，或是長時間拘禁而擄人」，否則擄人本身所製造的危險性應當不涉及生命、身體、健康的部分。簡單地說，擄人的危險性只限於剝奪自由的範疇，勒贖目的因而將限縮在「透過交付財物以換取個人自由」。即便如此，這樣的解釋恐怕還是無法合理地反映出擄人勒贖罪的重刑設計，畢竟只有考慮到純粹的限制自由與取得財物等不法要素的話，在規範上難以要求行為人承擔到無期徒刑的刑責。為此，除了立法論上的問題，另一個可能的解釋路徑為立法者使用「擄人」，而非第302條的「私行拘禁」，立法動機在於有意識地凸顯行為人透過擄人行為而居於任意支配被害人之各種法益侵害或危險的地位。就這點來說，擄人勒贖的犯罪歷程即可進一步確定為：「**行為人於擄人之後，緊接著利用完全壓制被害人自由的情境，採取所有可能的法益侵害手段，進而以此實現勒贖的計畫。**」威脅侵害被擄之人的生命、身體、健康，頂多為行為人主觀上預設的行為計畫，而不是擄人行為當下已經具體實現的危險。舉例來說，強盜罪的強制情境乃是透過對於被害人的生命、身體、健康施以強暴或脅迫手段而形成，行為人正是利用此種強制情境取走被害人之財物；相對地，擄人勒贖罪的強制情境則是「事先」存在一個行動自由受到完全壓制的結果。倘若行為人使用強暴或脅迫等危害生

命、身體、健康的手段實現擄人的話，那麼此種強暴、脅迫與擄人「同時發生」的狀態應屬強盜罪（刑 328）的強暴或脅迫，而無法論為擄人勒贖罪的擄人。

4.強盜與擄人勒贖的差別

應注意的是，另有部分的實務見解認為，「*擄人勒贖之行為概念中，必須存有贖之因素，而單純之強盜或恐嚇取財，則無。從而，在押人以強盜財物之情形，若並要脅被害人提領存款或舉債支應，以滿足行為人之需索，倘依社會通念，尚與贖身之概念不相適合時，當認仍為原強盜之不法意圖所含攝，僅依強盜罪論擬。*」❶❶❼嚴格來說，這段說理顯然忽略了恐嚇取財與擄人勒贖一樣也帶有換贖的意義，只有強盜的強制手段沒有。另一方面，針對威脅被害人提領存款是否構成強盜的問題，也不是單純透過行為人與強制對象之間的「二面關係」即能決定。主要的理由在於，「二面關係」或「三面關係」作為區分擄人勒贖與強盜的依據似乎過於形式，而且三面關係不只是出現於擄人勒贖的情形，強盜與恐嚇取財實際上亦有可能以三面關係的行為模式進行。無論如何，一個比較適切的評價方法應當為綜合判斷「*行為人於個案中所採取的強制手段為何，以及是否具有換贖的意義。*」

㈣主觀不法構成要件

1.意圖勒贖與故意

除了故意（刑 13）之外，從條文的文義結構來看，本罪的主觀不法似乎仍須考量到「意圖勒贖」此項要件。若是依據本文就擄人勒贖之犯罪結構所採取的觀點，也就是擄人與勒贖均為客觀不法構成要件，那麼這裡的意圖勒

---

❶❶❼　最高法院 104 年台上字第 3193 號判決。

贖也就無法解釋為所謂的「溢出的內在傾向」。詳言之,假設我們將意圖勒贖視為溢出的內在傾向,又此種意圖要素本質上為一種「以目的為導向且絕對的結果意思」的話,也就表示行為人於擄人時(行為時)主觀上的心理認知無需具體對應到取得贖金的部分。換句話說,取得贖金在立法技術上已經被截斷而移作主觀的意圖要件,擄人勒贖罪因此屬於典型的截斷結果犯。

然而,若是將擄人與勒贖兩者均定位為客觀的不法構成要件,其中又以行為人取得贖金作為本罪的既遂時點,也就不再有將取得贖金的行為階段截斷移作主觀之意圖要件的問題。延續這樣的思考,意圖勒贖即有必要朝向構成要件故意的理解,又因為本質上屬於一種強烈的結果意思,所以應當排除間接故意的適用。基此,擄人勒贖的故意除了必須對應到擄人與勒贖等客觀不法事實外,同時亦有必要對應到擄人與取得贖金之間的目的關聯性。換句話說,行為人於實施恐嚇行為時的故意有必要對應到此種強制手段將招致財產損害之結果。

附帶一提,依刑法第 348 條之 1 規定,雖然行為人於擄人時尚未具有勒贖故意,而是在被害人自由受有限制的期間始有此種故意,仍舊以意圖擄人勒贖罪論處。然而,這樣的立法技術似乎是回溯地擬制行為人於最初擄人時的勒贖故意,恐怕有牴觸「故意與行為同時存在原則(或稱同時性原則)」的疑慮。對此,建議未來修法時應予刪除。先不論立法論上的正當性問題,即使沒有本條之規定,其實亦可透過「不作為擄人勒贖」的解釋方法,也就是「利用自己先前有責地侵奪被害人自由的狀態,強制他人給付贖金」,直接論行為人成立刑法第 347 條擄人勒贖罪。換言之,行為人於行為時的故意乃是具體對應到(1)利用自己有責造成的劫持或強占等狀態,以及(2)強制他人給付贖金。

2.錯　誤

如前所述,行為人於擄人時的故意必須對應到擄人與勒贖等客觀的不法

事實。若是主觀上未能對應到其中一項客觀事實，即無法成立擄人勒贖罪。舉例來說，雖然甲於擄人時具有勒贖的意圖（故意），卻是誤認了被害人乙同意擄人之行為。於此，甲頂多成立擄人勒贖未遂（刑 346 III, 25）。

　　另外，因為擄人勒贖罪並非截斷的結果犯，原本作為不法所有意圖之內涵的「獲利」實際上就是客觀不法事實的「取得贖金」，所以擄人勒贖罪無需額外要求行為人行為時具有不法所有意圖。倘若行為人誤以為法律上允許綁架被害人，以此要求返還積欠的賭債，即不得論以構成要件錯誤而阻卻故意，而是對於法律上之權限的誤認，並且適用第 16 條之禁止錯誤。

讀後測驗

1. 刑法第 346 條恐嚇取財罪及第 347 條擄人勒贖罪的保護法益各為何？
2. 恐嚇取財罪的客觀不法構成要件為何，以及此等要件之間必須具備何種歸責關聯？
3. 試說明「恐嚇」具有哪些下位類型？
4. 何謂「詐騙式恐嚇」，此應成立詐欺罪或恐嚇取財罪？
5. 所謂的「至使不能抗拒」（刑 328 I）是否或如何作為區分強盜罪與恐嚇取財罪的標準？
6. 「違法取得的財物」可否作為恐嚇取財罪的犯罪客體？
7. 所謂的「理性關聯」如何作為恐嚇取財罪的阻卻違法事由？
8. 試比較恐嚇取財罪與擄人勒贖罪於犯罪結構上的差異。
9. 何謂三面的恐嚇取財及擄人勒贖？
10. 擄人勒贖罪的客觀不法構成要件為何，又既未遂的標準為何？
11. 擄人勒贖罪的故意與意圖該如何解釋，以及行為時所對應的客觀犯罪事實為何？

第十章

背信罪

刑法第 342 條

I 為他人處理事務，意圖為自己或第三人不法之利益，或損害本人之利益，而為違背其任務之行為，致生損害於本人之財產或其他利益者，處五年以下有期徒刑、拘役或科或併科五十萬元以下罰金。

II 前項之未遂犯罰之。

壹、保護法益與犯罪本質

、保護法益

　　一般來說，所謂的背信是指行為人藉由故意違反義務的方式侵害他人之財產，又考慮到背信罪與詐欺罪同樣被劃歸在「整體財產犯罪」，本罪的保護法益應當僅限於「整體財產」(Vermögen als Ganzes)❶，不包括個人的處分自由（或是處分權限）、行為人與被害人之間的信賴關係、法律或經濟往來的可信任性 (Redlichkeit)❷等利益。關於背信罪所要保護的法益內容，與詐欺罪之保護法益的辯證方式並無不同。也就是說，儘管詐欺罪的不法構成要件是以施用詐術使被害人陷於錯誤而為財產處分作為設定依據，卻不等於被害人的處分自由同樣屬於詐欺罪的保護法益。理由在於：

　　㈠詐欺罪的行為不法乃是行為人透過詐騙使他人產生誤認而處分財產，亦即詐術行為本身內含使他人陷於錯誤與財產損害的複數風險，又其中之一

---

❶ Kindhäuser, BT II, 9. Aufl., 2017, §34 Rn.1; Klesczewski, BT 2, 2011, S.109; Mitsch, BT 2, 3. Aufl., 2015, S.357.

❷ Samson/Günther, in: SK-StGB, 5. Aufl., 1996, §266 Rn.2.

的財產損害風險持續發展下去的結果將是被害人的整體財產受有損害。若是從立法技術的角度來看，任何一種針對不法行為所預設的風險禁止要求必須與不法結果的風險實現之間具有一定的對應性。而基於這樣的對應性結構，我們也可以說，形塑行為不法的要素主要在於凸顯行為人違反詐欺罪所預設的行為義務（不應該施用詐術），又此種行為義務乃是為了避免可能發生的行為結果（財產損害）而創設，卻不必然表示這些義務背後還有其他種類的法益應受詐欺罪的保護，例如所謂的誠實信用、真實義務等；

　　㈡類似於前述的思考，背信罪的「行為不法」在於行為人利用自己處於為他人利益照顧財產的權限或信任地位而侵害他人的財產。就這點來說，與此等地位相對應的違反「**財產照顧義務**」(Vermögensbetreuungspflicht) 則是作為形塑行為不法的核心要素，不過，卻不必然表示違反背信罪所預設的行為義務（不應違背任務）等同於侵害其他種類的法益，例如個人的處分自由、信賴關係、法律或經濟往來的可信任性等❸。

二、身分犯與結果犯

　　基於背信罪的行為不法是以違反財產照顧義務為前提，違背任務的行為主體必須是負有此種義務之人。又當法條中明文訂有「為他人處理事務」此項要件時，相當程度上同樣反映出行為人負有一定照顧義務的要求。無論如何，背信罪的行為人對於他人的財產負有 「特別的責任」 (besondere Verantwortlichkeit)，因而被劃歸在「身分犯」（或稱特別犯）❹的類型。

　　另外，雖然背信罪與詐欺罪同為整體財產犯罪，但仍有不同的是，背信罪並不像詐欺罪作為所謂的「財產移轉之罪」，也就是行為人與財產所有人之

---

❸　同此結論， 例如 Krey/Hellmann, BT 2, 15. Aufl., 2008, §17 Rn.541; Klesczewski, BT 2, 2011, S.109; Mitsch, JuS 2011, S.98.

❹　Krey/Hellmann, BT 2, 15. Aufl., 2008, §17 Rn.543; Satzger, NStZ 2009, S.299.

間不存在著財產移轉的現象，反而是強調透過違背任務的方式導致被害人的財產受到損害。於此，背信罪也是典型的結果犯。若是背信未遂的話，則是依同條第 2 項之規定處罰之。

貳、與其他犯罪的關係

背信罪與詐欺罪同屬侵害整體財產之罪，以及這兩者的犯罪結構均有涉及到「被害人自決」的要素。然而，其中仍有差異的是，詐欺罪乃是由陷於錯誤的被害人基於個人的自我決定而處分財產，並且由此開啟了財產損害的歷程。相較之下，雖然背信罪也是由被害人基於個人的自我決定而處分財產，只不過這裡的處分並非嚴格意義下的移轉財產概念，而是事先授與行為人權限為其處分財產。因此，我們也可以說，背信罪之中所謂的被害人自決充其量只能影響行為人是否取得處分財產的權限，至於現實上的財產處分仍舊是由行為人為之，並且由其決定是否及如何開啟財產損害的歷程。

延續上述的思考，可進一步確認的是，不同於詐欺、竊盜、侵占、恐嚇取財等犯罪是從「**外部關係**」侵害他人的財產，背信罪的行為模式則是行為人藉由與財產所有人的「**內部關係**」，特別是基於特定權限所產生的處分可能性與信任基礎，進而由內向外侵害該財產所有人的財產❺。所以，背信罪之行為不法的特殊性在於：「**行為人被授予處分財產的權限地位，卻以違反照顧義務的方法侵害他人之財產，而此受有侵害的財產乃是財產所有人交由行為人處分的財產。**」相對於此，有部分的實務見解認為，「刑法上的背信罪為一般的違背任務之犯罪，若為他人處理事務，意圖為自己或第三人不法之所有，以詐術使他人交付財物者，應成立詐欺罪，不能論以背信罪。」❻嚴格來說，這項見解其實只有提出背信與詐欺的基本定義，卻沒有指出其中最為關鍵的

---

❺　Mitsch, JuS 2011, S.98.

❻　最高法院 63 年台上字第 292 號判例。

差異，亦即背信行為的不法特徵在於，行為人保有為他人處分財產的權限，以及負有相應的財產照顧義務，但詐欺罪卻沒有這項特徵❼。

參、客觀不法構成要件

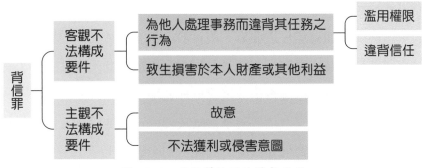

圖 10-1　背信罪的不法構成要件

本罪的客觀不法構成要件分別為「為他人處理事務而為違背其任務之行為」、「致生損害於本人之財產或其他利益」。

一、為他人處理事務而違背其任務之行為

基本上，立法者使用了概念不甚具體的「違背其任務之行為」作為背信罪的不法構成要件行為，純粹從違背任務的文義進行理解，恐怕還是無法精確掌握背信行為的可罰性範圍。若是從比較法的視野切入，德國刑法於 1933 年修訂之時，該國立法者將爭執已久的違背信任理論與濫用權限理論均納入不法構成要件的設計理念，試圖對於個人之整體財產提供一套無漏洞式的保護機制❽。於此，不法構成要件行為最終確定以「濫用權限」與「違反信任」

---

❼ 這樣的不法本質思考同樣也適用在背信罪與竊盜、侵占等罪的區分上；類似的分析路徑，見張天一，論背信罪之本質與定位，收錄：時代變動下的財產犯罪，2015 年，頁 237。

❽ 外國法制的完整介紹與分析，可參考張天一，論背信罪之本質與定位，收錄：時代變動下的財產犯罪，2015 年，頁 211–212。

為主要的行為類型。此外，不論是濫用權限或違背信任的行為，行為人均以具備「特殊的義務地位」為必要，也就是前述所提及的「財產照顧義務」(Vermögensbetreuungspflicht)❾。換句話說，以犯罪本身的體系邏輯來說，我們必須先確認行為人對於財產所有人的財產負有一定的財產照顧義務，緊接著始有可能透過濫用權限或違背信任等行為方式違反此種義務。其次，濫用權限的概念範疇比違背信任還要窄，兩者於邏輯上處於所謂的特別關係❿，因此於犯罪評價之時，應先行判斷是否構成濫用權限此一要件。倘若答案為否定的話，才會續行評價是否構成違背信任此項要件。

不可否認的是，我國背信罪的不法構成要件未如德國刑法將背信行為明確區分為濫用權限與違背信任兩者，因此，初步理解上似乎不免會存在著些許的差異。儘管如此，透過比較法上的解釋，或許更能精準掌握背信罪所規定之「為他人處理事務而為違背其任務之行為」應有的內涵。延續這樣的解釋基準，我們將濫用權限與違背信任視為「為他人處理事務而為違背其任務之行為」的下位類型，其中為他人處理事務乃是取得權限與形成信任關係的基礎，違背任務之行為則是指濫用權限與違背信任等行為模式。

㈠濫用權限

1.權　限

基本上，濫用權限涉及到典型的三面關係，也就是行為人、財產所有人（被害人）、外部的交易相對人。「經由」法律規定、國家委託，或是法律行為等，行為人取得為他人（財產所有人）處分財產的法律地位

---

❾　此為德國多數的學說見解，僅參閱 Krey/Hellmann, BT 2, 15. Aufl., 2008, §17 Rn.543; Rotsch, ZJS 2013, S.75；不同意見，例如 Otto, BT, 7. Aufl., 2005, §54 Rn.5.

❿　僅參閱 Kindhäuser, BT II, 9. Aufl., 2017, §34 Rn.4.

(Rechtsmacht)，或稱之為權限。又基於此種特殊的地位與資格，行為人能夠針對他人的財產從事一定的法律行為，並且直接對外產生法律上的拘束效果。

(1)法律規定、國家委託與法律行為

由法律規定取得權限可以是依民法、行政法，或是社會法等。舉例來說，依民法第 1088 條規定，父母具有權限為其未成年子女處分財產，或是作為法定代理人為其訂立契約[11]；或是破產管理人依破產法第 86、92 條等規定管理破產財團。

另外，透過國家委託的方式，國家的受託管理人 (Treuhänder) 取得一定的權限，例如依違反社會秩序維護法處理辦法第 47 條規定，警察機關為罰鍰之執行機關，警察因而有權收取被處罰人繳納的罰鍰；稅務機關之公務員收取稅收款項；依社會救助法第 3、11 條規定，縣市政府之公務員辦理生活扶助之給付等。

除了前述二者之外，大部分的權限取得方式乃是透過法律行為為之，例如依民法第 103、167 條等規定授與他人代理權、依民法第 528 條委託他人處理事務[12]，或是授權處分 (Verfügungsermächtigung) 等。應注意的是，所謂的「使者」對於是否及如何從事法律行為欠缺獨立的裁量空間[13]，所以沒有這

---

[11] 見臺灣高等法院 104 年上易字第 655 號判決：「……『滿七歲以上之未成年人，有限制行為能力。』、『限制行為能力人為意思表示及受意思表示，應得法定代理人之允許。但純獲法律上利益，或依其年齡及身份、日常生活所必需者，不在此限。』、『未成年子女之特有財產，由父母共同管理。父母對於未成年子女之特有財產，有使用、收益之權。但非為子女之利益，不得處分之。』、『法律行為，違反強制或禁止之規定者，無效。』民法第 13 條第 2 項、第 77 條、第 1088 條、第 71 條前段分別定有明文。又民法第 1088 條第 2 項但書規定，父母對於子女之特有財產，非為子女之利益，不得處分之。其處分是否有效，要以子女是否因父母處分其特有財產而受有利益決定之。」

[12] 最高法院 49 年台上字第 1530 號判例。

裡所指稱的權限❶；另一方面，民法第 169 條規定的表見代理在本質上屬於一種無權代理，所以，在背信罪的規範脈絡下仍舊屬於欠缺權限的狀態❶，既然行為人沒有針對他人財產從事法律行為的權限，也就沒有是否逾越「法律上受允許範圍」的問題❶。

(2)從事處分行為與負擔行為的權限

對於他人的財產來說，行為人具有以自己或他人名義從事「處分行為」與「負擔行為」的權限❶。前者是指直接發生權利變更、消滅的法律行為，包括物權行為與準物權行為、所有權拋棄、合意所有權移轉、著作權移轉等；後者則是關於使他人承擔一定債權、債務關係的法律行為，或可稱為債務行為及債權行為，包括單獨行為、契約行為等。於此，我們也可以說，處分權限本質上乃是與客體相關 (objektbezogen)，而負擔權限則是與主體有所關聯 (subjektbezogen)❶。

再者，這裡的權限特別是指 「內部關係中於法律上的能為」 (das rechtliche Können im Innenverhältnis)❶，通常是由行為人與財產所有人約定，

---

❶ Heinrich, in: A/W/H/H-BT, 3. Aufl., 2015, §22 Rn.20；關於使者於意思表示上的限制，見最高法院 62 年台上字第 2413 號判決：「傳達意思之機關（使者）與代為表示意思之代理人不同，前者其所完成之意思表示，為本人之意思表示，其效果意思由本人決定，後者代理行為之意思表示為代理人之意思表示，其效果意思由代理人決定，表見代理人之意思表示亦然。」

❶ Kindhäuser, BT II, 9. Aufl., 2017, §34 Rn.9.

❶ Krey/Hellmann, BT 2, 15. Aufl., 2008, §17 Rn.547.

❶ 即便如此，仍有構成「違背信任」之可能，見 Beukelmann, in: Gesamtes Strafrecht, 2. Aufl., 2011, §266 Rn.21；換句話說，在我國背信罪的規定脈絡下，違反財產所有人之利益的表見代理有可能構成「違背任務之行為」。

❶ Mitsch, JuS 2011, S.99.

❶ Rotsch, ZJS 2013, S.77.

❶ 「行為人與交易相對人（財產所有人以外之第三人）」所為的處分行為或負擔行為。

或者是對於公司負責人所要求的注意義務等。舉例來說，行為人有權對交易相對人實施（物權法上的）處分行為，例如所有權讓與、債權讓與等，或是行為人可透過自己之行為使本人與交易相對人形成一定的契約關係，例如以買家身分負有債務給付約定的價款。

總而言之，我們可以將背信罪中的權限定位在：「雖然行為人自己不是特定之物或利益的所有人，卻可以在外部的法律關係上有效地處分該物或利益，並且直接對財產所有人的財產發生法律上的拘束效果。」關於取得權限之行為人與被害人的關係結構，以及為他人（財產所有人；被害人）處理事務的意義，以代理關係為例，詳見下圖所示：

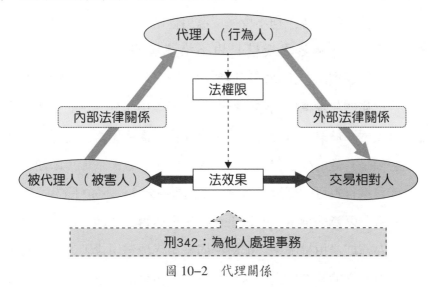

圖 10-2　代理關係

2. 濫　用

「濫用」是指行為人以違反義務的方式行使權限，特別是其所為的處分或負擔行為逾越了 「內部關係中於法律上受允許的範圍」 (das rechtliche Dürfen im Innenverhältnis)[20]，而且直接對他人的財產發生法律上的拘束效果。

---

[20] 「行為人與被害人（財產所有人）」關於權限行使之限制的約定。

簡單地說，「內部關係所設的權限範圍」與「外部關係的權限行使結果」兩者之間發生衝突[21]。又權限的取得與權限應有的內容在具體個案中不盡然會完全切合，例如父母雖然經由民法第 1088 條第 1 項規定取得為子女處分特有財產的權限，不過該權限的內容與範圍卻是受到同條第 2 項規定的限制，也就是必須為子女的利益，始得為之；或是透過組織章程限制公司負責人的權限範圍[22]。

(1)僅法律行為方會構成濫權

基本上，只有從事法律行為才會有權限濫用的問題。如果行為人所從事的不是法律行為，而只是純粹的事實行為、不作為等，或者在外部關係上是無效的處分或負擔行為等，均不會構成濫用權限[23]。

(2)「未授權」與「無效之授權」均不構成濫權

當行為人與財產所有人約定授權契約之時，若行為人沒有被授與為財產所有人處分財產的代理權限，雖然行為人有可能仍居於一定的法律地位，但既然沒有被授與關於財產處分的權限，也就沒有濫用與否的問題。又權限濫用的前提必須是有效的權限授與。在權限授與是無效的情形，即使行為人所為的處分或負擔行為可被理解為所謂的「越權行為」，然而，因為行為人根本沒有為他人處分財產的權限，所以不存在濫用與否的問題。當然，也就沒有進一步評價為構成濫用權限之可能[24]。同樣不構成濫用權限的情形為，行為人在法律上所允許的範圍內從事法律行為，事後卻造成財產所有人的財產損害結果，例如乙授權甲代為收帳。甲雖然以符合契約約定的方式為乙收取債權，不過，卻計畫在收到款項後，供作自己償還債務之用。即便如此，甲仍

---

[21] 僅參閱 Heinrich, in: A/W/H/H-BT, 3. Aufl., 2015, §22 Rn.31ff.

[22] Kindhäuser, BT II, 9. Aufl., 2017, §34 Rn.14.

[23] 但是仍有可能會構成「違背信任」此項要件。假設最終的評價結果為行為人違背信任，那麼在我國現行法既有的規定脈絡下，仍舊是構成所謂的「違背任務之行為」。

[24] Kindhäuser, BT II, 9. Aufl., 2015, §34 Rn.7.

有可能構成違背信任而成立背信罪（刑 342）與侵占罪（刑 335）。

【實例】甲向乙借小六法。事實上，甲並非為了閱讀而跟乙借閱，而是將該
　　　　書轉售給善意的丙。

　　如前所述，構成濫用權限的前提為行為人所為的法律行為必須是有效的，
又法律行為的有效性取決於行為人被授與為他人處分財產的權限，並且是有
效的權限授與。對此，民法上有關善意受讓的規定無法作為法律行為之有效
與否的補充性依據❷⑤。也就是說，在行為人沒有權限處分他人財產的情形，
交易相對人基於善意而取得特定物的所有權，行為人所為之無權處分行為的
法律效果似乎是透過民法規定予以「修補」。即便如此，行為人既不是該物的
所有權人，而且終究是在未經授權的狀態下從事處分行為❷⑥，既然現實上沒
有權限的授與，也就不存在權限被濫用的問題。

　　據此，因為乙自始未授權甲將小六法轉賣給丙，所以，甲始終欠缺權限
為乙從事負擔及處分行為。雖然依民法第 801、948 條規定，丙基於善意而取
得小六法的所有權，但是並不影響甲基於欠缺處分財產的權限，進而無法構
成濫用權限。

⑶法律行為效力未定狀態尚不構成濫權

【實例】甲為乙的代理人。甲、乙之間約定：甲不得從事價額超過一千萬元
　　　　的房屋交易。即便如此，甲仍然以乙的名義購買一千二百萬元的房
　　　　屋。

　　當甲違反權限授與的約定，並且以一千二百萬元的價額為乙購買房屋之
時，容待釐清的是，甲的行為是否為濫用權限而構成違背其任務之行為。一

---

❷⑤　Krey/Hellmann, BT 2, 15. Aufl., 2002, §17 Rn.547.

❷⑥　Heinrich, in: A/W/H/H-BT, 3. Aufl., 2015, §22 Rn.21.

般而言，所謂的濫用權限是指，行為人取得一定的權限，得以針對他人財產從事對外產生拘束效果的法律行為，又基於內部關係所取得權限乃是為行為人劃定出於法律上得為的範圍 (rechtliches Können)，不過，就外部關係而言，原本於內部關係所形成的能為範圍，則是具體對應到法律上允許的權限行使界限 (rechtliches Dürfen)。一旦行為人於外部關係上逾越了法律上受允許的範圍[27]，即屬構成權限濫用。

然而，即使財產所有人為授與行為人一定範圍的權限，而且行為人逾越該範圍限制的話，規範上不會立即排除權限行使的有效性。就本例的情形來說，甲與第三人所簽訂的買賣契約在民法上並非自始無效，而是處於效力未定的狀態。也就是說，雖然甲行使了負擔行為的權限，卻因為現實上仍未產生有效的法律行為，所以處於效力未定的狀態。唯有財產所有人乙事後對甲的行為表示承認，才會終局地產生民法上的拘束力[28]。依此，甲所為的負擔行為對乙來說，因為還沒有確定產生契約上的權利義務關係，所以乙的財產不會因為負有給付義務而受有損害。

附帶一提的是，因為權限濫用取決於財產所有人如何限制權限授與的範圍，而此終究屬於構成要件層次的問題，所以，只要在行為人為處分行為之前（例如交付買賣價金），財產所有人針對逾越權限的部分表示同意，即無濫用權限之問題[29]。

⑷終止授權卻未收回授權證明，仍構成權利濫用

【實例】甲授與乙代理權出售房屋，並且交付一張代理權的授與證明。在房屋未出售之前，甲終止對乙的授權，不過卻忘了將該份授權證明收

---

[27] Kindhäuser, BT II, 9. Aufl., 2015, §34 Rn.11.

[28] Rotsch, ZJS 2013, S.77.

[29] Klesczewski, BT 2, 2011, S.107.

回。乙向善意的丙出示授權證明，並將房屋賣給丙。

基本上，只要行為人從事法律行為時不具有一定的權限，那麼該行為對於他人財產也就不會產生不利益的影響。但有例外的是，行為人與財產所有人事先約定代理權，事後於權限授與的內部關係上由財產所有人終止代理，不過，在行為人與交易相對人從事法律行為的外部關係上，財產所有人所授與的權限卻是持續發生作用。

就本例而言，當甲終止對乙的代理權，乙在內部關係上即已喪失原有的代理權限。不過，因為甲未將代理權授與的書面證明收回，就外部關係而言，乙被授與的權限仍然持續發生作用。又乙為甲之財產所為的法律行為之所以能夠產生拘束效果，理由並不在於誠實信用原則，而是由甲（有權之人）「事實上」授與乙一定的法律地位。綜此，甲雖然未將授權證明收回，乙原有的權限在外部關係持續發生作用，乙善意處分甲之房屋的行為因而構成濫用權限。

㈡違背信任

1.信任關係

在違背信任的情形，行為人基本上是以違反義務的方式侵害他人的財產。又這裡的義務是指財產照顧義務，特別是指行為人被要求負有一定的義務 (obliegende Pflicht)，以實現他人福祉為目的而照顧及管理他人的財產[30]。一般而言，此種義務承擔的形成基礎為「依據」法律規定、國家委託、法律行為、或是「事實上」的信任關係 (faktisches Treuerverhältnis)，例如表見代理、授與權限無效，或是保證人地位中的事實上承擔、危險共同體等。針對

---

[30] Rotsch, ZJS 2013, S.78.

事實上的信任關係，如前所述，德國刑法典於 1933 年修正時將濫用權限理論與違背信任理論均納為不法構成要件的設計理念。雖然背信罪的不法構成要件結構以濫用權限作為主要的規範型態，不過，考慮到行為人與財產所有人內部的法律關係無效時，將導致行為人現實上欠缺處分他人財產的權限，或是超出應有的權限範圍，雖然行為人對外所為的法律行為無效，事實上卻仍有侵害財產所有人之財產的危險，所以，對此可能產生的處罰漏洞應以違背信任的不法構成要件予以填補。換句話說，類似於濫用權限的情形，儘管違背信任的行為人同樣負有一定的財產照顧義務，不過，實際上也都保有權限就他人之財產從事處分或負擔行為。只不過其中仍有差異的是，違背信任的不法性強調由權限本身衍生出財產所有人與行為人之間保有一定的信賴關係，以及基於此種關係，行為人處於「事實上」能夠影響他人財產的能力狀態。

應注意的是，即使行為人的財產照顧義務得以源自於事實上的信任關係，然而，這樣關係卻不得牴觸法秩序之要求，否則行為人由此所生的照顧義務即屬一種無效的義務[31]。此外，違背信任與濫用權限同樣作為「違背其任務」的下位類型，違背信任相對於濫用權限而言，邏輯上屬於備位性的適用關係，所以，只有在不構成濫用權限的情形才有進一步評價違背信任的可能。

2.財產照顧義務

基於比較法的觀點，德國法規定的體系是以財產照顧義務作為不法構成要件的核心要素，那麼違背信任的不法性應當也是以違反財產照顧義務為基礎。不過，因為德國刑法第 266 條第 1 項的法條文義沒有明確地表達出這項特殊義務的要求，所以，引起規定本身違反明確性原則的違憲爭議。考慮到法條規定沒有明確提示行為人必須負有特殊的財產照顧義務，同時又為了避

---

[31] Klesczewski, BT 2, 2011, S.111.

免不必要的違憲爭議，對於違背信任即有必要採取限縮解釋，進而將財產照顧義務納入其中，藉此符合合憲性的要求[32]。

除了合憲性的解釋策略，若是回到背信的本質，以及國家刑罰權的理性界限等問題上，我們很難想像在一般性的社會交往關係中，人與人之間的交往行動絕對不會涉及他人的財產，或是不會對於該財產造成損害。單就這點來說，可以想像的是，任何人均有可能只是因為違反了某種義務，並且造成他人財產的損害，隨即構成背信罪。為了避免任何一種財產侵害行為恣意地被納入背信罪的處罰範疇，即有必要將所謂的財產照顧義務進一步具體化。

德國多數的學說與實務見解均認為，違背信任要件中與財產有關的義務僅限於行為人與財產所有人之間於內部 （法律） 關係上的 「主要義務」 (Hauptpflicht)[33]，但不包括契約關係中所產生的附隨義務，藉此避免毫無限制地將任何形式的義務違反納入背信罪的處罰範疇，同時，亦可避免產生刑法過度介入契約履行的疑慮。換句話說，於契約關係中，不論是因為尚未履行，或是未能完全履行而產生的義務，例如買受人與出賣人於履行買賣契約時所發生的不完全給付、給付遲延等，均不屬於與財產照顧義務有關的主要義務。

再者，「主要義務」的判斷標準主要在於負有義務之人（或稱受託之人）於處理他人財產的獨立性[34]，也就是具有決定是否及如何從事行為的裁量空間[35]。更具體地說，行為人基於從事處分或負擔行為的權限而與財產所有人保有同等的行為權力 (Handlungsmacht)。又基於這樣的權力均等基礎，負有義務之人即有必要為了財產所有人之利益而處分財產。換句話說，為他人利

[32] Mitsch, JuS 2011, S.100.

[33] Heghmanns, Strafrecht für alle Semester, BT, 2009, S.462; Kindhäuser, BT II, 6. Aufl., 2011, §34 Rn.30; Klesczewski, BT 2, 2011, S.110; Mitsch, JuS 2011, S.100.

[34] Heinrich, in: A/W/H/H-BT, 3. Aufl., 2015, §22 Rn.63.

[35] Heghmanns, Strafrecht für alle Semester, BT, 2009, S.463; Rotsch, ZJS 2013, S.78.

益的行為要求乃是行為人將自己設想在立於財產所有人的地位，而就在這種「虛擬性」(fiktiv) 的地位中，當行為人試圖為自己從事有利財產的行為，其實也正是為財產所有人從事有利的財產處分❸。

> 【實例1】甲為便利超商的店員。趁著每日傍晚交班之前，甲少算一千元的營業額。當甲累積收取到十萬元之時，便捲款離開超商遠走高飛。
>
> 【實例2】甲任職於 A 餐飲公司，負責在某車站的駐點櫃臺販售飯盒。每天結束營業後，甲必須結算一天所得，並且計入會計帳目。某日，甲更改帳目，並且將未計入帳目的金額用來償還私人債務。

　　基本上，不論是實例 1 或實例 2 的甲僅能依照超商及餐飲公司所訂定的商品價格販售商品，並沒有被授與權限決定是否及如何與顧客從事買賣，也就是欠缺從事負擔行為與處分行為的權限，因而不存在濫用權限的問題。不過，甲取走款項的行為仍有可能構成違背信任，前提必須是甲違反了照顧他人之財產利益 (fremde Vermögensinteresse wahrzunehmen) 的義務。對此，本例的甲應當負有財產照顧義務。理由在於，即便甲僅能依照商品價格販售商品，卻只是關於權限行使的限制之一，我們還是無法否認甲始終保有與第三人從事負擔與處分行為的權限。換句話說，甲的任務本身帶有為他人實現財產利益而照顧及管理財產的意義，並且具有相當的獨立性，得以決定是否及如何與交易相對人從事負擔與處分行為❸。

㈢共通要素：違反財產照顧義務

　　基本上，不論在濫用權限或違背信任的情形，行為人對於財產所有人之

---

❸　見 Mitsch, JuS 2013, S.102; sowie Heinrich, in: A/W/H/H-BT, 3. Aufl., 2015, §22 Rn.58.

❸　Klesczewski, BT 2, 2011, S.110.

財產所承擔的財產照顧義務在內容上均屬一致，濫用權限的行為人並沒有承擔較低的義務，而在違背信任的情形亦未要求更高的義務❸。又因為違反財產照顧義務作為支撐濫用權限與違背信任等行為類型的基本要素，所以，義務違反本身實質上亦可視為背信罪的一項不法構成要件。既是由其他法規範所形塑的義務要求，該義務的範圍與內容即須由該法規範決定在何種條件下構成義務違反。倘若行為人誤認義務的範圍與內容，則屬構成要件錯誤而阻卻故意。

1.濫用權限

財產所有人同意行為人從事具有風險性的負擔或處分行為，即屬尚未逾越內部關係上法律允許的範圍。舉例來說，甲委託乙為其買賣股票，從事具有風險性的投資。只要乙基於甲的同意（或可推測的同意）而為甲從事風險性投資，特別是甲至少有容任 (dolus eventualis) 財產損害的發生，儘管股票買賣的投機活動最終是失敗的，乙買賣甲的股票從事投資，亦屬沒有違反義務❸。簡單地說，在濫用權限的情形，風險交易的義務違反性主要還是取決於財產所有人的（阻卻構成要件）同意，至於客觀歸責理論中與違反客觀義務相關的「製造法所不容許風險」（或稱容許風險理論），實際上也就沒有特別的應用必要性。

2.違背信任

相較於濫用權限的情形，違背信任的義務違反不一定帶有法律行為的特徵，若是純粹事實上的義務違反，或是不作為等，同樣也可以作為義務違反的行為❹。舉例來說，甲作為 A 工廠的監督者，負有義務監督管理廠區內的

---

❸　Heinrich, in: A/W/H/H-BT, 3. Aufl., 2015, §22 Rn.68.

❸　Heinrich, in: A/W/H/H-BT, 3. Aufl., 2015, §22 Rn.72.

鋼鐵原料，但甲見到該等鋼鐵原料遭他人擅自使用於製作鍋具，卻不採取任何的防止措施❹。另一方面，具有法律行為特徵的行為對於違背信任還是有一定的意義，特別是當行為人沒有實現所謂的濫用權限之時，例如完全欠缺權限，或是逾越權限而未產生負擔或處分之效果等，其行為卻是對財產所有人的財產形成具體的危險，典型的例子為表見代理與善意受讓。

再者，針對風險交易中的違背信任，基本上，義務違反的特徵在於行為人之行為逾越了法所容許的範圍，然而，因為高風險的（投資）行動往往有可能產生重大的獲益結果，所以，在一定程度內的理性冒險是受到允許的。或者，更精確地說，行為人正是負有義務從事這樣的冒險，藉此為財產所有人爭取最大的獲利機會。不同於濫用權限的情形，考慮到個別的交易領域，行為人與財產所有人於專業知識上往往存在著相當的落差，特別是財產所有人不盡然都能夠充分掌握特定交易的市場邏輯與操作技術，因而難以判斷如何從符合自己最佳利益的基礎，進而對行為人的交易決定表示同意。於此，行為人的專業性判斷、民法上的注意義務，或是公司法上負責人的忠實義務等，即可作為財產損害風險是否容許的評價標準。基於專業判斷之尊重與交易既有的風險等條件，即使財產所有人受有財產損害的不利益，仍不得論行為人的財產處分行為構成違背信任❷。

⼆、致生損害於本人之財產或其他利益

㈠背信的對象

儘管立法者於法條文字中使用損害本人財產或其他利益等用語，似乎在

---

❹ Kindhäuser, BT II, 9. Aufl., 2017, §34 Rn.27; Klesczewski, BT 2, 2011, S.111.

❹ Klesczewski, BT 2, 2011, S.112.

❷ 相關理論的說明與應用，參閱張天一，背信罪中違背任務之行為之判斷，收錄：時代變動下的財產犯罪，2015 年，頁 265 以下。

於強調背信罪的不法結果為個人財產或其他種類的利益受有侵害，只不過考慮到本罪在本質上屬於侵害整體財產之罪，這裡所指稱的財產或其他利益仍有必要從整體財產的角度予以理解。換句話說，背信行為的攻擊對象可以是實體物，也可以是抽象存在的財產利益。若是比較詐欺罪的財產損害類型，背信罪的財產損害同樣也可以區分「一般背信」與「訂約背信」(Eingehungsuntreue)[43]兩者。

㈡財產損害

所謂的財產損害是指整體財產的價值有所減少，或是應增加卻未增加[44]。就後者而言，行為人所承擔的財產照顧義務必須是為財產所有人爭取潛在的獲利機會，藉此促使財產總額能有所增加，也就是當現實上已有機會可以為財產所有人實現獲利，行為人卻是以不作為的方式違反義務，使得財產總額應增加卻未增加[45]。至於財產損害的評價基準則是以行為人處分財產後的獲利與損失予以結算 (Sadierung)[46]。即使行為人受託照顧及管理的財產因為財產處分而遭受價值減損的不利益，只要現實上已經存在供其損益平衡的資金基礎，也就沒有財產損害的問題。

㈢財產概念

應注意的是，關於財產的概念，若是採取部分學說見解的「法律與經濟的財產理論」，那麼這邊的獲利即有必要考慮到法秩序一致性的要求。也就是說，若是獲利本身是違法的，那麼也就無法進入刑法的保護領域；相對地，若是改採「經濟的財產理論」的話，違法的獲利狀態則有受到刑法保護的空

[43] 用語見 Rotsch, ZJS 2013, S.79.

[44] Heinrich, in: A/W/H/H-BT, 3. Aufl., 2015, §22 Rn.76.

[45] Klesczewski, BT 2, 2011, S.112.

[46] Mitsch, JuS 2013, S.101.

間 ❹。另一方面，基於背信罪的財產損害在概念上同等於詐欺罪的財產損害，詐欺罪之財產損害所要求的「個別的財產效果論」、「同於損害概念之具體的財產危險」等，均適用於背信罪的結果評價。又因為法條文字明確指出財產損害之被害人僅僅為「本人」，亦即「財產所有人」，所以，除了本人以外的第三人，縱然其財產因為背信行為而直接或間接受有侵害，仍無法論為本罪的保護對象。

肆、主觀不法構成要件

背信罪的主觀不法構成要件分別為 「故意」 與 「不法獲利或侵害意圖」 ❹，行為人必須於實施背信行為之時具備此等心理條件。又考慮到背信罪所要保護的法益為具有經濟意義的整體財產，與此相應的法益侵害歷程在邏輯上也就必須是為處理他人事務而違背任務之行為、被害人受有財產損害，以及最終由行為人或第三人獲取財產上的利益等。

然而，當立法者將獲利階段設定為主觀的所有意圖之後，使得背信罪與詐欺罪一樣，明確採取 「截斷的結果犯」 (kupiertes Erfolgsdelikt) 的立法模式，客觀不法構成要件的射程界限因而以財產損害作為標準，也就是發生財產損害等同於實現背信既遂的時點。 至於行為人企圖獲得的財產利益 （獲利），也就不再是成立背信罪既遂的條件 ❹。

---

❹ 參閱 Klesczewski, BT 2, 2011, S.112；針對財產概念的內涵，詳見本書詐欺罪章中關於「財產損害」的說明。

❹ 關於「意圖」的基本說明，請參閱本書竊盜罪章之「不法所有意圖」一節中的說明，此處不再贅述。

❹ 現行條文於意圖獲利之外，額外規定「意圖損害本人之利益」顯然為錯誤的立法。

讀後測驗

1. 刑法第 342 條背信罪的保護法益為何？

2. 試從「自損犯罪」的犯罪本質說明背信罪與詐欺罪之間的差異。

3. 何謂「濫用權限」及「違背信任」，以及違反財產照顧義務對於解釋此等概念的意義關聯為何？

4. 風險交易中關於違反財產義務的行為應如何評價？

5. 背信罪的財產概念為何，以及與此相關之財產損害的評價準據為何？

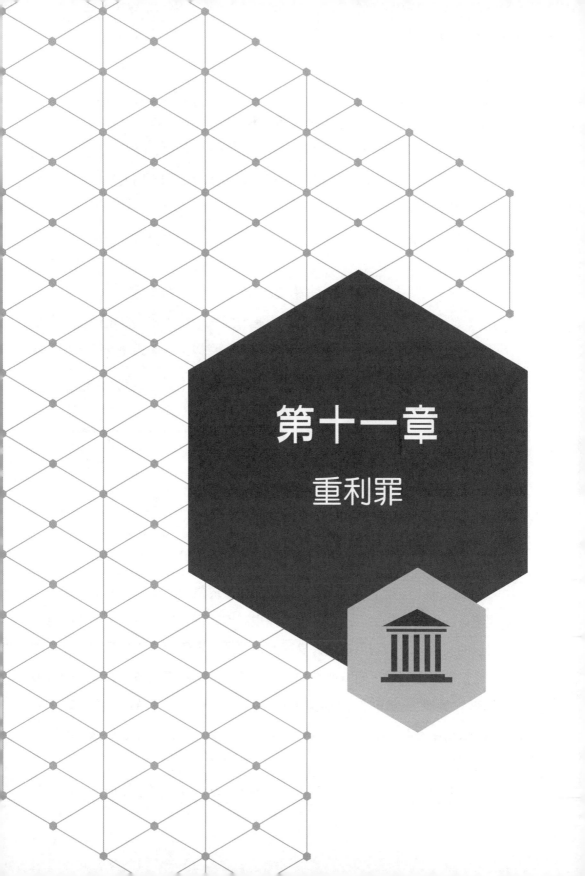

第十一章

重利罪

刑法第 344 條

I 乘他人急迫、輕率、無經驗或難以求助之處境，貸以金錢或其他物品，而取得與原本顯不相當之重利者，處三年以下有期徒刑、拘役或科或併科三十萬元以下罰金。

II 前項重利，包括手續費、保管費、違約金及其他與借貸相關之費用。

刑法第 344 條之 1

I 以強暴、脅迫、恐嚇、侵入住宅、傷害、毀損、監控或其他足以使人心生畏懼之方法取得前條第一項之重利者，處六月以上五年以下有期徒刑，得併科五十萬元以下罰金。

II 前項之未遂犯罰之。

壹、保護法益與犯罪類型

、整體財產作為保護法益？

　　刑法第 344 條第 1 項的不法構成要件僅限於借貸法律關係的重利模式。就規範目的來說，國家以刑事制裁手段規制重利行為無非是為了禁止行為人為自己的利益，故意利用被害人身處的弱勢地位，經由訂立借貸契約以獲取不成比例的財產利益，同時亦造成被害人於經濟上的不利益。對此，依據多數的學說見解，重利罪的保護對象應屬作為個人法益的 「整體財產」 (Vermögen)❶，而立論依據在於針對急迫、輕率、無經驗等要件採取限縮解

---

❶　例如 Heger, in: Lackner/Kühl-StGB, 29. Aufl., 2018, Rn.1; Hoyer, in: SK-StGB, 8.

釋，也就是重利行為本質上涉及到被害人自身所面臨的特殊處境，行為人藉此實現侵奪他人財產之目的。簡單地說，個人身處的處境狀態屬於財產侵害（或危險）的必要條件。相對地，部分的學說見解則是認為重利罪不是典型的侵害個人法益之罪。除了整體財產之外，重利行為要不是附帶地侵害社會大眾對於經濟市場合乎規則地運作的信賴基礎❷，就是干預被害人的意思形成或活動自由❸。依此，我們也可以說，重利罪的保護對象為「特殊的雙重法益」。

此外，較為特別的是，德國學者 Kindhäuser 提出論理上頗具說服力的超個人法益觀點，也就是重利罪的保護法益為內容涉及「機會平等與合理的利益分配」(Chancengleichheit und gerechte Güterverteilung) 的「契約自由」❹，又依此所形成的行為規範在於防止行為人將他人身處的弱勢地位利用為法律

Aufl., 2012, §291 Rn.3; Heine/Hecker, in: S/S-StGB, 30. Aufl., 2019, §291 Rn.2; Krey/Hellmann, BT 2, 15. Aufl., 2002, §16 Rn.535; 從比較法的角度來看，德國多數的學說見解之所以將重利罪的保護法益定位在個人法益的整體財產（例如 Mitsch, BT 2, 3. Aufl., 2017, S.922; Schmidt, in: BeckOK-StGB, 43. Aufl., 2019, §291 Rn.2.），另外一個理由在於德國法的規範體系是把重利區分為個人重利 (Individualwucher) 與社會重利 (Sozialwucher)。前者規定在刑法且保護對象為個人法益，後者則是規定在違反秩序罰法且保護對象為超個人法益，見 Pananis, in: MK-StGB, 3. Aufl., 2019, §291 Rn.1.

❷ Otto, BT, 7. Aufl., 2005, §61 Rn.124; 類似見解，例如 Bohnert, Ordnungswidrige Mietpreisüberhöhung, 1991, S.9 將「市場供需機制的運作」視為另外一個獨立的保護法益。

❸ 依此見解，重利罪本質上亦屬於侵害個人自由法益之罪。見 Arzt, FS für Lackner, 1987, S.650 ff.

❹ Kindhäuser, in: NK-StGB, 5. Aufl., 2017, §291 Rn.2.；應強調的是，這裡的契約自由是指一種協助個人實現自我的制度性條件，其與民法上的契約自由無關，這兩者概念不容混淆。

關係中決定交易價格的條件基礎。理由在於，德國的重利罪原本在舊法時期被定調為經濟犯罪，而抗制對象聚焦在足以干擾市場或價格穩定的行為模式。然而，現行的重利罪卻是改以防止行為人利用被害人的弱勢地位而取得不成比例的財產利益為規制重點。一般來說，經濟犯罪的不法設定是以影響超個人法益的經濟秩序為基礎❺，尤其是指經濟系統的運作條件。不過，重利行為的可罰性卻是利用被害人的弱勢地位而取得財產利益，又這樣的不法預設顯然與個人自由領域的侵害具有關聯，反而未涉及經濟系統的運作。如果要論影響經濟系統的話，我們先是確定系統本身的運作條件為自由市場下的供需機制，又這種機制的穩定與否勢必連動到「特定給付」與「對待給付」之間是否能夠適當。只不過應注意的是，這其中的運作關聯僅僅攸關到供需機制下給付是否合乎比例的計算標準，除非已經明顯造成市場價格的失衡，否則還是無法視為可罰的重利行為。相較之下，當我們從侵害個人自由領域理解重利行為的應罰性，那麼行為不法的重點將會轉向於被害人為了取得特定給付而期約或給付行為人顯失比例的財產利益。由此更可說明，假設重利罪以超個人的市場運作功能（例如市場價格的合理性）作為保護對象，那麼行為不法更不應該以個別被害人所處的處境條件為形塑基礎❻。另一方面，若是把保護法益限定在整體財產的話，形同讓國家不當轉為監護人角色，限縮被害人的個人自決空間，尤其是藉由個人所有之財產以實現自我的可能性❼。

　　附帶一提，即使本罪禁止行為人利用被害人的弱勢地位以取得重利，但

---

❺　這裡所指稱的「經濟秩序」只是一種統稱性的說法，至於經濟刑法之保護法益的具體內涵與建構依據，可參考古承宗，經濟刑法的保護法益與抽象危險，刑事政策與犯罪防治研究專刊，24 期，頁 1 以下。

❻　Kindhäuser, Zur Struktur des Wuchertatbestands, in: Abhandlungen zum Vermögensstrafrecht, 2017, S.378.

❼　Kindhäuser, Zur Struktur des Wuchertatbestands, in: Abhandlungen zum Vermögensstrafrecht, 2017, S.379.

也無法說明本罪的保護對象兼及自由法益❽。舉例來說，行為人提供一筆附有重利的借款，不只是暫時減輕被害人對於既有債務的償還壓力，而且因為增加了的借貸選擇而實質產生自由擴張的效果。再者，被害人本來就沒有要求他人以市場上慣行的條件訂立契約之權利，所以更無法將附有重利條件的法律關係論為限縮被害人的選擇自由。或許，重利本身可被理解為一種經濟上的負擔，但是不排除對於部分的人來說，說不定正是渴望已久的救援工具，藉此暫時擺脫資金籌措上的難題。最後，當被害人拒絕接受附有重利的締約條件，導致自己原本的經濟狀態未能獲得改善，而須繼續面對窘迫的生活條件，仍舊無法論為個人自由受有侵害❾。即使在已經訂立契約的情形，行為人終究沒有強制被害人締結此種附有重利條件的契約，而且也沒有迫使其履行該契約內容，個人的行為自由同樣沒有受到侵害❿。換句話說，假設我們肯認重利行為限制被害人訂約的意思自由，那麼類似於詐欺罪之施用詐術與陷於錯誤等不法要件的解釋方法⓫，充其量只是一種關於攻擊模式的描述而已，不等於被害人的意思自由同樣作為重利罪的保護法益。

二、抽象危險犯或實害犯？

依多數的學說見解，對於期約或給付重利的人（即被害人）來說，儘管行為人提供金錢或其他物品的借貸選項，不過，此等借貸客體本身所代表的「財產利益」其實帶有某種程度的不利益，尤其是減損個人整體財產的效果。

---

❽ Arzt, in: FS für Lackner, S.641 認為整體財產法益本身兼含「處分自由」(Dispostionsfreiheit) 的利益。

❾ Roxin, JR 1983, S.336.

❿ Kindhäuser, Zur Struktur des Wuchertatbestands, in: Abhandlungen zum Vermögensstrafrecht, 2017, S.380.

⓫ 詐欺罪的保護法益始終只有「整體財產」，不會因為不法構成要件訂有施用詐術使他人陷於錯誤，而使詐欺罪的保護法益兼及意思自由的部分。

換句話說，藉由形成附有重利條件之法律關係的方式，從弱勢的一方取得顯失比例的財產利益，實質上形同侵奪其財產。就這點來說，多數見解從不法構成要件的文義設定切入，一方面推得出重利罪的保護法益為整體財產；另一方面，依此將本罪確定在財產犯罪，而非經濟犯罪的範疇。在形成法律關係的時間點上，被害人為了接受行為人提供的給付而「期約」⑫顯失比例的財產利益，即已產生財產損害的危險。重利罪的侵害模式因此是以所謂的財產危險 (Vermögensgrfährdung) 為主要特徵⑬。雖然我國重利罪規定了「取得」，似乎是以行為人收受被害人所交付的財物為既遂時點。應強調的是，若是堅持重利罪作為一種整體財產犯罪，既遂時點理應以被害人受有不利益為基準，而不是行為人取得利益。所以，這裡的取得在概念上即有必要實質理解為被害人期約或給付，而使本罪的犯罪類型導向於財產危險犯的定性結果。

不同於保護個人法益的論理方式，依保護超個人法益的見解，例如契約自由或經濟市場運作的可信賴性等，重利罪則是較無疑問地作為抽象危險犯，至於被害人期約及給付重利，甚至是行為人實際取得被害人交付的財物，都只是一種涉及到表徵法益侵害危險的事實基礎而已。

貳、與其他（財產）犯罪之比較

 、詐　欺

基本上，重利罪的犯罪歷程與歸責結構類似於詐欺罪，也就是財產損害（或危險）必須源自於被害人的財產處分行為，只不過詐欺罪的被害人於處分財產時乃是處於欠缺認識（即陷於錯誤），在重利罪的情形則是認知心理上

---

⑫　僅參閱 Mitsch, BT 2, 3. Aufl., 2015, S.930.

⑬　Heine/Hecker, in: S/S-StGB, 30. Aufl., 2019, §291 Rn.2 稱重利罪為「抽象的財產危險犯」。

的弱勢；其次，詐欺罪的被害人陷於錯誤必須為客觀可歸責於行為人施用詐術，相較之下，因為重利行為的不法性側重於行為人利用被害人的弱勢狀態以取得重利，所以形成此種狀態不以客觀可歸責於行為人為必要❶。換句話說，詐欺罪所欲非難的施用詐術在規範上是以製造一個使他人陷於錯誤的風險為前提，重利罪的利用行為（即乘他人……）則是將他人既有之急迫或欠缺認識的心理狀態轉為利用風險。

另外，詐欺的被害人處分財產之後無須造成顯失比例的財產損害，因為考慮到施用詐術有責地使他人陷於錯誤，以及被害人因而處分財產且造成財損，詐欺本身已經足以說明侵害他人財產應有的不法內涵。不過，於此有所不同的是，重利罪的被害人之所以處分財產並不是出於行為人有責地造成其弱勢狀態，而在立法技術上為了能夠平衡及說明利用弱勢狀態與財損（或危險）兩者形塑法益侵害之不法的意義，即可針對財損設下一定程度的門檻，一方面讓利用他人弱勢狀態維持在較低程度的不法，另一方面提高財損部分的不法性，以平衡重利行為在整體上應有的不法內涵。

二、加重重利的可罰性

除了普通重利罪之外，立法者於 2014 年新增刑法第 344 條之 1 加重重利罪，立法理由為：「重利被害人遭受不當債務索討，而衍生社會問題之案件，層出不窮，此等行為較諸單純收取或索討重利之行為更為惡劣，危害性亦更鉅。雖以強暴、脅迫、恐嚇、傷害等違法方法索討重利債權，可能該當妨害自由、恐嚇、傷害等罪，惟實務上行為人索討債權之方法未必構成犯罪行為，卻足使被害人心生畏懼或感受強烈之壓力，例如：在被害人住處外站崗、尾隨被害人……等，就此等行為態樣如無處罰規定，不啻係法律漏洞，為遏止

---

❶ Hoyer, in: SK-StGB, 8. Aufl., 2012, §291 Rn.4; Krey/Hellmann, BT 2, 15. Aufl., 2002, §16 Rn.536; Mitsch, BT 2, 3. Aufl., 2015, S.925.

此類行為，爰增列本條之處罰規定，並衡酌刑法分則傷害罪章、妨害自由罪章及本章各罪之刑度，將法定刑定為六月以上五年以下有期徒刑，得併科五十萬元以下罰金，並於第二項規範未遂犯之處罰規定。」依此看來，立法者應是認為加重處罰的正當性在於，行為人先是有責地造成被害人意思自由受到限制，進而利用此一心理強制狀態取得顯失比例的財產利益。但有問題的是，法條列舉的強暴、脅迫、恐嚇、侵入住宅、傷害、毀損、監控或其他足以使人心生畏懼之方法，均屬侵害他人之意思形成或活動自由的手段，又此等行為模式與恐嚇取財罪的恐嚇行為在解釋上具有相當高的同質性。如此一來，暫且不論立法理由中提到的站崗、尾隨等使人心生畏懼的方法，也就是實際上已經可以成立普通重利罪的難以求助要件，加重重利罪與恐嚇取財罪兩者在適用上似乎沒有明顯的差別，本罪之規定即無存在的必要。

參、客觀不法構成要件

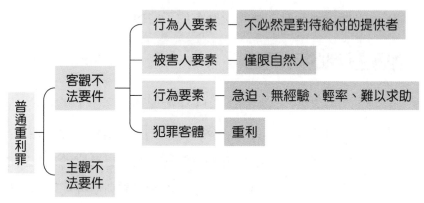

圖 11-1　普通重利罪不法構成要件

本罪的客觀不法構成要件是由行為人要素、被害人要素（他人之急迫、輕率等）、犯罪客體（財產利益）、及行為要素（乘……而取得），以及此等要素之間的剝削關聯（顯失比例）所共同組成。

一、行為人

重利罪非屬所謂的特別犯（或身分犯），行為人不必然是對待給付的提供者，例如提供貸款之人，任何人均可作為本罪的犯罪主體❶。換句話說，現實上不排除對待給付的提供者（與被害人訂立借貸契約之人）與取得重利者（被害人期約或給付重利之人）為不同之人。至於前者是否有參與犯罪之實行，則須依據個案事實予以認定。

二、被害人

關於被害人資格的認定，首要區辨的問題是「何種行為形式對於何人所產生的作用具有決定性」❶。依不法構成要件的文義設定，形成財產危險❶的前提必須是行為人利用他人之急迫、輕率、無經驗或其他難以求助之處境，尤其是這些法條中所列舉的處境狀態，共同特徵為「被害人處於一種特殊的心理狀態，使得作為契約當事人的行為人明顯具有協商（或談判）優勢」。又本罪規定之處於急迫、輕率、無經驗等處境的被害人不必然等同於受有不利益的財產所有人，也就是被害人資格帶有複數性的結構特徵。只不過有問題的是，被害人是否僅限於自然人，或是包括法人與多數人所組成的集合體，例如甲為 A 公司負責人，因欠缺經驗而與乙訂立附有重利的借貸契約，導致 A 公司的財產受有損害（或危險）。基本上，訂立一個附有重利條件的契約，法律行為的主體可以是自然人，當然也不排除以法人的資格為之。只不過在輕率、無經驗、難以求助等情形，因為概念上側重於個人主觀上的人格特質或心理狀態等，所以被害人之資格應排除法人或多數人組成的集合體等類型。

---

❶　Mitsch, BT 2, 3. Aufl., 2015, S.924.

❶　問題意識，已見 Mitsch, BT 2, 3. Aufl., 2015, S.924.

❶　關於財產危險或財產損害的辨證，請參考下文的「五、不法結果」。

、不法構成要件行為與行為情狀

較無疑問的是，重利罪所欲非難的行為是乘著（即利用 ⑱）他人身處的弱勢狀態（急迫、輕率、無經驗或難以求助），取得顯失比例的財產利益。概念上，重利行為以「雙向的法律關係」(zweiseitige Rechtsgeschäft) ⑲ 為前提，亦即「行為人提出的給付」與「被害人的對待給付」，又因為不法構成要件的文義設定已經把此種法律關係明確限制在「借貸契約」，所以，刑事政策上具有重要意義的租賃重利及仲介重利等類型，即不在本罪的可罰範圍 ⑳。然而，當我們對比詐欺罪與恐嚇取財罪的犯罪結構時，細究本罪之不法構成要件的文義設計，基本上可略分為利用他人弱勢狀態與取得利益等要件，但實際上還欠缺被害人「如何參與」犯罪這項不法要件，亦即「處分財產」與「發生財產不利益」。所以，為了充分說明重利的不法內涵，應可把條文的取得要件理解為「使其期約或給付重利」，以此凸顯出被害人這一方如何自損的意義。前者是指被害人因契約成立而負有履行債務之義務，後者則是行為人經由被害人處分財產而實際取得財產利益 ㉑。除此之外，行為人透過借貸契約取得重利，不能純粹只是被害人一方主動要求形成借貸法律關係且接受重利條件，而是必須由行為人促使被害人為期約或給付重利。換句話說，重利行為本質上屬於積極作為，而非不作為的行為模式 ㉒。

再者，行為人必須在行為之前即與被害人處於實力落差 (Machtgefälle) 的

---

⑱ 這裡的利用本質上帶有剝削的意義。為了行文便利，以下均使用「利用」一語，合先敘明。

⑲ Otto, BT, 7. Aufl., 2005, §61 Rn.127.

⑳ 德國法第 291 條第 1 項所規定的借貸重利、租賃重利、仲介租賃等僅屬例示的意義，尚有概括性的重利模式。

㉑ 僅參閱 Hoyer, in: SK-StGB, 8. Aufl., 2012, §291 Rn.24–25.

㉒ Mitsch, BT 2, 3. Aufl., 2015, S.929.

狀態，也就是行為人位居優越地位，被害人則是弱勢地位。就後者來說，此種地位顯然限制了被害人對於給付與對待給付之間是否適當（或合乎比例）的評價能力，尤其是拒絕參與帶有重利之法律行為的決斷能力㉓。如前所述，被害人之所以陷於弱勢地位不以客觀可歸責於行為人為必要，即使是被害人有責地導致自己陷於弱勢地位，亦屬之。然而，當行為人與被害人的實力落差達到認知錯誤或強制等程度時，例如被害人陷於錯誤或不能抗拒等，則是依據個案事實論斷是否成立詐欺罪或恐嚇取財罪。

更進一步地說，依據本罪的規定，行為人實施不法行為的前提為被害人處於急迫、輕率、無經驗，或是難以求助等處境，亦即：

1.「急迫」於概念上是指，雖然被害人面臨到尚未危及生計，但至少已經達到輕微程度的困境 (leichtere Bedrängnissituationen)㉔，又此種困境 （可能） 將會額外衍生出經濟上的不利益㉕，例如甲因為轉職而急需在 A 地租屋，但是該地根本沒有個人套房提供出租㉖。對此，被害人急需取得附有重利的對待給付以解除困境。

【實例】甲為愛車人士，平時喜愛幻想駕駛 B 牌限量版的跑車奔馳於高速公路上。某日，甲得知乙正好有輛限量版的汽車欲出售，甲便向乙詢問出售的可能性。乙立刻察覺甲的偏執性格與非理性的購買動機，因此欲以相當於原價的三倍價錢出售。

本例的爭點在於甲「強行放棄（或抑制）實現慾望」是否屬於急迫處境。從一個慎思的第三人來看，一個有意識地讓自己從事重利性的法律行為有必

㉓ Mitsch, BT 2, 3. Aufl., 2015, S.925.

㉔ Mitsch, BT 2, 3. Aufl., 2015, S.926.

㉕ Otto, BT, 7. Aufl., 2005, §61 Rn.134.

㉖ Krey/Hellmann, BT 2, 15. Aufl., 2002, §16 Rn.536.

要對外表現出：作決定之人在兩個不利益之間理性選擇影響較輕微的一者❷，例如「接受附有重利條件的借貸」與「繼續陷入經濟上的窘境」。然而，因為無法取得資金而未能實現富有幻想意義的生活方式，卻是不屬於本罪所規定的急迫。換句話說，富有尊嚴的生存條件是以均值的生活水準為前提。所以，若是被害人既有的生存條件低於一般的生活水準，始有可能論為處於急迫的狀態；相對地，即使被害人誤以為（或執意認為）欠缺奢華的生活型態即無法存活下去，所謂的奢華需求仍然無法作為形塑急迫狀態的條件❷。綜此，本例的甲在心理上掙扎於是否實現或放棄奢華生活的慾望，尚未構成本罪規定的急迫狀態。

2.所謂的「無經驗」是指，相較於一般人 (Durchschnittsmensch) 而言，在一般的或特定的社會生活領域，被害人因為欠缺形成法律關係應有的知識或生活經驗等，更容易受到他人利用而產生財產上的不利益❷。另一方面，無經驗不等同於無認識，例如富有汽車買賣經驗的車商甲欲向乙收購汽車，因為甲並未親自看過該車輛，所以無從認識車子應有的市場價值為何。

3.「輕率」是以個別的人格特徵為評價基礎，即使被害人對於借貸法律關係之形成具有一定的經驗，只不過因為自我的人格特質欠缺判斷能力，導致無法（或顯然難以）正確估量給付與對待給付之間的對價關係，以及理性評價締結契約之後於經濟上可能產生的後果❸。

4.「難以求助」泛指一切主觀上意志薄弱 (Willensschwäche)，或是客觀上欠缺排除經濟困頓的選擇等情形，前者可以是任何一種欠缺抗拒誘惑的能力，尤其是被害人處於與其他法定處境具有同等弱勢效果的狀態，後者則是考量到被害人的經濟狀況無法提供擔保，現實上難以從金融單位或個人取得

---

❷ Mitsch, BT 2, 3. Aufl., 2015, S.926.

❷ Mitsch, BT 2, 3. Aufl., 2015, S.926.

❷ 參閱 Heinrich, in: A/W/H/H-BT, 3. Aufl., 2018, §24 Rn.13.

❸ Otto, BT, 7. Aufl., 2005, §61 Rn.137.

借貸的機會。然而，值得注意的是，社會生活中其實存在著無以數計的契約關係，契約當事人不盡然都是居於平等地位從事法律行為，甚至不排除是由其中一方利用他方居於劣勢的地位提出不平等的訂約條件，例如出於醫療或教育所需，或是個人強烈的物質慾望等。而就物質慾望的部分來說，不論是實體或網路上的廣告行為往往是針對個人難以抗拒的意思取向而設，如果毫無限制地把此種情形都理解為被害人處於意志薄弱的狀態，進而以處罰重利行為的方式限制廣告活動，恐怕不只是過度干預言論自由，而且亦有可能不當地由國家以監護者的姿態指導個人應有的經濟理性。所以，重利行為的可罰性基礎即有必要嚴格限縮在，被害人基於具有病理意義的心理或生理制約條件而處於重大的意志薄弱狀態，典型者為酒精及毒品上癮者。依此，針對前述案例中的甲購買 B 牌限量版跑車，雖然甲在主觀上受制於自身的偏執且難以抗拒限量商品的誘惑，不過，還未構成自陷於難以求助的弱勢處境。

四、犯罪客體：重利

　　本罪最具爭議的不法構成要件應屬「重利」，尤其是給付與對待給付的對價關係與重利之間是否存在一套如何決定比例的標準。基本上，所謂的重利是指顯失比例的財產利益 (Vermögensvorteil im auffälligen Mißverhältnis)。單從市場價格 (Markpreis) 的角度切入，只要商品售價或借貸利率超越市場上的一般標準，那麼即可直接論為重利。儘管如此，仍舊不排除部分個案中的市場運作邏輯將會否定重利行為的成立可能性[31]，例如一般超市所販售的可樂比酒吧賣的還便宜，或是高山上販售的茶葉蛋比超市貴上好幾倍。相較之下，若是特定的交易領域不存在著慣行的市場價格，那麼即有必要為此決定出所謂的「正當價格」(gerechter Preis)[32]。這樣的說理看似標準明確，不過，恐

---

[31] Krey/Hellmann, BT 2, 15. Aufl., 2002, §16 Rn.540a.

[32] Krey/Hellmann, BT 2, 15. Aufl., 2002, §16 Rn.540a.

怕是誤把重利罪的規範目的，導向於積極創造出一套既理想且合理的財貨流通關係。主要的理由在於，重利行為的可罰性強調：行為人將他人身處的弱勢地位利用為決定市場價格的基礎，而且在犯罪評價的過程中，本罪的不法構成要件設定始終沒有要求刑事法院必須為行為人與被害人之間的給付關係尋得合理的市場價格。

　　無論如何，所謂的顯失比例不存在一套既定的標準或計算單位，解釋上有必要針對個案的領域特殊性及所有的客觀事實予以綜合判斷❸，例如最高法院一方面指出，「貸與金錢，其利息是否與原本顯不相當，應審酌行為時當地經濟及一般交易情況而定，如與一般民間利息顯有特殊超額，即應令負刑法第 344 條重利罪責。至於當舖公會議定利率之規定，似有公平交易法第 14 條前段聯合行為之違法，援引為判斷重利與否之根據。」❸；另一方面，刑法上的重利內容不受制於民法上的重利計算結果，例如「刑法第 344 條重利罪非以民法第 205 條為具體標準：後者係指就原本利率、時期核算及參酌當地之經濟狀況，較之一般債務之利息，顯有特殊之超額者而言。前者則係明知社會上有因急迫而舉債濟急，及因輕率或無經驗而從事舉債之情形，預定苛刻條件，一俟他人告貸，藉以博取重利，其可罰性並不相同。」❸ 就後者來說，民法第 205 條規定法定利率為週年百分之二十，債權人對於超過的部分並無請求權。所謂的「請求權有無」基本上乃是民事法上權利義務關係的界分結果，同時對外表現出立法者關於合理之財產分配秩序的價值判斷。民事法的規制原理側重於利益衡平正義的要求，刑事法則是立基於一般預防思維的法益保護制度。考慮到兩者分據不同的規範原理及目的，犯罪評價確實

---

❸　Heinrich, in: A/W/H/H-BT, 3. Aufl., 2018, §24 Rn.17.

❸　見臺灣高等法院暨所屬法院法律研討之審查意見，86 年法律座談會彙編，頁 262–264。

❸　最高法院 27 年上字第 520 號判例；臺灣高等法院暨所屬法院 99 年法律座談會刑事類提案第 12 號，99 年法律座談會彙編，頁 602–609。

不必然以民事法規定為基準。雖然最高法院「間接」指出刑法上的重利評價並不取決於單一的（民法）事物狀態，不過卻未有進一步說明苛刻條件的內容與依據，因而無法確認最高法院將如何解釋刑法上的重利要件。

其次，關於個案中是否成立重利的評價，解釋上不會只取決於單一的事物狀態，尤其是利息高低。即使是附有高額利息的借貸法律關係，不必然構成可罰的重利行為；當然，若是依據市場上所慣行的，甚至是更低的利率計息，更可確定不在重利罪的可罰範圍內❸❻。就此，或可想像的是，債權人貸予債務人一筆款項時，往往必須考量到償債能力，以及日後可能無法取回全數貸款的風險，又這樣的風險實際上根本無法透過一般利率的計息結果予以衡平，因此也就不排除債權人會以附有重利的條件訂立借貸契約。依此，倘若債權人以超過一般市場標準，或者甚至是超高額的利率為借貸條件，便直接論以成立重利罪，形同透過刑罰手段將原本於經濟上可受衡平的受償風險全數轉嫁於債權人。

綜上說明，依據刑法第 344 條第 2 項規定，所謂的重利在概念上包括手續費、保管費、違約金及其他與借貸相關之費用，只不過這些列舉的費用不應該被理解為獨立構成重利的唯一要素，而有必要針對具體個案中的訂約條件，就此等費用予以綜合評價。附帶一提的是，因借貸而約定的利息可被劃歸在「借貸相關之費用」的範疇內，又在分期借貸的情形，以年利率與基準利率 (Schwerpunktszins) 為計息基礎，至於其他種類的信用借貸則是取決於市場上一般性的利率作為計息標準。即便如此，個案評價上仍應額外考量借貸類型於不同時空背景下的特殊性、借貸的金額高低及時間長短、貸款者所承受的風險、受貸者提出之擔保的形式與價值等因素❸❼。

---

❸❻ Heinrich, in: A/W/H/H-BT, 3. Aufl., 2018, §24 Rn.18.

❸❼ Kindhäuser, in: NK-StGB, 5. Aufl., 2017, §291 Rn.35.

五、不法結果

不同於加重重利罪的規定，普通重利罪並不處罰未遂，所以解釋上與既未遂有關的判斷即顯得相當重要，尤其是本罪的既遂是否以發生財產損害為必要。學說上對此問題存有相當歧異的見解，其中涉及到前述的重利行為在本質上到底是抽象危險犯或實害犯。

部分支持整體財產為保護法益的論者認為，重利罪作為典型的「財產危險犯」，其既遂與否不以被害人發生財產損害為前提[38]。相較之下，另有論者雖然同樣採取保護整體財產法益的觀點，卻是認為本罪屬性應當被劃歸在「實害犯」[39]。更具體地說，被害人為了取得行為人提供的對待給付，期約或給付不成比例的財產利益，而此種行為特徵正是行為人藉由被害人主、客觀上的弱勢狀態引起財產損害[40]。一方面，較無疑問的是，對比「履約詐欺」[41]的行為歷程，當被害人給付行為人不成比例的財產利益時，程序上形同走到「實現期約」的階段，又依據折算原則，被害人處分財產之後，從原本為期約時的財產危險發展成實際的財產損害。另一方面，類似於「訂約詐欺」的財損辯證[42]，換作是期約給付顯失比例的財產利益以取得行為人的特定給付時，雖然被害人同樣受有財產上的不利益，只不過在概念上卻是指向所謂的「財產危險」(Vermögensgefährdung)[43]。儘管如此，若是進一步從經濟性的觀點切入，因為被害人擔保不成比例的財產利益時，形同註定受有損害，所

---

[38]　Krey/Hellmann, BT 2, 15. Aufl., 2002, §16 Rn.535.

[39]　Hoyer, in: SK-StGB, 8. Aufl., 2012, §291 Rn.3.

[40]　依據重利罪為侵害整體財產之罪的見解，與詐欺罪一樣，財損結果的評價亦是採取所謂的「折算原則」(per Saldo)。參閱 Hoyer, in: SK-StGB, 8. Aufl., 2012, §291 Rn.2.

[41]　Hoyer, in: SK-StGB, 8. Aufl., 2012, §291 Rn.3.

[42]　Hoyer, in: SK-StGB, 8. Aufl., 2012, §291 Rn.3.

[43]　同此結論，Mitsch, BT 2, 3. Aufl., 2015, S.930.

以這裡的財產危險實際上已經等同於實害㊹。不論採取何種見解，本罪於具體個案的適用結果其實沒有太大的差異，因為期約與給付分屬不同的契約發展階段，亦即「期約」與「實現期約」兩者。只要被害人給付重利，毫無疑問地均是得出成立既遂的結論，當然，亦無續行討論期約階段的必要性。如果換作是在期約且尚未給付的情形，即便是對此階段採取所謂的財產危險，或者實質等同於實害，同樣不影響既遂的認定結果。

綜觀上述歧異的解釋結果，一旦採取保護整體財產法益的觀點，重利罪的既遂不以個案中產生財產損害結果為前提，似乎只要被害人的財產因為重利約定而整體上受有不利益即可。然而，行為人提供附有重利的給付選擇實際上卻不盡然都是以侵害被害人財產為目的㊺，充其量是藉由被害人既有的弱勢地位而冀圖取得不成比例的財產利益㊻。多數學說見解把重利罪的不法基礎鎖定在被害人面臨到財產損害的危險，恐怕只是純粹的危險擬制而已。相較之下，不論是採取保護契約自由或經濟市場運作的超個人法益觀點，被害人期約與給付重利的規範功能則是導向於作為一項凸顯法益危險的「中間結果」㊼。當然，這裡亦有既未遂的討論空間，只不過關於財產危險或財產損害的辯證，似乎顯得多餘且無必要。

㊹　Hoyer, in: SK-StGB, 8. Aufl., 2012, §291 Rn.3.

㊺　換句話說，民事法上非適當的條件訂定契約不必然等同於一方當事人（行為人）基於「侵害目的」而與他方當事人（被害人）訂約；另一方面，行為人亦無義務以絕對利於被害人的方式訂立契約。

㊻　Kindhäuser, Zur Struktur des Wuchertatbestands, in: Abhandlungen zum Vermögensstrafrecht, 2017, S.380.

㊼　典型的例子為刑法第 173 條放火罪的「燒燬」。藉由燒燬現供人居住的建築物，凸顯出不特定人之生命法益受有侵害的危險性。

肆、主觀不法構成要件

在普通重利罪的情形，行為人於行為時必須具有故意，亦即對於被害人處於急迫輕率無經驗或難以求助的處境、利用此種處境而使被害人與其訂立借貸契約等事實有所認識，以及使其期約或給付重利有所意欲，又這裡的故意包含直接故意與間接故意。

另外，除了前述的對應內容之外，加重重利的故意額外要求行為人於行為時認識到以強暴、脅迫、恐嚇、侵入住宅、傷害、毀損、監控或其他足以使人心生畏懼之方法，以及對於被害人心生畏懼有所意欲。

讀後測驗

1. 普通重利罪的保護法益為何？
2. 普通重利罪的犯罪質性屬於實害犯或抽象危險犯？既遂之標準為何？
3. 除了行為人乘他人急迫、輕率、無經驗之處境而貸予金錢或物品，以此取得重利之外，被害人於犯罪歷程中何種參與行為將會影響犯罪之評價？
4. 重利之計算標準為何？
5. 急迫、輕率、無經驗，以及難以求助等被害人的弱勢處境，應如何解釋？

第十二章

贓物罪

刑法第349條

I 收受、搬運、寄藏、故買贓物或媒介者，處五年以下有期徒刑、拘役或科或併科五十萬元以下罰金。

II 因贓物變得之財物，以贓物論。

壹、「後行犯」的犯罪結構

　　一般而言，刑法分則存在兩種典型的「後行犯」(Anschlussdelikt)，一者為贓物罪；另一者則是洗錢罪❶。在規範結構上，雖然這兩者犯罪的成立均以存在「前置行為」(Vortat) 作為先決條件，但後者的規範目的主要是填補贓物罪之處罰漏洞的功能。

　　關於後行犯的類型演進，最早可追溯到十九世紀的犯罪參與議題。早期的贓物罪被定位為一種「犯罪後的幫助」(auxilium post factum)❷。隨著犯罪參與論的發展，多數見解認為在主行為的形式既遂後已無成立幫助犯的可能，所謂的「犯罪後幫助」因而在犯罪參與的釋義範疇逐漸失去意義。換句話說，贓物罪保有自己的不法內涵而作為一種獨立的犯罪型態，並且確定不再適用犯罪參與的歸責模式❸。即使成立贓物罪的前提為存在一個違法行為，概念上卻不屬於真正的犯罪從屬形式❹。

---

❶ 非典型的後行犯為刑法第 329 條準強盜罪。

❷ 法制史的考察，見 Jahn/Reichart, JuS 2009, S.309.

❸ 無論如何，確保犯罪所得的收贓行為對於前置行為的行為人來說，具有一定的幫助作用。至遲於 1871 年的德意志帝國刑法首度將贓物行為規定為獨立的犯罪，見 Jahn/Reichart, JuS 2009, S.310.

❹ Pflieger, in: Gesamtes Strafrecht, 2. Aufl., 2011, §259 Rn.1.

貳、保護法益

 、整體財產

　　依多數的學說見解，贓物罪的保護法益僅限於「整體財產」
(Vermögen)❺。首先，從違法占有狀態的穩固觀點 (perpetuiert)❻切入，收贓
之人透過收受、搬運，或故買等行為，持有前行為人所違法取得之物，而且
收贓之人與前行為人（或是承繼前行為人的占有人）具有「**相互同意的協力
作用**」(einverständlichen Zusammenwirken)，藉此強化由前置行為所創造的違
法占有狀態❼。即便如此，這段說明僅在於確認，違法占有狀態的穩固乃是
基於合意性的協力作用而來，卻沒有進一步指出為何此種作用應作為成立收
贓行為的前提。為此，學說上提出所謂的「危險性理論」
(Gefährlichheitsaspekt) 予以補充。進一步地說，除了穩固違法的占有狀態之
外，贓物罪的不法性還包括了「**誘使**」(Anreiz) 他人違犯（財產）犯罪❽。
基本上，此種特殊的誘使特徵不會因為收受前行為人違法取得之物而自動形

---

❺　Heinrich, in: A/W/H/H-BT, 3. Aufl., 2015, §28 Rn.1; Jahn/Palm, JuS 2009, S.502;
　　Mitsch, BT 2, 3. Aufl., 2015, S.775; Nelles, in: SK-StGB, 2000, §259 Rn.1; Otto, BT, 7.
　　Aufl., 2005, §58 Rn.1；中文文獻的分析，可參考王效文，贓物罪的處罰理由、構成
　　要件與修正建議，月旦法學雜誌，145 期，頁 246 以下。我國實務見解採「民事請
　　求權妨礙說」，例如最高法院 97 年台上字第 386 號判決。

❻　Kindhäuser, BT II, 9. Aufl., 2017, §47 Rn.1.

❼　Pflieger, in: Gesamtes Strafrecht, 2. Aufl., 2011, §259 Rn.1；亦有論者將此稱之為「勾
　　串的協力作用」 (Kollusives Zusammenwirken)。 見 Jahn/Palm, JuS 2009, S.502;
　　ähnlich Kindhäuser, BT II, 9. Aufl., 2017, §47 Rn.1.

❽　這裡涉及到贓物罪之前置行為是否限於財產犯罪的爭議，見下文「客觀不法構成要
　　件」一節中的說明。

成，反而是取決於收受之人準備好，或是決心收受該違法取得之物，又該收受行為同時也是符合前行為人的意思❾。假設違犯財產犯罪而取得他人之物，該物隨後卻遭到他人以違反意願的方式取走，例如強盜、竊盜等，那麼將難以想像潛在的行為人是否還有形成犯罪動機的可能性❿。總而言之，誘使的危險性源自於收贓之人與前行為人關於收贓的合意基礎。

　　目前為止，可初步理解的是：⑴贓物罪所規定的攻擊模式，例如收受、搬運、故買等，主要是針對財產法益已經受到侵害的階段，藉由強化此種財產損害的狀態，使得被害人的財產於現實上難有回復的可能性⓫。嚴格來說，這段說明乃是側重於現象面的觀察，也就是從穩固違法占有狀態的狀態推導出犯罪既遂後之收贓行為的需罰性；⑵隨著犯罪參與理論的發展，收贓行為的處罰依據不再是（事後）幫助。然而，這畢竟是從現代的犯罪參與論否認收贓行為作為幫助犯（刑 30）的可能性，卻不表示可依此排除共同協力的必要性⓬。更精確地說，從所謂的穩固觀點或許無法推導出這項非成文的要求⓭，只不過考慮到法制發展上的邏輯一貫，當我們提及贓物罪於發展初衷的（事後）幫助特徵時，也就沒有理由忽略收贓之人與前置行為人應具有合意性的協力關係⓮。

　　即使不論幫助與協力作用的功能關聯，倘若改從刑事政策的視野切入，本罪更深層的規範目的無非是為了抑制（合意性的）收贓行為誘使他人違犯財產犯罪，以及藉此防止個人財產受到侵害，特別是降低黑市交易的熱絡。

---

❾　見 Küper/Zopfs, BT, 9. Aufl., 2015, Rn.469.

❿　Küper/Zopfs, BT, 9. Aufl., 2015, Rn.469.

⓫　Nelles, in: SK-StGB, 2000, §259 Rn.1.

⓬　有論者採取較為極端的看法，認為應全面放棄這項要求，例如 Hruschka, JR 1980, S.206–207.

⓭　Küper/Zopfs, BT, 9. Aufl., 2015, Rn.469.

⓮　類似的觀察，見 Bessel, Hehlerei durch deliktische Sachverschaffung, 1995, S.34.

換句話說，縱然收贓行為對於遭受侵害的財產無法進行二度的侵奪，但此種行為的存在卻是足以誘使潛在行為人形成犯罪動機，進而危害個人之財產。整體而言，當多數的學說見解主張贓物罪所要保護的法益限於財產之時，實質上乃是從「預防前置行為」（或稱危險預防）的觀點來理解贓物罪保護財產法益的目的與功能。單就這點來說，贓物罪理應被劃歸在抽象危險犯的類型，始為合理❶❺。

 、財產與安全利益

　　不同於單一的財產法益觀點，部分的見解認為，除了財產之外，贓物罪同時保護「一般性的安全利益」(allgemeines Sicherungsinteressen)❶❻。所謂的安全利益與前述的「誘使危險」存在著一定的論證關聯。更精確地說，立法者試圖透過贓物罪抑制潛在行為人的犯罪動機，並且藉此防堵未來即將發生的財產犯罪，那麼法規範本身所關切的重點其實就是一般性的社會安全。只不過與這項見解不同的是，多數見解認為一般性的安全利益只是贓物罪於保護財產法益下的反射性利益，或是純粹作為一種立法動機而已❶❼，並非真正的保護法益。

三 、本書見解

　　整體而言，多數見解具有一定的說服力。即便如此，我國立法者似乎傾向於將贓物罪的保護法益設定在「財產」與「一般性的安全利益」。因為贓物罪的第 2 項規定，因贓物變得之財物，以贓物論，而此項立法技術涉及到沒收不法利得的犯罪預防策略。基本上，沒收不法利得（刑 38 II）的核心理念

---

❶❺　同此結論，見 Heinrich, in: A/W/H/H-BT, 3. Aufl., 2015, §28 Rn.1.

❶❻　Kindhäuser, BT II, 9. Aufl., 2017.

❶❼　見 Nelles, in: SK-StGB, 2000, §259 Rn.2; Mitsch, BT 2, 3. Aufl., 2015, S.776.

在於抑制潛在行為人的犯罪動機，只要國家透過沒收手段對外宣示犯罪沒有獲利或報酬，那麼即可降低犯罪發生的機率。據此，當立法者將贓物內容延伸到因贓物變得之財物時，形同將沒收不法獲利的範圍擴張，亦即進一步強化抑制犯罪動機的效果，防堵未來可能發生的犯罪。

然而，從刑罰的積極一般預防功能來看，不論是防堵黑市交易，或是抑制個別行為人的犯罪動機，這兩者其實都無法讓贓物罪在刑事政策及釋義學的領域找到合理的差異與界限。理由在於，所謂的積極一般預防側重於國家透過刑罰回應刑法效力遭受行為人否認的現象，同時，藉此回復社會成員對於刑法效力的尊重與信賴。只要刑法效力能夠從中獲得確保，也就是刑法所預設的行為規範能夠繼續被有效遵守，也就能夠擔保法益於未來不受他人任意的侵奪。就這點而言，假設犯罪預防本身就是代表著一般性的安全利益，那麼是否也可推得出任何一種分則各罪的保護法益包括安全利益。若答案為肯定的話，贓物罪與其他的財產犯罪於刑事政策上勢必將失去差異性。另一方面，考慮到一般性安全利益於概念上的抽象性，恐怕將導致贓物罪的不法要件解釋隨之恣意且浮動。

因此，贓物罪的保護法益應僅限於財產，一般性的安全利益不過是刑法之積極一般預防效果下的反射性利益，又誘使他人犯罪所形成的安全風險，只不過是財產侵害之抽象危險的另一種表達方式而已。

參、與其他犯罪的關係

贓物罪與洗錢罪均屬於後行犯，又後者的規範目的之一在於填補贓物罪的處罰漏洞。詳言之，依部分的實務與學說見解，贓物罪的前置行為限於財產犯罪❸。凡是藉由違法的毒品或武器交易所取得的金錢收益，或是執行殺人計畫而獲得的報酬等，除非這些違法交易涉及詐欺罪，或是其他的財產犯

---

❸　請參考下文「客觀不法構成要件」一節中的說明。

罪，否則無法視為贓物罪的贓物。於此，適用贓物罪的結果產生了處罰上的漏洞，洗錢罪則是在立法技術上適時地對此種漏洞予以填補。

　　不同於贓物罪作為一種財產犯罪，洗錢罪乃是典型的妨礙司法之罪。不論是洗錢防制法第 14 條連結第 2 條第 1 款所規定的意圖掩飾或隱匿特定犯罪所得來源；使他人逃避刑事追訴，而移轉或變更特定犯罪所得；或是同條第 2 款規定的掩飾或隱匿特定犯罪所得之本質、來源、去向、所在、所有權、處分權或其他權益者，此等規定的保護法益均為「**國家追訴機關的有效偵查**」。又洗錢防制法第 14 條連結第 2 條第 3 款所規定的收受、持有或使用他人之特定犯罪所得，學理上稱此為隔離構成要件，其所要保護的法益為「**降低未來再度發生先行犯罪的可能性**」。比較贓物罪與洗錢罪的犯罪類型與不法要件設計，我們或許可以將贓物罪定位為妨礙司法之罪。然而，這樣的類比結果恐怕是忽略收贓行為與洗錢行為具有不同的法益攻擊特徵。

　　進一步地說，「假設」贓物罪的保護法益為司法權，那麼不法構成要件設計即必要完全指向於「**贓物乃是透過違反刑法規定的前置行為而取得**」，又因為收贓客體源自於違反刑法的前置行為，收贓行為始能真正削弱刑法之行為規範的效力❿，特別是透過收受犯罪所得的方式妨礙刑事追訴、審判、執行，並且由此危害司法權的合理運作。然而，應注意的是，儘管贓物罪的贓物必須是由前行為人以犯罪方式而取得，贓物罪的規範目的卻是在於抑制潛在之前行為人的犯罪動機，而此種抑制作用正好不是妨礙司法罪所關切的重點。也就是說，收贓行為的不法性根本不在於「（具體的）前行為人犯罪後」削弱刑法效力，而是在「（潛在的）前行為人犯罪前」誘使其犯罪。

---

❿　這裡請讀者比較一下刑法第 169 條藏匿人犯罪。藏匿人犯的保護法益為司法權，藏匿行為本身具有影響司法權合理運作的危險性。一旦國家無法對人犯進行追訴、審判、刑之執行等，刑法也就無法順利地透過刑事程序對外傳遞訊息：「刑法是否及如何具體回應犯罪」，以及「刑法效力應繼續受到社會成員尊重」等。就此，我們也可以說，妨礙司法權的藏匿人犯行為具有削弱刑法效力的作用。

肆、法條體系概覽

刑法第 349 條第 1 項針對應罰的收贓行為採取列舉式的立法技術，亦即收受、搬運、寄藏、故買贓物或媒介，至於第 2 項規定則是將贓物範圍擴張至替代贓物的類型。此外，若是涉及直系血親、配偶或同財共居親屬之間的收贓行為，第 351 條對此定有特殊的免除刑罰事由。

伍、客觀不法構成要件

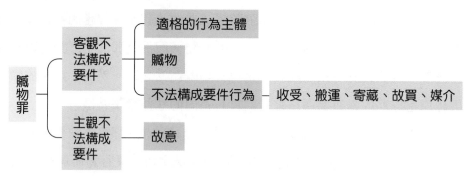

圖 12–1　贓物罪不法構成要件

本罪的客觀不法構成要件分別為「適格的行為主體」、「贓物」、「收受、搬運、寄藏、故買、媒介（買賣）」。

一、適格的行為主體

依據刑法第 349 條第 1 項的文義結構，贓物罪的行為人乃是收受、搬運、寄藏、故買贓物或媒介之人。因此，只要是藉由前置行為對特定物「創造贓物資格」之人，也就不屬於本罪適格的行為人。簡單地說，贓物罪與前置行為 (Vortat) 的行為主體之間「欠缺人別上的一致性」(personale Inkompatibilität)[20]。

---

[20]　Mitsch, BT 2, 3. Aufl., 2015, S.778.

㈠以正犯資格實施前置行為

基於前述的區辨基礎，「正犯性的犯罪實施」與「收贓行為」在規範邏輯上處於所謂的互斥關係，也就是以正犯資格實現前置行為之人無法同時作為贓物罪所欲處罰的收贓之人。這樣的資格限制同樣適用在共同正犯的犯罪參與類型。因為從犯罪支配與客觀歸責的法理切入，基於共同的犯罪決意與行為分擔，多數的犯罪參與者取得犯罪支配的地位，而我們可以對此透過刑法第 28 條規定將犯罪結果（客觀）歸責於該等多數的犯罪參與者。又考慮到犯罪支配作為客觀歸責的基礎條件，所有的犯罪參與者既然對於犯罪實現具有共同的支配力，那麼也不排除所有的參與者乃是透過犯罪行為而取得對犯罪客體的處分實力 (Verfügungsmacht)[21]，即使部分的參與者現實上並未直接占有該犯罪客體。舉例來說，收贓之人甲以共同正犯的資格參與前置行為，只不過是由另外一位共同正犯乙先獨自持有從該前置行為所取得的財物，之後才交由甲收贓。即使甲作為前置行為的共同正犯，同時卻未持有因前置行為所取得的財物，所以仍然無法作為贓物罪的行為主體。

㈡以共犯資格參與犯罪

不同於前述之以正犯資格實現的前置行為，在以共犯資格參與犯罪的情形，則不會喪失作為贓物罪之犯罪主體的可能性。理由在於，對於共犯來說，主行為正是「由正犯所實現的不法行為」，而這樣的犯罪定性正是贓物罪之前置行為所應具備的「他人違犯犯罪」的特徵[22]。如此一來，不論是教唆犯或幫助犯收受正犯經由犯罪所取得的財物，既然贓物罪與前置行為的行為主體之間沒有人別上的一致性，該教唆犯或幫助犯均可作為贓物罪的行為主體。

---

[21] 同此結論，見 Otto, BT, 7. Aufl., 2005, §58 Rn.2.

[22] Mitsch, BT 2, 3. Aufl., 2015, S.778.

 、贓　物

㈠由違法前置行為取得之物

1.實體物：動產與不動產

本罪的犯罪客體僅限於「**實體物**」，不包括債權、智慧財產權，或是其他權利[23]。凡是帶有實體性 (körperlich) 的特徵，而且在空間上具有移動可能性或不可移動性的物件，均可作為贓物罪的犯罪客體，例如竊取他人的錢包或動產，或是透過詐騙使他人移轉不動產所有權等。又以詐欺匯款為例，特定款項一旦被轉入銀行帳戶後，與該款項相同額度的存款即無法論為贓物罪的犯罪客體，因為所謂的存款在本質上只是存戶於民法上得請求銀行返還一定金額的債權，而非現實存在的實體物。另外，應予辨明的是，儘管智慧財產權無法作為本罪的犯罪客體，但該權利所依附的著作物仍然具有作為贓物的適格性，例如違法重製的「書籍」或「CD 唱片」（著作權 91 I）。相對地，若是將違法重製的音樂檔案儲存於隨身碟，因為此種儲存媒介不屬於著作物的概念，所以，頂多作為一項得予沒收的犯罪工具（刑 38 II）。

關於金錢贓物兌換為現鈔或錢幣的問題，學說上存有爭議。多數見解認為，原有的金錢贓物與兌換的紙鈔或硬幣已經失去物理上的同一性，兌換之後的金錢因此不屬於贓物[24]。然而，這項見解的合理性乃是取決於金融單位已經事先將所有的鈔票予以掃描或複印，以此留存票面上的編號。因為唯有如此，該等鈔票始有可能變成「唯一」，而兌換前、後的鈔票也才能真正論為

---

[23] Jahn/Palm, JuS 2009, S.502；王效文，贓物罪的處罰理由、構成要件與修正建議，月旦法學雜誌，145 期，頁 251。

[24] 僅參閱王效文，贓物罪的處罰理由、構成要件與修正建議，月旦法學雜誌，145 期，頁 249。

物理上的不同一。但就一般經驗來說，個人或金融單位預先留存紙鈔的標號是不多見的，多數的見解其實只是把例外視為通例作解釋，應當不足採。本書認為，考慮到贓物罪的贓物包括個別的紙鈔或錢幣，以及貨幣的重點在於流通性，而非金錢價值，即使將前置行為所取得的金錢換成其他編號的紙鈔或硬幣，終究還是可流通的紙鈔或硬幣㉕，所以仍得視為贓物㉖。無論如何，第 349 條第 2 項承認所謂的替代贓物，這個問題因此在我國法的規範脈絡下較無爭執的實益。

2.所有權歸屬與贓物的定性

關於犯罪客體的定性不取決於民法上所有權的歸屬關係㉗，即使是無主物 (herrenlos)，或是行為人自己所有之物 (tätereigen)，同樣可作為贓物罪的贓物。就無主物而言，行為人未經許可獵捕野生保育類動物，因而侵害原住民族依野生動物保育法第 21 條之 1 申請取得的狩獵權利，該等被獵捕的野生保育類動物屬於贓物罪的犯罪客體；另一方面，在行為人自己所有之物的情形，例如乙在甲經營的電器行以附條件之所有權移轉的方式㉘購買電視機。電器行的店員丙未經同意將該臺電視機取走，數日後再交付給對此知情的甲。丙將持有他人之物易為所有的行為應成立第 335 條侵占罪，電視機的所有權人甲則是構成第 349 條第 1 項的收受贓物罪。

【實例】甲對乙施用詐術而取得名貴手錶一只。儘管丙知道該手錶是以犯罪

㉕ 換句話說，使用「編號 001」的鈔票或使用「編號 002」的鈔票購物，在貨幣流通上並沒有區別的實益。當然，如果是具有收藏意義的鈔票或錢幣，就另當別論了。

㉖ 參閱 Leip Der Straftatbestand der Geldwäsche, 2. Aufl., 1999, S.11.

㉗ Kindhäuser, BT II, 9. Aufl., 2017, §47 Rn.2.

㉘ 動產擔保交易法第 26 條：「稱附條件買賣者，謂買受人先占有動產之標的物，約定至支付一部或全部價金，或完成特定條件時，始取得標的物所有權之交易。」

> 方式取得，還是向甲收購。某日，乙發現遭甲詐騙，但因工作繁忙，經過一年仍未向其主張撤銷意思表示。

　　基本上，構成贓物的前提在於收贓之人於實施收受行為時，該經由犯罪所取得的財物必須處於「違法的占有狀態」。以竊盜罪為例，行為人不會因為竊盜罪而取得竊取之物的所有權；相對地，所有權人卻會因為竊盜罪而喪失對物的事實上占有。換句話說，這裡所謂的違法狀態乃是指向竊取行為導致了「規範上的所有權」與「現實上的占有」相互分離的結果㉙。倘若個案中的行為人透過犯罪手段同時取得所有權與現實上的占有，那麼也就不存在違法的占有狀態。

　　延續上述的思考基礎，本例的甲施用詐術而取得他人手錶，成立詐欺取財罪（刑 339 I），應無爭議。儘管手錶的所有權在前置行為（詐欺）的階段已經移轉給甲，只不過乙受到甲的詐騙而使得意思表示存有瑕疵，可依民法第 92 條規定撤銷有瑕疵的意思表示。但在乙撤銷意思表示前，手錶之所有權的讓與始終有效㉚。就此而言，依多數的學說見解，收購手錶的丙仍然成立贓物罪。理由在於，⑴假設贓物罪的保護法益定位在「**所有權**」(Eigentum)，而就贓物罪而言，甲的行為也就不具有特殊的不法性。更精確地說，只要在乙還沒有撤銷意思表示之前，丙無論如何都是從「所有權人甲」受讓該只手錶的所有權㉛。倘若執意將丙的收購行為論為成立贓物罪，勢必發生刑法與民法之間的評價衝突。⑵本例的乙得依民法第 184 條第 1 項向施詐的甲主張

㉙　見 Mitsch, BT 2, 3. Aufl., 2015, S.796.

㉚　最高法院 71 年台上字第 4774 號判決：「按因被詐欺而為意思表示者，僅表意人得撤銷其意思表示，使該意思表示溯及既往失其效力而已，非謂在表意人行使撤銷權以前，因該意思表示而成立之法律行為當然無效。」

㉛　Heinrich, in: A/W/H/H-BT, 3. Aufl., 2015, §28 Rn.4；王效文，贓物罪的處罰理由、構成要件與修正建議，月旦法學雜誌，145 期，頁 251。

損害賠償請求權，或是在撤銷債權及物權行為的意思表示後，依民法第 767 條主張所有物返還請求權。換句話說，這些民法上的請求權基礎乃是在甲違犯詐欺罪之後，乙才新產生的財產利益。當丙的收購行為穩固了甲因違犯詐欺而創造的違法財產（或占有）地位時，形同妨礙乙在現實上主張此等權利的可能性。就這點來說，多數的學說見解因而認為贓物罪的保護法益應為（整體）財產，而非所有權❷。

綜上，當丙向甲收購手錶時，乙仍可依民法之相關規定向甲撤銷具有瑕疵的意思表示，丙在此情形下應成立贓物罪；相對地，假設丙收購手錶的時間是在乙罹於撤銷意思表示時效（民 93）後，該收購行為則不構成贓物罪。

> 【實例】甲竊取毒販乙持有的一級毒品海洛因（毒品危害防制 1）。甲將該竊得的毒品轉賣給知情的丙。

關於違法之物可否作為贓物，雖然少見於學說上的討論，但仍有進一步釐清的必要。基本上，與此相關的爭點為，贓物罪的贓物是否與其他的財產犯罪（例如詐欺罪、恐嚇取財罪）同樣立於經濟的財產理論，或是經濟及法律的財產理論❸。

---

❷ Heinrich, in: A/W/H/H-BT, 3. Aufl., 2015, §28 Rn.4；多數學說見解為了避免保護法益定位在所有權，進而產生民法與刑法上的評價衝突，所以將保護法益理解為整體財產。然而，卻也產生了另一個解釋上的問題，也就是所謂的財產將被限制在「被害人之請求權的實現可能」。如此一來，贓物罪的規範目的勢必轉向為「擔保被害人之民事請求權獲得實現」，而確保民事請求權也就等同於贓物罪所保護之財產法益的實質內容。於此，應注意的是，我國的實務見解似乎採取了類似的觀點，例如 97 年台上字第 386 號判決：「……又竊盜罪所破壞之財產法益，為動產之所有權與持有權；而贓物罪旨在防止因竊盜詐欺侵占各罪被奪取或侵占之物難以追及或回復，則竊盜罪與贓物罪所侵害之法益，顯有不同。……」或最高法院 63 年第 1 次民刑庭庭推總會決議：「但因贓物罪之參與，致被害人之回復請求權發生困難……。」

考慮到贓物罪同樣作為一種財產犯罪，以及不屬於所有權犯罪之類型，在規範上似乎沒有理由提出不同於其他財產犯罪的財產概念。舉例來說，若是從「經濟性的財產理論」出發，雖然丙所買受的毒品源自於甲所違犯的竊盜罪，也就是買賣標的物乃是甲違法持有的物件，然而，只要該毒品保有一定的經濟價值，例如毒品遭竊形同喪失潛在的獲利機會，那麼即可作為贓物罪的犯罪客體；相對地，若是改從「經濟與法律性的財產理論」評價所謂的財產，則是會從甲所竊取的毒品違反毒品危害防制條例，進而推導出欠缺刑法上的保護必要性。丙買受的毒品因此不具有作為贓物罪之犯罪客體的適格性。更進一步地說，毒販乙持有及意圖販售一級毒品，因違反毒品危害防制條例第 5 條的刑罰規定，使得其對於遭竊的毒品在法律上並沒有回復占有的請求權。換句話說，考慮到持有毒品的利益不為法秩序所承認，以及遭竊後在法律上也沒有任何的請求權基礎，即使甲將竊取的毒品轉賣給丙，因該毒品本身既然沒有承載贓物罪所要保護的財產利益，丙收受的毒品也就無法論為贓物罪的贓物。

3.違法的前置行為

基本上，立法者於條文中使用了「贓物」此項用語，表示本罪的犯罪客體必須先行透過一個以侵害他人之財產為目的的違法行為而取得，此種違法行為又稱之為「前置行為」(Vortat)。於此，前置行為乃是作為決定特定物得否作為贓物罪之犯罪客體的評價關鍵。

⑴限於財產犯罪

基本上，贓物罪的前置行為僅限於符合犯罪構成要件的行為，不包括民事侵權行為與行政罰行為 ㉞，又任何一種財產犯罪均具有作為前置行為的資

㉝　主要的問題意識，已見 Mitsch, BT 2, 3. Aufl., 2015, S.792.

㉞　Heinrich, in: A/W/H/H-BT, 3. Aufl., 2015, §28 Rn.9; Mitsch, BT 2, 3. Aufl., 2015,

格，其中也包括贓物罪本身（又稱為「連鎖贓物」；Kettenhehlerei）[35]，但前提必須是連鎖關係中的「中間收贓之人」(Zwischenhehler) 對於贓物確實保有獨立的支配權力，而不能只是單純地居於搬運、販賣或幫助販賣等邊緣地位。

然而，除了財產犯罪之外，德國多數的學說見解認為在特定的條件下，其他的犯罪類型仍可例外地作為贓物罪的前置行為。也就是說，儘管在「非財產犯罪」的情形，只要現實上基於此等犯罪行為而導致違法的財產移轉現象，即可論為贓物罪的前置行為[36]，例如偽造文書（刑 210 以下）、拖延破產宣告（破產 156 ②），或如竊取森林產物（森林 50）等犯罪。

相對地，德國少數的見解則是將前置行為限縮於財產犯罪[37]。理由在於，德國刑法第 259 條第 1 項已經明文規定「**因竊盜或其他違法損害他人財產行為**」，表示立法者有意地將前置行為限縮在財產犯罪的範疇，所以沒有理由將前置行為的類型擴張到非財產犯罪的範疇[38]。舉凡偽造文書、公務員賄賂、毒品交易等犯罪行為，因而無法作為贓物罪的前置行為。我國多數的實務與學說見解在結論上採取限縮解釋的觀點[39]，例如「刑法第 376 條所謂贓物，指因財產上之犯罪所取得之財物而言，至侵害他人身體自由之犯罪，該被害人之身體縱在犯人支配力之下，亦不得謂為贓物」[40]，或如「故所謂贓物，

S.779.

[35] Mitsch, BT 2, 3. Aufl., 2015, S.782; Dietmeier, in: Matt/Renzikowsiki-StGB, 2013, §259, Rn.6.

[36] Jahn/Palm, JuS 2009, S.509; Kindhäuser, BT II, 9. Aufl., 2017, §47 Rn.4; Pflieger, in: Gesamtes StGB, 2. Aufl., 2011, §259 Rn.6；應注意的是，我國多數的實務與學說見解認為前置行為必須限於「財產犯罪」。推測背後的原因在於，多數見解將贓物罪的處罰理由理解為「妨礙民事法上的返還請求」。

[37] Mitsch, BT 2, 3. Aufl., 2015, S.782; Otto, BT, 7. Aufl., 2005, §56 Rn.6.

[38] Mitsch, BT 2, 3. Aufl., 2015, S.782.

[39] 僅參閱陳子平，刑法各論（上），2015 年 2 版，頁 671。

應指犯侵害財產罪如竊盜、搶奪、詐欺、侵占等罪而取得之財物而言，從而賄賂之財物，即不能謂為贓物。」❹即便如此，最高法院卻又矛盾地承認違反森林法（即環境犯罪）所竊得之物同樣可作為贓物，例如「竊取森林主副產物、搬運、寄藏、收買贓物或牙保者，自可認為即係刑法上之普通竊盜罪或贓物罪。」❷

　　關於前述的爭議，若是從比較法的觀點切入，我國贓物罪的不法構成要件不像德國贓物罪定有明確的文義結構，所以，採取限縮解釋的依據似乎較為薄弱。再者，雖然前行為人透過財產犯罪而對特定物創造出違法的持有狀態，不過，反過來說，這種狀態的形成也不盡然都是源自於財產犯罪，若是把前置行為限制在財產犯罪的範疇，恐怕也有所疑慮。不可否認的是，單從這兩項理由來看，將我國贓物罪的前行為限於財產犯罪的解釋，確實會面臨一定的說理質疑。

　　即便如此，本書認為前行為應限於財產犯罪的關鍵理由在於，德國多數的學說見解乃是片面地從穩固觀點理解「與創設贓物資格相關」的前行為類型，卻是忽略了不法構成要件的評價基礎最終亦有必要考慮到保護法益的意義關聯。於此，典型的例子為刑法第 320 條竊盜罪的持有移轉與所有權法益侵害之間的確認關係。也就是說，竊盜罪所規定竊取要件的目的在於評價特定物的持有狀態如何在空間上從被害人移往行為人，而此移動結果形同對外表徵物之歸屬關係的變化。又在此種持有移轉的狀態下，我們得以實質地確認所有權法益的侵害結果。若是類比這樣的思考邏輯，當贓物罪的前置行為創造違法的財產移轉現象時，即使是採取穩固觀點說明收贓行為的不法性格，此種移轉現象仍有必要實質對應到整體財產法益的侵害結構。簡單地說，前

---

❹　最高法院 23 年非字第 37 號判例。

❹　最高法院 71 年台上字第 106 號判決。

❷　最高法院 81 年台上字第 3521 號判決。

置行為所造成的違法財產移轉現象應當實質對應到贓物罪所保護之整體財產的侵害，而唯一有可能的對應前提則是前置行為本身所侵害的法益同樣為財產法益。據此，贓物罪的前置行為應限於財產犯罪，始為合理。

(2)具違法性為已足

前置行為以具備違法性為已足❹，而且由該前置行為所創造的違法占有狀態 (rechtwidrige Besitzlage) 至少必須持續到收受、搬運、故買贓物之時。相對地，倘若該前置行為未達有責之程度、存在刑罰排除事由、告訴權人未提起告訴，或是已逾追訴期限等，均不影響已構成前置行為的評價❹。

【實例】甲在學校圖書館不小心將鄰座的小六法當成是自己的書籍而帶走。數日後，甲在不知誤拿別人書籍的情形下，將該本小六法轉售給乙。雖然乙知道甲所出售的小六法並非甲所有，還是將其買下。

本例的甲於取走他人的小六法（破壞且建立持有）時，因為並未認識到該小六法為他人之動產，所以欠缺構成要件故意而不成立竊盜罪。又再進一步考慮到甲的行為無法構成犯罪，那麼乙買得該本小六法將會因為欠缺一個前置行為，而無法論為第 349 條贓物罪的「贓物」。更進一步地說，儘管贓物罪具有獨立的不法內涵與犯罪結構，不再是刑法第 30 條幫助犯之規定意義下的犯罪從屬型態，只不過從法制史的視野切入，收贓行為的本質終究帶有促進犯罪的（事後）幫助特徵。就這點來說，基於幫助行為所從屬的主行為必須為故意行為，倘若我們在贓物罪的情形採取完全相異的從屬性思考，例如前置行為不以故意為必要，勢必會與贓物罪既有的規範結構及本質相衝突。所以，一旦具體個案中的前置行為欠缺形成自身不法內涵的主觀不法要素，

---

❹ Mitsch, BT 2, 3. Aufl., 2015, S.780；甘添貴，刑法各論（上），2013 年 3 版，頁 384。

❹ Heinrich, in: A/W/H/H-BT, 3. Aufl., 2015, §28 Rn.9; Kindhäuser, BT II, 9. Aufl., 2017, §47 Rn.4.

例如故意或所有意圖，該行為的不法構成要件自始未能獲得完全實現，當然，應有的不法內涵也將因此無法完整。據此，考慮到甲的行為根本未能構成犯罪，導致現實上欠缺一個形塑贓物特徵的前置行為，本例的乙所買受的小六法因此無法論為贓物。

【實例】甲向乙購買一件登山外套。該件外套乃是由乙向所有人丙施詐而取得。甲對於乙違犯詐欺罪（刑 339 I）一事有所知情。

關於移轉外套所有權一事，丙可對乙主張撤銷意思表示，並且要求返還該件外套。於此情形，甲向乙購買外套仍可構成故買贓物。相對地，倘若丙已逾撤銷意思表示的期限，表示甲向乙購買外套已經確定處於合法的狀態，因而不再存在一個由前置行為所創造之違法的占有狀態[45]。簡單地說，雖然形式上乙所違犯的詐欺罪屬於贓物罪的前置行為，不過，因為實質上並未創造一個違法的占有狀態，所以無法論為贓物罪的前置行為。

【實例】武器供應商甲詢問乙，能否為其竊得槍枝零件。乙答應甲的請求，並且與丙一同到 X 工廠竊得甲所需的零件。乙、丙將竊得的零件交付給甲後，甲再度將其轉賣。雙方多次合作，有時候甲將自有的汽車借給乙丙作為運輸竊得零件之用，在部分的情形，則是由甲自己開車到 X 工廠，在那直接從乙丙手中收取竊得的零件。

贓物必須是源自於違法的前置行為 ，並且必須是針對他人的財產而實施[46]。就這點來說，只要該前置行為侵害他人的財產，並且創造一個違法的占有狀態，即已足夠，至於該前置行為是否為嚴格意義下的財產犯罪，例如竊盜、詐欺、強盜等，則非所問。此外，依據違法之占有狀態的穩固觀點，

---

[45] Kindhäuser, BT II, 9. Aufl., 2017, §47 Rn.5.

[46] Nelles, in: SK-StGB, 2000, §259 Rn.6.

前行為人透過前置行為而對特定財物取得暫時且事實上的支配地位，又此種支配地位至少須持續到收贓行為之時 ❹。於此，本例有待進一步釐清的問題為「前置行為之於收贓行為的時間性關聯」，也就是甲開車到 X 工廠直接跟乙、丙收取及裝載零件時，應當論為竊盜罪的幫助犯（刑 320 I, 30），或是贓物罪的搬運贓物（刑 349 I）❹。

對此，應先掌握的前提條件是，贓物罪作為一種財產犯罪及所謂的後行犯。以竊盜罪與贓物罪兩者的關係為例，贓物罪的成立前提為存在一個「**既遂的，但無需是終了的前置行為**」，唯有緊接著此種行為始有實施收贓行為之可能 ❹。相對地，若是在前置行為既遂之前，亦即未遂階段，已經取得他人竊取的財物，則非成立贓物罪，而是典型的幫助竊盜。換句話說，只要「前置行為的行為人取得他人之物」與「將該物的持有移轉給他人」這兩者的行為時間點同時發生，即應論為成立竊盜罪之幫助犯。當然，我們也不排除先由收贓之人對於竊取之人與特定物建立起新的持有關係提供助力 ❺，並且在竊取既遂後，進一步向該竊取之人買受竊得的財物。於此，收贓之人同時成立幫助竊盜與贓物罪 ❺。

㈡替代贓物

原則上，贓物乃是經由前置行為直接 ❺ 取得之物，若是由贓物變得之物，無法作為本罪適格的犯罪客體。但有例外的是，依刑法第 349 條第 2 項規定，因贓物變得之物，以贓物論，也就是所謂的「**替代贓物**」，或稱為「**準贓物**」。

---

❹ Jahn/Palm, JuS 2009, S.502.

❹ 問題意識，見 Jahn/Palm, JuS 2009, S.502.

❹ Pflieger, in: Gesamtes Strafrecht, 2. Aufl., 2011, §259 Rn.13.

❺ 現實上也不排除此種協力的作用將延續到犯罪終了的階段。

❺ Jahn/Palm, JuS 2009, S.503.

❺ Otto, BT, 7. Aufl., 2005, §58 Rn.9.

典型的替代贓物為「由原贓物變形之物」、「原贓物互易取得之物」、「與原贓物附合、混合、加工之物」，或是「變賣原贓物所得之物」等 [53]。

三、不法構成要件行為

㈠共通要素：共同的協力作用

贓物罪的不法構成要件行為分別為「收受」、「搬運」、「寄藏」、「故買或媒介買賣」。一般而言，相較於搬運、故買、寄藏等較為具體的行為類型，收受在邏輯上屬於上位概念 [54]。因此，不論是成立搬運、寄藏或故買的前提均有必要滿足收受此項要件的組成條件，亦即「**透過合意性的協力作用** [55] **以取得事實上的處分權力** (Verfügungsmacht)」，又這裡的事實上的處分是指收贓之人取得對物之實體的現實支配力 [56]。另外，針對合意性的收受贓物，學說上稱之為「派生取得」(derivativer Erwerb) [57]。這裡應注意的是，所謂的派生取得與所有權讓與的原始取得有所不同，特別是在贓物罪領域所使用的事實上處分權力概念不等同於持有意義下的事實性支配，而是強調收贓之人獲得源自於前行為人的處分權限，使自己居於「準有權之人」的地位 (Quasi-Berechtigter) 處分贓物。換句話說，前行為人交付贓物的行為形同讓與所謂的「準所有權」(Quasi-Eigentum)，收贓之人藉此取得事實上的處分權力 [58]。

基於前述說明，我國多數的實務與學說見解似乎忽略了此種合意性的協力要求，例如「本罪的收受係泛指搬運，寄藏，故買，牙保以外的無償取得

---

[53]　僅參閱甘添貴，刑法各論（上），2013 年 3 版，頁 386–387。

[54]　Mitsch, BT 2, 3. Aufl., 2015, S.799.

[55]　或稱之為「勾結的共同協力」(kollusives Zusammenwirken)。

[56]　Mitsch, BT 2, 3. Aufl., 2015, S.800.

[57]　Heinrich, in: A/W/H/H-BT, 3. Aufl., 2015, §28 Rn.10.

[58]　Heinrich, in: A/W/H/H-BT, 3. Aufl., 2015, §28 Rn.10.

或持有贓物的行為，例如繼承或受贈贓物，或是明知為贓車，而將其取回家中持有使用。至於行為人的收受方式，不論是直接，抑或間接，例如直接由竊犯手中取得，或經由第三人輾轉取得，均不影響本罪的成立。」❺⁹，或如「收受的性質僅帶有返還請求權發生困難，而搬運、寄藏、故買或媒介，除了帶有返還請求權發生困難性質外，尚帶有助長本犯，事後幫助犯的性質，無論其為有償或無償。」❻⁰

【實例】甲多次向乙請求返還借款十萬元。乙自己為某個詐騙集團的成員。甲知道乙利用詐騙而取得現金二十萬元。甲據此再度向乙請求返還借款。甲威脅乙，若不立即返還借款，便向檢警告發乙所屬之詐騙集團的犯行。乙為了避免集團曝光，只好將騙得的現金交付給甲，以作為還款之用。

如前所述，成立贓物罪之收贓行為（收受搬運故買）的前提為，前置行為人與收贓之人之間具有**合意性的協力作用**。欠缺合意的情形為，行為人竊取前置行為人所持有之物，或是藉由強暴或脅迫手段，迫使前置行為人將違法取得之物交付。故本例的甲應不構成贓物罪。

【實例】甲與友人共同竊得一臺機車，並且合力將該輛機車的車身與零件拆解。為了避免室友乙知情之後，將該等零件取走，甲因而將其藏放於住處的地下儲藏室。數日後，乙發現甲藏放的機車零件，並且將其置放於自己的房間，等未來需要金錢周轉時，再將其變賣。

贓物罪之不法構成要件行為的共通要素為收贓之人與前行為人具有合意性的協力作用，又此種合意以存在於「收受贓物時」為必要，也就是收贓之

---

❺⁹　見林山田，刑法各罪論（上），2006 年 5 版，頁 528。

❻⁰　陳子平，刑法各論（上），2015 年 2 版，頁 676。

人在這個時間點上意識到自己將對贓物取得獨立的支配地位❻。如果收贓之人以違反前行為人之意思的方式取得對贓物的事實上支配關係，例如竊取行為所造成的持有移轉，也就無法構成本罪所規定的收受。據此，本例的乙乃是透過專斷行為建立起自己對贓物的持有關係，因而無法論為贓物罪所欲非難的收受行為。

㈡收 受

收受是指收贓之人與前行為人合意由收贓之人對贓物建立起獨立的支配地位，或是更精確地說，由收贓之人取得現實上的處分權力(Verfügungsgewalt)。也就是說，收贓之人因為收受贓物而使自己居於類似所有權人的地位，又考慮到收贓之人取得對贓物於事實上的支配關係，例如**持有、直接及間接占有**等❻，因此得以不受前行為人的影響，獨立地對贓物為使用、收益、處分。如果前行為人只是純粹把贓物借給收贓之人使用，或是收贓之人與前行為人共同使用贓物等，均無法論為本罪所欲非難的收受。

【實例】甲竊得一輛機車，並以三萬元的價格賣給乙。乙當場給付現金，並且告知甲：「丙稍晚會前來將車子開回車行。我之後再跟丙領車。」由丙代為取車的原因在於，乙委請丙先行將車子重新烤漆。隔日，當乙要跟丙取車時，該車正好在數小時前遭竊。

雖然本例的乙與前行為人甲簽訂贓車之買賣契約及交付價金，不過，卻未直接占有該輛贓車。或許，甲、乙之間關於收贓行為在形式上具有合意性的協力作用，只不過有疑問的是，乙在實際上卻未直接占有贓物。倘若收贓之人沒有直接占有贓物的話，似乎也就無法對該物取得現實上的處分權力或

---

❻ Jahn/Palm, JuS 2009, S.503.

❻ Jahn/Palm, JuS 2009, S.504; Mitsch, BT 2, 3. Aufl., 2015, S.803.

支配力。然而，這裡應予辯明的是，所謂現實上的處分權力或支配力並不是單純取決於收贓之人與贓物兩者於空間上的緊密關係，而是必須進一步綜合考量到收贓之人與第三人，以及收贓之人與贓物的社會性關係。也就是說，第三人基於收贓之人的指示或命令而占有贓物[63]，表示該收贓之人不論在現實上或規範上始終保有一定的處分權力，並且得以決定是否及如何使用、收益、處分贓物。依此，本例的丙受乙的委託（或指示）而占有贓車，又目的僅僅在於為該輛贓車重新烤漆，現實上，丙無法獨自決定是否及如何使用、收益、處分車輛。換句話說，雖然乙是以「間接占有」的方式持有贓車，卻不影響其在本案例中作為真正掌握處分權力之人。乙之間接占有贓車的行為仍然成立贓物罪的收受贓物。

㈢搬　運

搬運是指將贓物由特定空間移往其他空間的行為方式，至於是單獨、共同、利用第三人搬運、或是使用身體力量、動物、或是車輛為之，均非所問。再者，依法制史的發展脈絡，贓物罪原初的處罰理由在於事後幫助，成立搬運贓物的時間點因而在前置行為的既遂後；相對地，若於前置行為既遂前協助正犯搬運由犯罪取得之物，則是成立刑法第 30 條幫助犯。

又考慮到搬運行為以滿足收受的組成條件為必要，也就是基於合意性的協力作用而取得事實上對贓物的處分權力，所以，倘若⑴只是應前行為人的要求而將贓物搬上車，或是⑵前行為人運送贓物時，於車輛後座負責看管贓物狀態，此等情形均無法論為本罪所欲非難的搬運行為。理由在於，搬運屬於收受行為的下位類型，本質上亦須具備收受的特徵。嚴格來說，我們可將收受理解為「類似取得所有」(zueignungsähnlich) 的行為方式。因此，無法論為收受的情形往往在於，儘管收贓之人現實上已經從前行為人取得贓物，不

---

[63] 見 Mitsch, BT 2, 3. Aufl., 2015, S.804.

過，卻是由前行為人決定以何種方式及基於何種目的使用、收益、處分該贓物，例如前行為人暫時出借贓物予收贓之人，或者只是讓收贓之人代為保管等[64]。延續這樣的基本思考，不論是將物搬上車之人，或是搬運中協助看管之人，雖然在形式上與前行為人具有合意性的協力作用，實質上卻是始終沒有對贓物形成（至少短暫的）事實上的支配地位，真正對該贓物具有支配地位之人仍為前行為人自己。

㈣故買或媒介

故買是指故意且有償地買受他人所持有的贓物[65]，具體的行為類型包括買賣、互易等。基本上，不論前行為人與收贓之人是否簽訂買賣契約，或是該契約是否有效，均非所問，又因為此種行為屬於收受的下位類型，所以，故買贓物之成立與否終究取決於是否滿足構成收受的所有條件，特別是基於合意性的協力作用，以及取得對特定物於事實上的處分權力。依此，或可想像的是，即使已經簽訂買賣契約，或是收贓之人順利取得與贓物的法律關係，例如所有權移轉，也都還是無法論為已經實現故買要件。因為簽訂契約充其量只能說明前行為人對收贓之人具有民法上的請求權，卻不表示自己對於該物已經取得事實上的支配地位或處分權力。不過，仍應注意的是，倘若收贓之人是以「間接占有」的方式持有贓車，特別是依此具有事實上的支配地位或處分權力，那麼也就不影響其作為真正掌握處分權力之人，而可論為構成故買之要件。

此外，媒介是指仲介買賣、交換、質押贓物的行為，至於有償或無償，直接或間接，均不影響犯罪之成立[66]。部分的論者認為，媒介者為有償處分

---

[64]　相關的概念說明，僅參閱 Mitsch, BT 2, 3. Aufl., 2015, S.800.

[65]　見陳子平，刑法各論（上），2015 年 2 版，頁 684。

[66]　司法院 (78) 廳刑一字第 1692 號之審查意見。

的第三人斡旋交易，即使該第三人不知交易客體為贓物，仍不影響成立贓物罪[67]。然而，這樣的說理容待商榷。理由在於，一者，若第三人不知媒介者所斡旋買賣的物件為贓物，即無可能與前行為人形成合意性的協力作用；二者，如前所述，即使簽訂買賣契約，仍然無法論為故買要件已經實現，那麼在媒介階段的情形更是如此。也就是說，媒介買賣贓物的行為充其量只能視為第三人收受贓物的預備階段，其尚未對該贓物取得事實上的支配地位。換句話說，就行為的本質而論，媒介贓物與收受贓物之間具有所謂的從屬關係，又媒介贓物的不法性乃是取決於受斡旋交易的第三人認識到契約客體為贓物；同時，現實上亦是取得對該贓物的支配地位。

陸、主觀不法構成要件

行為人必須於主觀上具有收贓故意，也就是對於收受、搬運、故買贓物或媒介等行為，以及收受的客體為由違法前行為所取得之物有所認識，以及對收贓結果有所意欲，特別是取得自己對於贓物於事實上的獨立處分權力。這裡的故意包含直接故意與間接故意。

---

[67] 僅參閱陳子平，刑法各論（上），2015 年 2 版，頁 687。

讀後測驗

1. 刑法第 346 條贓物罪的保護法益為何？

2. 何謂後行犯，以及贓物罪為何作為「後行犯」？

3. 贓物罪以存在一個「前置行為」為前提，而此種行為是否以具備違法性且有責

4. 性為必要，以及是否限於財產犯罪？

5. 無主物得否作為贓物罪的犯罪客體？

6. 贓物罪所規定之不法構成要件行為的共通要素為何？

7. 試說明「連鎖贓物」及「替代贓物」的意義。

8. 「間接占有」是否屬於收受贓物的行為模式？

第十三章

電腦犯罪

刑法第 358 條

無故輸入他人帳號密碼、破解使用電腦之保護措施或利用電腦系統之漏洞，而入侵他人之電腦或其相關設備者，處三年以下有期徒刑、拘役或科或併科三十萬元以下罰金。

刑法第 359 條

無故取得、刪除或變更他人電腦或其相關設備之電磁紀錄，致生損害於公眾或他人者，處五年以下有期徒刑、拘役或科或併科六十萬元以下罰金。

刑法第 360 條

無故以電腦程式或其他電磁方式干擾他人電腦或其相關設備，致生損害於公眾或他人者，處三年以下有期徒刑、拘役或科或併科三十萬元以下罰金。

刑法第 361 條

對於公務機關之電腦或其相關設備犯前三條之罪者，加重其刑至二分之一。

刑法第 362 條

製作專供犯本章之罪之電腦程式，而供自己或他人犯本章之罪，致生損害於公眾或他人者，處五年以下有期徒刑、拘役或科或併科六十萬元以下罰金。

刑法第 363 條

第 358 條至第 360 條之罪，須告訴乃論。

壹、概 論

　　不同於過往的農業及工業社會，當代社會正處於一系列的社會結構轉型，其中比較特別的是基於電腦與網路技術的快速發展，社會溝通方式產生了革命性的轉變❶，例如各種資訊的提供變得相當即時；電腦網路的廣泛應用使得個人不用出門也可以與世界頻繁往來，典型者為網購、網路聊天、分享照片等；資訊化的虛擬世界與現實世界為個人日常的經歷。不可否認的是，因為社會本身的高度資訊化與科技化結果，當代生活確實較以往更為便利，但也直接或間接地改變了人與人之間相處的思維邏輯，由此衍生出許多資訊安全的問題。基本上，所謂的資訊安全涉及到資訊使用上的三種核心要素，亦即**資訊的秘密性、完整性、可用性**❷。只要這三者之一受到不當的干預，資訊安全隨即出現漏洞。為了因應日益增加的資訊安全需求，立法者於 2003 年在刑法典中訂立一套獨立且完整的電腦犯罪規定，藉此抗制任何有關濫用電腦或破壞電腦設備而違犯具有電腦特質的犯罪行為，以及利用網際網路從事網路犯罪等。

　　嚴格來說，所謂的「**資訊安全**」原本屬於資訊科學（管理）領域的概念，在現有的刑事法系統中找不到相對應的用語。即便如此，若是改從規範性的觀點切入，這個概念實質上乃是涉及到個人自由使用資訊的基礎條件。也就是說，自由與安全兩者之間往往處於補充性的關係。欠缺安全的自由在現實上是難以想像的，例如我們在使用電腦或網際網路的時候，假設必須冒著相當高的個資揭露風險，那麼資訊使用上的自由勢必變得毫無意義。再者，任何人可以自由選擇如何從事社會交往，並且藉此實現自我，而所謂的自由就像是個人可以過著美好生活的基礎，安全則是實現此種生活狀態的框架條件，

---

❶　徐育安，資訊風險與刑事立法，臺北大學法學論叢，91 期，頁 116。

❷　徐育安，資訊風險與刑事立法，臺北大學法學論叢，91 期，頁 117。

如同身體健康對於美好生活來說是必要的。所以，唯有先確立安全這一項框架性條件才能夠使個人的自由獲得實現，甚至是促使自由的實踐成為可能。據此，一個較為適切的辯證觀點應該是：「所謂的電腦及網路犯罪其實不是侵擾資訊安全的行為，而是具體地針對電腦系統、電磁資料，或是資訊處理系統所採取的攻擊，又此等攻擊將會直接或間接地侵奪或危害個人使用資訊的自由。國家以刑法手段抗制電腦犯罪的目的也就在於形塑一個資訊安全的環境，以此確保個人使用資訊的自由。」

貳、保護法益

　　為了因應當代社會基於資訊化及科技化結果而不斷衍生的資訊安全問題，刑法的抗制邏輯明顯是「以個別的資訊使用現象劃定行為控制的範疇」作為基礎，凡是與資訊安全相關的電腦或電磁紀錄使用行為均是被劃入刑法的規範領域，例如在入侵電腦之前製作侵入電腦系統的程式；或是在入侵電腦之後，取得、刪除他人的電磁紀錄等。或許，正是因為立法者先從抽象的資訊安全思考出發，進一步連結到特定的資訊使用現象，然後再依此劃定電腦及電磁紀錄使用行為的可罰性，所以使得我們難以確切掌握電腦犯罪各罪所要的保護法益為何。

　、學說見解

　　或可想像的是，當代學說上針對電腦犯罪的保護法益勢必存在著相當歧異的理解。例如有學說見解認為，本罪章的保護法益統一為「電腦的使用安全」；另有論者則是以前述觀點作為基礎，進一步從現代資訊系統的重要性與脆弱性，以及因應資訊社會的網路及電腦安全要求等思考，將電腦犯罪的保護法益細緻定位在「涉及個人與公眾利益的電腦系統、電腦資料、電腦資訊處理系統之私密性、完整性、可使用性」❸，或是將保護對象理解為集合性法益的「資訊社會的秩序安全信賴」❹。相對地，有部分的論者改從類比侵

入住宅罪的保護法益出發，強調網路空間與現實的居住空間一樣，電腦使用者也保有安心領域的期待，因為不論是資訊的擁有本身、隱私，或是財產利益等，這個領域給予現在人類生活的社會信賴與安全感，所以，保護法益應當聚焦在所謂的「使用電腦的空間利益」❺。

、本書見解：資訊接近權限

嚴格來說，上述學說見解大多是直接或間接地依附在資訊安全上的理解，只是仍待區辨的是，當國家試圖透過刑法手段建構所謂的資訊安全環境時，這個環境本身並非保護法益的內容，只是作為一項電腦犯罪之刑事政策的理性基礎而已，真正的保護法益應當聚焦在資訊安全環境下個人自由使用資訊的利益狀態。依此，不同於前述見解，本書認為電腦犯罪的保護法益以「**以資訊自決權為基礎的資訊利用權限**」為主軸，而這裡的資訊利用權限又可進一步理解為「**個人關於資訊利用的獨占性**」，包括近用資訊的排他性、從事資訊活動的可能性等❻。

基於前述之說明，第 358 條屬於個人之資訊利用權限的保護前置階段，立法技術上採取類似於預備犯的設計；第 359 條則是規定各種直接針對個人之資訊利用權限的干預模式❼，例如取得、變更、刪除電磁紀錄等。除此之

---

❸ 見蔡蕙芳，妨礙電腦使用罪章：第一講：保護法益與規範功能，月旦法學教室，126 期，頁 64。

❹ 參閱許恒達，資訊安全的社會信賴與與刑法第三五九條的保護法益，月旦法學雜誌，198 期，頁 240 以下。

❺ 見李聖傑，使用電腦的利益，月旦法學雜誌，145 期，頁 73–75。

❻ 所謂「規範上的支配可能性」乃是相對於事實上之支配關係的概念。後者的典型代表為竊盜罪的所有權法益，前者則是著作權法上的重製權利。見古承宗，重新檢視擅自重製罪的解釋與適用，收錄：刑法的象徵化與規制理性，2017 年，頁 217。

❼ 應注意的是，部分的實務見解將本罪的保護法益理解為一種超個人法益的「電子化

外，第 360 條所規定的干擾電腦設備乃是間接地干預個人之資訊利用權限的行為模式。這裡之所以稱之為「間接」，主要是考量到干擾行為本身並不直接對電磁紀錄產生影響，而是阻斷個人近用電磁紀錄的可能性。這裡應強調的是，這裡所指稱的個人專指「有權使用資訊之人」，至於其與資訊載體（例如電腦、卡片、晶片、行動硬碟）之間是否保有所有權的歸屬關係，則非所問。

參、法條體系概覽

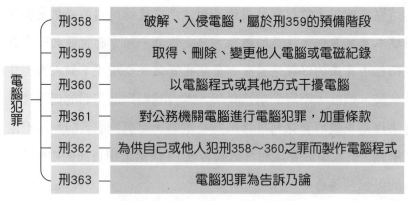

圖 13-1　電腦犯罪法條體系概覽

從電磁紀錄的使用歷程來看，使用者必須在取得且輸入密碼後，始能進入電腦系統。緊接著取得存取於電腦系統中的資料，再將其開啟、刪除，或是變更。依此，第 358 條及第 359 條所欲非難的不法行為應是依據電磁紀錄的使用階段而定，更精確地說，第 358 條的行為類型屬於第 359 條之犯行的

財產秩序」，例如臺灣高等法院臺南分院 99 年上更㈠字第 10 號判決：「按無故取得、刪除或變更他人電腦或其他相關設備之電磁紀錄，致生損害於公眾或他人者，構成刑法第 359 條之罪。而電腦已成為今日日常生活之重要工具，民眾對電腦之依賴性與日俱增，若電腦中之重要資訊遭到取得、刪除或變更，將導致電腦使用人之重大損害（此參照該條之立法理由），足認本條犯罪之成立雖以對公眾或他人產生具體之損害為必要，然本項法益既係在於維持電子化財產秩序，故並不以實際上對公眾或他人造成經濟上之損害為限。」

預備階段。再者，因為利用病毒程式干擾他人的電腦系統不以輸入密碼進入該系統為必要，例如駭客 (hacking)，所以第 360 條規定的系統干預行為應屬獨立於第 358、359 條的攻擊模式。針對前述三者犯罪，刑法第 361 條訂有加重處罰之規定，凡是對公務機關之電腦或其相關設備犯之者，加重其刑至二分之一。依第 363 條規定，第 358 條至第 360 條之罪，須告訴乃論。

另依第 362 條規定，供自己或他人違犯第 358 至 360 條之罪而製作電腦程式者，同樣具有可罰性。基本上，本罪兼含兩種不同的規制邏輯：(1)將原本屬於共犯位階的幫助犯提升為正犯，也就是所謂的「**共犯正犯化**」；(2)為自己違犯電腦犯罪而編寫電腦程式的預備行為。

肆、不法構成要件之解釋

一、共通的客觀不法構成要件：「無故」與「致生損害於公眾或他人」

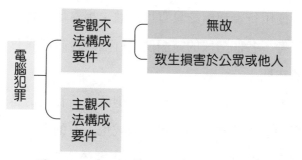

圖 13-2 電腦犯罪共通的不法構成要件

㈠無　故

第 358 條至第 360 條所規定的「無故」要件僅具有提示性功能，而非作為一項獨立的阻卻違法要件。也就是說，法官必須就具體個案審酌是否具有法定的或超法規的阻卻違法事由，例如正當防衛、緊急避難、依法令行為、

業務上的正當行為、被害人承諾等。

㈡致生損害於公眾或他人

　　如前所述，電腦犯罪的規範目的在於形塑一個電腦資訊安全的環境，以確保個人使用資訊的自由。如果單從現象本身理解所謂的資訊安全環境，我們可以將電腦使用的情境逐一具體地拆解為輸入密碼、進入電腦系統、取得電磁紀錄等階段，又每一個階段的安全性擔保，均可直接或間接地與個人使用資訊的自由產生一定的關聯。然而，所謂的安全環境在本質上多少是一種抽象性的感受狀態，刑法上所要非難的不法行為終究必須具體指涉到特定的利益侵害或危險。因此，一旦將電腦犯罪所要保護的法益連結到每個使用階段的侵害意義，那麼可以想像的是，其實不是每一個電腦使用的階段都有顯著的利益侵害或危險，例如單純輸入密碼進入他人的電腦系統、將電腦原本的圖檔轉為另外一種格式的圖檔，或者只是刪除內容空白的 WORD 檔等。換句話說，如果只是片面地要求透過刑法確保資訊安全環境，那麼任何一種未經許可的電腦使用行為都應該具有可罰性；相對地，若是進一步納入實質的法益侵害性思考，各個階段的電腦使用行為是否必然具有可罰性，似乎也就還有再商榷的空間。

　　也就是說，本罪章的部分條文採取類似「**負面描述的構成要件**」的立法技術，在法條之中加入「致生損害於公眾或他人」的要件，並且作為一種客觀的排除處罰事由。更進一步地說，「致生損害於公眾或他人」的規範功能在於形塑一套行為可罰性的排除標準，學理上又稱之為「**重大性門檻**」(Erheblichkeitsschwelle)，或是所謂的「**微量原則**」，背後的法理依據在於國家發動刑罰權的比例性要求 ❽。所以，只有當特定行為造成一定的法益侵害結

---

❽　基礎理論之說明，可參考 Kasper, Die Erheblichkeitsschwelle im Bereich des Umweltstrafrechts, 1997, S.77–78.

果，國家刑罰權始有發動的正當性；或者個案中僅僅造成相當微量的侵害，儘管行為本身符合不法構成要件的描述，卻可例外地排除不法。

、刑法第 358 條

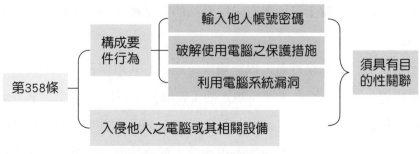

圖 13−3　刑法第 358 條

㈠輸入他人帳號密碼

「輸入他人帳號密碼」為本罪的不法構成要件行為之一，概念上可拆解為「輸入帳號與密碼」，或是「在特定帳號下輸入密碼」等行為類型，卻不以同時輸入帳號與密碼為必要。舉例來說，前者的情形為在他人筆電的開機畫面、社群網站、網路銀行，以及 E-mail 帳號中輸入使用者名稱與密碼；後者則是於金融機構的櫃檯提款時，櫃員要求輸入存款帳號的密碼、使用提款卡輸入晶片密碼，或是在電腦開機畫面顯示使用者名稱的情形下輸入密碼。

㈡破解使用電腦之保護措施或利用電腦系統漏洞

首先，使用電腦之保護措施是指為電腦設備或系統而安裝的安全設置，例如閉鎖的盒裝物、指紋辨識系統、密碼等，又此種設置的功能在於避免行為人未經許可使用電腦，進而為自己或為他人存取電磁紀錄。又這裡所指稱的保護措施必須能夠完全排除他人接觸電磁紀錄的可能性，或者至少是進入電腦系統具有顯著的困難。另外，立法者於法條文字中使用「破解」一詞，

目的應是強調行為人突破電腦系統的保護機制而侵入電腦系統，例如使機械式的或電子式的安全設備喪失作用，但不是以純粹物理性地破壞電腦或其相關設備為手段。儘管本罪所規定的無故主要是直接對應到輸入他人帳號密碼的行為，似乎並未要求破解使用電腦的保護措施必須以無故為前提，然而，破解此一用語在本質上已經帶有未經允許的意思❾，所以，無需額外考量無故的問題。

應強調的是，如果行為人以詐騙或脅迫等方式取得密碼，進而突破電腦的保護措施，則無法論為本罪所規定的「破解」。理由在於，藉由詐欺或脅迫等不法手段取得密碼，形同取得存取資料 (Zugang) 的機會，而就在這個時點上，行為人企圖存取的資料已經不再處於受保護的狀態，當然也就沒有破解與否的問題。儘管行為人於此情形不成立刑法第 358 條之罪，不過，針對進入他人的電腦或其相關設備之後，無故取得資料的行為卻還是有可能成立刑法第 359 條之罪。

相對於破解使用電腦的保護措施的積極作為，利用電腦系統漏洞則是一種不作為的行為模式。也就是說，雖然行為人並未積極且有責地創造電腦程式運作上的錯誤，不過卻是利用了一個已經存在的此種錯誤，進入他人的電腦系統。

㈢入侵他人之電腦或其相關設備

不論是無故輸入他人帳號密碼、破解使用電腦之保護措施，或是利用電腦系統的漏洞等，均必須與入侵他人之電腦或其相關設備具有一定的「**目的性關聯**」，又入侵電腦的目標可能是直接取得電磁紀錄，也有可能是為自己或他人取得電磁紀錄的存取路徑。換句話說，行為人乃是利用先前的輸入、破解或電腦漏洞的結果，進入他人的電腦系統。雖然此項要件不像前段的無故

---

❾　Mitsch, Medienstrafrecht, 2014, S.105.

輸入他人帳號密碼訂有「無故」用語，「入侵」本身卻已經帶有未經有權之人許可的意思。若是從犯罪評價體系的角度切入，立法者特別就輸入帳號密碼的行為訂有違法性意義的無故要件，那麼入侵他人之電腦的入侵行為則是內含了阻卻構成要件效果的同意要素。

附帶一提的是，所謂的電腦或其相關設備，除了電腦硬體設備之外，概念上仍應包括電腦程式。無論如何，電腦或其相關設備的運作基礎還是在於電腦程式，而所謂的入侵電腦實際上正是使用資訊促使電腦程式運作的過程，也唯有如此才有可能進一步開啟或存取電磁紀錄。

三、刑法第 359 條

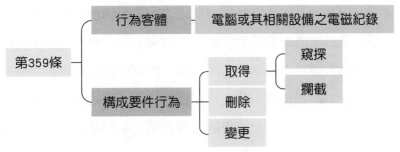

圖 13-4　刑法第 359 條

㈠行為客體

本罪的構成要件行為分別為「取得」、「刪除」、「變更」，行為客體則是「電腦或其相關設備之電磁紀錄」。就犯罪客體來說，依刑法第 10 條第 6 項規定，電磁紀錄是指以電子、磁性、光學或其他相類之方式所製成，而供電腦處理之紀錄。換句話說，電磁紀錄無法直接由人類的感官予以體覺，而是必須間接透過科技設備將其轉為現實上可透過人類感官予以見聞的狀態❿。又就電腦的運作邏輯而言，若是電磁紀錄可供電腦處理的話，那麼也就必要

---

❿　Eisele, Computer- und Medienstrafrecht, 2013, S.35.

具備可儲存、可傳送等特徵。再者，法條文字不像刑法第 320 條竊盜罪及第 354 條毀損罪規定了「他人動產」及「他人之物」，使得電磁紀錄的他人性要求無法直接從規定本身推導得出。即便如此，仍然不影響電磁紀錄必須為他人所有。只不過在立法技術上確實無法像刑法第 320 條及第 354 條一樣在法條中明訂「他人性」的要求，因為電磁紀錄畢竟不是動產。換句話說，有權使用電磁資料之人不一定是資料載體（電腦或其他相關設備）的所有人，而是涉及類似所有權的資料處分權限 (eingentümerähnliche Datenverfügungsbefugnis) [11]。

學說上存有爭議的是，電磁紀錄儲存於電腦或其相關設備是否必須在時間上具有一定的持續性？對此，有論者捨棄形式上的時間理解，改從實質的法益保護觀點出發 [12]，禁止無故取得他人之電磁紀錄的規範目的在於，保護處分權人基於獨占電磁紀錄所衍生的整體財產利益，行為客體因而比無故刪除或變更的行為客體更為寬鬆，亦即包括「暫存於隨機存取記憶體」[13]，以及「持續儲存於輔助記憶體」的電磁紀錄。依此，不論是在傳輸中或儲存於電腦硬碟的資料，均屬於無故取得的行為客體。至於禁止無故刪除或變更的保護法益在於處分權人對於電磁紀錄的處分可能性，所以行為客體僅限於持續儲存於輔助記憶體內的電磁紀錄，例如盜取網路遊戲中的虛擬寶物或武器，本質上為無權更改儲存於網路遊戲主機的電磁紀錄內容。

不可否認的是，前述見解在說理上自有一貫性，只不過本文認為電磁紀錄不以儲存持續性為前提的另一個理由應當是「**是否持續儲存只是技術上的偶然**」。詳言之，只要電源中斷或關閉，隨機存取記憶體內的資料也就會隨之消失。相對地，如果今天換作電源持續不中斷或不關閉，那麼資料也就不會

---

[11] Mitsch, Medienstrafrecht, 2012, S.111.

[12] 參閱薛智仁，網路釣魚的刑事責任，東吳法律學報，24 卷 3 期，頁 159。

[13] 這裡稱之為暫存，乃是著眼於隨機存取記憶體作為電腦暫時儲存資料的元件，只要電源中斷或關閉，所儲存的資料便會消失。

消失。大部分的電腦或其相關設備確實是在使用結束後立即關機，但是，我們也不排除現實上有些電腦或其相關設備長年處於不關機狀態。依此，當所謂的儲存持續與否終究取決於具體個案中的電源是否持續或中斷，那麼在犯罪評價上勢必將受制於技術上的偶然因素。換句話說，倘若電磁紀錄取決於是否持續儲存於電腦或其相關設備，則有可能導致行為客體的資格認定隨之浮動。總而言之，若是改採本書肯認的「**資訊接近權限**」，不論是本罪禁止的無故取得、刪除、變更等行為，只要是一儲存於隨機存取記憶體或輔助記憶體內的資料，均屬於適格的行為客體。

㈡不法構成要件行為

立法者明顯將「**取得、刪除、變更**」等不同階段的行為模式設定為本罪的不法構成要件行為。初步比較之下，我們似乎難以掌握這三者之間具備何種共同的特徵，頂多只能確定取得電磁紀錄通常作為刪除或變更該紀錄的前階段行為。當然，個案中也不排除在刪除或變更電磁紀錄之前，無需事先取得該紀錄。暫且不論電磁紀錄於現實上的使用程序，單就法條的文義本身來看，「取得」傾向於類似持有的概念，至於「刪除與變更」則是近似於毀棄與致使不堪用的理解。換句話說，前者所攻擊的法益為「具有整體財產意義的持有利益」，後者的攻擊法益則是「資訊的完整性利益」。然而，考慮到不斷科技化的電子媒介，使得電腦犯罪的不法構成要件有了新的面貌，特別是針對那些具有電子化、電磁性，或是其他無法直接體覺的資訊進行攻擊❶。所以，若是改從資訊安全與以資訊自決權為基礎的資訊利用權限等觀點切入，那麼取得、刪除、變更應有不同的理解方向。對此，分述如下：

---

❶ Mitsch, Medienstrafrecht, 2014, S.105.

1.取　得

　　所謂的取得是指行為人利用科技設備，將特定或非特定的資料從一個非公開的資訊傳輸設備，或是從電磁發射的資訊處理設備擷取資料。因為本罪不像刑法第 321 條第 1 項第 2 款明文規定「毀越安全設備」，所以，破壞資訊安全設備並非實現取得的必要條件。

　　概念上，取得又可進一步區分為「窺探」與「攔截」兩種行為模式。所謂的攔截是指電磁紀錄於電子式的傳輸過程中遭到截取；相較之下，倘若電磁紀錄已經傳送完畢且儲存於特定的儲存設備內，緊接著透過複製方式取得該紀錄，則不屬於傳輸過程中的攔截，而是構成所謂的窺探。依此，凡是透過傳真機、E-mail、網路電話、網路聊天、在特定範圍內的網路連線（例如藍牙），或是使用 USB 儲存媒體插入電腦，並且進一步將電磁紀錄予以複製儲存，均屬本罪所規定的取得。

2.變更、刪除

　　不論是變更或刪除均帶有類似毀損物件 (sachbeschädigungsähnlich) 的性質，因為本罪的犯罪客體為電磁紀錄，而非真正的實體物，所以無法構成刑法第 354 條的毀損罪。另一方面，從不法構成要件的文義來看，保護法益應為電磁紀錄的存續與可利用性[15]。然而，若是連結到本文所採取的資訊利用權限觀點，這裡所謂的存續與可利用性實質上乃是指向「近用資訊的排他性與從事資訊活動的可能性」等利益狀態。無論採取何種法益觀點，變更與刪除的共通特徵為此等行為對於電磁紀錄本身產生一定的作用，特別是有權利用之人確定無法再以該紀錄原有的狀態加以使用、處分。

　　更進一步區分地說，變更是指資訊內容受到變更導致電磁紀錄的功能受

---

[15] Mitsch, Medienstrafrecht, 2014, S.111.

有損害，例如透過病毒程式將他人電腦內的資訊予以變更。如果只是單純的複製或使用未加密的區域網路 (WLAN)，除非於複製或使用網路的過程中透過額外的方式對電磁紀錄的內容加以變更，否則不會構成所謂的變更❶。至於刪除則是終局地使具體儲存的電磁紀錄無法辨識 (Unkenntlichmachung)，具體方式通常為刪除影音紀錄、電腦程式、文書資料、複寫紀錄、或是毀棄儲存設備等❶。又除了使用人工方式刪除外，亦可透過電子性的攻擊方式為之，例如病毒程式。

(三)特殊問題：網路釣魚

表 13-1　網路釣魚

攻擊模式	定義	刑法評價	
釣魚式攻擊	透過郵件等誘使被害人連結假網站以便竊取帳戶資料	非第 359 條的無故取得電磁紀錄	行為人取得他人帳戶密碼後登入系統，構成第 358 條
網址嫁接	透過木馬程式、側錄工具使被害人連結至假網站、帳號密碼遭側錄	可能構成第 359 條無故取得電磁紀錄	

1.攻擊模式

所謂的「釣魚式攻擊」(Phishing) 常見於網路銀行的理財服務，一般是指行為人（俗稱網路釣客）透過傳寄電子郵件、即時通訊息，誘騙被害人（銀行存戶）到與官方網站外觀相仿的假冒網站，並且冒充需要資料之人（銀行），要求郵件或訊息接收者提供個人的帳戶資訊，例如信用卡、帳戶資料等。只要行為人一取得銀行的登入資料，隨時能夠透過網路銀行以轉帳方式掏空受詐騙之被害人的存款，或是冒用信用卡從事網路交易。整體來說，釣魚式攻擊的主要目的為「取得個資後突破銀行的安全檢核」❶。

---

❶ Eisele, Computer- und Medienstrafrecht, 2013, S.59.

❶ Eisele, Computer- und Medienstrafrecht, 2013, S.57.

網路釣魚的攻擊方法又可區分為 ⑲：⑴對不特定人寄發大量的電子郵件，郵件在外觀形式上看似由與收件人有往來的銀行所寄發，內容則是謊稱，為了防範網路詐騙事件，提高交易安全，收件人必須於指定時間內更新登入資料，或是提供登入資料以供驗證；⑵收件人在郵件附檔的空白表格內，填入網路銀行的使用者代號，登入密碼或交易序號之後，回傳給行為人；⑶行為人於郵件內建置超連結，收件人點擊後電腦會自動開啟另一個偽造的銀行網頁。只要收件人輸入及傳送銀行的登入資料，行為人即能藉此取得。

另一種進階的網路釣魚為「網址嫁接」(Pharming)。行為人利用木馬程式、網域下毒 (DNS Poisoning)，以及鍵盤側錄工具的攻擊方式。被害人輸入正確網址，卻被連至虛偽的網站。被害人不自覺地輸入個人資料（例如帳號密碼），而遭受盜取。

2.刑法上的評價

基本上，不論是窺探或截取他人的銀行帳戶或信用卡資訊，一般的網路釣魚手段不會構成刑法第 359 條的「無故取得電磁紀錄」。理由在於，被害人透過 E-mail 回傳的帳戶或信用卡資料並非電磁紀錄。舉例來說，帳戶所有人可以將帳戶密碼記在腦海中，或是寫在便條紙上，但是終究不是以電磁方式儲存於電腦或網路系統。不同於普通的網路釣魚，網址嫁接的攻擊方式則有可能構成無故取得電磁紀錄。

此外，在行為人以網路釣魚方式取得他人的網路銀行密碼後，輸入密碼進入網路系統的行為構成刑法第 358 條的無故輸入密碼而入侵他人電腦。

---

⑱　Mitsch, Medienstrafrecht, 2014, S.197.

⑲　整理自薛智仁，網路釣魚的刑事責任，東吳法律學報，24 卷 3 期，頁 152。

四、刑法第 360 條

本罪的規範目的在於保護有權之人近用資訊的可能性，特別是資料處理的經營者與使用者能夠以符合電腦運作的方式使用電腦或其相關設備。依此，我們可以將「干擾」理解為干擾行為與干擾結果兩項組成要素[20]。

所謂的干擾行為是指：(1)利用電腦程式或電磁方式抑制他人使用電腦或其相關設備，而無法取得或使用電磁紀錄，例如在電腦系統植入登入設定（密碼）、變更電磁紀錄的名稱或格式、隱匿或阻斷資料存取的路徑[21]，或是針對網路購票系統，行為人事先設定或收購大量帳號，然後將售票網址輸入自動搶票程式，該程式每秒可模擬自動點擊滑鼠數百次，以排除其他網路使用者購得票券的機會。應強調的是，干擾乃是本罪真正的不法構成要件行為，至於所謂的利用電腦程式或電磁方式為之，僅止於行為描述的意義。(2)自動化的方式輸入或傳遞資料，並且造成電腦或系統的嚴重負荷，典型的例子為以分散式阻斷服務攻擊 (DoS-Angriff) 為基礎的「網路或線上示威」(Internet- bzw. Online-Demonstration)[22]。詳言之，行為人之攻擊不在於入侵他人的電腦系統，而是盜取或竄改網頁資料。基於網際網路開放系統與傳輸便利的特性，利用分散於不同地方的多部電腦主機，發送大量偽造來源地址的封包，癱瘓他人的網路伺服器，使得正常的接通率降到百分之一以下，而無法提供網路使用者服務。例如透過分散的且大宗的攻擊行為，讓航空公司的電腦主機伺服器暫時癱瘓，因而無法提供網路訂位服務。

再者，不論是採取何種攻擊手段，抑制的時間不以永久為必要，只要能暫時性地排除他人使用電腦或其相關設備的可能性，即已實現干擾結果。

---

[20] 類似的理解為刑法第 271 條殺人罪所規定的「殺人者」包含殺人行為與殺人結果等概念。

[21] 參閱 Eisele, Computer- und Medienstrafrecht, 2013, S.58.

[22] Eisele, Computer- und Medienstrafrecht, 2013, S.62.

五、刑法第 362 條

依第 362 條規定，供自己或他人違犯第 358 至 360 條之罪而製作電腦程式具有可罰性。就形式而論，本罪似乎兼含兩種不同的規制邏輯：⑴將原本屬於共犯位階的幫助犯提升為正犯，也就是所謂的「共犯正犯化」；⑵為自己違犯電腦犯罪而編寫電腦程式的預備行為。

㈠供他人使用製作電腦程式

就第一種類型來說，犯罪參與者製作電腦程式，並且提供他人違犯第 358 至 360 條之罪，應成立第 30 條的幫助犯。暫且不論這項結論正確與否，立法者藉由分則各罪直接將提供協助之人提升至正犯的資格，理由可能在於填補幫助犯的處罰漏洞。也就是說，第三人的協力作用使得特定法益受到危害，卻因為規範上其所依附的主行為不成立犯罪，也無法構成幫助犯，典型的例子為第 164 條第 1 項的藏匿人犯罪[23]。然而，因為任何人均可違犯第 358 至 360 條之罪，以及製作且提供電腦程式的幫助行為在規範上始終並未欠缺一個可依附的主行為，所以，所謂的共犯正犯化應當不是本罪的立法動機。另外，立法者於法條文字中選用「製作」一詞，似乎是強調在他人著手實行電腦犯罪之前的編寫程式階段。即使他人尚未著手實行電腦犯罪，製作電腦程式之行為仍然具有可罰性。整體看來，本罪的規範目的應該只是為了有效防堵任何有可能危害資訊安全的行為而設，所以將供自己或他人違犯電腦犯罪而編寫電腦程式的行為予以入罪化。嚴格來說，此種純粹為了行為控制需求而定的刑法規範，明顯具有刑罰過度前置化的疑慮。

---

[23] 也就是說，因為犯人將自己藏匿不構成犯罪，所以幫助其藏匿之人因欠缺一個可供從屬的主行為而不罰。然而，若是考慮到「幫助藏匿」本身已經具有侵害國家司法權的獨立適格性，那麼在刑事政策上即有個別入罪化的必要性。進一步說明，詳見古承宗，妨礙國家司法之罪，收錄：刑法之理論與釋義㈠，2017 年，頁 168。

㈡供自己使用製作電腦程式

　　相較之下，第二種類型似乎也是為了有效防堵危害資訊安全的行為而設，因此將為了自己違犯電腦犯罪而編寫電腦程式的行為規定為具有可罰性。只不過與第一種類型不同的是，這種類型在本質上乃是自己違犯電腦犯罪的預備行為，同樣帶有刑罰過度前置化的問題。

讀後測驗

1. 刑法第 358 條以下電腦犯罪的保護法益為何？

2. 「無故」是否作為一項獨立的阻卻違法事由，或是僅具犯罪評價上提示其他阻卻違法事由的功能？

3. 「致生損害」的規範功能為何？

4. 刑法第 358 條的輸入帳號密碼與入侵他人之電腦之間必須具備目的性關聯，而此種關聯要求在犯罪評價上的意義為何？

5. 電磁紀錄的解釋依據為何，又是否以儲存於電腦或相關設備中持續一段時間為前提？

6. 試說明刑法第 359 條規定之取得、變更、刪除等不法構成要件行為的內涵。

7. 何謂「網路釣魚」與「網路示威」，又此等行為於刑法上的評價為何？

8. 刑法第 362 條是否為「共犯正犯化」的立法表現？

刑法各論（上）、刑法各論（下）

甘添貴 / 著

我國刑法典分則編共有 36 章之犯罪規定，大體上得將其分為侵害國家法益之犯罪、侵害社會法益之犯罪以及侵害個人法益之犯罪。因體系甚為龐雜，犯罪類型眾多，本書爰將其分為上、下二卷分別加以論述。「上卷」係以侵害個人法益之犯罪作為論述之範圍，除侵害有關人格專屬法益之犯罪外，並兼及有關財產非專屬法益之犯罪。書中有諸多論點雖係摘取自拙著《體系刑法各論》第 1、2 卷之精華，但仍加以大幅度改寫，並增加不少司法實務及個人之最新見解。「下卷」則以侵害社會法益及國家法益之犯罪作為論述之對象，除參酌舊著《刑法各論（上）》之部分見解外，無論深度及廣度，均與舊著有相當大之差異，希能有助於讀者之參酌與理解。

刑法分則實例研習——個人法益之保護

曾淑瑜 / 著

通常刑法教科書最讓法律學子頭痛，因其艱深的語詞、繁多的學理，不僅難以理解，適用時更是常有似是而非的感覺。本書嘗試使用案例式的寫作方式導引出相關概念及問題，且適時將實務案例穿插其中，使理論及實務並進；又每一問題最後亦列舉二相關問題供讀者練習，期增加學習效果。按刑法分則中個人法益犯罪乃是我國社會最常見的犯罪型態，舉凡個人的生命、身體、自由、名譽、財產等的保護皆與我們日常生活息息相關，故本書依刑法個人法益犯罪條文的編排次序，有系統地設計三十個問題，以擺脫傳統教科書的窠臼。

刑法分則實例研習——國家、社會法益之保護

曾淑瑜 / 著

近年來法學教育特別重視學子對實例的演練。刑法不只是理論及法條架構的問題，遇到具體個案應如何正確且適當地適用法律亦很重要，尤其是我國實務判例及判決所出現的相關法律問題，皆可供研究與學習者參酌，故本書延續上一本《刑法分則實例研習——個人法益之保護》的編排模式，依刑法中國家、社會法益犯罪條文的編排次序，有系統地設計二十五個問題，以案例導引出相關概念，且適時將實務案件穿插其中，使理論及實務並進；並於每題最後列舉二相關問題供學子練習，期增加學習效果。

國家圖書館出版品預行編目資料

刑法分則：財產犯罪篇／古承宗著.－－修訂二版一
刷.－－臺北市：三民，2020
　　　面；　　公分

　　ISBN 978-957-14-6875-4 （平裝）
　　1.刑法分則

585.2　　　　　　　　　　　　　　　109010309

刑法分則：財產犯罪篇

| 作　　者 | 古承宗 |
| 責任編輯 | 沈家君 |

發 行 人	劉振強
出 版 者	三民書局股份有限公司
地　　址	臺北市復興北路 386 號 (復北門市) 臺北市重慶南路一段 61 號 (重南門市)
電　　話	(02)25006600
網　　址	三民網路書店 https://www.sanmin.com.tw

出版日期	初版一刷 2018 年 3 月 修訂二版一刷 2020 年 9 月
書籍編號	S586320
I S B N	978-957-14-6875-4

三民書局